토익 최신기출경향 반영

스타
필수 문 **200**%활용법

'목표 점수대별 학습 전략 동영상강의' 이용 방법

▶ 김지현 선생님이 알려주는 목표 점수 달성 전략! ◀

1. 해커스인강 사이트(HackersIngang.com)에 접속 후 로그인합니다.
2. 해커스인강 사이트의 상단메뉴 [무료강의 ▶ 토익 Part 5&6 무료강의]를
   클릭하면 동영상강의를 이용하실 수 있습니다.

* 이 외 동영상강의와 관련된 문의는 해커스 고객센터(02-537-5000)로 연락바랍니다.

'토익 Part 5&6 필수 어휘 콕!콕!' 다운로드 방법

▶ Part 5&6 단골 출제 어휘를 한 번에 잡을 수 있는 단어암기장! ◀

1. 해커스인강 사이트(HackersIngang.com)에 접속 후 로그인합니다.
2. 상단 메뉴 [MP3/자료 ▶ 무료 MP3/자료]를 클릭하여 본 교재의 단어장을 다운받아 이용하실 수 있습니다.

* 이 외 부가물 다운로드와 관련된 문의는 해커스 고객센터(02-537-5000)로 연락바랍니다.

'나만의 오답노트' 이용 방법

▶ 취약점을 보완하고 Part 5&6 만점을 받을 수 있는 '나만의 오답노트'! ◀

1. 해커스토익 사이트(Hackers.co.kr)에 접속합니다.
2. 사이트 상단의 [교재/무료MP3 ▶ 해커스 토익 책 소개 ▶ 스타토익 필수 문법 공식 Part 5&6]를 클릭합니다.
3. [나만의 오답노트] 아이콘을 클릭하면 이용하실 수 있습니다.

7일 만에 끝내는 토익 문법전략서 최신개정판

스타토익
필수 문법 공식

PART

5&6

RC

해커스인강

www.HackersIngang.com

토익 문법을 확실히 끝내고 싶은 여러분에게...

어느 늦은 오후 강의가 끝난 후, 강의실을 나서던 한 학생이 저에게 와서 말했습니다.

"오늘 강의를 듣다 보니 문득 생각나는 게 이거 다 중학교 때 배웠던 내용인 것 같아요! 이럴 줄 알았으면 그때 더 열심히 할걸... 그럼 지금 이런 고생 안 하는 건데..."

이 페이지를 읽고 있는 여러분들 중에도 이 학생처럼 중고등학생 시절에 영어 문법을 배웠지만 그 당시 제대로 공부하지 않아서 거의 처음 문법을 공부하는 것과 마찬가지이거나, 이미 토익 RC 공부를 한 적은 있지만 점수가 잘 오르지 않아서 다시 제대로 정리할 필요가 있는 경우에 해당되는 분들이 많지 않나요?

어느 경우에 해당되든지 '문법'은 공부를 시작하기도 전에 부담스럽고, 재미없게 느껴지기 마련입니다. 게다가 공부를 해도 막상 문제를 보면 무엇이 정답인지 몰라 답답한 느낌이 들기도 하죠.

다행스럽게도 토익 시험에는 반복적으로 출제되는 문법 유형이 어느 정도 정해져 있습니다. 따라서 시험에 나오는 문법을 '집중'적으로 공부하면 빠르고 정확하게 문제를 풀 수 있는 능력이 생기고 그 실력은 토익 시험에서 좋은 점수로 바로 이어질 수 있습니다.

거기에 한 가지 덧붙이자면, '즐기는 마음가짐'도 점수 향상에 상당한 도움이 됩니다! 새로운 내용을 하나씩 알아가거나 혼동되는 부분을 정확히 알게 되는 것에 재미를 느껴 보고, 점수가 5점씩 올라가고 있다고 생각하면서 공부하세요. 즐기는 마음만큼 학습에 효과적인 촉매제는 없으니까요.

제가 이 책을 집필하면서 처음부터 끝까지 염두에 둔 바는 〈스타토익 필수 문법 공식 Part 5&6〉를 통해 여러분들이 목표 점수를 달성하는 데 꼭 필요한 문법만을 효율적으로 익히고, 실제 시험에서 문제를 푸는 맛을 알 수 있도록 하는 것입니다. 토익 시험을 보는 중에 내가 공부한 공식이 문제에 딱 들어맞을 때, 그래서 그 문제의 정답을 아주 자신 있게 고를 수 있을 때의 희열은 경험해 본 사람만 아는 묘한 중독성이 있어서 다음 시험을 힘내서 준비할 수 있게 하는 원동력이 되거든요.

어느 점수대에서 공부를 시작하든지, 목표 점수가 당장 몇 점이든지, 여러분 한 명 한 명이 모두 실제 시험에서 **'공식대로 문제의 정답을 골라내는 그 맛'**을 느껴 보고 시험장에서 웃으면서 나올 수 있게 되기를 간절히 바라고 또 열심히 응원합니다!

저자 김지현

Contents

Section 1

토익 600점 이상을 위한 필수 기초 공식

토익 **700**점 이상을 위한 **빈출 핵심** 공식

Section 3
토익 800점 이상을 위한 고득점 공식

📑 토익 Part 5&6 필수 어휘 콕!콕!
해커스인강(HackersIngang.com) >>
상단 메뉴 [MP3/자료 →
무료 MP3/자료]에서 다운로드

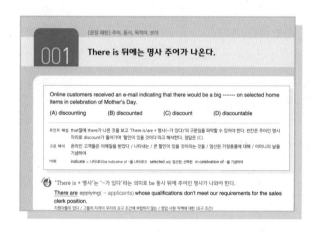

토익 문법 공식

목표 점수에 따라 반드시 알아야 하는 토익 문법을 엄선하여 정리하였습니다.

<스타토익 필수 문법 공식 Part 5&6>는 목표 점수에 따라 반드시 학습해야 하는 문법 공식을 구분, 정리하였습니다. 따라서 자신의 목표 점수에 맞게 우선적으로 학습해야 할 필수 문법 사항부터 먼저 공부할 수 있고, 그 결과 목표 점수를 단기간에 달성할 수 있습니다.

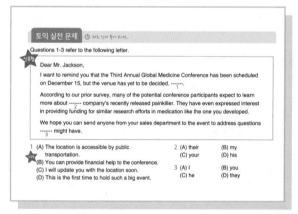

토익 실전 문제

실전과 동일한 유형의 문제를 문법 공식을 적용하여 풀어 볼 수 있습니다.

학습한 문법 공식이 실제 토익 시험에는 어떻게 나오는지 확인하고, 배운 내용을 어떻게 문제에 적용하면 되는지 연습해 볼 수 있습니다. 특히, 모든 문법 공식의 3번 문제는 고득점 학습자들도 실수할 수 있는 문제들로 구성하였으므로 꼼꼼하게 학습하세요.

콕!콕! 해설 강의

상세한 해설로 문제 풀이 노하우를 익히고, 어휘와 구문까지 완벽하게 학습할 수 있습니다.

김지현 선생님의 강의 노하우가 담긴 해설로 문법 공식을 활용한 문제 풀이 방법을 익힐 수 있도록 하였습니다. 더불어 '어휘 콕!콕!'에서는 실제 토익 시험에 단골로 등장하는 어휘를, '구문 해석'에서는 정확한 해석을 통하여 문장 구조를 추가로 학습할 수 있습니다.

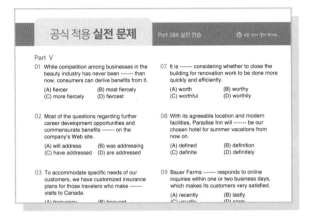

공식 적용 실전 문제 Part 5&6 실전 연습

목표 점수대별로 학습한 문법 공식을 신토익 유형이 반영된 Part 5&6 실전 문제에 적용해 볼 수 있습니다.

각 목표 점수대별 문법 공식 학습을 마무리한 후 관련된 Part 5&6 실전 형태의 문제들을 한 번 더 풀어 봄으로써, 문법 공식을 확실하게 학습하였는지 확인하고 실전 감각을 키울 수 있습니다.

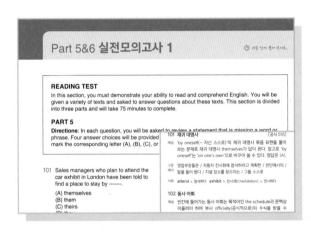

Part 5&6 실전모의고사

신토익 Part 5&6 실전모의고사 2회분을 제공하여 시험 전 자신의 실력을 점검할 수 있습니다.

모든 문법 공식에 대한 학습을 마친 후 자신의 실력을 최종 점검 할 수 있도록 실제 토익 시험과 동일하게 구성한 Part 5&6 실전모의고사를 2회분 제공합니다. 틀린 문제는 해설에서 안내된 문법 공식으로 돌아가 복습할 수 있습니다.

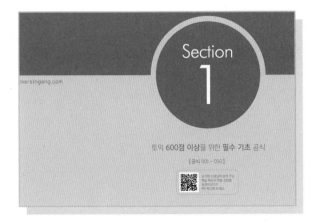

목표 점수대별 학습 전략 동영상강의

목표 점수를 효율적으로 달성할 수 있는 학습 전략 동영상강의를 QR코드로 확인할 수 있습니다.

본격적으로 토익 문법 공식을 학습하기 전에 알아 둬야 하는 학습 목표와 학습 방법을 동영상강의로 제공합니다. Section마다 제공되는 QR코드를 찍어 동영상강의를 확인해 보세요.

★ QR코드 확인 페이지: 17, 121, 185, 229

맞춤 학습 플랜 및 학습 방법

7일완성 학습 플랜 단기에 토익 문법 정복하기

DAY 01 □	DAY 02 □	DAY 03 □	DAY 04 □	DAY 05 □	DAY 06 □	DAY 07 □
공식 001-030	공식 031-050 Section 1 공식 적용 실전 문제	Section 1 복습	공식 051-080 Section 2 공식 적용 실전 문제	공식 081-100 Section 3 공식 적용 실전 문제	Section 2-3 복습	Part 5&6 실전모의고사 1-2

20일완성 학습 플랜 한 방에 목표 점수 달성하기

DAY 01 □	DAY 02 □	DAY 03 □	DAY 04 □	DAY 05 □
공식 001-010	공식 011-020	공식 021-030	공식 001-030 오답 문제 리뷰	공식 031-040

DAY 06 □	DAY 07 □	DAY 08 □	DAY 09 □	DAY 10 □
공식 041-050	공식 031-050 오답 문제 리뷰	Section 1 공식 적용 실전 문제	공식 051-060	공식 061-070

DAY 11 □	DAY 12 □	DAY 13 □	DAY 14 □	DAY 15 □
공식 071-080	공식 051-080 오답 문제 리뷰	Section 2 공식 적용 실전 문제	공식 081-090	공식 091-100

DAY 16 □	DAY 17 □	DAY 18 □	DAY 19 □	DAY 20 □
공식 081-100 오답 문제 리뷰	Section 3 공식 적용 실전 문제	Part 5&6 실전모의고사 1	Part 5&6 실전모의고사 2	Part 5&6 실전모의고사 1-2 오답 문제 리뷰

김지현 선생님이 추천하는
「스타토익 **필수 문법 공식 Part 5&6**」 학습 방법

1. 학습 플랜에 맞추어 교재 전체 내용을 학습하세요.

<스타토익 필수 문법 공식 Part 5&6>에는 목표 점수대에 따라 반드시 알아야 할 문법 공식이 구별되어 있지만, 어느 점수대를 목표로 하든지 교재 전체 내용을 반드시 한 번은 학습한 뒤에 시험에 응시하는 것을 추천합니다. 모든 공식을 꼼꼼히 학습하고 싶다면 '20일 완성 학습 플랜'을, 시험 직전에 빠르게 성적을 올리고 싶다면 '7일 완성 학습 플랜'을 활용하여 공부하되, 매일 주어진 분량을 학습했는지 여부를 꼭 체크(√)하면서 학습하세요. 또한 전체 내용을 두 번 이상 반복 학습하면 보다 완벽하게 실전에 대비할 수 있습니다.

2. '공식 적용 실전 문제'와 'Part 5&6 실전모의고사'는 꼭 제한 시간을 정하고 풀어 보세요.

<스타토익 필수 문법 공식 Part 5&6>의 모든 내용을 완벽히 마스터했더라도 실제 시험에서 시간 관리를 못하면 제 실력을 발휘할 수 없습니다. 그러므로 '공식 적용 실전 문제(각 20문제)'와 'Part 5&6 실전모의고사(각 46문제)'는 실제 시험장에 있다는 마음을 가지고 명시된 제한 시간 내에 풀어 보면서 실전 감각을 익히도록 하세요.

3. Part 5&6 고득점을 위해 어휘 문제도 함께 대비하세요.

문법 공부를 하다 보면 자칫 어휘 공부를 소홀히 할 수 있기 때문에 <스타토익 필수 문법 공식 Part 5&6>에서는 중요한 어휘를 문제 해설에서 '어휘 콕!콕!'으로 꼼꼼하게 정리해 두었습니다. 특히 해커스인강 사이트에서 다운로드 받을 수 있는 "토익 Part 5&6 필수 어휘 콕!콕!" 단어암기장을 활용하여 잘 모르는 어휘 표현을 따로 정리해 두고 시험 직전까지 여러 번 확인해서 어휘까지 완벽하게 마스터해야 Part 5&6에서 고득점을 받을 수 있답니다.

 꼭 외워야 할 필수 어휘만 모은 **토익 Part 5&6 필수 어휘 콕!콕!**
교재 내 '어휘 콕!콕!'에서 학습한 토익 Part 5&6 필수 어휘를 모아 한눈에 볼 수 있고, 퀴즈까지 풀어 볼 수 있는 단어암기장을 해커스인강(HackersIngang.com)에서 다운로드 받을 수 있습니다.

4. 틀린 문제를 통해 본인이 취약한 부분이 무엇인지 꼼꼼히 파악하세요.

틀린 문제를 두서없이 정리하는 것보다는 공식별로 정리하는 것이 효과적입니다. 교재의 목차를 참고하여 오답노트를 공식별로 나누어 정리해 보세요. 이 방법을 사용하면 본인이 특히 취약한 문법 부분을 한눈에 파악할 수 있습니다.

 틀린 문제를 정리할 수 있는 **나만의 오답노트!**
자신이 취약한 부분을 쉽게 파악할 수 있고, 시험 직전 최종 점검용으로 제격인 오답노트를 쉽게 만들 수 있는 "나만의 오답노트"를 해커스토익(Hackers.co.kr)에서 다운로드 받을 수 있습니다.

토익 Part 5&6 문법 최신 출제 경향

1. 2개 이상의 문법 포인트가 혼합된 문제가 출제된다!

하나의 문법 포인트만으로 쉽게 풀이할 수 있는 유형의 문제도 여전히 출제되고 있지만, 두 개 이상의 문법 포인트가 혼합되어 각각의 포인트를 정확히 알고 연결해서 풀어야 답을 찾을 수 있는 문제들의 비중이 높아지고 있습니다.

Some of the volunteers for the conference asked that their personal information be kept entirely -------.

(A) confidential   (B) confidence   (C) confides   (D) confidentiality

해설   'keep+목적어+목적 보어(형용사)' 구문으로 수동태 동사 뒤에 형용사 보어가 남을 수 있어요. 따라서 빈칸은 형용사 자리이며 부사 entirely는 그 형용사 보어를 수식하고 있어요. 정답은 (A)!

---

2. 문법 포인트와 어휘가 혼합된 문제가 출제된다!

보기를 보고 문법 문제 또는 어휘 문제로 파악했더라도, 막상 풀어 보면 문법 포인트와 어휘가 혼합되어 있는 문제인 경우가 있습니다. 이러한 문제는 정확한 문법 포인트와 어휘의 쓰임을 동시에 적용해서 풀 수 있어야 합니다.

------- time the company attempted to take a step forward in broadening its customer base in Mexico, it was faced with difficulties.

(A) While   (B) Every   (C) Always   (D) If

해설   보기 중 every는 바로 뒤의 time과 함께 쓰여 접속사 every time(~할 때마다)이 될 수 있으며 그 뒤에 나오는 주어, 동사의 절(the company attempts to take ~)을 이끌어 줄 수 있으므로 답이 됩니다. 정답은 (B)!

---

3. 신토익 Part 6에서는 전체 문맥을 파악해야 하는 문제가 더 많이 출제된다!

Part 6의 문법 문제는 빈칸의 앞뒤만 보고 풀 수 있는 문제보다는 전체 지문의 내용 흐름을 파악해야 풀 수 있는 문제의 출제 비중이 점차 높아지고 있습니다.

Retail sales have increased by nearly three percent over the last few weeks, and this good sign has also appeared in the real estate market. This sounds like promising news for home sales in the coming months. -------, realtors see sales of this month alone two percent higher than the same period last year.

(A) In short   (B) Despite   (C) In fact   (D) Whereas

해설   빈칸 뒤에 오는 '이번 달 거래가 작년의 같은 기간에 비해 2퍼센트 증가하였다'는 내용은 지문의 앞부분에서 언급된 좋은 소식에 대해 덧붙여 설명하는 부분입니다. 특히 그 사실이 놀랍다는 의미를 포함하고 있을 때에는 in fact(사실은)를 쓸 수 있어요. 정답은 (C)!

<스타토익 필수 문법 공식 Part 5&6>로 **철저히 대비하는 방법!**

명사, 동사, 부사, 형용사와 같은 품사에 대한 기본 문법을 먼저 정리한 후, 2형식, 3형식, 4형식, 5형식의 각 문장 구조에서 품사의 기능과 역할에 대한 문법을 통합적으로 학습해야 합니다.

- 기본 품사 문법을 익힐 수 있는 공식
  ▶ 공식 037, 062, 066, 086, 088

- 문장 형식을 학습할 수 있는 공식
  ▶ 공식 004, 006, 009, 010, 011, 052, 053

<스타토익 필수 문법 공식 Part 5&6>로 **철저히 대비하는 방법!**

동사, 명사, 형용사, 부사 중 여러 품사로 사용되는 어휘 혹은 비슷한 형태의 어휘들은 문법적 기능과 뜻을 구별하여 알아 두어야 합니다. 또한, 전치사, 접속사, 관계대명사들은 문법적 기능뿐만 아니라 그 의미를 정확히 구별할 수 있도록 통합적으로 학습해야 합니다.

- 정확한 품사와 의미를 알아 두어야 할 어휘를 정리한 공식
  ▶공식 026, 028, 029, 038, 040, 087

- 전치사, 접속사, 관계대명사의 문법적 기능과 의미를 통합하여 정리한 공식
  ▶공식 046, 048, 063, 065, 067, 074, 077, 090, 094, 095

<스타토익 필수 문법 공식 Part 5&6>로 **철저히 대비하는 방법!**

문법을 완벽히 학습했더라도 Part 6만의 출제 특성을 별도로 정리하지 않으면 고득점을 받을 수 없습니다. 본 교재에는 지문 전체 문맥을 파악해야만 정답을 선택할 수 있는 Part 6의 문법 문제 출제 포인트만을 콕콕 집어 별도의 공식들로 정리하고 있으니, 관련 공식을 철저하게 학습하여 대비하도록 합니다.

- Part 6 빈출 기초 문법을 학습할 수 있는 공식
  ▶공식 046, 048, 063, 081

- Part 6 출제 경향에 대비할 수 있는 공식
  ▶공식 020, 036, 064, 084, 096

01

Part 5(101번~130번)의 문제들은 보기를 먼저 보고 풀어야 합니다.

문제의 보기를 먼저 보면, 문제 유형과 출제 의도를 파악할 수 있기 때문에 더 빠르고 정확하게 정답을 고를 수 있습니다. 교재에서 각 목표 점수대별로 정리된 문법 공식을 잘 학습해 두면 보기를 보고 어떤 문법 포인트를 묻는 문제인지 한눈에 파악할 수 있습니다.

------- you want to find a cheap deal for home furnishings, please visit our store since we offer 15% off the already discounted prices.

(A) Because of   (B) Meanwhile   (C) Unless   (D) If

➡ 보기를 보고 접속사, 전치사, 접속부사를 구별하라는 출제 의도를 파악할 수 있다!

해설 콤마 앞의 부사절을 이끌어 줄 부사절 접속사 자리입니다. because of(~때문에)는 전치사로 명사(구)를 이끌어 주며, meanwhile (그 동안에)은 접속부사로 절을 이끌어 줄 수 없으므로 오답이에요. 부사절 접속사 unless(~하지 않는다면)와 if(~라면) 중에서 의미상 if가 답이 됩니다. 정답은 (D)! ▶ 공식 046

02

Part 6(131번~146번)는 전체 지문을 읽고 푸는 습관을 들여야 합니다.

Part 6는 독해 지문 하나에 4개의 문제가 들어가 있는 형태로, 전체 지문을 다 읽어가면서 문맥을 파악해야 정답을 고를 수 있는 문제가 주로 출제됩니다. 특히, 신토익에 '문맥상 적절한 문장 선택' 유형이 추가되어, 전체 문맥과 흐름을 파악하는 것이 더욱 중요해졌습니다. 빈칸만 보고 풀었다가 오답을 고르는 실수를 하지 않도록 전체 지문을 읽고 답을 고르는 습관을 들여야 합니다.

We appreciate your interest in obtaining our credit card, but, we are sorry to inform you that we cannot issue a card to you. You must be employed for at least 6 months before we can approve your application. -------, your credit report shows payments over 60 days overdue.

(A) However   (B) Additionally   (C) As a result   (D) In part

➡ 빈칸만 보아서는 적절한 부사 어휘를 고를 수 없다. 전체 문맥의 흐름을 파악해야 한다!

해설 신용 카드 신청이 거절된 이유를 설명하고 있는데, 6개월 이상 고용되지 않았다는 것이 첫 번째 거절 이유이며, 미지불 금액이 있다는 것이 두 번째 이유입니다. 빈칸은 두 번째 거절 이유를 설명하기 시작하는 부분이므로 Additionally(추가로, 덧붙여서)가 답이 됩니다. 정답은 (B)! ▶ 공식 064

03

어휘는 묶음 표현으로 알아 두어야 빠르고 정확하게 답을 찾을 수 있습니다.

같이 쓰이는 묶음 표현을 알아 두면 쉽게 정답을 고를 수 있는 어휘 문제가 많이 출제됩니다. <스타토익 필수 문법 공식 Part 5&6>의 문제 해설에는 특히 묶음 표현으로 자주 출제되는 어휘를 '어휘 콕!콕!'으로 정리해 두었으므로, 이 부분을 꼼꼼하게 학습해 두면 어휘 문제를 빨리 풀 수 있어 시간 관리에 도움이 될 것입니다.

There will be a group study meeting ------- after the class on Monday in order to help students enhance their language skills.

(A) lately   (B) formerly   (C) shortly   (D) likely

➡ shortly / immediately / right after(~ 직후)는 단골로 출제되는 묶음 표현이다!

해설   after 이하 전치사구를 수식할 부사 어휘를 고르는 문제로, '수업 직후'에 모인다는 shortly after(~ 직후)가 적절합니다. lately(최근에)는 과거 시제와 함께 쓰이는 부사이고, formerly(이전에), likely(~할 것 같은)는 의미상 답이 될 수 없습니다. 정답은 (C)!
   ▶ 공식 062

04

자주 출제되는 문법 패턴들을 어휘처럼 묶음 표현으로 기억해 두어야 합니다.

'as + p.p.(~되었듯이)', 'make it possible to 부정사(~하는 것을 가능하게 하다)'와 같이 하나의 어휘처럼 자주 쓰이는 문법 패턴을 묶음 표현으로 알아 두면 문제를 보자마자 출제 의도를 파악하여 빠르고 정확하게 답을 고를 수 있습니다. <스타토익 필수 문법 공식 Part 5&6>의 문제 해설을 참고하면서 이러한 문법 패턴을 정리한 부분이 나오면 별도로 암기해 두어야 합니다.

Before ------- paints on the wall, please remember to cover the floor with newspaper not to leave stains on it.

(A) applying   (B) applied   (C) application   (D) applicable

---

➡ 'Before ~ing(~하기 전에)'는 토익에서 자주 등장하는 문법 패턴이다!

해설   부사절 접속사 before 뒤에 나오는 주어 + 동사의 절이 분사 구문이 된 것으로, 원래 문장 'Before you apply paints ~'에서 종속절의 주어를 생략하고, 동사원형에 ~ing를 붙이면, 'Before applying ~'으로 분사 구문이 될 수 있습니다. Before를 전치사로 보면 그 뒤에 명사 application(적용, 지원)이 나올 수 있지만, 명사는 목적어를 가지지 않으므로 목적어 paints 앞에 쓸 수 없어요. 정답은 (A)!   ▶ 공식 060

www.HackersIngang.com

Section

1

토익 600점 이상을 위한 필수 기초 공식

[공식 001 ~ 050]

 김지현 선생님이 알려 주는
학습 목표와 학습 방법을
동영상강의로
꼭! 확인해 보세요.

001 There is 뒤에는 명사 주어가 나온다.

Online customers received an e-mail indicating that there would be a big ------- on selected home items in celebration of Mother's Day.

(A) discounting   (B) discounted   (C) discount   (D) discountable

포인트 해설   that절에 there가 나온 것을 보고 'There is/are + 명사(~가 있다)'의 구문임을 파악할 수 있어야 한다. 빈칸은 주어인 명사 자리로 discount가 들어가며 '할인이 있을 것이다'라고 해석한다. 정답은 (C).

구문 해석   온라인 고객들은 이메일을 받았다 / 나타내는 / 큰 할인이 있을 것이라는 것을 / 엄선된 가정용품에 대해 / 어머니의 날을 기념하여

어휘   indicate v. 나타내다(be indicative of ~을 나타내다)   selected adj. 엄선된, 선택된   in celebration of ~을 기념하여

 'There is + 명사'는 '~가 있다'라는 의미로 be 동사 뒤에 주어인 명사가 나와야 한다.

There are ~~applying~~(→ applicants) whose qualifications don't meet our requirements for the sales clerk position.

지원자들이 있다 / 그들의 자격이 우리의 요구 조건에 부합하지 않는 / 영업 사원 직책에 대한 (요구 조건)

▶ There are 뒤의 명사 주어 자리에 ing형인 applying은 들어갈 수 없기 때문에 명사 applicants(지원자들)로 바꾸어야 한다.

> **Tip** 'There + be + 명사 주어'에서 be 동사의 수는 명사 주어에 일치시키기!

 is/are 자리에 remain(남아 있다), exist(존재하다) 동사가 나올 수도 있다. 이때 remain, exist 동사도 뒤에 나오는 명사 주어에 수일치한다.

There remains a significant problem with the company's hiring policy.

남아 있다 / 중대한 문제가 / 회사의 고용 정책에 대한 (문제)

▶ There remains 뒤에 명사 주어(a ~ problem)가 나왔으며, 주어가 단수이므로 동사 remains를 쓴다.

There still exist unexplained expenses from the faculty members.

여전히 존재한다 / 설명되지 않은 지출이 / 교직원들로부터의 (지출)

▶ There exist 뒤에 명사 주어(expenses)가 나왔으며, 주어가 복수이므로 동사 exist를 쓴다.

1 There is an open ------- in the accounting department, but the human resources director hasn't found the right person yet.

(A) positions
(B) positioning
(C) positioned
(D) position

2 It seems that there remains no ------- about implementing new safety regulations for the factory workers.

(A) doubts
(B) doubtful
(C) doubted
(D) doubt

3 There have been reported successful ------- of the in-house consulting program helping employees with communication problems.

(A) case
(B) casing
(C) cases
(D) cased

해설 강의

1. There + be + 명사 주어

there를 보고 'There is/are + 주어(명사)'의 구조를 바로 파악할 수 있어야 해요. 빈칸은 명사 주어 자리인데 관사 an으로 보아 단수 명사 position이 답이 됩니다. 정답은 (D)!

어휘
opening 혹은 open position은 둘 다 '공석'이라는 의미로 쓰이는 것을 기억해 두세요.
accounting department 회계 부서, 경리과   human resources director 인사부장

구문 해석   공석이 있다 / 회계 부서에 / 그러나 인사부장은 알맞은 사람을 찾지 못했다 / 아직

2. There + remain + 명사 주어

이 문장은 가주어 it, 진주어 that의 구문입니다. that절에 나오는 there와 remains를 보고 'There remain + 명사(~가 남아 있다)'의 구조를 파악할 수 있어요. 빈칸에 올 수 있는 것은 명사 주어인데, 동사가 remains이므로 단수 명사 doubt이 답이 됩니다. 정답은 (D)!

어휘
implement(시행하다), safety regulations(안전 규정)는 토익에서 단골로 등장하는 어휘들입니다.
doubt n. 의문, 의심, 의혹   doubtful adj. 의심하는, 확신이 없는

구문 해석   의문이 남지 않은 것으로 보인다 / 새로운 안전 규정을 시행하는 것에 대해 / 공장 근로자들을 위한

3. There + be + 명사 주어

there have been을 보고 'There + be + 주어(명사)'의 구조를 파악할 수 있어야 합니다. been과 빈칸 사이의 reported successful은 빈칸에 들어갈 명사를 수식하는 표현들이에요. there has been이 아닌 have가 왔으므로 동사에 수일치하여 cases가 답이 됩니다. 정답은 (C)!

어휘
in-house adj. 사내의, 회사 내부의   consulting program 상담 프로그램   communication problem 의사소통 문제   case n. 사례, 경우

구문 해석   보고된 성공적인 사례들이 있다 / 사내 상담 프로그램 중에 / 의사소통 문제가 있는 직원들을 도와주는

정답 1. (D) 2. (D) 3. (C)

[문장 패턴] 주어, 동사, 목적어, 보어

002 가짜 주어 it 뒤에는 진짜 주어 to 부정사 혹은 that절이 나온다.

In order to take advantage of early booking deals, it is advisable ------- a flight ticket at least two months in advance.

(A) booking   (B) to book   (C) book   (D) books

포인트 해설	콤마 앞의 수식어 거품을 걸러 내면, 주어 it을 보고 가주어, 진주어 구문임을 파악할 수 있다. is의 보어로 형용사 advisable (바람직한)이 쓰였고 그 뒤로 진주어인 to 부정사가 들어갈 수 있다. 정답은 (B).
구문 해석	혜택을 얻기 위해서는 / 일찍 예매하는 것의 / 바람직합니다 / 항공권을 예약하는 것이 / 적어도 2달 전에 미리
어휘	take advantage of ~의 혜택을 얻다 advisable adj. 바람직한, 권할 만한 at least 적어도 in advance 미리 book v. 예약하다

 가주어 it에 대한 진주어로 to 부정사 혹은 that절이 나올 수 있다.

It is necessary ~~arriving~~(→ to arrive) at the airport at least 2 hours before departure.
필요하다 / 공항에 도착하는 것이 / 적어도 출발 2시간 전에
▶ 가주어 it에 대한 진주어 자리에 that절과 to 부정사가 모두 나올 수 있는데, 주어 + 동사의 절이 아닌 동사와 함께 쓰이는 것은 to 부정 사이다. 이 자리에 arriving 형태는 쓸 수 없다.
   Tip* 동명사는 주어 자리에는 올 수 있지만 가주어 it에 대한 진주어 자리에는 올 수 없음을 알아 두기!

It was completely understandable ~~to~~(→ that) all the restaurants were fully booked, since it was the peak season of the year.
완전히 이해할 만했다 / 그 모든 식당들이 예약이 꽉 찼던 것이 / 왜냐하면 그때가 일 년 중 최고 성수기였기 때문에
▶ 가주어 it에 대한 진주어 자리에 that절과 to 부정사가 모두 나올 수 있지만, 절을 이끌어 주는 것은 that이다.

 진주어로 나온 to 부정사의 의미상 주어로 'for + 명사'를 쓸 수 있다.

It is mandatory for those who work in the kitchen to wash their hands in the restroom before going back to work.
의무이다 / 주방에서 일하는 사람들이 / 손을 씻는 것은 / 화장실에서 / 일하러 돌아가기 전에
▶ 진주어인 to wash의 의미상 주어로 for those who work in the kitchen이 나왔으며, '주방에서 일하는 사람들이 손을 씻다'라고 주 어와 동사 관계처럼 해석한다.

1 It is advantageous ------- the entertainment company is expanding into the Vietnamese market, where its products are expected to be very popular.

(A) to
(B) on
(C) that
(D) while

2 It is considered essential ------- a person who presides over official gatherings to wear a suit or formal attire.

(A) that
(B) to
(C) as
(D) for

3 ------- is highly recommended for those who go shopping for Christmas to check out a list of deals online first.

(A) That
(B) There
(C) It
(D) He

획!홱! 해설 강의

1. It ~ that 주어 + 동사

주어 it을 보고 가주어, 진주어 구문임을 파악할 수 있어야 합니다. 진주어로 to 부정사 혹은 that절이 올 수 있는데 빈칸 이하에 주어 (the entertainment company), 동사(is expanding)의 절이 나왔으므로 that이 답이 됩니다. 정답은 (C)!

어휘 획!홱!
expand(확장하다)는 토익에 단골로 등장하는 어휘이며, 'expand into(~로 확장하다)'라는 표현을 기억해 두세요.
advantageous adj. 유리한, 이익이 되는 be expected to do ~할 것으로 예상되다

구문 해석 유리하다 / 그 엔터테인먼트 회사가 베트남 시장으로 확장하고 있는 것이 / 그 회사의 제품이 아주 인기 있을 것으로 예상되는 (시장)

2. for + 명사 + to 부정사

가주어 it을 보고 진주어를 찾아야 해요. to 부정사인 to wear가 진주어로 나왔기 때문에 빈칸에 to나 that은 들어가지 않습니다. '공식적인 모임을 진행하는 사람이 정장을 입다'라는 뜻으로 빈칸 이하는 to 부정사의 의미상 주어를 이끄는 전치사 for가 답이 됩니다. 정답은 (D)!

어휘 획!홱!
동사 preside((회의 등을) 주도하다)는 'preside over(~을 진행하다)', 'presiding officer(의장)'라는 표현으로 기억해 두세요.
essential adj. 필수적인 official adj. 공식적인 gathering n. 모임, 회의 suit n. 정장 formal attire 격식을 차린 옷차림, 정장

구문 해석 필수적으로 여겨진다 / 공식적인 모임을 진행하는 사람이 / 정장 혹은 격식을 차린 옷차림을 하는 것은

3. It ~ for + 명사 + to 부정사

빈칸 뒤의 'for + 명사'와 to 부정사를 보고 가주어, 진주어 구문임을 파악할 수 있으므로 가주어 it이 답이 됩니다. 가주어 자리에 that 과 he는 들어갈 수 없습니다. there는 'There + be + 명사(~가 있다)'의 구문을 가지는데 is 뒤로 명사가 아닌 recommended가 나왔기 때문에 there 구문으로 볼 수 없어요. 정답은 (C)!

어휘 획!홱!
부사 highly는 '매우, 아주'라는 뜻으로 'highly recommended(매우 권장되는)'라는 표현을 묶어서 기억해 두세요.
check out 확인하다 a list of ~의 목록

구문 해석 매우 권장된다 / 크리스마스 쇼핑을 갈 사람들은 / 확인하는 것이 / 상품 목록을 / 온라인으로 먼저

정답 1. (C) 2. (D) 3. (C)

003 명령문은 동사원형으로 시작한다.

As soon as you receive your new laptop, ------- it on the company's Web site to get updates and technical support.

(A) to register   (B) registration   (C) registered   (D) register

....

포인트 해설   부사절 접속사 as soon as가 이끄는 부사절을 걸러 내면 빈칸에는 주어, 동사가 들어가야 하는데, 명령문은 주어 없이 동사만으로 쓸 수 있다. 이때 동사는 동사원형으로 쓴다. 정답은 (D).

구문 해석   귀하는 새로운 노트북을 받자마자 / 그것을 등록하세요 / 회사 웹사이트에 / 받기 위해서 / 업데이트와 기술 지원을

어휘   technical support 기술 지원   register v. 등록하다

 명령문은 동사원형으로 시작한다.

Please ~~to use~~(→ use) the rear entrance after midnight from next Monday.
뒷문을 사용하세요 / 자정 이후에 / 다음 주 월요일부터

▶ 명령문은 주어 없이 동사원형으로 시작하며 동사원형 자리에 to use 형태는 나올 수 없다. 이때 명령문 앞의 please는 '~해 주세요'라는 완곡한 의미를 나타낸다.

If you want to make juice with the fruit concentrate, ~~added~~(→ add) five cups of water to it.
만약 당신이 주스를 만들고 싶다면 / 그 과일 농축액으로 / 5컵의 물을 추가하세요 / 그것에

▶ if(~라면)가 이끄는 부사절을 걸러 내면 주절에 동사원형으로 시작하는 명령문이 나옴을 알 수 있다. 이 자리에 added 형태는 나올 수 없다.

Tip* 'If 주어 + 동사, 명령문'은 '~라면 …해라'라는 뜻!

When you make a phone call out of country, ~~dialing~~(→ dial) nine first.
국제 전화를 걸 때 / 먼저 9번 다이얼을 돌리세요

▶ when(~할 때)이 이끄는 부사절을 걸러 내면 주절에 동사원형으로 시작하는 명령문이 나옴을 알 수 있다. 이 자리에 dialing 형태는 나올 수 없다.

Tip* 'When 주어 + 동사, 명령문'은 '~할 때 …해라'라는 뜻!

 명령문의 부정형은 don't 로 시작할 수 있다.

Don't ~~leaves~~(→ leave) anything on the floor, since it can get in the way.
아무것도 놓아두지 마세요 / 바닥에 / 왜냐하면 방해가 될 수 있으니까

▶ 명령문의 부정문은 don't로 시작하며 그 뒤에 동사원형을 쓴다.

~~Not be~~(→ Don't be) dependent on others to finish your work.
다른 사람들에게 의존하지 마세요 / 당신의 일을 끝내기 위해서

▶ 명령문이 be로 시작하는 경우, 부정문을 만들 때 not be가 아니라 don't be를 쓴다.

1 To redeem your gift online with any purchase over $50, ------- code GOZJTM001 at checkout.

(A) user
(B) use
(C) to use
(D) used

2 Since the lecture will start promptly, ------- seated in the designated area before the guest speaker comes into the room.

(A) do
(B) be
(C) don't
(D) to be

3 The building management will charge you for retrieval of anything dropped down the elevator shaft, so please ------- on to your belongings.

(A) hang
(B) hangs
(C) will hang
(D) to hang

 해설 강의

1. To 부정사 ~, 명령문

to 부정사가 '~하기 위해서'라는 뜻의 부사구로 쓰이면 수식어 거품이므로 걸러 내세요. 빈칸에는 주어와 동사가 들어가야 하는데 주어 없이 동사만 나오는 명령문이므로 동사원형 use가 답이 됩니다. 정답은 (B)!

┌─ 어휘 콕콕!
│ redeem((상품권 등을) 현금이나 상품으로 교환하다)은 Part 5, 6, 7에서 자주 등장하는 어휘입니다.
│ **purchase** n. 구매, 구매품   **checkout** n. 계산대, (호텔에서) 체크아웃
└─

구문 해석 선물을 온라인으로 교환받고 싶다면 / 50달러 이상 구매한 것에 대해 / GOZJTM001이라는 코드를 사용하세요 / 계산대에서

2. 접속사 + 주어 + 동사, 명령문

접속사 since(~ 때문에)가 이끄는 부사절의 수식어 거품을 걸러 내면 빈칸에 주어와 동사가 들어가야 함을 알 수 있습니다. 명령문은 주어 없이 동사원형으로 시작해야 하며 조동사 do 혹은 don't 뒤에는 동사원형이 나와야 하므로 seated 앞에 쓸 수 없고, 'be seated (앉으세요)'의 명령문을 만드는 be가 답이 됩니다. 정답은 (B)!

┌─ 어휘 콕콕!
│ promptly(즉시, 지체 없이)는 'promptly on time(지체 없이 정각에)', 'promptly at + 시간'의 묶음 표현으로 토익에서 자주 등장해요.
│ **designated** adj. 지정된   **guest speaker** 초청 연사   **be seated** 앉다
└─

구문 해석 그 강연은 즉시 시작될 것이기 때문에 / 앉으세요 / 지정된 장소에 / 초청 연사가 방으로 들어오기 전에

3. 주어 + 동사 + 접속사 + 명령문

등위 접속사 so는 절과 절을 연결해 줍니다. 빈칸 이하에는 주어, 동사의 절이 나와야 하는데 주어 없이 동사원형으로 시작하는 명령문이 나올 수 있습니다. 따라서 동사원형 hang이 답이 됩니다. 이때 please는 명령문 앞에서 '~해 주세요'라는 완곡한 의미를 나타냅니다. 정답은 (A)!

┌─ 어휘 콕콕!
│ charge(청구하다)는 'charge A for B(A에게 B에 대해 청구하다)'라는 묶음 표현으로 기억해 두세요.
│ **retrieval** n. 되찾음, 회수   **elevator shaft** 승강기 통로   **belongings** n. 소지품
└─

구문 해석 건물 관리소측은 당신에게 청구할 것입니다 / 무엇이든지 되찾는 것에 대해 / 승강기 통로로 떨어진 / 그러므로 소지품을 잘 붙들고 있으세요

정답 1. (B) 2. (B) 3. (A)

004 주격 보어 자리에는 형용사 혹은 명사가 나올 수 있다.

Mr. Morton will undertake a temporary job at the Seoul branch, after which he may be ------- for a promotion to a higher position.

(A) eligibly   (B) eligibility   (C) eligible   (D) eligibilities

---

포인트 해설   be 동사는 2형식 동사로 주격 보어를 가질 수 있다. 주어가 '자격이 있는 상태'라는 의미가 적절하므로 '상태, 성질'을 나타내는 형용사 보어가 답이다. 'be eligible for(~에 자격이 되다)'는 토익에서 자주 등장하는 표현이다. 정답은 (C).

구문 해석   Mr. Morton은 맡을 것이다 / 임시적인 일자리를 / 서울 지사에서 / 그 (임시직) 후에 그는 자격이 될지도 모른다 / 상급 직책으로 승진할

어휘   undertake v. ~의 책임을 맡아서 하다, 착수하다   temporary adj. 임시적인   promotion to ~로 승진

 주격 보어가 주어와 동격 관계를 이루면 명사로, 보어가 주어의 상태나 성질을 설명하면 형용사로 쓴다.

Due to the nationwide economic recession, competition in the job market <u>has become</u> fierce.
전국적인 경기 침체로 인해 / 취업 시장에서의 경쟁이 / 치열해졌다
▶ 주어인 경쟁(competition)이 '치열한 상태'를 나타내는 것이므로 형용사 보어를 쓴다.

According to a recent report, multivitamins still <u>remain</u> the most popular dietary supplements on the market.
최근 보고서에 따르면 / 멀티 비타민이 여전히 남아 있다 / 가장 인기 있는 식품 보조제로 / 시장에서
▶ 주어인 멀티 비타민(multivitamins)과 보어(the most popular dietary supplements on the market)가 '멀티 비타민=시장에서 가장 인기 있는 식품 보조제'의 동격 관계를 이루기 때문에 명사 보어를 쓴다.

 주격 보어를 가지는 동사들을 알아 두어야 한다.

~되다	become, come, grow, go, get, turn 등
(상태가) 유지되다, 지속되다	stay, remain 등
감각 동사	feel, taste, smell, look, sound 등

GN Apparels <u>remains</u> very profitable in the Chinese market due to the increasing popularity of Korean fashion trends.
GN Apparels사는 매우 수익성이 좋은 상태를 유지하고 있다 / 중국 시장에서 / 증가하는 인기 때문에 / 한국의 패션 트렌드의 (인기)
▶ remain의 보어로 형용사 profitable이 쓰여서 GN Apparels사가 '수익성이 좋은 상태'임을 설명하고 있다.

Please <u>feel</u> free to contact our technical support team if you need any assistance.
부디 주저 말고 연락해 주세요 / 우리 기술 지원 팀에 / 만약 어떤 도움이라도 필요하시면
▶ feel의 보어로 형용사 free가 나왔다.

    Tip* 'feel free to do(주저 말고 ~하다)'는 단골 출제 묶음 표현!

1 Survey participants were assured that their individual responses would remain -------.

(A) confides
(B) confidence
(C) confidential
(D) confidentially

2 The mayor is ------- that local companies will participate in the sponsorship program if they see it as a marketing tool.

(A) positivity
(B) positive
(C) most positively
(D) positively

3 At the meeting on Friday, managers came ------- to a consensus on the need to move to a bigger office building.

(A) closing
(B) closely
(C) closed
(D) close

횟혹! 해설 강의

1. remain + 형용사 보어

remain은 2형식 동사로 쓰여 주격 보어를 가질 수 있어요. 보어가 주어와 동격이면 명사를, 주어의 상태나 성질을 설명하면 형용사를 쓰는데 주어가 '기밀인 상태'로 남아 있다는 의미이므로 이에 맞는 형용사 confidential이 답이 됩니다. 정답은 (C)!

> **어휘 횟혹!**
> confidence(신뢰)는 'confidence in(~에 신뢰/자신감)'의 표현으로 토익에서 자주 등장합니다.
> **participant** n. 참가자 **assure** v. 확언하다, 장담하다 **individual** adj. 개별적인, 개인적인 **confidential** adj. 기밀인

구문 해석 설문 조사 참가자들은 확언받았다 / 그들의 개별적인 답변들이 기밀로 남아 있을 것이라고

2. be + 형용사 보어

빈칸은 be 동사의 주격 보어 자리로 부사는 보어 자리에 들어갈 수 없기 때문에 (C)와 (D)는 오답입니다. 주어인 mayor(시장)가 that 절 이하의 내용을 '확신하는 상태'라는 의미이므로 형용사 보어 positive가 답이 됩니다. 정답은 (B)!

> **어휘 횟혹!**
> positive는 '긍정적인'의 뜻인데 'be positive that'은 '~을 확신하다'라는 표현으로 쓰일 수 있어요. 'participate in(~에 참가하다)'은 attend (참가하다)와 같은 뜻으로 자주 출제되는 표현입니다.
> **mayor** n. 시장 **sponsorship program** 후원 프로그램 **see A as B** A를 B로 보다 **marketing tool** 홍보 도구

구문 해석 그 시장은 확신했다 / 지역 기업들이 후원 프로그램에 참가할 것을 / 만약 그들이 그것(후원 프로그램)을 홍보 도구로 본다면

3. come + 형용사 보어

come이 '오다'라는 뜻이 아닌 '~한 상태가 되다'라는 뜻일 때는 2형식 동사이며 주격 보어 자리에 형용사를 써요. close는 동사 '닫다, 폐쇄하다'라는 뜻 이외에 형용사 '가까운'이라는 뜻으로도 쓰이기 때문에 답이 됩니다. 정답은 (D)!

> **어휘 횟혹!**
> 'come close to + 명사(~에 가까운 상태가 되다)'를 묶음 표현으로 기억해 두세요.
> **consensus** n. 합의, 의견 일치 **need to do** ~할 필요 **move to** ~로 이사 가다

구문 해석 금요일 회의에서 / 관리자들은 거의 합의에 이르렀다 / 더 큰 사무실 건물로 이사 갈 필요에 대해

정답 1. (C) 2. (B) 3. (D)

005 조동사 뒤에는 동사원형이 나온다.

To make sure that this software program will properly ------- on your computer, it is advisable to download and test the trial version first.

(A) functions   (B) functioning   (C) function   (D) functioned

....

포인트 해설 수식어인 부사 properly를 걸러 내면 조동사 will 뒤에 나오는 동사원형 자리이다. function은 '기능'이라는 뜻의 명사 이외에 '기능하다'라는 동사로도 쓰이므로 답이 될 수 있다. 정답은 (C).

구문 해석 확실히 하기 위해서 / 이 소프트웨어 프로그램이 제대로 작동할 것인지를 / 당신의 컴퓨터에서 / 바람직하다 / 체험판을 다운받아 시험해 보는 것이 / 먼저

어휘 make sure 확실히 하다   properly adv. 제대로, 적절하게   advisable adj. 바람직한, 현명한   trial version 체험판, 시험 버전

 조동사 can, may, shall, will, have to, ought to 뒤에는 동사원형이 나와야 한다.

By following the instructions, anyone can easily ~~installing~~(→ install) the software program.
설명서를 따라 함으로써 / 누구든지 쉽게 설치할 수 있다 / 그 소프트웨어 프로그램을

▶ 수식어인 부사 easily를 걸러 내면 조동사 can 뒤에 들어가는 동사원형이 나와야 함을 알 수 있다. 이 자리에 installing 형태는 쓸 수 없다.

 do, does, did, don't, doesn't, didn't 뒤에도 동사원형이 나와야 한다.

When Mr. Harris opened the box, he realized that the rug did not perfectly ~~matched~~(→ match) the style of the chairs.
Mr. Harris가 상자를 열었을 때 / 그는 알게 되었다 / 양탄자가 / 의자들의 스타일과 완벽히 어울리지는 않는다는 것을

▶ 조동사 did 뒤에는 동사원형 match가 와야 한다. 중간의 perfectly는 동사를 수식하는 부사이다.

Never does Ms. Okada ~~reporting~~(→ report) problems with colleagues to her supervisor.
Ms. Okada는 결코 보고하지 않는다 / 동료들과의 문제를 / 그녀의 상사에게

▶ 부정부사 never(결코 ~않다)가 문장 앞으로 나오면서 주어와 동사가 도치되었다. 도치 구문을 만드는 조동사 does가 앞으로 나오면서 뒤의 동사는 동사원형 report를 쓴다. 부정부사 도치 구문은 <공식 078>에서 자세히 다룬다.

Tip '부정부사(never) + do/does/did + 주어 + 동사원형'의 도치 구문 알아 두기!

1 The company president clearly stated that the financial reimbursement of employees had to ------- on their previous experience and work productivity.

(A) bases
(B) be based
(C) basement
(D) based

2 After several months, Delicio Sweets had finally introduced a new product for vegetarians, but it did not ------- to target customers.

(A) appealing
(B) to appeal
(C) appeals
(D) appeal

3 VIP card members do not necessarily ------- up for the annual banquet in advance, since all of them are guaranteed a seat.

(A) to sign
(B) signing
(C) sign
(D) signed

쾽콕! 해설 강의

1. have to + 동사원형

조동사 have to(~해야만 한다) 뒤에는 동사원형이 나와야 하며 의미상 '~에 기초하다'가 되어야 하므로 수동태인 be based가 답이 됩니다. 정답은 (B)!

어휘 쾽콕!

'be based on(~에 기초하다)'을 묶음 표현으로 알아 두고, reimbursement(보상), work productivity(업무 생산성)는 자주 출제되는 어휘로 기억해 두세요.

clearly adv. 명확하게 state v. 언급하다

구문 해석 회사 사장이 명확하게 언급했다 / 직원들의 금전적인 보상은 반드시 기초해야 한다는 것을 / 그들의 이전 경력과 업무 생산성에

2. do/don't + 동사원형

부정문을 만드는 조동사 don't, doesn't, didn't 뒤에는 동사원형이 나와야 하므로 appeal이 답이 됩니다. 정답은 (D)!

어휘 쾽콕!

'appeal to + 명사(~의 관심을 끌다, ~에게 호소력을 가지다)'를 묶음 표현으로 기억해 두세요.

introduce v. 소개하다, 도입하다 vegetarian n. 채식주의자 target customer 대상 고객

구문 해석 수개월이 지난 후 / Delicio Sweets사는 드디어 출시했다 / 채식주의자들을 위한 새로운 제품을 / 하지만 대상 고객들의 관심을 끌지는 못했다

3. do/don't + (부사) + 동사원형

부사 necessarily(필수적으로)를 걸러 내면 조동사 do 뒤에는 동사원형이 나와야 하므로 sign이 답이 됩니다. 참고로 'not necessarily'는 '꼭 ~인 것은 아닌'으로 해석하세요. 정답은 (C)!

어휘 쾽콕!

'sign up for(~을 신청하다)', 'in advance(미리)'는 토익에서 매우 자주 볼 수 있는 표현들입니다.

necessarily adv. 필수적으로 banquet n. 연회 guarantee v. 보장하다

구문 해석 VIP 카드 회원들이 / 매년 열리는 연회를 꼭 신청하는 것은 아니다 / 미리 / 그들 모두가 좌석을 보장받기 때문에

정답 1. (B) 2. (D) 3. (C)

006 자동사는 목적어를 가지지 않는다.

Although the meeting ------- until after 9 P.M., the board members could not reach a unanimous decision on whether to hire a law firm.

(A) lasting   (B) lasted   (C) to last   (D) was lasted

포인트 해설	접속사 although 뒤에는 주어 + 동사의 절이 나와야 하기 때문에 빈칸은 주어 the meeting에 대한 동사 자리이다. last (지속되다)는 자동사로 목적어를 가지지 않으며 수동태로 쓸 수 없기 때문에 능동태 동사 lasted가 답이 된다. 정답은 (B).
구문 해석	회의가 지속되었음에도 불구하고 / 오후 9시 이후까지 / 이사회 임원들은 만장일치 결정에 도달할 수 없었다 / 법률 사무소를 고용할 것인지에 대한
어휘	until after ~ 이후까지 reach a decision 결정에 도달하다(cf. make a decision 결정을 하다) unanimous adj. 만장일치의 law firm 법률 사무소

 자동사는 목적어를 가지지 않는다. 대표적인 자동사 어휘를 미리 알아 두어야 한다.

arise 발생하다	exist 존재하다	happen 발생하다	peak 최고조에 달하다	rise 오르다
arrive 도착하다	expire 만료되다	last 지속되다	proceed 나아가다, 진행하다	take place 발생하다
deteriorate 악화되다	function 기능하다	occur 발생하다	remain 남아 있다	work 일하다

The popularity of the one-food diet **has risen** substantially over the last couple of years.
원 푸드 다이어트의 인기가 / 엄청나게 증가해 왔다 / 지난 2년 동안
▶ rise는 자동사이기 때문에 목적어를 가지지 않으며 수동태로 쓸 수 없다.
    Tip* rise(오르다)는 자동사, raise(올리다)는 타동사!

 '자동사 + 전치사'로 쓰이는 묶음 표현 뒤에는 전치사의 목적어가 나올 수 있다.

account for ~을 설명하다	deal with ~을 다루다	refrain from ~을 삼가다
appeal to ~에 호소하다	depend on ~에 의존하다(=rely on)	respond to ~에 반응하다(=reply to)
apply for ~에 신청하다/지원하다	dispose of ~을 버리다	result from ~이 원인이다
apply to ~에 적용하다	focus on ~에 집중하다(=concentrate on)	result in ~로 끝나다
benefit from ~로부터 혜택을 얻다	interfere with ~을 방해하다	specialize in ~에 전문화되어 있다
compete for ~을 위해 경쟁하다	invest in ~에 투자하다	subscribe to ~을 구독하다
compete with ~와 경쟁하다	participate in ~에 참석하다/참가하다(=attend)	succeed in ~에서 성공하다
comply with ~을 준수하다	proceed to ~로 나아가다	suffer from ~로부터 고통받다
consist of ~로 구성되다	proceed with ~을 진행하다	

The number of people who ~~subscribe~~(→ subscribe to) *Weekly News Tribune* is increasing for five consecutive months.
사람들의 수가 / *Weekly News Tribune*지를 구독하는 / 증가하고 있다 / 5개월 연속으로
▶ 'subscribe to(~을 구독하다, ~을 이용하다)'는 '자동사 + 전치사'의 묶음 표현으로 뒤에는 전치사 to의 목적어인 명사 *Weekly News Tribune*을 쓸 수 있다.

1 Contrary to the experts' expectation,
   the overall sales of 3D televisions have
   ------- dramatically over the last few months.

   (A) been risen
   (B) rose
   (C) risen
   (D) rising

2 The committee received a letter from
   Mr. Lopez indicating that he would ------- in
   the upcoming charity luncheon as a keynote
   speaker.

   (A) choose
   (B) participate
   (C) provide
   (D) attend

3 Many professionals believe that increasing
   carbon emissions ------- for recent climate
   change across the globe.

   (A) account
   (B) prescribe
   (C) notify
   (D) cause

핵콕! 해설 강의

1. 자동사의 have + p.p.

have를 보고 빈칸이 'have + p.p.'의 현재 완료 시제에 들어갈 p.p.자리임을 알 수 있어요. rise(오르다)는 대표적인 자동사이기 때문에 have been risen의 수동태는 될 수 없고 have risen의 능동태로 써야 합니다. 정답은 (C)!

> **어휘 핵콕!**
> 부사 dramatically는 '엄청나게, 극적으로'라는 의미로 'rise/increase dramatically(엄청나게 오르다/증가하다)'의 묶음 표현으로 기억해 두세요.
> contrary to ~와 반대로, ~에 대조적으로   expert n. 전문가   overall adj. 전반적인

구문 해석 전문가들의 예상과는 반대로 / 3D 텔레비전의 전반적인 판매량이 엄청나게 증가했다 / 지난 몇 달 동안

2. 자동사와 타동사 어휘

빈칸에 들어가는 동사 어휘를 고르는 문제입니다. 의미상 기조 연설자로 '참석한다'는 동사가 필요한데 빈칸 뒤의 전치사 in과 함께 쓰일 수 있는 participate이 답이 됩니다. 'participate in(~에 참석하다)'은 '자동사 + 전치사'의 형태로 뒤에 전치사 in의 목적어인 명사를 가질 수 있어요. attend는 타동사이므로 오답입니다. 정답은 (B)!

> **어휘 핵콕!**
> 'charity luncheon(자선 오찬)', 'keynote speaker(기조 연설자)'는 토익에서 자주 등장하는 어휘예요.
> committee n. 위원회   upcoming adj. 다가오는

구문 해석 위원회는 Mr. Lopez로부터 편지를 받았다 / 나타내는 (편지) / 다가오는 자선 오찬에 그가 참석하겠다는 것을 / 기조 연설자로서

3. 자동사 + 전치사

동사 어휘를 고르는 문제로 전치사 for와 함께 쓰이는 자동사를 골라야 해요. 'account for'는 '자동사 + 전치사'의 구조이며 '~을 설명하다'라는 그 뜻이 문맥상 적절하므로 account가 답이 됩니다. prescribe(처방하다), notify(알리다), cause(야기시키다)는 모두 타동사로 목적어를 가집니다. 정답은 (A)!

> **어휘 핵콕!**
> professional n. 전문가; adj. 전문적인   carbon emission 탄소 배출   across the globe 전 세계적으로

구문 해석 많은 전문가들이 믿고 있다 / 증가하는 탄소 배출이 설명한다고 / 최근의 전 세계적인 기후 변화를

정답 1. (C) 2. (B) 3. (A)

007 타동사 뒤에는 목적어인 명사구가 나온다.

The seminar to be held next Wednesday will be on how to reduce ------- in the office and save money.

(A) wasteful   (B) waste   (C) wasted   (D) wastefully

포인트 해설	reduce(~을 줄이다)는 타동사이므로 빈칸에는 목적어인 명사(구)가 들어가야 한다. waste는 동사로 '낭비하다'라는 뜻이 있지만 '낭비'라는 뜻의 명사로도 쓸 수 있다. 정답은 (B).
구문 해석	다음 주 수요일에 열리는 세미나는 / 어떻게 낭비를 줄이느냐에 관한 것이다 / 사무실에서 / 그리고 (어떻게) 돈을 절약하는가(에 관한 것이다)
어휘	on prep. ~에 관한 reduce v. 줄이다 wasteful adj. 낭비적인

 타동사는 목적어를 가질 수 있으며 목적어 자리에는 명사(구)가 나온다.

Visitors entering the museum are required to use ~~cautiously~~(→ caution) near fragile installations.
방문객들은 / 그 박물관에 들어가는 / 요구받는다 / 주의할 것을 / 깨지기 쉬운 설치물 근처에서
▶ 타동사 use(~을 사용하다)의 목적어 자리이므로 부사(cautiously)는 올 수 없고 명사(caution)를 써야 한다.
    Tip* 'use caution'은 '주의하다'라는 뜻의 묶음 표현!

To confirm ~~receive~~(→ receipt) of the order, please sign this form.
확인하기 위해 / 주문한 물건의 수령을 / 이 서식에 서명해 주세요
▶ 타동사 confirm(~을 확인하다)의 목적어 자리에 동사(receive)는 들어갈 수 없고 명사(receipt)를 써야 한다. receipt은 '영수증'이라는 뜻 이외에 '수령, 받음'이라는 뜻으로 쓸 수 있다.
    Tip* 'confirm receipt(=acknowledge receipt)'은 '수령을 확인해 주다'라는 뜻의 묶음 표현!

Staff are asked to pay a ~~visiting~~(→ visit) to the gallery which houses more than a hundred pieces of modern artwork.
직원들은 요청받았다 / 그 미술관에 방문하는 것을 / 100점 이상의 현대 미술 작품을 소장하고 있는 (미술관)
▶ 타동사 pay의 목적어 자리일 뿐 아니라 관사 a 뒤의 명사 자리이다. 동명사(visiting)는 관사 뒤에서 쓸 수 없다. visit은 '방문하다'라는 동사 이외에 '방문'이라는 명사로도 쓰인다.
    Tip* 'pay a visit'은 '방문을 지불하다'가 아닌 '방문하다'라는 뜻의 묶음 표현!

1 To enhance ------- at the airport, a new luggage check system will be adopted within a month.

(A) secure
(B) secured
(C) security
(D) securely

2 Located in the heart of the shopping district, the hotel provides direct ------- to the convention center and the zoo.

(A) accessibly
(B) access
(C) accessed
(D) accessible

3 The project team appreciates employees' ------- and cooperation to help maintain a safe environment during office construction.

(A) understood
(B) understands
(C) understandable
(D) understanding

콕콕! 해설 강의

1. 타동사 + 명사 목적어

빈칸은 타동사 enhance(~을 강화하다)의 목적어 자리로 명사 security(보안)가 답이 됩니다. 정답은 (C)!

┌─ 어휘 콕콕!
│ enhance(~을 강화하다), adopt(채택하다)는 토익에 자주 등장하는 동사 어휘들입니다.

구문 해석 공항에서의 보안을 강화하기 위해 / 새로운 수하물 검사 시스템이 채택될 것이다 / 한 달 이내로

2. 타동사 + 형용사 + 명사 목적어

타동사 provide(~을 제공하다)의 목적어 자리로 명사가 들어갈 자리예요. access는 '접근하다'라는 동사이지만 '접근'이라는 뜻의 명사로도 쓸 수 있기 때문에 답이 됩니다. 정답은 (B)!

┌─ 어휘 콕콕!
│ provide는 'provide A with B(A에게 B를 제공하다)'로 많이 쓰이지만 'provide + 목적어(~을 제공하다)'로도 쓸 수 있음을 기억해 두세요.
│ in the heart of ~의 중심에 district n. 지구, 지역 direct adj. 직접적인 access n. 접근; v. 접근하다 accessible adj. 접근 가능한

구문 해석 쇼핑 지구 중심에 위치한 / 그 호텔은 바로 접근할 수 있게 한다 / 컨벤션 센터와 동물원으로

3. 타동사 + 명사 목적어 and 명사 목적어

타동사 appreciate(~을 고마워하다)의 목적어인 명사를 고르는 문제입니다. 빈칸에 들어갈 명사와 cooperation(협력)은 등위 접속사 and로 나란히 연결됩니다. understanding은 '이해심 많은'이라는 형용사 이외에 '이해(심)'이라는 뜻의 명사로도 쓰이므로 답이 됩니다. 정답은 (D)!

┌─ 어휘 콕콕!
│ 형용사 understanding(이해심 많은)과 형용사 understandable(이해할 수 있는)은 비슷하게 생긴 형용사 어휘로 기억해 두세요.
│ appreciate v. ~을 고마워하다, 진가를 알아보다 cooperation n. 협력 maintain v. 유지하다

구문 해석 그 프로젝트 팀은 고마워한다 / 직원들의 이해심과 협력을 / 안전한 환경을 유지하는 것을 도와주는 것에 대해 / 사무실 공사 중에

정답 1. (C) 2. (B) 3. (D)

008 동사는 주어에 수일치한다.

With mass production, Freshbuy Farms, just like other companies in the food industry, ------- it possible to offer its products at low prices.

(A) are making   (B) make   (C) will be made   (D) has made

....

포인트 해설	전치사 like(~처럼)가 이끄는 수식어 거품을 걸러 내면 주어는 Freshbuy Farms이고 동사는 빈칸이다. Freshbuy Farms와 같은 회사 이름이나 사람 이름 등의 고유 명사가 주어로 오면 -s가 붙어도 단수 취급하기 때문에 빈칸에는 단수 동사가 들어가야 한다. 또한 빈칸 뒤에 목적어 it이 있으므로 능동태 동사가 들어가야 한다. 정답은 (D).
구문 해석	대량 생산으로 / Freshbuy Farms사는 / 식품업계의 다른 기업들과 마찬가지로 / 가능하게 해왔다 / 제품을 제공하는 것을 / 낮은 가격으로
어휘	mass production 대량 생산 just like ~와 마찬가지로 make it possible to do ~하는 것을 가능하게 하다

 주어와 동사는 수일치해야 하며, 이때 주어와 동사 사이에 나오는 수식어 거품에 주의해야 한다.

__Dream Mentors__, established in Detroit in the 1960s, ~~have been dedicated~~(→ has been dedicated) to supporting our children's dreams by providing one-on-one mentoring programs.

Dream Mentors는 / 1960년대 디트로이트에 설립된 / 전념해 왔다 / 아이들의 꿈을 후원하는 것에 / 일대일 멘토링 프로그램을 제공함으로써

▶ 주어를 수식하는 분사구(established in Detroit in the 1960s) 수식어 거품을 걸러 내면 주어는 Dream Mentors이다. Dream Mentors와 같은 고유 명사는 단수 취급하므로 have가 아닌 has를 써야 한다.

Tip 사람 이름, 회사명과 같은 고유 명사는 무조건 단수 취급!

 주의해야 할 주어 표현들

each of the neither of the the number of one of the + 복수 명사 + 단수 동사	a couple of a number of + 복수 명사 + 복수 동사 a variety of

__Each of the company's appliances__ ~~come~~(→ comes) with a manual and is under a one-year warranty.

그 회사 가전제품들의 각각은 / 설명서와 함께 나온다 / 그리고 1년 품질 보증을 받는다

▶ 주어가 'each of the + 복수 명사(~의 각각)'일 때에는 each가 핵심 주어이다. each는 단수 취급하기 때문에 단수 동사 comes를 써야 한다.

__A variety of factors__ ~~was~~(→ were) attributed to high life expectancy among women.

다양한 요소들이 원인이 되었다 / 높은 평균 수명의 (원인) / 여성들 사이에서

▶ 주어가 'a variety of + 복수 명사(다양한 ~들)'로 복수 취급하기 때문에 복수 동사 were를 써야 한다.

1 A healthy and balanced diet, in addition to physical activities, ------- the most important thing to be in shape.

(A) to be
(B) is
(C) being
(D) have been

2 Submissions for the Fifth Annual Writing Festival, which will be held on April 3, ------- via e-mail.

(A) is accepting
(B) will accept
(C) has to accept
(D) are being accepted

3 One of the most favorite tourist ------- in the city is Island Theme Park, where you can enjoy horse riding, water sports, and carnival games.

(A) attraction
(B) attractive
(C) attractions
(D) attracted

008

스타토익 필수 문법 공식 Part 5&6

 해설 강의

1. 주어 + 수식어구 + 동사
수식어 거품인 전치사구(in addition to physical activities)를 걸러 내면 주어는 a healthy and balanced diet예요. 따라서 주어인 단수 명사에 맞는 동사 is가 답이 됩니다. 정답은 (B)!

어휘
'in addition to(~에 더하여)'는 토익에서 단골로 등장하는 전치사 어휘이므로 기억해 두세요.
balanced adj. 균형 잡힌 physical activity 신체 활동 be in shape 몸매를 유지하다, 건강을 유지하다

구문 해석 건강하고 균형 잡힌 식단은 / 신체 활동에 더하여 / 가장 중요한 것이다 / 몸매를 유지하기 위한

2. 주어 + 수식어구 + 동사
수식어 거품인 전치사구(for the Fifth Annual Writing Festival)와 관계절(which will be held on April 3)을 걸러 내면, 주어가 submissions(제출물) 복수 명사임을 알 수 있고 빈칸에는 복수 동사가 들어가야 합니다. 의미상, 주어인 제출물(submissions)이 '받아진다'라는 수동의 의미이므로 수동태 동사인 are being accepted가 답이 됩니다. 'be being + p.p.(~가 되고 있는 중이다)'는 진행 수동형으로 are being accepted는 '받아들여지고 있는 중이다'로 해석하세요. 정답은 (D)!

어휘
명사 submission은 '제출' 이외에 '제출물, 제출 서류'라는 의미로도 쓸 수 있음을 기억해 두세요.
via prep. ~을 통해서 accept v. 받아들이다

구문 해석 제출물들이 / 제5회 연례 글짓기 대회를 위한 / 4월 3일에 열리는 / 받아들여지고 있는 중입니다 / 이메일을 통해서

3. One of the + 복수 명사 + 단수 동사
'one of the + 복수 명사(~ 중에 하나) + 단수 동사'에 따라 동사는 단수 동사 is가 나왔으며 복수 명사인 attractions가 답이 됩니다. 정답은 (C)!

어휘
tourist attraction(관광 명소)은 tourist destination(관광지)과 함께 토익에서 자주 등장하는 어휘입니다.
horse riding 말타기

구문 해석 가장 인기 있는 관광 명소들 중에 하나는 / 그 도시에서 / Island 테마파크이다 / (그곳에서) 즐길 수 있다 / 말타기, 해양 스포츠 그리고 축제 게임들을

정답 1. (B) 2. (D) 3. (C)

009 4형식 동사는 목적어를 2개 가진다.

None of the dental clinics Mr. Rush contacted offered ------- a job, but they said they would keep his résumé for future reference.

(A) him   (B) his   (C) he   (D) his own

포인트 해설	offer는 4형식 동사이므로 'offer + 간접 목적어 + 직접 목적어(~에게 …을 제안하다)'의 구문을 가질 수 있다. 빈칸은 간접 목적어, a job은 직접 목적어이다. 따라서 빈칸에 목적격 대명사 him이 들어갈 수 있다. 정답은 (A).
구문 해석	어떤 치과 병원도 / Mr. Rush가 연락했던 / 그에게 일자리를 제안하지 않았다 / 하지만 / 그들은 말했다 / 그의 이력서를 보관해 둘 것이라고 / 나중에 참고할 수 있도록
어휘	contact v. 연락하다, 접촉하다 for future reference 나중에 참고할 수 있도록

 4형식 동사는 '동사 + 간접 목적어 + 직접 목적어'의 구문으로 쓰여 목적어 2개를 가진다.

award 수여하다	give 주다	grant 허락하다	owe 빚지다	show 보여주다	+ 간접 목적어 + 직접 목적어
bring 가져오다	forward 보내다	offer 제공하다	send 보내다		

Mr. Sutherland gave his assistant a list of errors found in the report.
Mr. Sutherland가 그의 비서에게 주었다 / 오류 목록을 / 보고서에서 발견된
▶ give는 4형식 동사로 '동사(give) + 간접 목적어(his assistant) + 직접 목적어(a list of errors)'의 구문으로 쓰였다.

 3형식 동사와 4형식 동사를 구별해야 한다.

3형식	announce 발표하다	explain 설명하다	say 말하다	recommend 권장하다	+ (to + 명사) + 목적어(that절)
	describe 설명하다	mention 언급하다	suggest 제안하다		
4형식	advise 조언하다	convince 확신하다	notify 알리다	tell 말하다	+ 간접 목적어 + 직접 목적어(that절)
	assure 장담하다	inform 알리다	remind 상기시키다		

Victoria mentioned to the restaurant manager that it was her birthday, and she was treated to a complimentary dessert.
Victoria가 식당 지배인에게 언급했다 / 그녀의 생일이라고 / 그리고 무료 디저트를 대접받았다
▶ mention(언급하다)은 3형식 동사이므로 '동사(mention) + 목적어(that절)'의 구문이 쓰였으며 중간에 들어간 전치사구(to the restaurant manager)는 수식어 거품이다.
   Tip* '주어 + 동사 + that절'은 that절을 목적어로 사용한 3형식 구문임을 알아 두기!

SecureCom assured its customers that it would provide faultless security service 24 hours a day, 7 days a week.
SecureCom사는 고객들에게 장담했다 / 결함 없는 보안 서비스를 제공하겠다는 것을 / 일주일 7일 동안 하루 24시간 내내
▶ assure(장담하다)는 4형식 동사로 '동사(assure) + 간접 목적어(its customers) + 직접 목적어(that절)'의 구문으로 쓰인다.
   Tip* '주어 + 동사 + 간접 목적어 + that절'은 that절을 직접 목적어로 사용한 4형식 구문임을 알아 두기!

1 Just as customers had requested, the department store will be forwarding ------- a new catalogue for the spring season as soon as possible.

(A) their
(B) them
(C) theirs
(D) they

2 By hiring a world famous chef, Central Pacific Airlines will be able to ------- its passengers more diverse meal options.

(A) provide
(B) develop
(C) release
(D) offer

3 Jero Fitness has ------- its members that it will undergo renovation for a week to expand its workout space.

(A) announced
(B) informed
(C) mentioned
(D) suggested

009

스타토익 필수 문법 양식 Part 5&6

콕콕! 해설 강의

1. 4형식 동사 + 간접 목적어 + 직접 목적어
forward(보내다)가 4형식 동사로 쓰인 '동사(forward) + 간접 목적어(_____) + 직접 목적어(a new catalogue)'의 구문이기 때문에, 빈칸은 간접 목적어 자리예요. theirs(그들의 것)는 목적어 자리에 올 수 있지만, '그들의 것에게'라는 의미가 적절하지 않습니다. '그들에게'라는 뜻에 적합한 목적격 대명사 them이 답이 됩니다. 정답은 (B)!

어휘 콕콕!
forward는 'step forward(앞으로 나아가다)'와 같이 '앞으로'라는 뜻의 부사로 쓰일 수 있지만, 동사로 '(물건, 정보를) 보내다, 전송하다'라는 뜻으로도 쓸 수 있음을 기억하세요.

구문 해석 고객들이 요청한대로 / 그 백화점은 보낼 것이다 / 그들에게 새로운 카탈로그를 / 봄 시즌을 위한 / 가능한 한 빨리

2. 3형식 동사와 4형식 동사
빈칸은 4형식 동사 자리로 '동사(_____) + 간접 목적어(its passengers) + 직접 목적어(more diverse meal options)'의 구문을 가지는 것을 파악해야 해요. provide(제공하다)는 'provide A with B(A에게 B를 제공하다)'로 쓰기 때문에 빈칸에 들어갈 수 없고, 4형식 동사 offer(제공하다)가 답이 됩니다. 정답은 (D)!

어휘 콕콕!
hire(고용하다), develop(개발하다), release(공개하다, 출시하다)는 토익에 자주 등장하는 동사 어휘들입니다.
chef n. 요리사 **passenger** n. 승객 **diverse** adj. 다양한

구문 해석 세계적으로 유명한 요리사를 고용함으로써 / Central Pacific 항공사는 제공할 수 있을 것이다 / 승객들에게 더 다양한 식사 선택권을

3. 4형식 동사 + 간접 목적어 + 직접 목적어(that절)
'동사(_____) + 간접 목적어(its members) + 직접 목적어(that절)'의 구문을 보고 빈칸에 4형식 동사 어휘가 들어가는 것을 파악할 수 있습니다. announce(발표하다), mention(언급하다), suggest(제안하다)는 모두 3형식 동사로 답이 될 수 없어요. inform(알리다)은 4형식 동사로 답이 됩니다. 정답은 (B)!

어휘 콕콕!
undergo는 '(변화 등을) 겪다'라는 뜻으로 'undergo renovation(보수 공사를 하다)'의 묶음 표현을 알아 두는 것이 좋아요.
expand v. 확장하다 **workout** n. 운동

구문 해석 Jero Fitness는 회원들에게 알렸다 / 보수 공사를 할 것이라고 / 일주일 동안 / 운동 공간을 확장하기 위해

정답 1. (B) 2. (D) 3. (B)

keep, consider, find는 목적 보어 자리에 형용사를 가진다.

All the attendees said that they found the seminar on recent market trend very ------- and helpful.

(A) informative   (B) information   (C) inform   (D) informs

포인트 해설   find(알게 되다)는 5형식 동사로 '동사(find) + 목적어(the seminar) + 목적격 보어(very _____ and helpful)'의 구문이 쓰인 문장이다. 따라서 빈칸은 find의 목적격 보어이면서 동시에 helpful과 대등하게 연결될 수 있는 형용사가 들어갈 자리 이다. 정답은 (A).

구문 해설   모든 참석자들이 말했다 / 그들이 알게 되었다고 / 최근 시장 동향에 관한 세미나가 / 매우 유익하고 도움이 된다는 것을

어휘   attendee n. 참석자(cf. attendance 참석)   helpful adj. 도움이 되는   informative adj. 유익한

 형용사 보어를 가지는 5형식 동사가 있다.

consider ~을 …한 상태로 생각하다	keep ~을 …한 상태로 유지하다	leave ~을 …한 상태로 있게 하다
find ~가 …한 상태임을 알게 되다	make ~을 …한 상태로 만들다	+ 목적어 + 목적격 보어(형용사)

We <u>keep</u> customer information confidential and ensure that it is not released to third parties.
우리는 고객 정보를 기밀 상태로 유지합니다 / 그리고 보장합니다 / 공개되지 않는 것을 / 제3자에게
▶ keep 동사의 5형식 구문으로 목적격 보어 자리에 형용사(confidential)가 나와서 고객 정보를 '기밀인 상태'로 유지한다는 의미가 된다.
     Tip '주어 + 동사 + 목적어 + 형용사 목적 보어'는 형용사 목적 보어가 목적어의 상태를 설명해 주는 5형식 구문!

News of the recent passing of the medical bill <u>left</u> senior citizens very excited.
소식이 / 최근의 의료법 통과에 대한 / 노인들을 매우 좋아하는 상태로 있게 하였다
▶ leave 동사의 5형식 구문으로 목적격 보어 자리에 형용사(excited)가 나와서 노인들을 '좋아하는 상태'로 있게 하였다는 의미이다.

 명사 보어를 가지는 5형식 동사가 있다.

call ~을 …라고 부르다	elect ~을 …로 선출하다	
consider ~을 …라고 생각하다	make ~을 …로 만들다	+ 목적어 + 목적격 보어(명사)

Months of renovation <u>have made</u> the house one of the most highly-valued properties in the town.
수개월 동안의 보수 공사가 만들었다 / 그 집을 가장 높이 평가받는 부동산 중에 하나로 / 그 마을에서
▶ 목적격 보어로 명사(one of the most highly-valued properties)가 나오면 목적어와 동격이 되어 'the house(집)=one of the most highly-valued properties(가장 높이 평가받는 부동산 중에 하나)'의 관계가 된다.
     Tip '주어 + 동사 + 목적어 + 명사 목적 보어'는 목적어와 명사 목적 보어가 동격인 5형식 구문!

1 Many citizens considered it ------- for the developer to build the single largest shopping complex in the region in just one year.

(A) impossibility
(B) impossibly
(C) impossible
(D) most impossibly

2 Good reference letters from previous employers have made Mr. Liu a favorable ------- for the position.

(A) applicant
(B) applied
(C) applying
(D) application

3 The news that most of the national parks will be closed indefinitely has ------- both locals and tourists shocked.

(A) forced
(B) looked
(C) created
(D) left

🗯 해설 강의

1. 5형식 동사 + 가목적어 + 형용사 보어 + 진목적어

'consider + 가목적어(it) + 목적격 보어(_____) + 진목적어(to 부정사 이하)' 구문임을 파악할 수 있어야 합니다. consider는 목적격 보어 자리에 형용사나 명사를 가질 수 있는데, 의미상 쇼핑 단지 건설이 '불가능한 상태'라는 뜻이므로 형용사 보어 impossible(불가능한)이 답이 됩니다. 정답은 (C)!

┌ 어휘 🗯 ─
'make it possible/impossible to do(~하는 것을 가능하게/불가능하게 하다)'는 토익에서 단골로 등장하는 가목적어, 진목적어의 묶음 표현이므로 기억해 두어야 합니다.
citizen n. 시민 single adj. 단 하나의 complex n. 단지, 복합 건물
└

구문 해석 많은 시민들이 불가능한 것으로 여겼다 / 개발업체가 단 하나의 최대 규모의 쇼핑 단지를 건설하는 것을 / 그 지역에 / 겨우 일년 만에

2. 5형식 동사 + 목적어 + 명사 보어

make 동사의 5형식 구문으로 빈칸은 목적격 보어 자리입니다. make는 명사와 형용사를 모두 목적격 보어로 가질 수 있지만, 관사 a 뒤에는 명사가 나와야 해요. application은 '지원(서)'라는 뜻으로 답이 될 수 없고, '지원자'라는 뜻의 applicant가 답이 됩니다. 정답은 (A)!

┌ 어휘 🗯 ─
reference letter 추천서 previous employer 이전 고용주 favorable adj. 유망한, 유리한
└

구문 해석 좋은 추천서들이 / 이전 고용주들로부터의 / Mr. Liu를 유망한 지원자로 만들었다 / 그 직책에

3. 5형식 동사 어휘

빈칸에 들어가는 동사는 목적어(both locals and tourists)와 목적격 보어(shocked)를 가지는 5형식 동사로 목적격 보어 자리에 형용사(shocked)를 가질 수 있어야 해요. force는 5형식 동사로 쓰일 때 목적격 보어 자리에 to 부정사를 가지며, look은 자동사, create은 3형식 동사로 답이 될 수 없습니다. 5형식 동사로 형용사 보어를 가지는 leave가 답이 됩니다. 정답은 (D)!

┌ 어휘 🗯 ─
형용사 shocked(충격받은)는 shocking(충격적인)과 구별해서 알아 두어야 할 어휘입니다.
national park 국립 공원 indefinitely adv. 무기한으로
└

구문 해석 그 뉴스는 / 대부분의 국립 공원이 무기한으로 문을 닫을 것이라는 (뉴스) / 지역 주민들과 관광객들을 모두 충격에 빠뜨렸다

정답 1. (C) 2. (A) 3. (D)

[문장 패턴] 주어, 동사, 목적어, 보어

011 allow는 to 부정사를 목적 보어로 가지는 대표적인 5형식 동사이다.

The museum doesn't allow visitors ------- food or drinks into the building as a protective measure for its paintings.

(A) bring   (B) bringing   (C) brings   (D) to bring

··

포인트 해설 allow(허용하다)는 5형식 동사로 'allow + 목적어(visitors) + 목적격 보어(_____)'의 구문으로 쓰이는데, 목적격 보어 자리에 to 부정사를 가질 수 있으므로 to bring이 빈칸에 들어가야 한다. 정답은 (D).

구문 해석 그 박물관은 허용하지 않는다 / 방문객들이 음식물이나 음료수를 가져오는 것을 / 건물 안으로 / 그림들에 대한 보호 방안으로

어휘 protective adj. 보호하는   painting n. 그림

---

 to 부정사를 목적격 보어로 가지는 동사들을 알아 두어야 한다.

허락	allow 허락하다	enable 가능하게 하다	permit 허락하다	
요청	ask 요청하다	force 강요하다	invite 요청하다	require 요구하다
촉구	persuade 설득하다	prompt 촉구하다	urge 설득하다	
권장	encourage 권장하다	expect 기대하다	promote 장려하다	want 원하다 would like 바라다
지시	advise 충고하다	instruct 지시하다	tell 지시하다	

I would like our loyal customers such as you ~~coming~~(→ to come) to the Christmas party which will be held on December 24th at our main office.
저는 바랍니다 / 귀하와 같은 중요 고객이 / 크리스마스 파티에 오시는 것을 / 12월 24일에 열리는 / 저희 본사에서
▶ 'would like + 목적어 + 목적격 보어(~가 …하기를 바라다)'의 5형식 구문에서는 목적격 보어 자리에 to 부정사를 쓴다. 이 자리에 coming 형태는 쓸 수 없다.

Mr. York invited Professor Calvin Kim ~~come~~(→ to come) and speak at the 10th Annual Medical Conference in Seoul.
Mr. York는 요청했다 / Calvin Kim 교수가 와서 연설해 줄 것을 / 제10회 연례 의학 회담에 / 서울에서 열리는
▶ 'invite + 목적어 + 목적격 보어(~로 하여금 …하도록 요청하다)'의 5형식 구문에서는 목적격 보어 자리에 to 부정사를 쓴다. 이 자리에 동사원형 come은 쓸 수 없다.

 ask(요청하다), expect(기대하다), would like(바라다), want(원하다)는 ask to 부정사, expect to 부정사, would like to 부정사, want to 부정사의 3형식 구문으로 to 부정사를 목적어로 바로 가질 수도 있다.

ask to meet Ms. Howard in the lobby
Ms. Howard를 로비에서 볼 것을 요청하다 (to 부정사 목적어)

ask Mr. King to transcribe the interview
Mr. King에게 면접을 기록할 것을 요청하다 (to 부정사 목적격 보어)

expect to retain the workers
그 직원들을 계속 고용할 것을 기대하다 (to 부정사 목적어)

expect Gail to be present at the banquet
Gail이 연회에 참석할 것을 기대하다 (to 부정사 목적격 보어)

1 By providing financial assistance for tuition, the company encourages its employees to ------- back to school for further education.

(A) go
(B) gone
(C) going
(D) went

2 The store requires shoppers ------- big bags such as backpacks at the security desk right beside the front gate.

(A) leaving
(B) to leave
(C) left
(D) be left

3 The CEO ------- Mr. Hill to oversee the negotiation process in place of Ms. Nelson, who was on a business trip in Europe.

(A) explained
(B) provided
(C) suggested
(D) told

해설 강의

1. 동사 + 목적어 + to 부정사 목적격 보어

'encourage(권장하다) + 목적어(its employees) + 목적격 보어(_____)'의 5형식 구문으로, 목적격 보어 자리에는 to 부정사가 들어가기 때문에 to 뒤에 들어갈 동사원형 go가 답이 됩니다. 정답은 (A)!

> **어휘**
> 'financial assistance(재정적인 지원)'는 토익에서 자주 등장하는 묶음 표현이므로 기억해 두세요.
> tuition n. 학비

구문 해석 재정적인 지원을 해줌으로써 / 학비에 대한 / 그 회사는 권장한다 / 직원들이 학교로 돌아갈 것을 / 성인 교육을 위해

2. 동사 + 목적어 + to 부정사 목적격 보어

5형식 동사 require는 'require(요구하다) + 목적어(shoppers) + 목적격 보어(_____)'의 구문으로 쓰이기 때문에 목적격 보어 자리인 빈칸에는 to 부정사인 to leave가 답이 됩니다. 정답은 (B)!

> **어휘**
> 'such as(~와 같은)', 'right beside(~의 바로 옆에)'는 토익에서 단골로 출제되는 전치사 표현들이에요.
> security n. 보안 leave v. 두다, 남겨 두다

구문 해석 그 상점은 요구한다 / 쇼핑객들에게 그들의 큰 가방을 두고 올 것을 / 배낭과 같은 / 보안 데스크에다가 / 출입구 바로 옆에 있는

3. 5형식 동사 어휘

'동사(_____) + 목적어(Mr. Hill) + 목적격 보어(to oversee)'의 구문을 가질 수 있는 5형식 동사가 빈칸에 들어가야 합니다. explain(설명하다), provide(제공하다), suggest(제안하다)는 모두 3형식 동사이므로 답이 될 수 없어요. tell(지시하다)은 'tell + 간접 목적어 + 직접 목적어'의 4형식으로 쓰일 뿐 아니라 'tell + 목적어 + 목적격 보어(to 부정사)'의 5형식으로도 쓸 수 있으므로 답이 됩니다. 정답은 (D)!

> **어휘**
> oversee(감독하다)는 supervise(감독하다)와 같은 뜻의 동사 어휘로 토익에서 자주 등장해요.
> negotiation process 협상 과정 in place of ~을 대신하여

구문 해석 CEO가 Mr. Hill에게 지시했다 / 협상 과정을 감독하라고 / Ms. Nelson을 대신하여 / 유럽에서 출장 중이었던

정답 1. (A) 2. (B) 3. (D)

012 5형식 동사의 수동태 뒤에는 목적 보어가 나온다.

Participants in the auction are encouraged ------- the organization's new online system to register for the event.

(A) using   (B) to use   (C) uses   (D) used

....

포인트 해설   encourage(권장하다)는 5형식 동사로 목적 보어 자리에 to 부정사를 가진다. 목적어(participants in the auction)가 주어로 나와 수동태가 되면 'be encouraged to 부정사'로 to 부정사 목적 보어는 뒤에 남게 된다. 정답은 (B).

구문 해석   경매 참가자들은 권장받는다 / 그 단체의 새로운 온라인 시스템을 이용할 것을 / 행사에 등록하기 위해

어휘   participant n. 참가자

 5형식 동사 구문에서 목적어가 주어로 나와 수동태가 되면 목적격 보어는 뒤에 남는다.

Jamie Chang <u>has been considered</u> one of the most talented Asian actresses in Hollywood.
Jamie Chang은 여겨져 왔다 / 가장 재능 있는 아시아 여배우 중 한 명으로 / 할리우드에서

▶ 'consider(고려하다) + 목적어 + 목적격 보어'의 5형식 구문에서 목적어(Jamie Chang)가 주어로 나와 수동태가 되면 목적격 보어 (one of the most talented Asian actresses)는 뒤에 남게 된다.

     Tip* 'be considered + 명사 보어(~라고 여겨지다)'의 구문으로 알아 두기!

The templates you received from Mr. Gates <u>should be kept</u> confidential.
그 모형들은 / 당신이 Mr. Gates로부터 받은 / 기밀로 유지되어야만 한다

▶ 'keep(유지하다) + 목적어 + 목적격 보어'의 5형식 구문에서 목적어(the templates you received from Mr. Gates)가 주어로 나와 수동태가 되면 목적격 보어(confidential)는 뒤에 남을 수 있다.

     Tip* 'be kept + 형용사 보어(~한 상태로 유지되다)'의 구문으로 알아 두기!

 to 부정사를 목적격 보어로 가지는 동사의 수동태를 기억해 두어야 한다.

be allowed to do ~할 것을 허용받다	be forced to do ~할 것을 강요받다	be required to do ~할 것을 요구받다
be asked to do ~할 것을 요청받다	be instructed to do ~할 것을 지시받다	be told to do ~할 것을 당부받다
be enabled to do ~하는 것이 가능하게 되다	be invited to do ~할 것을 요청받다	be urged to do ~할 것을 권고받다
be encouraged to do ~할 것을 권장받다	be prompted to do ~할 것을 촉구받다	
be expected to do ~할 것이 기대되다	be requested to do ~할 것을 요구받다	

Mr. Wood <u>was asked</u> to submit all his receipts to receive reimbursement.
Mr. Wood는 요청받았다 / 모든 영수증을 제출할 것을 / 상환을 받기 위해

▶ 원래 문장은 'ask(요청하다) + 목적어(Mr. Wood) + 목적격 보어(to submit)'의 5형식인데, 목적어가 주어로 나오면서 수동태가 되고 그 뒤에 목적격 보어(to submit)가 남았다.

1 It is considered ------- that the owner charges tenants for the repairs less normal wear.

(A) acceptable
(B) acceptably
(C) acceptance
(D) accept

2 Detailed information on what volunteers are ------- to do at the event can be found on the company's Web site.

(A) expects
(B) expectation
(C) expecting
(D) expected

3 Under the law, employers are ------- to periodically report the cost of health coverage for their employees to the state government.

(A) responded
(B) allocated
(C) required
(D) scrutinized

획!흑! 해설 강의

1. 가주어(it) + be + p.p. + 형용사 보어 + 진주어(that절)
능동태 문장은 'consider + 가목적어(it) + 목적격 보어(acceptable) + 진목적어(that절)'의 5형식 구문으로 가목적어 it이 주어가 되어 수동태가 되면 '가주어(it) + be considered + 목적격 보어(acceptable) + 진주어(that절)'의 구문이 될 수 있습니다. 빈칸에는 수동태 동사 뒤에 남은 형용사 목적격 보어 acceptable이 들어가겠죠? 정답은 (A)!

> **어휘 획!흑!**
> less와 wear는 각각 '더 적게', '입다'라는 기본 뜻 이외에 less는 '~을 빼고', wear는 '낡음'이라는 뜻으로도 쓰이는 어휘임을 기억해 두어야 합니다.
> **repair** n. 수리 **acceptable** adj. 용납할 수 있는

구문 해석 용납할 수 있는 것으로 여겨진다 / 집주인이 세입자에게 청구하는 것이 / 수리에 대해 / 자연스럽게 낡아진 것을 제외한

2. 주어 + be + p.p. + to 부정사 보어
의미상, 주어인 자원봉사자들이 할 것으로 '예상되다'라는 수동태가 적절합니다. expect(예상하다)는 5형식 동사로 목적어(volunteers)가 주어가 되어 수동태가 되어도 목적격 보어인 to 부정사(to do)는 뒤에 남게 돼요. 따라서 수동태를 만드는 p.p.형인 expected가 답이 됩니다. 정답은 (D)!

> **어휘 획!흑!**
> detailed(세부적인)는 'detailed information(세부적인 정보)'의 묶음 표현으로 토익에 자주 등장합니다.
> **volunteer** n. 자원봉사자

구문 해석 세부적인 정보가 / 자원봉사자들이 할 것으로 예상되는 것에 대한 / 그 행사에서 / 찾을 수 있다 / 회사 웹사이트에서

3. 5형식 동사 어휘
의미상 '법적으로 요구받는다'는 수동태가 적절하겠죠? 빈칸에 들어가는 동사는 수동태일 때 뒤에 to 부정사 보어(to report)를 가질 수 있어야 해요. 자동사 respond(응답하다)와 3형식 동사 allocate(할당하다), scrutinize(면밀히 조사하다)는 답이 될 수 없습니다. 5형식 동사로 to 부정사를 목적격 보어로 가지는 require가 답이 됩니다. 정답은 (C)!

> **어휘 획!흑!**
> 전치사 under는 '(법이나 규정) 하에서'라는 의미로 자주 쓰여요. 'under the law(법적으로, 그 법 아래에서)'를 묶음 표현으로 알아 두세요.
> **periodically** adv. 정기적으로 **coverage** n. (보험 등의) 보상 범위 **respond** v. 응답하다 **allocate** v. 할당하다 **scrutinize** v. 면밀히 조사하다

구문 해석 법적으로 / 고용주들은 요구받는다 / 정기적으로 보고할 것을 / 건강 보험 비용을 / 그들의 직원들을 위한 / 주 정부에

정답 1. (A) 2. (D) 3. (C)

013 가짜 목적어는 5형식 구문에서 쓸 수 있다.

To the surprise of the medical staff, the new system has made ------- possible to take care of patients much more effectively and quickly in the emergency room.

(A) them　　　　　　　(B) it　　　　　　　(C) us　　　　　　　(D) him

....

포인트 해설　'make + 목적어(_____) + 목적격 보어(possible)'의 5형식 구문으로 해석상 '환자를 돌보는 것을(to take care of patients) 가능하게 한다'는 뜻이기 때문에 to 부정사 이하가 진목적어임을 알 수 있다. 따라서 빈칸에는 진목적어를 대신할 가목적어 it이 들어가야 한다. 정답은 (B).

구문 해석　의료진이 놀라게도 / 새로운 시스템은 가능하게 하였다 / 환자를 돌보는 것을 / 훨씬 더 효과적이고 빠르게 / 응급실에서

어휘　to the surprise of ~가 놀라게도(=to one's surprise)　medical staff 의료진　take care of 돌보다　effectively adv. 효과적으로

 '동사 + 가목적어(it) + 목적격 보어 + 진목적어(to 부정사/that절)'의 5형식 구문에서는 진목적어인 to 부정사 혹은 that절이 목적격 보어 뒤의 자리로 이동하고 그 자리에 대신 가목적어 it이 쓰인다.

Directors always consider it important that eligible employees get sufficient financial benefits.
이사들은 항상 중요하다고 생각한다 / 자격이 있는 직원들이 충분한 재정적 혜택을 받는 것을
▶ consider의 5형식 구문에서는 진목적어인 that절이 목적격 보어(important) 뒤로 이동하고 그 자리에 대신 가목적어 it이 올 수 있다.

Recently, manufacturers found it profitable to market flavored olive oil all over the Europe, especially in Italy.
최근에 / 제조업자들은 수익성이 좋다는 것을 알게 되었다 / 맛이 가미된 올리브유를 판매하는 것이 / 유럽 전역에서 / 특히 이탈리아에서
▶ find의 5형식 구문에서는 진목적어인 to 부정사가 목적격 보어(profitable) 뒤로 이동하고 그 자리에 가목적어 it이 대신 올 수 있다.

 진목적어인 to 부정사의 의미상 주어로 'for + 명사'가 나올 수 있다.

Professor Casken's innovative teaching skills have made it possible for students to actively participate in the class.
Casken 교수의 혁신적인 강의 기술은 가능하게 하였다 / 학생들이 / 적극적으로 참여하는 것을 / 수업에
▶ 'make + 가목적어(it) + 목적격 보어(possible) + for + 명사 + 진목적어(to 부정사)'의 5형식 구문으로 진목적어인 to 부정사의 의미상 주어로 'for + 명사(for students)'가 나왔다.

　Tip* 'make it possible to do(~을 가능하게 하다)'를 묶음 표현으로 기억해 두기!

1 The software has made it possible for management ------- any contractual agreement that has expired for future reference.

(A) keeps
(B) to keep
(C) kept
(D) keeping

2 The CEO made it clear to shareholders ------- the company cannot generate enough revenue to offset the heavy investment made to expand its factory.

(A) to
(B) about
(C) for
(D) that

3 Supervisors have found it ------- to recognize employees' dedication and commitment to boost morale and increase staff productivity.

(A) essentiality
(B) essence
(C) essential
(D) essentially

찍!훅! 해설 강의

1. for + 명사 + to 부정사

'make + 목적어(it) + 목적격 보어(possible)'의 5형식 구문에서 가목적어 it이 쓰였기 때문에 빈칸은 진목적어인 to 부정사의 자리이며 to keep이 답이 됩니다. 참고로 의미상 주어(for management)와 to 부정사(to keep)는 '경영진이 보관하다'라는 주어, 동사의 관계로 해석합니다. 정답은 (B)!

> **어휘 찍!훅!**
> 'for future reference(후에 참고할 수 있도록, 훗날을 위해)'는 토익에 자주 등장하는 묶음 표현이므로 기억해 두세요.
> **management** n. 경영(진), 관리(진) **contractual** adj. 계약상의 **agreement** n. 계약(서), 협정

구문 해석 그 소프트웨어는 가능하게 해왔다 / 경영진이 보관하는 것을 / 어느 계약서든지 / 만료된 / 후에 참고할 수 있도록

2. 동사 + 가목적어(it) + 목적격 보어 + 진목적어(that절)

'make + 가목적어(it) + 목적격 보어(clear) + 진목적어'의 구문임을 파악해야 합니다. 전치사구인 to shareholders(주주들에게)를 걸러내면 빈칸 이하는 진목적어가 되죠? 진목적어 자리에는 to 부정사와 that절이 모두 올 수 있지만, 빈칸 이하에 절이 나왔으므로 접속사 that이 답이 됩니다. 정답은 (D)!

> **어휘 찍!훅!**
> 'generate revenue(수익을 창출하다)'는 토익에 자주 등장하는 묶음 표현이며, offset은 '상쇄하다'라는 뜻으로 비슷한 의미의 표현인 'make up for(만회하다)'와 함께 알아 두세요.
> **investment** n. 투자(cf. invest in ~에 투자하다) **expand** v. 확장하다

구문 해석 CEO는 분명히 말했다 / 주주들에게 / 회사가 충분한 수익을 창출할 수 없다는 것을 / 엄청난 투자를 상쇄할 만큼 / 자사의 공장을 확장하기 위해 했던 (투자)

3. 동사 + 가목적어(it) + 목적격 보어 + 진목적어(to 부정사)

'find + 가목적어(it) + 목적격 보어 + 진목적어(to recognize)'의 구문임을 파악할 수 있어야 합니다. 빈칸은 목적격 보어 자리로 동사 find는 목적격 보어 자리에 형용사를 가질 수 있기 때문에 essential(필수적인)이 답이 됩니다. 정답은 (C)!

> **어휘 찍!훅!**
> boost는 '북돋우다'라는 뜻이며 'boost morale(사기를 높이다)', 'boost sales(판매를 신장시키다)'의 묶음 표현으로 기억해 두어야 합니다.
> **supervisor** n. 관리자, 감독관 **recognize** v. 인정하다, 인식하다 **dedication and commitment** 헌신

구문 해석 관리자들은 필수적이라는 것을 알게 되었다 / 직원들의 헌신을 인정하는 것이 / 사기를 높이고 / 직원 생산성을 높이기 위해

정답 1. (B) 2. (D) 3. (C)

014 목적어가 있으면 능동태, 목적어가 없으면 수동태이다.

If you have a receipt and return the product in its original package within a month of purchase, you can ------- a full refund.

(A) be received   (B) receive   (C) receiving   (D) receiver

포인트 해설	조동사 can 뒤에는 동사원형이 나와야 하므로 (C)와 (D)는 정답이 될 수 없다. 빈칸 뒤에 목적어인 명사(a full refund)를 보고 능동태 동사가 들어가야 할 자리임을 알 수 있다. 정답은 (B).
구문 해설	만약 귀하가 영수증을 가지고 있고 제품을 반품한다면 / 원래 포장에 담아 / 구매한지 한 달 이내에 / 귀하는 전액 환불을 받을 수 있습니다
어휘	return v. 반품하다 original package 원래 포장 within prep. ~ 이내에 full refund 전액 환불

 3형식 동사는 목적어가 있으면 능동태를, 없으면 수동태를 쓴다.

The dinner party ~~will be followed~~(→ will follow) the president's closing speech, and then new employees can socialize with each other.
저녁 파티가 뒤를 따를 것이다 / 사장의 폐회사를 / 그런 다음 신입 사원들은 서로 어울릴 수 있을 것이다
▶ 명사 목적어(the president's closing speech)가 있으므로 능동태 동사가 와야 한다.
   Tip 'A follow B(A가 B의 뒤를 따르다)'는 B가 먼저 일어나는 일, A가 뒤이어 일어나는 일의 순서로 해석하기!

 자동사는 목적어가 없어도 항상 능동태로 쓴다. 대표적인 자동사는 〈공식 006〉에 별도로 정리되어 있다.

There were so many topics to talk about that the meeting ~~was lasted~~(→ lasted) until midnight.
너무 많은 주제가 있어서 / 이야기할 / 그 회의는 지속되었다 / 자정까지
▶ last(지속되다)는 자동사이므로 수동태가 될 수 없고 목적어가 없어도 능동태로 쓴다.

The fifth annual festival ~~will be taken place~~(→ will take place) on Friday at the Grand Plaza.
제5회 연례 축제가 열릴 것이다 / 금요일에 / Grand 광장에서
▶ take place(일어나다)는 자동사이므로 수동태가 될 수 없고 목적어가 없어도 능동태로 쓴다.

1 Roughly 30 people ------- the leadership seminar which was held at Jefferson Hall last Thursday.

(A) has attended
(B) were attended
(C) attended
(D) will be attended

2 Your insurance policy will ------- at the end of this month if you do not report any changes in your situation.

(A) expire
(B) expires
(C) has expired
(D) be expired

3 Members of the Library Association are not sure whether they still want to ------- the transition to digital archives.

(A) continue
(B) revise
(C) proceed
(D) compete

014
스타토익 필수 문법 공식 Part 5&6

 해설 강의

1. 타동사 능동태 + 목적어

복수 주어(30 people)에 대해 (A)는 수일치가 되지 않아서 정답이 될 수 없습니다. attend(참석하다)는 타동사인데 빈칸 뒤에 명사 목적어(the leadership seminar)가 있는 것으로 보아 목적어를 가지는 타동사의 능동태인 attended가 답이 됩니다. 정답은 (C)!

어휘 획획!
roughly는 숫자 앞에 '대략'이라는 뜻으로 자주 등장하는 어휘입니다.
attend v. 참석하다, 참가하다(=participate in)

구문 해석 대략 30명의 사람들이 리더십 세미나에 참석했다 / Jefferson 홀에서 열렸던 (세미나) / 지난 목요일에

2. 자동사의 능동태

빈칸은 조동사 will 뒤의 동사원형 자리이므로 (B)와 (C)는 답이 될 수 없습니다. expire(만료되다)는 자동사로 목적어를 가지지 않으며 수동태가 될 수 없어요. 능동태 동사인 expire가 답이 됩니다. 정답은 (A)!

어휘 획획!
policy는 '정책'이라는 뜻 이외에 '보험 증권'의 뜻이 있으며 'insurance policy(보험 증서)'를 복합 명사로 알아 두세요.
at the end of ~의 말에   report v. 알리다, 보고하다   expire v. 만료되다

구문 해석 귀하의 보험은 만료될 것입니다 / 이달 말에 / 만약에 변경 내용을 알리지 않으면 / 귀하의 상황에 대한 (변경 내용)

3. 타동사와 자동사 어휘

명사 목적어(the transition)가 있는 것으로 보아 목적어를 가질 수 있는 타동사 어휘를 골라야 합니다. '전환을 진행하다'라는 뜻이 가능하지만, proceed(진행하다)는 자동사이므로 proceed with의 '자동사 + 전치사' 형태가 되어야 그 뒤에 목적어를 가질 수 있습니다. 따라서 목적어를 바로 가질 수 있는 타동사이며 의미가 적절한 continue(계속하다)가 답이 됩니다. revise(문서 등을 수정하다), compete(경쟁하다)은 의미상 적절하지 않으므로 오답이에요. 정답은 (A)!

어휘 획획!
compete은 'compete for(~을 위해 경쟁하다)', 'compete with(~와 경쟁하다)'으로, proceed는 'proceed to(~로 나아가다)', 'proceed with (~을 진행하다)'의 표현으로 알아 두어야 해요.
transition n. 전환, 이전   archive n. 기록 보관소

구문 해석 도서 협회 회원들은 확신하지 못하고 있다 / 그들이 여전히 계속하기를 원하는지를 / 디지털 기록 보관소로의 전환을

정답 1. (C) 2. (A) 3. (A)

015 4형식 동사의 수동태 뒤에는 목적어가 또 나온다.

All employees attending the monthly staff meeting next Friday ------- an updated handbook, which explains policy changes.

(A) are giving　　　(B) have been giving　　　(C) would given　　　(D) will be given

포인트 해설	의미상 '모든 직원들이 받는다'는 것이 적절하므로 빈칸은 수동태 동사가 들어갈 자리이다. give는 4형식 동사로 '동사 (give) + 간접 목적어(all employees attending the monthly staff meeting next Friday) + 직접 목적어(an updated handbook)'의 구문을 가지는데, 간접 목적어가 주어로 나와 수동태가 되더라도 동사 뒤에는 여전히 직접 목적어가 남아 있게 된다. 정답은 (D).
구문 해석	모든 직원들은 / 월례 직원 회의에 참석하는 (직원들) / 다음 주 금요일에 / 업데이트된 안내 책자를 받을 것이다 / 정책 변경을 설명하는
어휘	handbook n. 안내 책자, 편람　explain v. 설명하다　policy change 정책 변경

 4형식 동사는 간접 목적어가 주어가 되어 수동태가 만들어져도 직접 목적어는 뒤에 남아 있게 된다.
알아 두어야 할 4형식 동사는 〈공식 009〉에 별도로 정리되어 있다.

Mrs. Wright was offered a full-time managerial position at the head office in New York.
Mrs. Wright은 제안받았다 / 정규 관리직을 / 뉴욕 본사에서
▶ 4형식 동사 offer(제공하다)는 '동사(offer) + 간접 목적어(Mrs. Wright) + 직접 목적어(a full-time managerial position)'의 구문을 가지는데, 간접 목적어가 앞으로 나와 수동태가 되어도 동사 뒤에는 여전히 직접 목적어인 a full-time managerial position이 남아 있게 된다.
　Tip* 'be offered + 목적어(~을 제안받다)' 구문으로 외워 두기!

After a year long trial, Mr. Turner has been awarded damages of $3,500.
일 년간의 소송 후에 / Mr. Turner는 3,500달러의 보상금을 지급받았다
▶ 4형식 동사 award(지급하다)는 '동사(award) + 간접 목적어(Mr. Turner) + 직접 목적어(damages of $3,500)'의 구문을 가지는데, 간접 목적어가 앞으로 나와 수동태가 되어도 동사 뒤에는 여전히 직접 목적어(damages of $3,500)가 남는다.
　Tip* 'be awarded + 목적어(~을 지급받다)' 구문으로 외워 두기!

 직접 목적어 자리에 that절을 가지는 4형식 동사는 수동태 뒤에 that절이 바로 나온다.

be advised that ~을 조언받다　be convinced that ~을 확신받다　be notified that ~을 통보받다　be told that (~라는 말을) 듣다 be assured that ~을 확신받다　be informed that ~을 알게 되다　be reminded that ~이 상기시켜지다

Unsatisfied customers were told that they would receive full refunds within a week.
불만족한 고객들은 말을 들었다 / 그들이 전액 환불을 받을 것이라고 / 일주일 이내에
▶ 능동태 문장의 간접 목적어(unsatisfied customers)가 주어로 나와 수동태가 되면 동사 뒤에 직접 목적어인 that절이 남는다.
　Tip* 'be told that(~라는 말을 듣다)' 구문으로 외워 두기!

1 After submitting complaints to the restaurant, Ms. Doyle received a call and ------- a gift certificate for $20 from the manager.

(A) has offered
(B) was offered
(C) will be offering
(D) offered

2 Mr. Shuman ------- that the flight schedule for his trip to London was likely to be changed.

(A) was told
(B) has told
(C) telling
(D) will have told

3 Please be ------- that instructions on the dosage of insulin should be strictly followed to prevent possible side effects.

(A) advising
(B) advised
(C) advisable
(D) advises

획득! 해설 강의

1. 4형식 동사의 수동태 + 직접 목적어(명사)
문맥상 Ms. Doyle이 불만을 제기한 뒤에 '상품권을 제공받았다'는 수동태가 적절하겠죠? 4형식 동사 offer(제공하다) 구문에서는 간접 목적어(Ms. Doyle)가 주어로 나와 수동태가 되어도 직접 목적어(a gift certificate for $20)는 동사 뒤에 남을 수 있기 때문에 was offered가 답이 됩니다. 정답은 (B)!

┌─ 어휘 획득! ─
│ submit v. 제기하다, 제출하다   gift certificate 상품권

구문 해석   그 식당에 불만을 제기한 이후에 / Ms. Doyle은 전화를 받았다 / 그리고 20달러 상품권을 제공받았다 / 지배인으로부터

2. 4형식 동사의 수동태 + 직접 목적어(that절)
동사 tell(말하다)은 'tell + 목적어(that절)'의 3형식으로 쓸 수 없고, 'tell + 간접 목적어 + 직접 목적어(that절)'의 4형식으로 써야 해요. 간접 목적어가 주어로 나와 수동태가 되면 직접 목적어 that절은 동사 뒤에 남아 be told that으로 쓸 수 있으므로 was told가 답이 됩니다. 정답은 (A)!

┌─ 어휘 획득! ─
│ 'be likely to do(~할 것 같다)'는 토익에서 자주 등장하는 표현으로 'be liable to do'와 같은 뜻임을 알아 두세요.
│ flight schedule 비행 일정

구문 해석   Mr. Shuman은 말을 들었다 / 비행 일정이 / 런던으로 가는 여행에 대한 / 변경될 것 같다는 것을

3. 4형식 동사의 수동태 + 직접 목적어(that절)
4형식 동사 advise(조언하다)는 'advise + 간접 목적어 + 직접 목적어(that절)'의 구문으로 쓰는데요. 간접 목적어가 주어로 나와 수동태가 되어도 be advised that으로 수동태 동사 뒤에 직접 목적어인 that절이 남을 수 있기 때문에 be 동사 뒤에 들어갈 advised가 답이 됩니다. 이 구문은 명령문이기 때문에 문장의 주어가 없어지고 be 동사가 나왔어요. 정답은 (B)!

┌─ 어휘 획득! ─
│ strictly(엄격하게)는 토익에 자주 등장하는 부사 어휘로 'strictly follow(엄격하게 지키다)'를 하나의 묶음 표현으로 기억해 두세요.
│ dosage n. 복용법, 정량   side effect 부작용

구문 해석   잘 알고 있으세요 / 인슐린 복용법에 대한 지시 사항이 / 엄격하게 지켜져야 한다는 것을 / 있을 수 있는 부작용을 예방하기 위해

정답 1. (B) 2. (A) 3. (B)

usually는 현재 시제와 함께 쓴다.

Palma Language Academy usually ------- new instructors at this time of the year, and the application information is available on its Web site.

(A) hiring   (B) will be hired   (C) hires   (D) has hired

포인트 해설	빈칸에는 부사 usually(보통, 일반적으로)와 같이 쓰일 수 있는 시제의 동사가 들어가야 한다. '일반적으로, 보통' 그러하다는 것은 매번 반복되는 일을 나타내는데, 반복 혹은 습관적인 일에는 현재 시제를 쓴다. 정답은 (C).
구문 해설	Palma 어학원은 보통 신입 강사를 채용한다 / 매년 이맘때쯤 / 그리고 지원 정보는 찾을 수 있다 / 학원의 웹사이트에서
어휘	instructor n. 강사 application n. 지원

 usually, sometimes, often, every Friday 등의 시간 부사구와 같이 쓰여 반복, 습관적인 일을 나타낼 때에는 현재 시제를 쓴다.

Patricia sends out mails to our VIP customers <u>every Monday</u>.
Patricia는 우편물을 보낸다 / 우리의 VIP 고객들에게 / 매주 월요일에
▶ every가 들어가서 '매주' 반복되는 행동임을 알 수 있으므로 현재 시제를 쓴다.

À MIDI, a famous French restaurant, <u>usually</u> participates in the Restaurant Week Festival.
À MIDI는 / 유명한 프랑스 식당으로 / 보통 참가한다 / Restaurant Week 축제에
▶ 부사 usually로 보아 '보통 참가한다'는 반복적인 행위이므로 현재 시제 동사를 쓴다. 주어가 고유 명사인 À MIDI라는 식당 이름이므로 단수 취급하여 동사에 -s를 꼭 붙여야 한다.

 시간 부사구가 없어도 일반적인 사실, 규칙, 규정 등을 나타낼 때에는 현재 시제를 쓴다.

Greenworld Mart asks customers to get a pass first at the front entrance when returning their purchases. Greenworld 상점은 요청한다 / 고객들이 먼저 출입증을 받을 것을 / 출입구에서 / 구매한 물건을 반품할 때
▶ 주어인 Greenworld Mart가 고객들에게 출입증을 받으라고 하는 것은 이 업체의 규정에 해당된다고 볼 수 있다. usually와 같은 시간 부사구 단서가 없어도 규정, 규칙 등을 설명하는 문장이라면 현재 시제 동사를 쓸 수 있다.

The job description includes creating a menu, managing kitchen staff, and overseeing customer relations. 업무 내역은 포함한다 / 메뉴를 만드는 것, 주방 직원을 관리하는 것 그리고 고객 관리를 감독하는 것을
▶ 시간 부사구 단서가 전혀 주어지지 않았지만, 업무 내역에 포함되는 일반적인 사실을 설명하고 있기 때문에 현재 시제 동사를 쓸 수 있다.

1 Cimon Ro, who is the assistant professor at the state university, always ------- lectures for people attending the annual cultural exchange program.

(A) providing
(B) provides
(C) have provided
(D) are provided

2 Every year, a group of specialists ------- the company to give employees guidelines on how to improve work productivity.

(A) visited
(B) will visit
(C) visits
(D) has been visited

3 Pam's Hotel, which is located on a beautiful hillside, ------- luxurious suites as well as a spacious swimming pool and sports facilities.

(A) features
(B) to feature
(C) featured
(D) featuring

확!콕! 해설 강의

1. always + 현재 시제

콤마와 콤마 사이의 관계절은 주어를 수식하는 거품이에요. 수식어구를 걸러 내면 빈칸은 주어(Cimon Ro)에 대한 동사 자리입니다. 부사 always로 보아 항상 반복되는 일을 나타내고 있음을 알 수 있기 때문에, 반복 혹은 습관적인 일에 쓰는 현재 시제 provides가 답이 됩니다. 참고로 always는 'have always p.p.'의 현재 완료와 함께 쓰여 '과거부터 현재까지 계속 ~해 오다'라고 쓸 수 있는데, have provided는 주어와 수일치되지 않아서 오답입니다. 정답은 (B)!

┌─ 어휘 확!홉! ─┐
assistant professor 조교수 annual adj. 연례의
└─────────┘

구문 해석 Cimon Ro는 / 주립 대학의 조교수인데 / 항상 강연을 제공한다 / 사람들을 위해 / 연례 문화 교류 프로그램에 참여하는

2. every ~ + 현재 시제

문장 앞의 시간 부사구(every year)를 단서로 전문가의 방문이 매년 반복되는 일임을 알 수 있는데요. 이렇게 반복적으로 이루어지는 일에는 현재 시제를 씁니다. 'a group of + 복수 명사'는 때에 따라 단수 취급을 하기도 하고 복수 취급을 하기도 하기 때문에 단수 동사인 visits가 답이 될 수 있어요. 정답은 (C)!

┌─ 어휘 확!홉! ─┐
'work productivity(업무 생산성)'는 토익에서 자주 등장하는 어휘입니다.
specialist n. 전문가
└─────────┘

구문 해석 매년 / 한 전문가 집단이 그 회사를 방문한다 / 직원들에게 지침을 주기 위해 / 어떻게 업무 생산성을 향상시키는지에 대한

3. 현재 시제

which 이하의 동사로 현재 시제인 is가 나온 것으로 보아 이 호텔은 현재 존재하는 호텔로 볼 수 있습니다. 호텔이 객실과 수영장, 스포츠 시설을 갖추고 있다는 특징을 설명하고 있으므로 현재 시제 features가 답이 됩니다. 정답은 (A)!

┌─ 어휘 확!홉! ─┐
feature는 '특징, 특색'의 뜻이 있을 뿐 아니라 '~을 특징으로 하다' 혹은 '(기사, 강연 등에서) ~을 주로 다루다'라는 의미로 토익에서 단골로 출제되는 어휘예요.
hillside n. 언덕 luxurious adj. 고급스러운 as well as ~뿐만 아니라
└─────────┘

구문 해석 Pam's 호텔은 / 아름다운 언덕에 위치해 있는데 / 고급스러운 객실을 특징으로 한다 / 넓은 수영장과 스포츠 시설뿐 아니라

정답 1. (B) 2. (C) 3. (A)

017 ago는 과거 시제와 함께 쓴다.

Although Mr. Robinson ------- the Brooklyn Vintage Boutique six months ago, he is already regarded as the most competent sales clerk on his team.

(A) joining   (B) joined   (C) to join   (D) has joined

포인트 해설	접속사 although(비록 ~이지만) 뒤에는 주어와 동사가 나와야 한다. 빈칸은 동사 자리이며 시간 부사구 six months ago 로 보아 과거 시제가 답이다. 참고로 현재 완료 시제는 ago와 함께 쓰이지 못하지만 'He has worked here before(그는 전에 여기서 일한 적이 있다).'처럼 시간 부사 before와는 함께 쓸 수 있다. 정답은 (B).
구문 해석	Mr. Robinson은 Brooklyn Vintage Boutique사에 합류했음에도 불구하고 / 6개월 전에 / 그는 벌써 여겨진다 / 가장 유능한 영업 사원으로 / 그의 팀에서
어휘	be regarded as ~로 여겨지다 competent adj. 유능한 sales clerk 영업 사원

 ago, yesterday, last Friday 등 과거 시점을 나타내는 표현이 나오면 과거 시제 동사를 써야 한다.

In place of Mrs. Jones, who was on a business trip, Mr. Dickinson ~~has attended~~(→ attended) the seminar on how to deal with customer complaints last Friday.
Mrs. Jones를 대신하여 / 출장을 떠난 / Mr. Dickinson이 세미나에 참가했다 / 고객 불만을 처리하는 방법에 대한 / 지난 금요일에
▶ 과거 시점을 나타내는 시간 부사구 last Friday가 나왔기 때문에 과거 시제 동사(attended)를 써야 한다.

 부사 once(한 번, 한때), recently(최근에)는 현재 완료 시제 혹은 과거 시제 모두와 함께 쓰일 수 있다.

The pizza parlor which recently opened near the subway station has already received great reviews from locals.
그 피자 가게는 / 최근에 문을 연 / 지하철역 근처에 / 벌써 좋은 평가를 받고 있다 / 지역 주민들로부터
▶ 부사 recently는 현재 완료 시제 혹은 과거 시제와 모두 함께 쓰일 수 있다. 이 문장에서는 과거 시제 동사(opened)와 함께 쓰였다.

The fitness center has recently moved to a new location which is more easily accessible.
그 헬스클럽은 최근에 이전했다 / 새로운 위치로 / 더 쉽게 접근할 수 있는
▶ 부사 recently가 현재 완료 시제(has moved)와 함께 쓰였다.

> **Tip** 현재 완료 시제 'have recently p.p.'에서 부사 recently의 자리 확인!

1 Before the new assembly machine ------- last month, some of the sales managers went on a business trip to promote it to major clients.

(A) has launched
(B) was launched
(C) launches
(D) will be launched

2 It seemed to be almost impossible to find a perfect replacement for Mr. Wang, who recently ------- to the Tokyo office.

(A) transferred
(B) will transfer
(C) transferring
(D) is transferred

3 Cheap guest houses were very popular -------, but these days travelers in their 30s tend to stay at more luxurious accommodations.

(A) once
(B) later
(C) often
(D) also

해설 강의

1. 과거 시제 동사 + last ~

접속사 before 뒤에는 주어와 동사가 나와야 합니다. last month로 보아 빈칸에 들어갈 동사는 과거 시제여야 하며, '출시되다'라는 수동태가 적절하기 때문에 was launched가 답이 됩니다. 정답은 (B)!

어휘!

launch(출시하다), promote(홍보하다)은 토익에서 단골로 출제되는 동사 어휘들이에요.
assembly n. 조립

구문 해석 새로운 조립 기계가 출시되기 전에 / 지난달에 / 영업 담당자들 몇 명이 출장을 갔었다 / 그것을 주요 고객들에게 홍보하기 위해

2. recently + 과거 시제 동사

부사 recently(최근에)는 과거 시제 혹은 현재 완료 시제와 함께 쓰일 수 있으므로 보기 중 과거 시제(transferred)가 답이 됩니다. 참고로 현재 완료 시제를 쓸 경우에는 has recently transferred로 have와 p.p. 사이에 recently가 위치해야 해요. 정답은 (A)!

어휘!

replacement는 '후임자, 대체물'의 뜻으로 사람과 사물을 모두 의미하는 어휘이며 'replacement for(~에 대한 후임자/대체물)'의 묶음 표현으로 알아 두세요.
transfer v. 전근하다, 이동하다

구문 해석 거의 불가능한 것처럼 보였다 / 완벽한 후임자를 찾는 것이 / Mr. Wang에 대한 / 최근에 도쿄 지사로 전근을 간

3. 과거 시제 동사 + once

동사 were를 보고 과거 시제와 함께 쓸 수 있는 부사 어휘를 골라야 해요. but 이하의 내용으로 보아 지금은 게스트 하우스의 인기가 없다는 것이기 때문에 '과거 한때 인기가 있었다'는 의미에 맞는 once(한때)가 답이 됩니다. later(나중에), often(자주), also(또한)는 특정 시제와 함께 쓰이는 부사가 아니며 의미상으로도 답이 될 수 없습니다. 정답은 (A)!

어휘!

tend(경향이 있다)는 'tend to do(~하는 경향이 있다)'의 묶음 표현으로 기억해 두세요.
accommodations n. 숙박 시설

구문 해석 저렴한 게스트 하우스는 한때 매우 인기 있었다 / 그러나 요즘은 / 30대 여행자들은 머무는 경향이 있다 / 더 고급스러운 숙박 시설에

정답 1. (B) 2. (A) 3. (A)

018

과거보다 더 과거의 일은 과거 완료를 쓴다.

Until Mrs. Santos, who is widely known for her effective marketing strategies, was hired, the company's sales ------- for five years in a row.

(A) will be decreased   (B) have decreased   (C) was decreased   (D) had decreased

....

포인트 해설	복수 주어(the company's sales)에 수일치되지 않는 단수 동사 (C)는 답에서 일단 제외한다. 문장 전체의 의미상 고용된 것보다 회사 판매량의 감소가 먼저 일어난 일이며 고용된 것은 과거(was hired)의 일이다. 과거보다 더 과거의 일에는 과거 완료 시제를 써야 한다. 정답은 (D).
구문 해석	Mrs. Santos가 / 효과적인 마케팅 전략으로 널리 알려진 사람인데 / (그녀가) 고용될 때까지 / 회사의 판매량은 감소해 왔다 / 5년 연속으로
어휘	be known for ~으로 알려지다, ~로 유명하다(=be famous for) widely adv. 널리 in a row 연속으로

과거보다 앞선 일에는 과거 완료를 쓴다.

By the time Ms. Channing arrived, all the guests had gone to the reception hall on the second floor of the hotel.

Ms. Channing이 도착했을 때쯤 / 모든 손님들은 피로연장으로 이동해 있었다 / 호텔 2층에 있는

▶ 도착한 것(arrived)보다 손님들이 피로연장으로 이동한 것이 더 과거의 일이므로 과거 완료 시제(had gone)를 쓸 수 있다.

    Tip° 'By the time 주어 + 과거, 주어 + 과거 완료(had p.p.)' 구문 알아 두기!

Ms. Garcia had worked at the London branch before she was promoted to her position at the headquarters in New York.

Ms. Garcia는 런던 지사에서 일했었다 / 그녀가 승진되기 전에 / 뉴욕 본사에서의 직책으로

▶ 승진된 것(was promoted)보다 런던 지사에서 일한 것이 더 과거이므로 과거 완료 시제(had worked)를 쓸 수 있다.

before, after 접속사 구문이 나올 때에는 '~ 이전, ~ 이후'라는 뜻 덕분에 시간 순서가 분명해지므로 과거 완료 시제 대신 과거 시제를 쓰기도 한다.

Mr. Hamilton served/had served as a legal consultant for non-profit organizations before he joined our company.

Mr. Hamilton은 법률 자문가로 활동했었다 / 비영리 단체들을 위한 / 그가 우리 회사에 오기 전에

▶ 의미상 법률 자문가로 활동한 것은 회사에 합류하기 이전이므로 과거 완료(had served)를 쓸 수 있지만, before(~ 전에) 덕분에 시간 순서가 분명해지므로 과거 완료(had served) 대신 과거 시제(served)를 쓰는 것도 가능하다.

1 When the two-day orientation session was over, most of the participants could not remember what they ------- regarding the employee benefits package.

   (A) were learned
   (B) had learned
   (C) will have learned
   (D) has been learning

2 By the time Mr. Wen arrived at the airport, his secretary ------- checking in his baggage, so he could board the plane in time.

   (A) will finish
   (B) is finished
   (C) has finished
   (D) had finished

3 Before the budget proposal was submitted to the head of the financial department for approval, it ------- thoroughly.

   (A) will be reviewed
   (B) was reviewed
   (C) is reviewing
   (D) had reviewed

확흥! 해설 강의

1. 과거 시제와 과거 완료 시제

복수 주어(they)에 수일치되지 않는 단수 동사 (D)는 답에서 제외됩니다. 의미상 '그들이 배우다'라는 능동태이기 때문에 수동형인 (A)도 답이 될 수 없어요. 전체 문장을 해석해 보면, '그들이 기억하지 못하는 것(could not remember)'보다 '그 내용을 배운 것'이 먼저이므로 과거 완료 시제 had learned가 답이 됩니다. 정답은 (B)!

어휘 확흥!
session((일정 기간 동안의) 과정, 모임), regarding(~에 관하여)은 토익에서 자주 출제되는 어휘들입니다.
employee benefits package 복리 후생 제도

구문 해석 이틀 동안의 오리엔테이션 과정이 끝났을 때 / 대부분의 참가자들은 기억하지 못했다 / 그들이 배운 것을 / 복리 후생 제도에 관하여

2. by the time 주어 + 과거 시제, 주어 + 과거 완료 시제

문맥상 Mr. Wen이 도착한 것(arrived)보다 비서가 수속을 끝낸 것이 더 과거의 일이므로 과거 완료 had finished가 답이 됩니다. 현재 완료 시제(has finished)는 과거 이후 현재까지 계속된 일에 쓰기 때문에 답이 될 수 없어요. 정답은 (D)!

어휘 확흥!
접속사 'by the time(~할 때쯤)', 전치사구 'in time(시간에 맞추어 늦지 않게)'은 토익에 자주 등장하는 표현이므로 기억해 두세요.
check in 수속을 하다   board v. 탑승하다

구문 해석 Mr. Wen이 공항에 도착했을 때쯤 / 그의 비서가 그의 수하물 수속을 끝냈었다 / 그래서 그는 비행기에 탑승할 수 있었다 / 시간에 맞추어 늦지 않게

3. before 주어 + 과거 시제, 주어 + 과거 시제

제안서가 제출된 것(was submitted)보다 검토된 것이 먼저이므로 과거보다 앞선 과거 완료 시제(had been reviewed)가 들어가야 합니다. 빈칸 뒤에 목적어가 없는 것으로 보아 수동태가 들어갈 자리이므로 능동태 동사 (D)는 답이 될 수 없어요. 접속사 before(~ 이전에) 덕분에 일의 선후 관계를 명확히 알 수 있기 때문에 종속절의 시제와 같은 과거 시제를 쓸 수 있으므로 was reviewed가 답이 됩니다. 정답은 (B)!

어휘 확흥!
thoroughly(철저하게)는 'thoroughly review(철저하게 검토하다)', 'thoroughly inspect(철저하게 검사하다)'와 같은 묶음 표현으로 토익에 매우 자주 등장해요.
budget proposal 예산 제안서   approval n. 승인, 허가

구문 해석 예산 제안서가 제출되기 전에 / 재무부 이사에게 / 승인을 위해서 / 그것(제안서)은 철저하게 검토되었다

정답 1. (B) 2. (D) 3. (B)

019 현재 완료 시제는 have + p.p.를 쓴다.

Ms. Cook has continuously ------- awards for being the most competent and efficient employee who has contributed to the company's growth and success.

(A) received   (B) receives   (C) receiving   (D) receiver

....

포인트 해설   수식어인 부사(continuously)를 걸러 내면 동사 has를 보고 'have + p.p.'의 현재 완료 시제가 나왔음을 파악할 수 있다. 따라서 빈칸에는 has 뒤에 나오는 p.p.형 received가 들어가야 한다. 참고로 현재 완료는 '과거부터 현재까지 ~해 오다'라는 뜻으로 해석할 수 있다. 정답은 (A).

구문 해석   Ms. Cook은 계속해서 상을 받아 왔다 / 가장 유능하고 능률적인 직원인 것으로 / 기여해 온 (직원) / 회사의 성장과 성공에

어휘   continuously adv. 계속해서   competent adj. 유능한   efficient adj. 능률적인   contribute to ~에 기여하다   growth n. 성장

 현재 완료 시제는 have + p.p.를 쓴다.

Mr. Lima and Mr. Jenner ~~have suggesting~~(→ have suggested) a feasible plan for expanding the business.
우리는 Mr. Lima와 Mr. Jenner는 실행 가능한 계획을 제안해 왔다 / 사업을 확장하는 것에 대한
▶ 현재 완료 시제는 have + p.p.로 써야 하므로 suggesting이 아닌 p.p.형 suggested가 나와야 한다.

We have enough time to stop by the shopping center on our way back to the office.
우리는 충분한 시간을 가지고 있다 / 쇼핑센터에 잠시 들를 / 사무실로 돌아가는 길에
▶ have는 '가지다'라는 뜻의 동사로 쓰일 때 명사 목적어(time)를 가진다. have 다음을 무조건 p.p. 자리라고 생각하면 안 되고 해석을 해 봐서 '~했다', '~해 왔다', '~해본 적이 있다'라는 뜻의 현재 완료 시제일 때에만 have + p.p. 형태를 써야 한다.
Tip 'have enough time to do(~할 시간이 충분히 있다)'를 묶음 표현으로 알아 두기!

 since(~ 이래로)는 전치사 혹은 접속사로 have + p.p.와 자주 쓰인다.

주어	+	have	+	p.p. ~	since(전치사)	+	명사(과거 시점)		
					since(접속사)	+	주어	+	동사(과거 시점)

Mr. Patrick's new mystery novel ~~will be~~(→ has been) on the bookstore shelves <u>since</u> <u>last Friday</u>.
Mr. Patrick의 새로운 추리 소설이 서점에 진열되어 왔다 / 지난주 금요일 이래로
▶ 전치사 since 뒤에 과거 시점 last Friday가 와서 '지난주 금요일 이래로 계속 진열되어 왔다'는 의미이므로 have + p.p.를 써야 한다.

Sales of our baked goods ~~significantly increased~~(→ have significantly increased) <u>since</u> we <u>put</u> an ad in the newspaper last month.
우리의 제과 제품 판매량이 크게 증가해 왔다 / 우리가 광고를 낸 이래로 / 지난달 신문에
▶ 접속사 since 뒤의 과거 시점인 last month로 보아 동사 put이 과거 시제로 쓰였음을 알 수 있다. 따라서 '지난달에 광고를 낸 시점 이래로 계속 증가해 왔다'는 의미가 되어 주절에 have + p.p.를 써야 한다.

1 Since the opening of its 10th branch in San Francisco last year, the sales figures of Bruno Cookies ------- tremendously.

(A) have increased
(B) increased
(C) will have to increase
(D) has been increased

2 Since AG Food ------- to offer overnight delivery service nationwide, the number of its customers has grown more rapidly than expected.

(A) begins
(B) began
(C) will begin
(D) have begun

3 Mrs. Dupont hasn't received any phone calls or text messages ------- she sent her résumé and portfolio to numerous agencies.

(A) when
(B) before
(C) since
(D) as if

퀵콕! 해설 강의

1. Since + 명사, 주어 + have + p.p.

빈칸에 들어가는 동사에 대한 주어(sales figures)가 복수이므로 수일치되지 않는 (D)는 정답에서 제외됩니다. 전치사 since 뒤에 과거 시점 last year가 있는 것으로 보아 '지난해 이래로 계속 ~해 왔다'라는 현재 완료 시제 have increased가 답이 됩니다. 정답은 (A)!

> **어휘 퀵콕!**
> tremendously는 '엄청나게'라는 뜻의 부사로 'increase/decrease tremendously(엄청나게 증가/감소하다)'를 묶음 표현으로 기억해 두세요.
> opening n. 개업   branch n. 지점

구문 해석   10번째 지점을 개업한 이래로 / 지난해 샌프란시스코에 / Bruno Cookies사의 판매량은 / 엄청나게 증가해 왔다

2. Since + 주어 + 과거 동사, 주어 + have + p.p.

콤마 이하 주절의 동사가 현재 완료 시제(has grown)인 것으로 보아 'since + 주어 + 과거 동사, 주어 + have + p.p.(~ 이래로 계속 …해 왔다)'의 구조임을 파악할 수 있어요. 따라서 과거 동사 began이 답이 됩니다. 정답은 (B)!

> **어휘 퀵콕!**
> 'the number of(~의 수)'는 'a number of(많은)'와 구별하여 알아 두어야 해요.
> overnight delivery 익일 배송   nationwide adv. 전국적으로; adj. 전국적인   rapidly adv. 빠르게

구문 해석   AG Food사가 시작한 이래 / 전국적으로 익일 배송 서비스를 제공하는 것을 / 고객의 수가 증가해 왔다 / 예상보다 더 빠르게

3. 주어 + have + p.p. + since + 주어 + 과거 동사

빈칸 앞과 뒤에 나온 절과 절을 연결해 줄 접속사가 필요한 자리예요. 앞의 절에 현재 완료 시제(hasn't received)와 뒤의 절에 과거 시제(sent)가 나온 것을 파악해야 합니다. '주어 + have + p.p. + since + 주어 + 과거 동사'의 구문에 해당하므로 since(~ 이래로)가 답이 됩니다. 정답은 (C)!

> **어휘 퀵콕!**
> send는 '보내다'라는 뜻이지만 send in은 '제출하다(=submit)'의 뜻으로 쓰입니다.
> portfolio n. 포트폴리오, 작품집   agency n. 업체

구문 해석   Mrs. Dupont은 받지 못했다 / 그 어떤 전화나 문자 메시지를 / 그녀가 이력서와 포트폴리오를 보낸 이래로 / 여러 업체에

정답 1. (A) 2. (B) 3. (C)

내용을 보고 시제를 파악해야 할 때가 있다.

Headquartered in Chicago, Fastbird Telcom is a leading provider of integrated communications, technology, and entertainment solutions for business and home. We ------- a full range of services that include telephone, TV, and Internet connectivity. These services are supported not only by the reliability of the most advanced fiber network, but also by our Network Operations Center, which is available around the clock.

(A) offering   (B) offered   (C) offer   (D) has offered

....

포인트 해설	빈칸이 들어간 문장만 보고는 시제를 판별할 수 없으므로 전체 문맥을 파악해야 한다. Fastbird Telcom사의 위치에 이어 회사의 일반적인 서비스가 설명되고 있는데, 이처럼 일반적인 사실, 규정, 규칙을 말할 때는 현재 시제를 쓴다. 정답은 (C).
구문 해석	시카고에 본사를 둔 / Fastbird Telcom사는 선두적인 제공업체입니다 / 통합된 통신, 기술 그리고 오락 솔루션 서비스의 / 업체와 가정에 대한 // 저희는 제공합니다 / 폭 넓은 서비스를 / 전화, TV 그리고 인터넷 연결을 포함한 // 이런 서비스들은 유지됩니다 / 신뢰성뿐 아니라 / 가장 진보한 광섬유 네트워크의 / 네트워크 운영 센터에 의해 (유지됩니다) / 24시간 내내 이용 가능한
어휘	headquarter v. ~에 본사를 두다 provider n. 제공업체 solution n. 솔루션 서비스(특정 형태의 프로그램과 관련된 문제들을 사용자의 요구에 따라 처리해 주는 서비스) support v. 유지하다, 지지하다 reliability n. 신뢰성 advanced adj. 진보한, 고급의

 Part 6에서 시제 문제는 다음의 두 가지 유형으로 출제된다.

유형 1	Part 5와 달리 빈칸에서 떨어진 위치(지문 상단이나 하단)에 날짜, 요일 등의 시간 단서가 나와 있는 유형. 그 단서를 찾기까지 시간이 걸릴 수 있다.
유형 2	별도의 시간 단서가 없는 유형. 지문을 해석해 가며 내용 흐름을 파악하여 답을 골라야 한다.

이 두 가지 중에서 특히 두 번째 유형이 어려울 수 있는데, 빈칸 앞뒤만 보고 풀면 오답을 고르는 실수를 할 수 있으므로 지문 전체를 꼼꼼하게 읽으며 흐름을 파악해야 한다. 만약 기본 시제 정리가 한 번 더 필요하다면, <공식 016, 017, 018, 019>에서 다시 한 번 정리하자.

Questions 1-3 refer to the following article.

Belleville Expects Improved Medical Services

October 13

At the press conference held on October 10, the state government ------- that it had secured
funds to build a new general hospital in two decades. According to a source from the state
government, an unidentified real estate company has willingly agreed to ------- the project.
The proposed site for the hospital is Belleville, where population is rapidly growing. The highly
anticipated hospital ------- a 24-hour emergency room and a variety of specialized facilities for
particular medical conditions. Construction is expected to begin at the end of this year, and an
official announcement of the yearlong project will be televised no later than this Friday.

---

1 (A) has announced   (B) will announced   3 (A) had   (B) is having
   (C) have to announce   (D) announced   (C) has had   (D) will have

2 (A) proceed   (B) finance
   (C) propose   (D) convene

 해설 강의

1. 빈칸 앞뒤에서 시간을 가리키는 단서를 포착해 답 고르기
주 정부가 발표한 날은 기자 회견이 있었던 10월 10일입니다. 날짜나 시점을 가리키는 정보가 나올 경우, 지문 상단에서 시간 단서를 찾아봐야 해요. 이 기사가 쓰인 날짜는 10월 13일이므로 정부가 '발표했다(announced)'라고 하는 것이 가장 적절하겠죠? 현재 완료 시제 has announced는 10월 10일처럼 정확한 과거 시점을 나타내는 표현이 나오면 쓸 수 없습니다. 정답은 (D)!

2. 동사 어휘
project를 목적어로 가지는 동사 어휘를 고르는 문제입니다. 앞 문장에서 funds(자금)를 확보했다고 말한 것으로 보아 정체불명의 부동산업체가 그 자금을 지원했다는 의미로 finance(자금을 대다)가 답이 됩니다. proceed는 자동사이므로 'proceed with(~을 진행하다)'으로 써야 하고, propose(제안하다), convene((회의 등을) 소집하다)은 의미상 답이 될 수 없어요. 정답은 (B)!

3. 지문을 해석해 가며 내용의 흐름을 파악해 답 고르기
전체 문맥으로 보아 병원 건축이 아직 시작조차 되지 않았음을 알 수 있습니다. 그러므로 병원이 지어져서 응급실 등의 시설을 갖추는 것은 미래에 일어날 일이겠죠? 따라서 미래 시제 will have가 답이 됩니다. 정답은 (D)!

--- 어휘 ꭍꭍ!
secure는 형용사로 '안전한'이란 뜻 이외에 동사로 '확보하다'라는 뜻이 있으며, 특히 'secure funds(자금을 확보하다)'의 묶음 표현으로 토익에 자주 등장합니다.
fund n. 자금   decade n. 10년   source n. 정보통, 원천   unidentified adj. 정체불명의, 신원 미상의   site n. 부지, 현장
anticipated adj. 기대되는, 대망의   yearlong adj. 1년에 걸친, 1년 동안 계속되는   televise v. 텔레비전으로 방송하다

구문 해석 1-3번은 다음 기사에 관한 문제입니다.

Belleville이 향상된 의료 서비스를 기대하다

10월 13일

10월 10일에 열린 기자 회견에서 / 주 정부는 발표했습니다 / 자금을 확보했다는 것을 / 새로운 종합 병원을 지을 / 20년 만에 // 주 정부 정보통에 따르면 / 정체불명의 부동산업체가 기꺼이 동의했습니다 / 그 프로젝트에 자금을 지원하는 것에 // 병원을 위해 제안된 부지는 Belleville로 / 인구가 빠른 속도로 증가하고 있는 곳입니다 // 아주 기대되고 있는 그 병원은 24시간 응급실과 특수한 질병들에 대한 여러 가지 특수 시설을 가지게 될 것입니다 // 공사는 올해 말에 시작될 것으로 예상됩니다 / 그리고 1년에 걸친 프로젝트의 공식적인 발표가 / 텔레비전으로 방송될 것입니다 / 늦어도 이번 주 금요일에 //

정답 1. (D) 2. (B) 3. (D)

021 to 부정사를 목적어로 가지는 동사와 동명사를 목적어로 가지는 동사를 구분한다.

The Japanese restaurant decided ------- a coupon worth $20 to its best customers in celebration of its 10th anniversary.

(A) offers   (B) to offer   (C) offered   (D) offering

....

포인트 해설	빈칸은 동사의 목적어 자리이다. decide(결정하다)는 동명사를 목적어로 가지지 못하지만, to 부정사를 목적어로 가질 수 있는 동사이므로 to offer가 답이 된다. 정답은 (B).
구문 해석	그 일식집은 쿠폰을 제공할 것을 결정했다 / 20달러 가치의 (쿠폰) / 최우수 고객들에게 / 10주년을 기념하여
어휘	worth adj. ~의 가치가 있는 in celebration of ~을 기념하여

 to 부정사를 목적어로 가지는 동사와 동명사를 목적어로 가지는 동사를 구분해야 한다.

to 부정사를 목적어로 가지는 동사		동명사를 목적어로 가지는 동사	
aim 목표하다	offer 제안하다	avoid 피하다	include 포함하다
decide 결정하다	plan 계획하다	consider 고려하다	mind 꺼리다
determine 결정하다	promise 약속하다	discontinue 중단하다	postpone 미루다
expect 기대하다	refuse 거절하다	enjoy 즐기다	recommend 권장하다
fail 실패하다	want 원하다	finish 끝내다	suggest 제안하다
hesitate 주저하다	wish 바라다		
hope 바라다	would like 원하다		
intend 의도하다			

A variety of new promotions <u>aim</u> ~~drawing~~(→ to draw) female customers in their 20s.
다양한 새로운 홍보들은 / 여성 고객들을 끌어들이는 것을 목표로 한다 / 20대의 (고객들)
▶ aim은 to 부정사를 목적어로 가지는 동사로 목적어 자리에 동명사를 쓸 수 없다.
    Tip 'aim to do' 또는 'aim at ~ing'의 형태가 가능!

Blue Asia Airlines decided to <u>discontinue</u> ~~to provide~~(→ providing) meals on economy class and lower the airfare.
Blue Asia 항공사는 결정했다 / 식사를 제공하는 것을 중단하기로 / 일반석에서 / 그리고 항공 요금을 내리기로
▶ discontinue는 동명사를 목적어로 가지는 동사로 목적어 자리에 to 부정사를 쓸 수 없다. 참고로 discontinue와 반대의 뜻인 continue는 to 부정사와 동명사를 모두 목적어로 가질 수 있어서 continue to provide, continue providing의 형태가 모두 가능하다.

1 Mr. Hope suggested ------- an automated accounting system instead of hiring more accountants.

(A) install
(B) installment
(C) installing
(D) to install

2 In spite of years of effort, the government has failed to ------- a new initiative to combat unemployment.

(A) implementation
(B) implemented
(C) implement
(D) implementing

3 Patients suffering from insomnia started to ------- using aroma oil to help them feel relaxed and get a deeper sleep at night.

(A) decide
(B) consider
(C) intend
(D) agree

퀵!쿡! 해설 강의

1. suggest + 동명사 목적어

suggest(제안하다)는 to 부정사가 아닌 동명사를 목적어로 가지므로 installing이 답이 됩니다. 정답은 (C)!

어휘 쏙쏙!
accounting(회계), accountant(회계사)는 의미를 정확히 구별해야 하는 비슷한 명사 어휘로 기억해 두세요.
automated adj. 자동화된 instead of ~ 대신에

구문 해석 Mr. Hope은 제안했다 / 자동화된 회계 시스템을 설치할 것을 / 더 많은 회계사를 고용하는 것 대신에

2. fail + to 부정사 목적어

fail(실패하다)은 to 부정사를 목적어로 가지는 동사이므로 to 뒤에 나올 동사원형 implement(시행하다)가 답이 됩니다. 정답은 (C)!

어휘 쏙쏙!
initiative(계획)는 다소 난이도가 있는 어휘로 'implement an initiative(계획을 시행하다)'의 묶음 표현으로 기억해 두세요.
combat v. 제거하기 위해 노력하다, 싸우다 unemployment n. 실업 implement v. (정책 등을) 시행하다

구문 해석 수년 동안의 노력에도 불구하고 / 정부는 실패했다 / 새로운 계획을 시행하는 것에 / 실업을 해소하기 위한

3. 동명사를 목적어로 가지는 동사 어휘

빈칸에는 동명사(using)를 목적어로 가질 수 있는 동사 어휘가 들어가야 해요. consider(고려하다)는 동명사를 목적어로 가질 수 있을 뿐 아니라 '아로마 오일을 사용하는 것을 고려하다'라는 해석도 적절하기 때문에 답이 됩니다. 나머지 보기의 동사들은 decide to 부정사(~할 것을 결정하다), intend to 부정사(~할 의도가 있다), agree to 부정사(~하는 것에 동의하다)로 써야 합니다. 정답은 (B)!

어휘 쏙쏙!
suffer from ~로부터 고통받다 insomnia n. 불면증 relaxed adj. 편안한

구문 해석 불면증으로부터 고통받는 환자들이 고려하기 시작했다 / 아로마 오일을 사용하는 것을 / 그들이 편안함을 느끼고 밤에 더 깊이 잘 수 있도록 도와줄

정답 1. (C) 2. (C) 3. (B)

022 to 부정사와 동명사를 모두 목적어로 가지는 동사가 있다.

The country's trade outlook is gloomy because exports have continued ------- over the last three quarters.

(A) falls　　　　　　(B) to fall　　　　　　(C) fell　　　　　　(D) be fallen

포인트 해설　continue(계속하다)는 동명사 혹은 to 부정사를 모두 목적어로 가질 수 있는 동사인데 보기 중 동명사(falling)가 없으므로 to 부정사(to fall)가 답이 된다. 정답은 (B).

구문 해석　국가의 무역 전망이 암울하다 / 왜냐하면 수출이 계속 하락해 왔기 때문에 / 지난 3분기 동안

어휘　trade outlook 무역 전망　gloomy adj. 암울한, 우울한　export n. 수출

 다음의 동사들은 to 부정사와 동명사를 모두 목적어로 가지며, 목적어가 to 부정사일 때나 동명사일 때나 큰 의미 차이가 없다.

begin 시작하다	continue 계속하다	hate 싫어하다	love 사랑하다	prefer 더 좋아하다	start 시작하다

The insurance company <u>began</u> to offer/offering dental coverage.
그 보험사는 제공하기 시작했다 / 치과 보험 혜택을
▶ begin(시작하다)은 목적어 자리에 to 부정사 혹은 동명사가 모두 올 수 있다.

Some students <u>prefer</u> to use/using tablet computers in the classroom.
일부 학생들은 더 좋아한다 / 태블릿 컴퓨터를 이용하는 것을 / 교실에서
▶ prefer(더 좋아하다)는 목적어 자리에 to 부정사 혹은 동명사가 모두 올 수 있다.

 forget, remember, regret은 to 부정사와 동명사를 모두 목적어로 가질 수 있으나 의미에 차이가 있다.

to 부정사 목적어(미래 관련)	동명사 목적어(과거 관련)
forget to do (앞으로) ~할 것을 잊다	forget doing (과거에) ~한 것을 잊다
remember to do (앞으로) ~할 것을 기억하다	remember doing (과거에) ~한 것을 기억하다
regret to do (앞으로) ~하려니 유감이다	regret doing (과거에) ~한 것을 후회하다

I <u>regret</u> to tell you that you did not pass the entrance exam.
저는 당신에게 말하려니 유감스럽습니다 / 당신이 입학시험을 통과하지 못했음을
▶ to 부정사 목적어가 나왔으므로 '앞으로(이제부터) 말하려니 유감이다'라는 의미이다.

Some of the corporate clients do not <u>regret</u> declining the offer.
일부 기업 고객들은 후회하지 않는다 / 그 제안을 거절한 것을
▶ 동명사 목적어가 나왔으므로 '과거에 거절한 것을 후회하지 않는다'라는 의미이다.

1 A number of customers didn't remember ------- up for the newsletter where they can find discount offers.

(A) signing
(B) signed
(C) signs
(D) sign

2 The company ------- to brief the shareholders on its quarterly achievements by e-mail.

(A) suggested
(B) avoided
(C) started
(D) finished

3 After several meetings with the entire production team, the director began ------- of *The story of a lawyer*, the best-selling novel of the year.

(A) adapting
(B) to adapt
(C) adapted
(D) adaptation

획획! 해설 강의

1. remember + to 부정사/동명사

동사 remember는 목적어로 to 부정사와 동명사를 모두 가질 수 있어요. 보기 중에 to 부정사는 없으므로 동명사 signing이 답이 됩니다. remember는 동명사를 목적어로 가지면 '(과거에) ~한 것을 기억하다'라는 의미가 돼요. 정답은 (A)!

어휘 획획!
'sign up for(~을 신청하다)'는 토익에서 단골로 출제되는 묶음 표현으로 기억해 두세요.
a number of 많은(cf. the number of ~의 수)

구문 해석 많은 고객들이 기억하지 못했다 / 소식지를 신청한 것을 / 그들이 할인 행사를 알 수 있는 (소식지)

2. to 부정사를 목적어로 가지는 동사

빈칸에 들어가는 동사 어휘는 to brief를 목적어로 가질 수 있어야 합니다. suggest, avoid, finish는 모두 동명사를 목적어로 가지는 동사로 답이 될 수 없어요. start는 동명사와 to 부정사를 모두 목적어로 가질 수 있기 때문에 답이 됩니다. 정답은 (C)!

어휘 획획!
'brief A on B(A에게 B에 대해 간략히 보고하다)'의 묶음 표현은 전치사 on이 들어가야 한다는 것에 주의하세요.
shareholder n. 주주 **achievement** n. 성과, 업적

구문 해석 그 회사는 시작했다 / 주주들에게 간략히 보고하는 것을 / 회사의 분기별 성과에 대해 / 이메일로

3. begin + 명사 of 명사

begin 동사가 to 부정사 혹은 동명사를 모두 목적어로 가질 수 있다는 것 때문에 (A)와 (B) 사이에서 정답을 고민할 수 있는 문제입니다. 하지만 빈칸에 to 부정사 혹은 동명사가 들어가면 'began adapting *The story of a lawyer*' 혹은 'began to adapt *The story of a lawyer*'로 전치사(of) 없이 to 부정사와 동명사의 명사 목적어(*The story of a lawyer*)가 바로 뒤따라 나왔어야 해요. 따라서 전치사 of 앞에 올 수 있으면서 began의 목적어 자리에 올 수 있는 명사 adaptation(각색)이 답이 됩니다. 정답은 (D)!

어휘 획획!
adaptation(각색)은 동사 adapt(각색하다)에서 나온 명사이며, 주로 책이나 연극을 영화나 TV 프로그램으로 각색한다는 의미의 어휘예요.

구문 해석 전체 제작팀과의 여러 번의 회의 이후에 / 감독은 *The story of a lawyer*(소설 제목)의 각색을 시작했다 / 그해 가장 많이 팔린 소설인

정답 1. (A) 2. (C) 3. (D)

023 to 부정사와 함께 쓰이는 명사와 형용사가 있다.

By entering the drawing, you will be given an opportunity to ------- a free trip to Venice with all expenses paid.

(A) earn   (B) earns   (C) earned   (D) earning

포인트 해설	명사 opportunity는 to 부정사의 수식을 받아서 'opportunity to 부정사(~할 기회)'라고 쓰기 때문에 빈칸에는 to 다음에 나올 동사원형 earn(얻다)이 들어가야 한다. 정답은 (A).
구문 해석	추첨 행사에 참가함으로써 / 당신은 기회를 얻게 될 것입니다 / 베니스로의 무료 여행을 얻어낼 / 모든 비용이 지불되는
어휘	enter v. 참가하다, 들어가다 drawing n. 추첨 행사 expense n. 비용 earn v. 얻다, 벌다

 to 부정사와 함께 쓰이는 명사는 묶음 표현으로 알아 두어야 한다.

ability to do ~할 능력	permission to do ~할 허락	time to do ~할 시간
authority to do ~할 권한	plan to do ~할 계획	way to do ~할 방법
authorization to do ~할 허가	promise to do ~할 약속	
opportunity to do ~할 기회	right to do ~할 권리	

Ms. Roberts has no authority ~~to suspending~~(→ to suspend) the operation of the plant.
Ms. Roberts는 권한이 없다 / 그 공장의 운영을 중단할
▶ authority(권한)는 to 부정사의 수식을 받을 수 있으므로 to 다음에 동사원형이 나와야 한다.
  Tip* 'have no authority to do(~할 권한이 없다)'를 묶음 표현으로 알아 두기!

Customers have every right ~~of return~~(→ to return) dissatisfactory products and receive a full refund.
고객들은 모든 권리를 가지고 있다 / 불만족스러운 상품을 반품할 / 그리고 전액 환불을 받을
▶ 명사 right은 to 부정사의 수식을 받아서 'right to 부정사(~할 권리)'로 쓴다.

 to 부정사와 함께 쓰이는 형용사는 묶음 표현으로 알아 두어야 한다.

be able to do ~할 수 있다	be hesitant to do ~하기를 꺼리다(=be reluctant to do)	be ready to do ~할 준비가 되다
be about to do 막 ~하려 하다	be likely to do ~할 것 같다(=be liable to do)	be willing to do 기꺼이 ~하다

Mr. Hansen was ready to sign the contract when he got a call from Mr. Müller.
Mr. Hansen은 계약서에 서명할 준비가 됐었다 / 그가 전화를 받았을 때 / Mr. Müller로부터
▶ ready는 to 부정사의 수식을 받는 형용사로 'be ready to 부정사(~할 준비가 되다)'의 묶음 표현을 알아 두어야 한다.

토익 실전 문제 🕐 30초 안에 풀어 보세요.

1 Employees who have a plan to ------- a long vacation should get permission from their immediate supervisors.

(A) take
(B) took
(C) taking
(D) be taken

2 A few senior managers were ------- to publicly support such a dramatic change throughout the company.

(A) hesitate
(B) hesitates
(C) hesitant
(D) hesitated

3 Mr. Lunes was almost about to accidentally ------- important customer information that should be kept confidential.

(A) release
(B) released
(C) releasing
(D) releases

확흡! 해설 강의

1. 명사 + to 부정사

명사 plan은 to 부정사의 수식을 받아 'plan to 부정사(~할 계획)'로 쓸 수 있기 때문에 빈칸에는 to 다음에 들어갈 동사원형 take가 답이 됩니다. 참고로 plan은 동사일 때에도 to 부정사를 목적어로 가져서 'plan to 부정사(~할 것을 계획하다)'라고 쓸 수 있어요. 정답은 (A)!

> **어휘 확흡!**
> immediate은 '즉시의, (관계가) 직속의'라는 뜻으로 'immediate supervisor(직속 상사)'는 토익에서 매우 자주 출제되는 표현입니다.
> permission n. 허가

구문 해석 직원들은 / 긴 휴가를 가는 계획을 하고 있는 / 반드시 허가를 받아야 한다 / 그들의 직속 상사로부터

2. be + 형용사 + to 부정사

be 동사의 보어 역할을 하면서 빈칸 뒤의 to 부정사(to support)와 함께 쓰일 수 있는 품사를 고르는 문제입니다. 'be hesitant to 부정사(~하기를 꺼리다)'의 표현을 알고 있으면 형용사 hesitant를 쉽게 답으로 고를 수 있어요. 참고로 동사 hesitate은 'hesitate to 부정사(~하는 것을 주저하다)'라는 능동태로만 쓰고 수동태로는 쓰지 않기 때문에 (D)는 답이 될 수 없습니다. 정답은 (C)!

> **어휘 확흡!**
> publicly adv. 공개적으로, 공공연하게 support v. 지지하다, 후원하다 dramatic adj. 과감한

구문 해석 몇몇의 고위 관리자들은 꺼렸다 / 공개적으로 지지하는 것을 / 그렇게 과감한 변화를 / 회사 전반에 걸친

3. be + 형용사 + to + (부사) + 동사원형

'be about to 부정사(거의 ~하다, 막 ~하려 하다)'의 묶음 표현을 파악해야 하는 문제입니다. 수식어인 부사 accidentally(뜻하지 않게)를 걸러 내면 빈칸에는 to 다음에 오는 동사원형 release가 들어가야 해요. 정답은 (A)!

> **어휘 확흡!**
> accidentally(뜻하지 않게, 우연하게)는 토익에서 자주 등장하는 부사 어휘이므로 기억해 두세요.
> confidential adj. 기밀의 release v. 공개하다, 발표하다

구문 해석 Mr. Lunes는 거의 뜻하지 않게 공개할 뻔했다 / 중요한 고객 정보를 / 기밀로 유지되어야 할

정답 1. (A) 2. (C) 3. (A)

024

to 부정사는 목적, 이유, 결과를 의미할 수 있다.

------- Ms. Steiner on her recent promotion to the senior position, her team members agreed to throw a party at a nearby restaurant this Friday.

(A) Be congratulated　　(B) By congratulating　　(C) Congratulations　　(D) To congratulate

포인트 해설	콤마 앞은 수식어구인 부사구로 동사(be congratulated)와 명사(congratulations)는 수식어구를 이끌 수 없다. 전치사구 'by + ~ing(~하기 위해서)'는 수식어구 역할을 할 수 있지만 전체 문맥상 'Ms. Steiner를 축하함으로써'라는 수단과 방법의 의미가 적절하지 않다. to 부정사는 부사처럼 쓰여 '~하기 위해서'라는 뜻으로 쓸 수 있으며 'Ms. Steiner의 승진을 축하하기 위해 파티를 연다'라는 의미도 어울리므로 답이 된다. 정답은 (D).
구문 해석	Ms. Steiner를 축하하기 위해 / 최근 상급 직책으로의 승진에 대해 / 그녀의 팀원들은 파티를 열기로 동의했다 / 근처 식당에서 / 이번 주 금요일에
어휘	promotion to ~로의 승진　throw a party 파티를 열다　nearby adj. 근처의　congratulate A on B A에게 B에 대해 축하하다

 to 부정사가 문장 속에서 부사처럼 쓰일 때에는 목적, 이유, 결과를 의미할 수 있다.

To renovate(=In order to renovate) the old house at an affordable cost, Mr. Williams has received free estimates from more than ten companies.
오래된 집을 보수 공사 하기 위해 / 적절한 비용으로 / Mr. Williams는 무료 견적을 받아 왔다 / 10개 이상의 회사로부터

▶ to 부정사가 부사 역할을 하여 수식어구로 쓰일 때에는 '~하기 위해서'라는 목적을 의미할 수 있으며 'in order to 부정사(~하기 위해서)'로 바꾸어 쓸 수 있다.

Everyone was pleased to hear that the main office would be moved to a building right next to the subway station. 모든 사람들은 듣게 되어 기뻤다 / 본사가 옮겨질 것이라는 것을 / 건물로 / 지하철역 바로 옆에 있는

▶ '그런 소식을 듣게 되어 기쁘다'라는 뜻으로 to 부정사(to hear)가 기쁨의 이유를 나타낸다.
　Tip 'be pleased/happy/glad to do(~하게 되어 기쁘다)'를 묶음 표현으로 알아 두기!

Schmid & Fischer Electronics finally released a new all-in-one printer only to realize that it does not appeal to its customers. Schmid & Fischer Electronics사는 드디어 출시했다 / 하나에 모든 기능이 들어 있는 새로운 인쇄기를 / 그 결과 알게 된 것은 겨우 / 그것(인쇄기)이 고객들의 관심을 끌지 못한다는 것이다

▶ to 부정사는 앞에 나온 내용과 연결되어 '결과가 ~하였다'라는 의미로 쓸 수 있다.
　Tip 'only to do(그 결과는 ~뿐)'를 묶음 표현으로 알아 두기!

 '~하기 위해서'라는 행동의 목적을 말할 때는 'for ~ing' 구문은 쓸 수 없고 to 부정사를 써야 한다.

~~For tracking~~(→ To track) your order status online, you need to create an account with us first.
온라인으로 주문 상황을 추적하기 위해서 / 귀하는 먼저 저희의 계정을 만들어야 할 필요가 있습니다

▶ for you(당신을 위해서)처럼 for는 '~을 위해'라는 뜻으로 쓰이지만, 어떤 행동의 목적을 나타내는 '~하기 위해서'라는 뜻에는 'for ~ing'가 아닌 to 부정사를 써야 한다.

1 The sales team members spent the whole week doing market research to ------- effective promotional strategies.

(A) developing
(B) developed
(C) develop
(D) development

2 ------- increase agricultural production, the government instituted nationwide farming assistance programs.

(A) In order to
(B) Apart from
(C) So as
(D) So that

3 Mr. Banks was quite disappointed ------- that all of his proposals were turned down at the board meeting.

(A) sees
(B) to see
(C) saw
(D) be seen

핵'휙! 해설 강의

1. 목적을 의미하는 to 부정사

'효과적인 광고 전략을 개발하기 위해 시장 조사를 하다'라는 뜻으로 목적(~하기 위해서)을 나타내는 to 부정사가 나온 문장이기 때문에 to 뒤에 오는 동사원형 develop이 답이 됩니다. 정답은 (C)!

어휘 핵'휙!
'market research(시장 조사)', 'promotional strategy(광고 전략)'는 토익에서 단골로 출제되는 어휘들입니다.
spend + 시간 + ~ing ~하느라 시간을 보내다

구문 해석 영업 팀원들이 한 주를 보냈다 / 시장 조사를 하느라 / 효과적인 광고 전략을 개발하기 위해서

2. in order to 부정사

콤마 앞의 수식어구를 이끌어 주면서 동사원형(increase) 앞에 쓸 수 있는 답을 골라야 합니다. 정부가 프로그램을 도입하는 목적이 '생산량을 늘리기 위해서'라고 볼 수 있기 때문에 목적을 나타내는 'in order to 부정사(~하기 위해서)'가 답이 됩니다. apart from(~ 이외에)은 전치사로 뒤에 명사를 가져야 하며, so that(~할 수 있도록)은 접속사로 뒤에 주어 + 동사의 절을 가져야 해요. (C)는 반드시 so as to 부정사(~하기 위해서)로 쓰기 때문에 to 없이 빈칸에 들어갈 수 없습니다. 정답은 (A)!

어휘 핵'휙!
institute은 명사로 '기관, 협회'의 뜻이지만 동사로는 '도입하다, 시행하다'라는 뜻을 가지고 있음을 기억해 두세요.
agricultural adj. 농업의

구문 해석 농업 생산량을 늘리기 위해 / 정부가 도입했다 / 전국적인 농업 지원 프로그램을

3. 이유를 의미하는 to 부정사

문장을 해석해 보면 제안이 거절되는 것을 본 것이 실망하게 된 '이유, 원인'임을 알 수 있어요. to 부정사는 '~하게 되어서, ~ 때문에'로 이유와 원인을 나타낼 수 있으므로 답이 됩니다. 정답은 (B)!

어휘 핵'휙!
'be disappointed to do(~하게 되어 실망하다)', 'be disappointed with(~에 실망하다)'은 자주 쓰이는 묶음 표현으로 알아 두세요.
proposal n. 제안(서)   turn down 거절하다(=reject)

구문 해석 Mr. Banks는 보게 되어서 매우 실망했다 / 그의 모든 제안이 거절되는 것을 / 이사회에서

정답 1. (C) 2. (A) 3. (B)

025 동명사 관용어는 묶음 표현으로 알아 두어야 한다.

To meet the fast approaching deadline, the interior designer spent the last two days ------- the final touches on the house.

(A) finish   (B) finished   (C) finishes   (D) finishing

....

포인트 해설   'spend + 시간/돈 + ~ing(~하는 데 시간을 보내다/돈을 쓰다)'의 표현을 묻는 문제이며, 이 표현은 동명사 묶음 표현으로 알아 두어야 한다. 정답은 (D).

구문 해석   빠르게 다가오는 마감 기한을 맞추기 위해 / 그 인테리어 디자이너는 지난 이틀의 시간을 보냈다 / 그 집에 대한 마무리 작업을 끝내는 데

어휘   approaching adj. 다가오는   final touch 마무리 작업

 동명사가 들어가는 묶음 표현을 미리 알아 두어야 한다.

be busy ~ing ~하느라 바쁘다	**have difficulty/trouble/a problem (in) ~ing** ~하는 데 어려움을 겪다
be used to ~ing ~하는 데 익숙하다	**keep ~ing** 계속 ~하다
cannot help ~ing ~하는 수밖에 없다	**on ~ing(=upon ~ing)** ~하자마자
feel like ~ing ~하고 싶다	**spend + 시간/돈 + ~ing** ~하는 데 시간을 보내다/돈을 쓰다
go ~ing ~하러 가다	**worth ~ing** ~할 가치가 있다

Even after two weeks of orientation sessions, new employees kept <del>to ask</del>(→ asking) questions about the shift programs.
2주 동안의 오리엔테이션 기간 이후에도 / 신입 사원들은 계속 질문을 했다 / 교대 근무 프로그램에 대해

We had a lot of difficulty <del>to find</del>(→ finding) a way to make up for the financial loss.
우리는 많은 어려움을 겪었다 / 방법을 찾는 데 / 재정 손실을 만회할

1 Part-time and full-time employees alike seem to have trouble ------- the new reporting procedure.

(A) followed
(B) follower
(C) to follow
(D) following

2 Upon ------- complaints from one of the valued customers, the sales clerk informed the manager immediately.

(A) receiving
(B) receives
(C) receipt
(D) receiver

3 The shipping code sent with your e-mail invoice can be used to ------- your order on our store's Web site.

(A) track
(B) tracked
(C) tracking
(D) tracks

획!확! 해설 강의

1. have trouble (in) ~ing

'have trouble (in) ~ing(~하는 데 어려움을 겪다)'의 묶음 표현이 쓰인 문장임을 파악해야 해요. 전치사 in이 생략된 뒤에 나오는 동명사 following이 답이 됩니다. 정답은 (D)!

어휘 획!확!

alike는 'A and B alike(A와 B 모두)'의 묶음 표현으로 주로 출제된다는 것을 기억하세요.
reporting procedure 보고 절차 **follow** v. 따르다

구문 해석 시간제 직원이나 정규직 직원 모두 / 어려움을 겪는 것처럼 보인다 / 새로운 보고 절차를 따르는 데 있어서

2. upon ~ing

전치사 upon(~하자마자) 뒤에는 명사 혹은 동명사가 들어갈 수 있는데, 복합 명사를 제외하고는 명사 + 명사(receipt complaints)가 나란히 올 수는 없으므로 (C)는 답이 될 수 없어요. 명사 목적어(complaints)를 가질 수 있는 동명사 receiving이 답이 됩니다. 정답은 (A)!

어휘 획!확!

명사 receipt은 '영수증'이라는 뜻 이외에 '수령, 받음'의 뜻으로 토익에서 단골로 출제되는 어휘예요.
valued customer 우수 고객 **inform** v. 알리다 **immediately** adv. 즉시

구문 해석 불만을 접수하자마자 / 우수 고객들 중 한 명으로부터 / 점원이 알렸다 / 관리자에게 / 즉시

3. be used to ~ing와 be used to 부정사

'be used to ~ing(~에 익숙하다)'로 착각할 수 있는 문제예요. '배송 번호가 추적하는 것에 익숙하다'는 의미상 부적절하므로 (C)는 답이 될 수 없습니다. 문맥상 '추적하기 위해서 사용되다'가 적절하므로 빈칸은 '~하기 위해서'라는 의미의 to 부정사 자리로 볼 수 있겠죠? 따라서 to 뒤에 들어갈 동사원형 track이 답이 됩니다. 이처럼 해석을 하지 않으면 오답을 고르는 실수를 할 수 있으므로 주의해야 해요. 정답은 (A)!

어휘 획!확!

동사 track(추적하다)은 'track the order(주문을 추적하다)'의 묶음 표현으로 자주 등장한다는 것을 기억해 두세요.
shipping n. 배송 **invoice** n. 운송장

구문 해석 배송 번호는 / 귀하의 이메일 운송장과 함께 보내진 / 사용될 수 있습니다 / 귀하의 주문품을 추적하기 위해 / 저희 상점 웹사이트에서

정답 1. (D) 2. (A) 3. (A)

026

품사가 혼동되는 단어가 있다.

The vice president was informed that the ------- to China had been postponed in order to avoid scheduling conflicts.

(A) visiting   (B) visited   (C) visit   (D) visitor

....

포인트 해설	that절의 주어이면서 정관사 the 뒤의 명사 자리이다. 동명사 visiting은 관사(the) 뒤에 쓸 수 없는데다 목적어를 가져야 하기 때문에 답이 될 수 없다. 보기 중 명사는 visit(방문)과 visitor(방문자) 2개가 있는데, 동사(had been postponed)와 연결해 해석해 보면 '방문이 연기되다'라고 하는 것이 적절하다. visit은 명사(방문)와 동사(방문하다)로 모두 쓰일 수 있으므로 답이 된다. 정답은 (C).
구문 해설	부사장은 통지를 받았다 / 중국 방문이 연기되었다고 / 일정이 겹치는 것을 피하기 위해
어휘	scheduling conflict 일정이 겹치는 것

 동사나 형용사로도 쓰이는 명사가 있다.

access	몡 접근 통 접근하다		permit	몡 허가증 통 허가하다
advance	몡 진전, 발전 통 진전하다 휑 사전의		potential	몡 잠재력 휑 잠재적인
approach	몡 접근(법) 통 접근하다		professional	몡 전문가 휑 전문적인, 직업의
comment	몡 논평, 언급 통 논평하다		prompt	몡 자극, 촉진 통 촉구하다 휑 즉각적인
compliment	몡 칭찬, 찬사 통 칭찬하다		substitute	몡 대리자, 대체물 통 대신하다
document	몡 문서 통 기록하다		remark	몡 발언, 말 통 언급하다
function	몡 기능 통 기능하다		visit	몡 방문 통 방문하다

Professionals from various fields around the world have gathered in London.
전 세계 다양한 분야의 전문가들이 / 런던에 모였다
▶ professional은 형용사(전문적인)와 명사(전문가)로 쓰일 수 있는데 이 문장에서는 주어 자리에서 명사로 쓰였다.
     Tip professional이 주어 자리에 나오면 형용사가 아닌 명사인지 확인하기!

Rather than trying to deal with the problem on its own, the firm needs to get professional advice.
문제를 해결하려고 노력하는 것보다는 / 자력으로 / 그 회사는 얻을 필요가 있다 / 전문적인 조언을
▶ professional이 명사(advice)를 수식하는 형용사로 쓰였으며 '전문적인'으로 해석한다.

 품사를 혼동할 수 있는 단어 timely(시기 적절한), orderly(질서 있는, 정돈된), friendly(우호적인)는 모두 -ly 로 끝나지만 부사가 아닌 형용사이다.

Please respond to this matter in a timely manner.
이 문제에 대응해 주세요 / 적시에
▶ timely가 형용사로 명사 manner 앞에 쓰였다. 'in a timely manner(적시에)'는 토익에 자주 등장하는 묶음 표현이다.

1. Employees are invited to seminars which are expected to help them to reach their full ------- in the workplace.

   (A) potentially
   (B) potent
   (C) potential
   (D) more potentially

2. All data that has been collected over the last few weeks should be stored in an ------- manner for analysis.

   (A) order
   (B) orderly
   (C) orders
   (D) ordering

3. Occupants are required to submit 28 days' ------- notice before they vacate their apartments.

   (A) advancing
   (B) advances
   (C) advancement
   (D) advance

해설 강의

1. potential의 품사

동사 reach(도달하다)의 목적어이면서 형용사 full의 수식을 받는 명사 자리입니다. potential은 형용사(잠재적인) 이외에 명사(잠재력)로도 쓸 수 있으므로 답이 됩니다. potent는 명사로 혼동할 수 있는데 형용사이며, '강한, 효과적인'이라는 뜻이에요. 정답은 (C)!

> **어휘 찍콕!**
> reach는 '도달하다'라는 뜻이며 'reach full potential(완전한 잠재력에 도달하다)'을 하나의 묶음 표현으로 기억해 두세요.
> **full** adj. 완전한, 모든 **workplace** n. 직장, 근무지

구문 해석 직원들은 세미나에 초청받았다 / 그들을 도와줄 것으로 예상되는 / 그들의 완전한 잠재력에 도달하는 것에 / 직장에서

2. -ly 형태의 형용사

명사 manner(방식)를 수식하는 형용사를 고르는 문제입니다. orderly(질서 정연한)는 -ly로 끝나지만 형용사이므로 답이 됩니다. order는 '주문, 질서, 명령'이라는 뜻의 명사 또는 '주문하다, 정리하다, 명령하다'의 동사로 쓰이며, ordering은 '배열, 정리'라는 뜻의 명사로 쓸 수 있어요. 정답은 (B)!

> **어휘 찍콕!**
> 'in an orderly manner(질서 정연한 방식으로)'를 묶음 표현으로 기억해 두세요.
> **collect** v. 수집하다 **store** v. 저장하다 **manner** n. 방식

구문 해석 모든 데이터는 / 지난 몇 주 동안 수집되어 온 / 반드시 저장되어야 한다 / 질서 정연한 방식으로 / 분석을 위해

3. advance의 품사

명사 notice(통지서, 안내문)를 수식하는 형용사 자리입니다. advance는 명사(진전), 동사(진보하다), 형용사(사전의, 이전의)로 쓸 수 있으며 이 문제에서는 형용사로 쓰여 답이 됩니다. 정답은 (D)!

> **어휘 찍콕!**
> occupant(거주자, 입주자), vacate(비우다)는 토익에 자주 등장하는 어휘들이에요.
> **be required to do** ~할 것을 요구받다

구문 해석 거주자들은 요구받는다 / 28일 전에 사전 통지서를 제출할 것을 / 그들이 아파트를 비우기 전에

정답 1. (C) 2. (B) 3. (D)

셀 수 있는 명사와 셀 수 없는 명사를 구별해야 한다.

Full ------- will be provided if you are not satisfied with our products for any reason, or we can issue a store credit.

(A) refund　　　　(B) refundable　　　　(C) refunds　　　　(D) refunded

포인트 해설	빈칸은 문장의 주어인 명사 자리이다. refund(환불)는 셀 수 있는 명사, 즉 가산 명사이므로 단수로 쓸 때 a refund, the refund로 관사를 붙여 쓰거나 복수형 refunds로 써야 한다. 정답은 (C).
구문 해석	전액 환불이 제공될 것입니다 / 만약 귀하가 우리 제품에 만족하지 않는다면 / 어떤 이유에서든지 / 또는 상품 교환권을 발행해 드릴 수 있습니다
어휘	be satisfied with ~에 만족하다　issue v. 발행하다　store credit 상품 교환권, 매장 적립금(매장에서 현금 대신 사용할 수 있는 것)

 가산 명사는 단수일 때 앞에 정관사(the)나 부정관사(a, an)를 반드시 써야 한다. 불가산 명사는 앞에 정관사 (the)를 쓸 수 있지만 부정관사(a, an)는 쓸 수 없다.

가산 명사			불가산 명사		
bonus 상여금	fund 자금	rate 요금	advice 조언	equipment 장비	information 정보
discount 할인	price 가격	refund 환불	baggage 짐	housing 주택	luggage 수하물

It turned out that the production of the movie was suspended mainly due to a lack of f̶u̶n̶d̶(→ funds).
밝혀졌다 / 영화 제작이 중단되었다는 것이 / 주로 자금 부족 때문에
▶ fund는 가산 명사이므로 a fund, the fund 혹은 funds로 써야 한다.

　　Tip 명사 자리 앞에 a나 the가 없으면 복수 명사나 불가산 명사 쓰기!

 비슷한 철자 혹은 뜻을 가진 가산 명사와 불가산 명사를 구별할 수 있어야 한다.

가산 명사 – 불가산 명사		
account 계좌 – accounting 회계	goods 상품* – merchandise 상품	plan 계획 – planning 기획
approach 접근법 – access 접근	machine 기계 – machinery 기계류	seat 좌석 – seating 좌석 배치
fund 자금 – funding 자금 지원	permit 허가서, 허가증 – permission 허가	ticket 표 – ticketing 발권

*goods(상품)는 항상 복수형으로만 쓰이는 가산 명사이다.

We need some help to develop new marketing a̶p̶p̶r̶o̶a̶c̶h̶(→ approaches).
우리는 도움이 필요하다 / 새로운 마케팅 접근법을 개발하는 데
▶ approach(접근법)는 가산 명사로 an approach, the approach 혹은 approaches로 써야 한다.

1 When you move out of your apartment, you should get ------- from the building manager to use the elevator.

(A) permit
(B) permissive
(C) permitting
(D) permission

2 After a week of deliberation, the managers have initiated new ------- to increase the market share in Mexico.

(A) plan
(B) planner
(C) planned
(D) plans

3 Those who already have savings ------- with us can apply for a new credit card of any kind at no extra cost.

(A) account
(B) accounts
(C) accounting
(D) accountable

🎯콕! 해설 강의

1. 가산 명사와 불가산 명사

동사(get)의 목적어인 명사 자리예요. (A)와 (D)가 모두 명사이지만, permit(허가증)은 가산 명사로 a permit, the permit과 같이 관사를 붙여 써야 하므로 오답입니다. permission(허가)은 불가산 명사이므로 관사 없이 쓰일 수 있어서 답이 돼요. 정답은 (D)!

> **어휘🎯콕!**
> '허가/허가증을 받다'라고 할 때는 'get/obtain permission/a permit'의 묶음 표현을 주로 쓴다는 것을 기억해 두세요.
> **move out** 이사 나가다 **permit** n. 허가증 **permission** n. 허가

구문 해석 당신은 아파트에서 이사 나갈 때 / 반드시 허가를 받아야 합니다 / 건물 관리인으로부터 / 승강기 사용을 위해

2. 가산 명사의 복수

동사(have initiated)의 목적어인 명사가 들어갈 자리입니다. (A), (B), (D)가 모두 명사이지만 planner(계획자)는 사람을 의미하므로 해석상 답이 될 수 없고, plan(계획)은 가산 명사 단수이므로 a plan, the plan과 같이 관사와 함께 써야 합니다. 따라서 복수형인 plans가 답이 됩니다. 정답은 (D)!

> **어휘🎯콕!**
> deliberation(심사숙고), initiate(착수하다, 개시하다)은 토익에서 다소 난이도 있게 출제되는 어휘들이에요.
> **market share** 시장 점유율

구문 해석 일주일 동안의 심사숙고 이후에 / 관리자들은 새로운 계획에 착수했다 / 멕시코에서의 시장 점유율을 높이기 위한

3. 복합 명사의 복수

동사(have)의 목적어로 savings account(저축 예금 계좌)가 나왔는데, account(계좌)는 가산 명사로 a savings account 혹은 savings accounts로 써야 하기 때문에 accounts가 답이 됩니다. savings account는 복합 명사로 savings에 -s가 붙어 있는 것에 혼동하지 않도록 주의해야 합니다. accounting은 명사이지만 '회계'라는 의미로 문맥상 답이 될 수 없어요. 정답은 (B)!

> **어휘🎯콕!**
> 'at no extra cost(추가 비용 없이)'는 묶음 표현으로 토익에 자주 등장해요.
> **apply for** 신청하다, 지원하다 **kind** n. 종류

구문 해석 이미 우리 저축 예금 계좌를 가지고 있는 사람들은 / 어떤 종류의 새로운 신용 카드든지 신청할 수 있다 / 추가 비용 없이

정답 1. (D) 2. (D) 3. (B)

비슷한 사람 명사와 사물/추상 명사를 구별해야 한다.

Some large companies provide financial ------- to employees who are transferred to overseas branches.

(A) assists   (B) assisted   (C) assistance   (D) assistant

포인트 해설   동사(provide)의 목적어인 명사 자리로 형용사 financial(재정적인)의 수식을 받고 있다. assistance(도움)와 assistant (조수, 조교)가 모두 명사인데 의미상 '도움을 제공하다'라고 하는 것이 적절하다. 또한 assistant는 사람 명사로 가산 명사 이기 때문에 an assistant 혹은 the assistant로 써야 한다. 정답은 (C).

구문 해석   일부 대기업들은 재정적인 도움을 제공한다 / 직원들에게 / 해외 지사로 전근 가는

어휘   financial adj. 재정적인   transfer v. 전근 가다, 이동하다

 비슷하게 생긴 사람 명사와 사물/추상 명사를 구별해서 외워 둔다. 이때 사람 명사는 모두 가산 명사이기도 하다는 점을 기억해야 한다.

사람 명사 - 사물/추상 명사	
accountant 회계사 - account 계좌, accounting 회계	interviewee 면접자, interviewer 면접관 - interview 면접
advisor 조언가 - advice 조언	manufacturer 제조업자, 제조업체 - manufacturing 제조업
analyst 분석가 - analysis 분석	occupant 점유자 - occupancy 점유, occupation 직업
architect 건축가 - architecture 건축 양식, 건축학	operator 작동하는 사람, 기사 - operation 작동
assembler 조립하는 사람 - assembly 조립	participant 참석자 - participation 참가
assistant 조수, 조교 - assistance 도움, 원조	performer 공연자 - performance 공연
attendee 참석자, attendant 종업원 - attendance 참가	photographer 사진작가 - photography 사진 (촬영)술, 사진 기법
beneficiary 수혜자, benefactor 후원자 - benefit 혜택	president 사장, 대통령 - presidency 사장직 (임기), 대통령직 (임기)
competitor 경쟁자, 경쟁 상대 - competition 경쟁	professional 전문가 - profession 직업
consultant 상담가 - consultation 상담	receptionist 접수원 - reception (라디오 등의) 수신 상태, 환영식
contributor 기여자 - contribution 기여	representative 대표자, 대리인 - representation 대표
correspondent 통신원 - correspondence 서신, 일치	respondent 응답자 - response 응답
critic 비평가, 평론가 - criticism 비평, 비판	retiree 은퇴자 - retirement 은퇴
donor 기부자 - donation 기부	rival 경쟁자 - rivalry 경쟁
entrant (시험, 대회) 참가자 - entrance 입장, 입구	supervisor 감독자 - supervision 감독
inspector 검사관 - inspection 검사	

Professional financial ~~advice~~(→ advisors) will be hired to save incidental expenses as soon as the CEO gives approval.

전문 재정 조언가가 고용될 것이다 / 부대 비용을 절약하기 위해 / CEO가 승인하자마자

▶ 의미상, '조언(advice)'이 아닌 '조언가(advisor)'가 고용된다는 것이 적절하므로 사람 명사가 들어가야 한다. advisor는 가산 명사이므로 an advisor 혹은 the advisor로 쓰거나 복수형인 advisors로 써야 한다.

    Tip 동사의 의미를 먼저 파악한 후 사람 명사와 사물/추상 명사 중 어울리는 것 선택하기!

1 After two weeks of training period,
  Mr. Campbell will start to work under the
  ------- of the accounting manager.

  (A) supervisor
  (B) supervised
  (C) supervising
  (D) supervision

2 Ms. Morrison is widely known as the nation's
  harshest food -------, so restaurant owners
  are eager to get good reviews from her.

  (A) critique
  (B) critic
  (C) criticizes
  (D) criticism

3 Working as insurance -------,
  Mr. and Mrs. Brown established close
  relationships with many business
  entrepreneurs who also referred the two
  to potential clients.

  (A) agential
  (B) agency
  (C) agents
  (D) agent

찍! 콕! 해설 강의

1. 사람 명사 supervisor와 추상 명사 supervision
전치사 under의 목적어이면서 관사 the 뒤의 명사 자리입니다. supervisor(감독자)는 사람 명사로 '회계부장의 감독자 하에'는 의미가 어색하죠? 따라서 '회계부장의 감독 하에'라는 뜻에 맞는 명사 supervision(감독)이 답이 됩니다. 동명사는 관사(the) 뒤에 올 수 없기 때문에 (C)는 오답이 됩니다. 정답은 (D)!

┌─ 어휘 찍!콕! ─
│ 'under the supervision of(~의 감독 하에)'는 토익에서 자주 볼 수 있는 묶음 표현으로 알아 두세요.
│ training period 훈련 기간
└

구문 해석 2주 동안의 훈련 기간 이후에 / Mr. Campbell은 근무를 시작할 것이다 / 회계부장의 감독 하에

2. 사람 명사 critic과 추상 명사 critique, criticism
전치사 as 뒤의 명사 자리로 critique(평론, 비평한 글), critic(비평가), criticism(비평, 비판) 모두가 명사인데, 의미상 Ms. Morrison을 가리키는 사람 명사가 들어가서 '냉혹한 비평가로 알려져 있다'고 하는 것이 적절하므로 critic이 답이 됩니다. 정답은 (B)!

┌─ 어휘 찍!콕! ─
│ 'be known as(~로 알려지다)'는 묶음 표현으로 기억하되 'be known for(~로 유명하다)'와 구별하여 알아 두세요.
│ widely adv. 널리 harsh adj. 냉혹한, 혹독한 be eager to do 간절히 ~하고 싶어하다 critique n. 평론 criticism n. 비평
└

구문 해석 Ms. Morrison은 널리 알려져 있다 / 국내에서 가장 냉혹한 음식 비평가로 / 그래서 식당 주인들은 좋은 평가를 받기를 간절히 원한다 / 그녀로부터

3. 사람 명사 agent와 사물 명사 agency
Brown 부부를 나타내는 사람 명사가 빈칸에 들어가야 하기 때문에 agency(대리점)는 답이 될 수 없어요. 사람 명사인 agent(대리인, 중개상)는 가산 명사이기 때문에 an agent, the agent로 관사를 붙여 쓰거나 복수형인 agents로 써야 합니다. 빈칸 앞에 관사가 없을 뿐 아니라 Mr. and Mrs. Brown의 복수 명사를 의미해야 하므로 agents가 답이 됩니다. 정답은 (C)!

┌─ 어휘 찍!콕! ─
│ 'refer A to B(A를 B로 연결해 주다, A를 B에게 소개해 주다)'는 Part 5, 6뿐 아니라 Part 7에서도 자주 볼 수 있는 묶음 표현입니다.
│ establish v. 수립하다, 세우다 close adj. 긴밀한, 가까운 entrepreneur n. 사업가 insurance agent 보험 설계사
└

구문 해석 보험 설계사로 일하면서 / Brown 부부는 긴밀한 관계를 수립해 왔다 / 많은 사업가들과 / 두 사람을 또한 잠재 고객들에게 연결해 주기도 하는 (사업가들)

정답 1. (D) 2. (B) 3. (C)

029 비슷한 명사 어휘를 구별하는 문제가 나올 수 있다.

The president strongly believes that the complete success of the company is largely related to the effective ------- of all personnel.

(A) utility (B) utilizing (C) utilization (D) utilize

포인트 해설 관사 the 뒤에 위치하면서 형용사 effective(효과적인)의 수식을 받는 명사 자리이다. utility(효용)와 utilization(활용)은 둘 다 명사이지만, 문맥상 '인력의 효과적인 활용'이 성공과 연관 있다고 하는 것이 더 적절하다. 정답은 (C).

구문 해설 사장은 강력히 믿고 있다 / 회사의 완전한 성공은 / 크게 연관되어 있다고 / 전체 인력의 효과적인 활용에

어휘 strongly adv. 강력히 complete adj. 완전한 largely adv. 크게 related to ~와 연관된

 비슷하게 생긴 명사 어휘의 뜻을 정확히 구분해서 알아 두어야 한다.

alternative 대안 - alternation 교체 - alteration 고침, 변화	permit 허가증 - permission 허가
cover 표지 - covering 덮개 - coverage 보장 범위, 보도 내용	plan 계획 - planning 기획
characteristic 특징 - character 성격, 등장인물	pollution 오염 - pollutant 오염 물질
indicator 지표 - indication 조짐, 암시	process 과정, 절차 - processing 가공, 처리
initiative 주도, 계획 - initiation 시작, 개시	success 성공 - succession 연속, 승계
likeness 유사성 - likelihood 가능성	record 기록 - recording 녹음, 녹화
object 사물, 목표 - objectivity 객관성 - objection 반대	utility 효용 - utilization 활용
opening 시작, 개막식 - openness (마음 등이) 열려 있음, 솔직함	
potential 잠재력 - potentiality (일이 일어날) 가능성 - potency (약 등의) 효능	
product 제품, 결과물 - production 생산 - productivity 생산성 - producer 생산자	

It is imperative for all workers to go over the document detailing the sanitization procedures in food ~~process~~(→ processing).
중요하다 / 모든 직원들이 문서를 검토하는 것이 / 위생 처리 절차를 상세히 설명한 / 음식 가공에 있어서
▶ '음식 과정(process)'은 불가능하고 '음식 가공' 혹은 '음식 처리'가 적절하므로 processing을 써야 한다.

Mrs. Tian expected that the company would offer more extensive insurance ~~cover~~(→ coverage).
Mrs. Tian은 기대했다 / 회사가 제공할 것으로 / 더 포괄적인 보험 혜택을
▶ insurance(보험)와 연결되어 '보험 혜택, 보험 보장 범위'를 의미하는 단어가 필요하다. cover는 '표지, 덮개'라는 뜻이므로 coverage (보장 범위)로 바꾸어야 한다.
Tip 'insurance coverage(보험 혜택, 보험 보장 범위)', 'media coverage(언론 보도)'는 토익에 자주 등장하는 묶음 표현!

토익 실전 문제 ⏱ 30초 안에 풀어 보세요.

1 The idea of car sharing is regarded as a cost-effective ------- to expensive car rentals and car ownership.

(A) alternates
(B) alternative
(C) alternating
(D) alternation

2 Ms. Gonzales has given no ------- that she is ready to accept the job offer from the rival company with a much higher salary and commensurate benefits.

(A) indicator
(B) indicate
(C) indication
(D) indicative

3 Competent staff have ability to work on their own ------- while also acting decisively and boldly.

(A) initiate
(B) initiative
(C) initiated
(D) initiation

퀵! 퀵! 해설 강의

1. alternative와 alternation

관사 a 뒤에 위치하면서 형용사 cost-effective의 수식을 받는 명사 자리입니다. 차를 빌리거나 직접 사는 것에 대해 차를 공유하는 것은 대안(alternative)이라고 하는 것이 적절하겠죠? (D)는 명사이지만 '교체'라는 뜻으로 '비용 효율이 높은 교체로 여겨진다'는 어색하기 때문에 답이 될 수 없습니다. 정답은 (B)!

> **어휘 퀵! 퀵!**
> 'be regarded as(~로 여겨지다)'는 묶음 표현으로 알아 두어야 해요.
> ownership n. 소유(권) alternative n. 대안; adj. 대안이 되는, 대체의 alternation n. 교체

구문 해석 차를 공유한다는 생각은 여겨진다 / 비용 효율이 높은 대안으로 / 비싼 차 대여나 차를 소유하는 것에 대한 (대안)

2. indicator와 indication

동사(has given)의 목적어인 명사 자리예요. (A)와 (C) 둘 다 명사이지만, 주어인 사람(Ms. Gonzales)이 어떤 반응을 보일지에 대한 조짐이 없었다는 의미가 적절하므로 indication(조짐, 암시)이 답이 됩니다. indicator는 '지표, (속도 등을 나타내는) 장치'라는 뜻이므로 답이 될 수 없습니다. 정답은 (C)!

> **어휘 퀵! 퀵!**
> commensurate(상응하는)은 특히 'commensurate benefits(상응하는 혜택)'의 묶음 표현으로 자주 쓰입니다. 더불어 'be commensurate with(~에 상응하다)'이라는 표현도 기억해 두세요.
> indicator n. 지표 indication n. 조짐, 암시(cf. indicative of ~을 나타내는)

구문 해석 Ms. Gonzales는 그 어떤 조짐도 보이지 않았다 / 그녀가 일자리 제안을 받아들일 준비가 되었다는 / 경쟁사로부터 / 더 높은 급여와 상응하는 혜택을 가진

3. initiative와 initiation

their own의 수식을 받는 명사 자리입니다. (D)는 '시작, 개시'라는 뜻이기 때문에 '그들 자신의 시작으로 일하는 능력'은 뜻이 어색하여 답이 될 수 없어요. initiative(주도, 선도, 계획)는 형태가 형용사처럼 보이지만 명사이며 '그들 자신의 주도로 일하는 능력'이라는 의미가 적절하여 답이 됩니다. 정답은 (B)!

> **어휘 퀵! 퀵!**
> 'on one's (own) initiative(~ 자신의 주도로)'는 묶음 표현으로 알아 두어야 해요.
> competent adj. 유능한, 능숙한 ability to do ~할 능력 decisively adv. 결정력 있게 boldly adv. 대담하게

구문 해석 유능한 직원들은 일하는 능력을 가지고 있다 / 그들 자신의 주도로 / 또한 결정력 있고 대담하게 행동하면서

정답 1. (B) 2. (C) 3. (B)

030 복합 명사는 덩어리 표현으로 외워 두어야 한다.

A delegation of top managers is scheduled to visit the ------- facility to make sure that all equipment functions well and that safety procedures are properly followed.

(A) producing　　　　(B) producer　　　　(C) production　　　　(D) produced

포인트 해설 명사 facility(시설)를 수식하는 형용사 자리로 착각할 수 있지만, 시설을 '생산하는(producing)' 것이나 '생산되는 (produced)' 것은 의미상 알맞지 않기 때문에 답이 될 수 없다. 따라서 '생산 시설'이라는 복합 명사를 완성하는 명사 production(생산)이 답이 된다. producer(생산자)도 명사이지만 '생산자 시설'은 의미가 어색하여 오답이다. 정답은 (C).

구문 해설 최고 관리자 대표단이 방문하기로 예정되어 있다 / 생산 시설을 / 확실히 하기 위해 / 모든 장비가 잘 작동하는지 / 그리고 안전 절차가 제대로 지켜지는지를

어휘 delegation n. 대표단(cf. delegate 대표자)　function v. 작동하다, 기능하다　properly adv. 제대로, 적절하게

 '명사 + 명사' 형태의 복합 명사는 우리말 해석에만 의존하면 찾기 어려울 수 있기 때문에 기본적인 복합 명사 어휘는 미리 알아 두어야 한다.

account number 계좌 번호	employment agreement 고용 합의서	registration process 등록 절차
application form 지원 서식	enrollment fee 등록비	retail sales 소매 판매
application process 지원 절차	entrance fee 입장료	(cf. wholesale sales 도매 판매)
assembly line 조립 라인	expansion plan 확장 계획	retirement party 은퇴 파티
confirmation number (주문 등의) 확인 번호	expiration date 만료 날짜	return policy 반품 정책
customer satisfaction 고객 만족	health benefit 의료 혜택	safety inspection 안전 검사
customer service representative	insurance coverage 보험 보상 범위	safety regulations 안전 규정
고객 서비스 담당 직원	keynote address 기조 연설	sales department 영업 부서
customs office 세관	living expenses 생활비	sales promotion 판매 촉진 (활동)
delivery date 배송 날짜	performance evaluation 업무 평가	savings account/bank 예금 계좌/저축 은행
earnings growth 수익 성장	production facility 생산 설비	security guard 안전 요원
employee evaluation 직원 평가	quality assessment 품질 평가	weather forecast 일기 예보

Since you enrolled in more than two classes at our academy, you can get 20 percent off ~~enrolling fees~~(→ enrollment fees).

귀하가 2개 이상 수업을 등록했기 때문에 / 우리 학원에서 / 귀하는 등록비에 대해 20퍼센트 할인을 받을 수 있습니다

▶ 비용(fee)이 '등록하는(enrolling)' 것은 의미상 불가능하므로 '등록비(enrollment fee)'라는 복합 명사로 바꾸어야 한다.

 복합 명사를 복수형을 만들 때는 '명사 + 명사'에서 뒤의 명사에 -(e)s를 붙여야 한다.

We need to hire more ~~security guard~~(→ security guards) for improved safety throughout the office building.

우리는 더 많은 안전 요원들을 고용할 필요가 있다 / 향상된 안전을 위해 / 사무실 건물 전체에

▶ 의미상 more 뒤에 복수형의 '안전 요원들'이 나와야 하는데, security guard(안전 요원)는 복합 명사이므로 뒤의 명사에 복수형을 만들어 주는 -(e)s를 붙여야 한다.

1 At the end of the online ------- process, you can confirm the list of additional documents that you need to submit by September 5.

   (A) registering
   (B) registration
   (C) registered
   (D) registers

2 Some senior managers raised questions over the need to revise the company policy in accordance with state safety -------.

   (A) regulations
   (B) regulating
   (C) regulates
   (D) regulatory

3 Oceania Wireless, a service provider for TV and Internet, expects a 10 percent increase in the number of its customer service ------- by 2025.

   (A) represent
   (B) representative
   (C) representation
   (D) representatives

확콕! 해설 강의

1. 명사 + 명사에서 앞의 명사 자리

빈칸을 명사 process(과정) 앞의 형용사 자리로 생각할 수 있지만, '절차'가 '등록하는(registering)'이나 '등록되는(registered)' 것은 아니므로 (A)와 (C)의 분사는 답이 될 수 없어요. '등록 절차'라는 복합 명사로 registration(등록)이 답이 됩니다. 정답은 (B)!

어휘 확콕!
'at the end of(~의 끝에)'는 토익에서 자주 등장하는 표현으로 'at the beginning of(~의 시작에)'의 반대 의미로 알아 두세요.
additional adj. 추가적인 submit v. 제출하다

구문 해석 온라인 등록 절차의 끝에서 / 귀하는 추가 문서 목록을 확인할 수 있습니다 / 9월 5일까지 제출해야 하는

2. 명사 + 명사에서 뒤의 명사 자리

전치사 묶음 표현인 in accordance with(~에 따라서) 뒤에 나오는 명사 자리로 '안전 규정'이라는 뜻의 복합 명사를 만들어 주는 regulations(규정)가 답이 됩니다. 복합 명사가 복수형이 되려면 뒤의 명사에 -s가 붙어야 해서 safety regulations가 된 것에 유의해야 합니다. 정답은 (A)!

어휘 확콕!
raise는 '올리다'라는 뜻이지만 'raise a question'은 '문제를 제기하다'라는 뜻의 묶음 표현임을 기억하세요.
senior manager 고위 간부 revise v. 수정하다 in accordance with ~에 따라서 regulatory adj. 규제력을 가진

구문 해석 일부 고위 간부들이 문제를 제기했다 / 회사 정책을 수정할 필요에 대해서 / 주 안전 규정에 따라서

3. 복합 명사의 복수

의미상 '고객 서비스 담당 직원의 수'라고 하는 것이 적절하므로 복합 명사 customer service representative(고객 서비스 담당 직원)가 들어가야 할 자리입니다. customer service representative는 사람 명사이므로 가산 명사이기 때문에 단수형으로 쓰려면 앞에 관사(a/an/the)가 있거나 아예 복수형으로 써야 해요. 앞에 관사가 없으므로 복수형(representatives)이 답이 됩니다. 정답은 (D)!

어휘 확콕!
명사 increase(증가)는 'increase in(~에 있어서의 증가)'이라는 묶음 표현으로 토익에서 자주 등장합니다.
provider n. 제공업체, 제공자 expect v. 예상하다, 기대하다

구문 해석 Oceania Wireless사는 / TV와 인터넷 서비스 제공업체인 / 10퍼센트 증가를 예상한다 / 고객 서비스 담당 직원의 수에 있어서의 (증가) / 2025년까지

정답 1. (B) 2. (A) 3. (D)

031

지시 대명사 that은 단수 명사 대신, those는 복수 명사 대신 쓴다.

The fiscal report clearly shows that this year's overhead expenses are comparable to ------- of the preceding year.

(A) that   (B) these   (C) those   (D) this

포인트 해설 빈칸에 들어가는 대명사는 앞에 나오는 명사 overhead expenses(간접비)를 받아 준다. 앞에 나오는 명사를 받아 '그것' 혹은 '그것들'을 의미하는 대명사는 that과 those인데, 앞의 명사가 단수이면 that을, 복수이면 those를 쓴다. 명사 overhead expenses는 복수이므로 those로 받아야 한다. 정답은 (C).

구문 해석 재정 보고서가 분명하게 보여준다 / 올해의 간접비가 비슷하다고 / 작년의 그것들(간접비)과

어휘 fiscal report 재정 보고(서)   clearly adv. 분명하게   overhead expenses 간접비   comparable adj. 비슷한 preceding adj. 이전의, 선행하는

 앞에 있는 명사를 대신 받는 역할을 하는 지시 대명사는 that과 those로, 앞의 명사가 단수이면 that을, 복수이면 those를 쓴다. 이 자리에 this와 these는 쓰지 않는다.

Korean restaurants in New York are thought to be much better than those in Paris.
뉴욕의 한국 식당들이 / 훨씬 나은 것으로 여겨진다 / 파리의 그것들(한국 식당들)보다
▶ 앞의 명사 Korean restaurants가 복수형이므로 those를 써야 한다.

     Tip* those는 that의 복수이고, these는 this의 복수이며, that/those 자리에 this/these가 올 수 없음을 알아 두기!

 'those who'는 '~하는 사람들'이라는 뜻으로 쓰인다. 이때 'those who are'가 되는 경우, 'who are(주격 관계대명사 + be 동사)'는 생략 가능하다.

Those who want to book a seat for dinner at Baumann Wine House should make a reservation at least a week in advance.
좌석을 예약하고 싶은 사람들은 / Baumann Wine House에서 저녁을 먹기 위해 / 반드시 예약을 해야 한다 / 적어도 일주일 전에

Those willing to volunteer for the upcoming charity event should contact my assistant at extension 213.
기꺼이 자원할 사람들은 / 다가오는 자선 행사에 / 저의 비서에게 연락해야 합니다 / 내선 번호 213으로
▶ 원래 문장은 'Those (who are) willing to ~'인데 '주격 관계대명사 + be 동사(who are)'가 생략되었다.

---

1 The newly released mobile phone from WZ&T has received much more favorable reviews than ------- of its competitor.

(A) this
(B) that
(C) those
(D) these

2 The exceptional savings you can get with the exclusive online coupon are much better than ------- obtainable with the VIP coupon book you can buy at the visitors' center at $5.

(A) that
(B) those
(C) them
(D) these

3 ------- accompanied by babies can not only stand in line for priority passengers when boarding the airplane but also ask for special assistance with strollers.

(A) They
(B) Those
(C) It
(D) That

핫픽! 해설 강의

1. 지시 대명사 that과 those

의미상 WZ&T사의 휴대 전화(mobile phone)와 경쟁업체의 휴대 전화를 비교하는 것이므로 빈칸에는 앞의 명사 mobile phone을 받아 주는 지시 대명사가 들어가야 합니다. mobile phone은 단수이므로 that이 답이 됩니다. 정답은 (B)!

어휘 핫픽!

'receive a favorable/rave review'는 '호평/극찬을 받다'라는 뜻으로 쓰이는 묶음 표현이에요.
favorable adj. 우호적인 competitor n. 경쟁업체, 경쟁자

구문 해석 WZ&T사의 새롭게 출시된 휴대 전화는 / 많은 호평을 받았다 / 경쟁업체의 그것(휴대 전화)보다

2. 지시 대명사 that과 those

온라인 쿠폰으로 받을 수 있는 할인 금액(savings)과 구매하는 쿠폰으로 받을 수 있는 금액, 즉 할인 금액을 비교하는 것으로 빈칸에는 savings 대신 들어갈 지시 대명사가 필요한데요. savings가 복수 명사이므로 those가 답이 됩니다. them은 형용사 obtainable(얻을 수 있는)의 수식을 받지 못하므로 답이 될 수 없습니다. 정답은 (B)!

어휘 핫픽!

형용사 exceptional은 '예외적인'이라는 의미도 있지만, '엄청난, 특출한'의 의미로 더 자주 출제되고 있습니다.
saving n. 할인 금액, 절약 exclusive adj. 전용의, 독점적인

구문 해석 엄청난 할인 금액이 / 그 온라인 전용 쿠폰으로 당신이 얻을 수 있는 / 훨씬 더 좋다 / VIP 쿠폰 책으로 얻을 수 있는 그것(할인 금액)보다 / 방문자 센터에서 5달러에 구매할 수 있는 (쿠폰 책)

3. those (who are) 구문

빈칸 이하는 'those (who are) accompanied by babies ~'에서 '주격 관계대명사 + be 동사(who are)'가 생략된 것으로 '아기를 동반한 사람들'이라는 의미로 볼 수 있겠죠? 따라서 지시 대명사 those가 답이 됩니다. those 자리에 인칭 대명사 they와 it, 지시 대명사 단수인 that은 쓸 수 없어요. 정답은 (B)!

어휘 핫픽!

'~와 동반하다'는 'be accompanied by'의 수동태 묶음 표현으로 쓴다는 것을 알아 두세요.
priority passenger 우선 승객 board v. 탑승하다 assistance n. 도움, 지원 stroller n. 유모차

구문 해석 아기를 동반한 사람들은 / 우선 승객을 위한 줄에 설 수 있을 뿐 아니라 / 비행기 탑승 시 / 특별한 도움을 요청할 수도 있다 / 유모차에 대한

정답 1. (B) 2. (B) 3. (B)

032

other는 가산 명사 복수 앞에, another는 가산 명사 단수 앞에 쓸 수 있다.

In case you are interested in ------- merchandise we have, we have enclosed a full list of our products with this letter.

(A) others   (B) another   (C) each other   (D) other

포인트 해설   불가산 명사 merchandise(상품) 앞에 쓸 수 있는 형용사를 고르는 문제이다. (A)와 (C)는 대명사로 명사를 수식하지 않기 때문에 정답에서 제외한다. (B)와 (D)는 모두 형용사로 쓰이지만 'another + 가산 명사 단수', 'other + 가산 명사 복수/불가산 명사'이기 때문에 불가산 명사 앞에 쓰는 other가 답이 된다. 정답은 (D).

구문 해석   귀하가 다른 상품에 관심이 있을 경우를 대비하여 / 저희가 보유한 / 저희의 제품 목록 전체를 동봉하였습니다 / 이 편지에

어휘   in case (that) ~할 경우에 대비하여   merchandise n. 상품   enclose v. 동봉하다   a list of ~의 목록

 other(다른)는 형용사로 쓰이며 'other + 가산 명사 복수/불가산 명사'로 써야 한다.

Green World Market which specializes in organic produce is considering selling <u>other</u> ~~product~~ (→ products), such as home furnishings.

Green World 상점은 / 유기농 제품을 전문으로 하는 / 다른 제품들을 판매하는 것을 고려 중이다 / 가정용 가구와 같은

▶ other 뒤에 가산 명사가 나올 경우 복수가 나와야 하기 때문에 products를 써야 한다.

    Tip 'every other + 가산 명사 단수(하나 걸러서.../다른 모든)' 표현도 추가로 알아 두기!

 another(또 하나의 (것), 다른 (것))는 대명사 혹은 형용사로 쓸 수 있다. 형용사일 때는 'another + 가산 명사 단수'로 써야 한다.

Since I didn't like the jacket, I asked the sales clerk to show me <u>another</u>.

나는 그 재킷이 마음에 들지 않았기 때문에 / 영업 직원에게 요청했다 / 다른 것을 보여 달라고

▶ another가 대명사로 쓰였으며 '다른 것'으로 해석할 수 있다.

Due to slippery road conditions, the shipment will not be delivered for <u>another</u> week.

미끄러운 도로 상태 때문에 / 그 물건은 배송되지 않을 것이다 / 앞으로 일주일 동안 더

▶ 형용사로 쓰인 another는 '또 하나의'라는 뜻으로 해석하며 그 뒤에 가산 명사 단수(week)가 나온다. 참고로 시간, 무게, 거리 등의 단위를 나타낼 때에는 'another + 복수 명사'를 쓸 수 있다.

    another three weeks 앞으로 3주 더

    another two miles 앞으로 2마일 더

    → 3주(three weeks), 2마일(two miles)은 가산 명사 단수가 아닌데도 another 뒤에 나올 수 있다. 여기서 another는 '(앞으로) ~ 시간/기간 더'라는 뜻으로 볼 수 있다.

    Tip each other(둘이 서로), one another(셋 이상이 서로) 표현도 추가로 알아 두기!

1. If you want to renew your insurance for ------- year, please contact our customer service department by the end of the month.

(A) other
(B) the others
(C) another
(D) some

2. If you are looking for ------- options besides AT Logistics for sending parcels to Korea, check the international shipping service from Hansen Express.

(A) another
(B) the others
(C) any other
(D) one another

3. Since the entire parking tower is being repaved, it will be closed for ------- two weeks.

(A) another
(B) others
(C) other
(D) the others

콕콕! 해설 강의

1. another + 가산 명사 단수

명사 year를 수식하는 형용사 자리인데 (B)는 대명사이므로 제외합니다. (A)와 (D)는 가산 명사 복수 혹은 불가산 명사 앞에 쓸 수 있어요. year는 가산 명사 단수이므로 그 앞에 쓸 수 있는 another가 답이 됩니다. 정답은 (C)!

어휘 콕콕!

'another year(일 년 더)', 'another month(한 달 더)', 'another week(한 주 더)'은 토익에서 자주 등장하는 표현으로 알아 두세요.
by the end of ~의 말까지   the others pron. 나머지들

구문 해석 만약 귀하가 보험을 갱신하고자 한다면 / 일 년 더 / 우리의 고객 서비스 담당 부서로 연락 주세요 / 월말까지

2. any other + 명사

복수 명사(options)를 수식하는 형용사를 찾는 문제로 (B), (D)는 대명사이기 때문에 답에서 제외됩니다. (A)의 경우 another option처럼 가산 명사 단수를 가져야 하므로 답이 될 수 없어요. 'any other + 가산 명사 단수/복수/불가산 명사'로 쓸 수 있기 때문에 any other (무언가 다른)가 답이 됩니다. 정답은 (C)!

어휘 콕콕!

parcel n. 소포   one another pron. 서로서로

구문 해석 만약 당신이 다른 선택권을 찾고 있다면 / AT Logistics사 이외에 / 소포를 한국으로 보내기 위하여 / 국제 운송 서비스를 확인하세요 / Hansen Express사로부터

3. another + 복수 명사(시간)

two weeks를 수식하는 형용사를 고르는 문제로 대명사 (B), (D)는 빈칸에 들어갈 수 없습니다. other는 복수 명사 앞에 쓰이지만 '다른'이란 뜻으로 '다른 2주 동안'은 의미상 부적절해요. two weeks와 같은 시간 표현은 복수이더라도 another 뒤에 쓸 수 있으며, 2주라는 시간이 '한 번 더' 지나야 한다는 의미로 '또 다른'이라는 뜻이 적절하기 때문에 another가 답이 됩니다. 정답은 (A)!

어휘 콕콕!

others(다른 것들), the others(나머지 전부)는 둘 다 대명사이지만 의미 차이가 있는 어휘이므로 구별해서 알아 두세요.
entire adj. 전체의   repave v. 재포장하다

구문 해석 전체 주차 타워의 길이 재포장되고 있는 중이기 때문에 / 그것은 문을 닫을 것이다 / 2주 더

정답 1. (C) 2. (C) 3. (A)

033
one's own은 명사를 수식할 수 있다.

Thanks to the flexible work system, employees are allowed to set ------- own schedules without approval from immediate supervisors.

(A) them　　　　　　(B) their　　　　　　(C) they　　　　　　(D) themselves

....

포인트 해설　'one's own + 명사(~ 자신의 …)'를 묻는 문제로 빈칸에는 소유격 대명사가 들어가야 한다. 'one's own'은 '~ 자신의'라는 형용사로 명사 앞에 쓸 수 있고, '~ 자신의 것'이라는 대명사로도 쓸 수 있다. 정답은 (B).

구문 해석　탄력적인 근무 시스템 덕분에 / 직원들은 세울 수 있다 / 그들 자신의 일정을 / 직속 상사의 허가 없이

어휘　thanks to ~ 덕분에(cf. thanks for ~에 고마워하다)　flexible adj. 탄력적인, 융통성 있는　set v. 세우다, (일정 등을) 잡다
immediate supervisor 직속 상사

 'one's own'은 '~ 자신의'라는 의미로 형용사 역할을 하여 명사 앞에 쓰일 수도 있고, 그 자체가 대명사 역할을 하여 '~ 자신의 것'이라는 의미로 쓰일 수도 있다.

Guests should bring their own bath products, since the hotel does not provide any soap or shampoo.
투숙객들은 반드시 가져와야 한다 / 그들 자신의 목욕용품을 / 왜냐하면 호텔이 제공하지 않기 때문에 / 비누나 샴푸를
▶ their own(그들 자신의)이 명사 bath products(목욕용품)를 수식하는 형용사 역할을 한다.

After working at the beauty shop for 10 years, Ms. Saito decided to open a salon of her own.
미용실에서 일한 후에 / 10년 동안 / Ms. Saito는 결정했다 / 그녀 자신의 미용실을 열기로
▶ her own(그녀 자신의 것)이 대명사로 전치사 of의 목적어 자리에 쓰였다.
　Tip a salon of her own = her own salon(그녀 자신의 미용실)!

 'of one's own'은 '~ 자신의'라는 뜻으로 쓰이고, 'on one's own'은 '스스로'라는 뜻으로 'by oneself'와 바꾸어 쓸 수 있다.

Most of the employees in their 40s do not have a retirement plan of their own.
직원들 중 대다수가 / 40대인 (직원들) / 퇴직 계획이 없다 / 그들 자신의
▶ '그들 자신의 퇴직 계획이 없다'라는 의미이며 their own retirement plan으로 바꾸어 쓸 수 있다.

Mr. Cyrus's supervisor thought that he could address the problem on his own.
Mr. Cyrus의 상사는 생각했다 / 그가 그 문제를 처리할 수 있다고 / 스스로
▶ on his own이 '스스로'라는 뜻으로 쓰였으며 by himself로 바꾸어 쓸 수 있다.

⏱ 30초 안에 풀어 보세요.

1 Vice President Richard Lee would like his room to be outfitted with ------- office equipment.

(A) himself
(B) him
(C) his own
(D) he

2 Passengers flying with HT Airlines for domestic trips are advised to bring a blanket ------- their own, since they can be charged for in-flight items other than headsets.

(A) by
(B) with
(C) of
(D) for

3 The restaurant does not have a parking lot of -------, so customers are advised to use public transportation.

(A) it
(B) its own
(C) itself
(D) it's

해설 강의

1. one's own + 명사

명사(office equipment)를 수식하는 형용사가 들어갈 자리로 his office equipment(그의 사무용품)를 쓸 수 있지만 보기 중에 소유격 his가 없습니다. 대신 'one's own + 명사(~ 자신의 …)'가 가능하므로 his own이 답이 됩니다. 정답은 (C)!

어휘

outfit은 '의상'이라는 명사 이외에 '(복장, 장비를) 갖추다'라는 동사로도 쓰이며, 특히 'be outfitted with(~로 갖추어지다)'이라는 묶음 표현을 알아 두어야 합니다.
office equipment 사무용품

구문 해석   부사장 Richard Lee는 바란다 / 그의 사무실이 / 갖추어지기를 / 그 자신의 사무용품으로

2. 명사 + of one's own

추가 비용을 내지 않으려면 승객들이 자신들의 담요를 직접 준비해 와야 한다는 내용으로 '명사 + of one's own(~ 자신의 …)'을 묻는 문제입니다. their own blanket으로 바꾸어 써도 같은 의미가 되겠죠? 참고로 (A)가 들어가서 '스스로'라는 의미를 가지려면 by themselves로 써야 해요. 정답은 (C)!

어휘

'be charged for(~에 대해 비용을 청구받다)'의 묶음 표현이 토익에서 자주 등장한다는 것을 기억해 두세요.
domestic trip 국내 여행   in-flight adj. 기내의

구문 해석   HT 항공사를 이용하는 승객들은 / 국내 여행을 위해 / 권장받습니다 / 그들 자신의 담요를 가져올 것을 / 왜냐하면 그들(승객)은 비용을 청구받을 수 있기 때문입니다 / 기내용품에 대해서 / 헤드셋 이외에

3. 명사 + of one's own

'명사 + of one's own(~ 자신의 …)'을 파악해야 하는 문제예요. 그 식당(the restaurant)은 식당 자신의 주차장, 즉 자체 주차장이 없다는 의미이므로 its own이 답이 됩니다. '그것(식당)의 주차장'이라고 할 때는 its parking lot이라고 쓸 수 있으나, a parking lot of it, a parking lot of itself는 불가능한 표현입니다. '내 차'를 my car라고는 써도 a car of me, a car of myself로 쓰지 않는 것과 같죠. 정답은 (B)!

어휘

parking lot 주차장   public transportation 대중교통

구문 해석   그 식당은 자체 주차장이 없다 / 그래서 손님들은 권고받는다 / 대중교통을 이용할 것을

정답 1. (C) 2. (C) 3. (B)

034 재귀 대명사는 목적어 자리에 올 수 있다.

By bringing every negotiation to successful completion, Angela West at JT Realtors has proved ------- to be a very competent agent.

(A) hers   (B) herself   (C) she   (D) her

포인트 해설   동사(has proved)의 목적어 자리로 (A), (B), (D)가 모두 목적어 자리에 들어갈 수 있다. '그녀의 것(hers)을 증명했다'는 의미상 부적절하므로 (A)는 오답이다. 목적어가 주어와 동일하면 재귀 대명사를, 그렇지 않으면 목적격 대명사를 쓸 수 있는데, 이 문장의 주어는 Angela West이고 빈칸에 들어가는 목적어도 주어인 그녀를 가리키기 때문에 재귀 대명사 herself가 답이 된다. 'prove oneself to 부정사'는 '스스로 ~임을 증명하다'라는 묶음 표현으로 알아 두자. 정답은 (B).

구문 해석   모든 협상을 성공적으로 끝냄으로써 / JT 부동산의 Angela West는 증명했다 / 그녀 자신이 아주 유능한 중개인이라는 것을

어휘   completion n. 끝냄, 완성   prove v. 증명하다   competent adj. 유능한

 문장의 목적어가 주어와 동일하면 재귀 대명사를, 다르면 목적격 대명사를 쓸 수 있다.

Max regards himself as the most qualified and motivated candidate.
Max는 여긴다 / 그 자신을 / 가장 자격 있고 의욕적인 지원자라고
▶ 주어인 Max와 목적어가 동일 인물이므로 재귀 대명사 himself를 써야 하며, Max가 본인 스스로를 자격 있고 의욕적인 지원자로 여긴다는 뜻이 된다.

Camila's supervisor considered her the most skilled sales clerk at the Singapore branch.
Camila의 상사는 여겼다 / 그녀를 / 가장 숙련된 영업 직원으로 / 싱가포르 지사에서
▶ 문장의 주어는 Camila's supervisor이고, 내용상 문장의 목적어인 her는 Camila를 가리킨다. 주어와 목적어가 서로 다르므로 재귀 대명사 herself가 아닌 목적격 대명사 her를 쓴다.

 재귀 대명사가 강조 용법으로 쓰일 때에는 생략 가능하다.

The director (herself) cleaned up the mess before meeting with the important client from Japan.
이사가 직접 청소했다 / 회의 전에 / 일본에서 온 중요한 고객과의 (회의)
▶ 주어인 the director가 '직접' 했다는 것을 강조하기 위한 재귀 대명사는 주어 바로 뒤에 나올 수 있으며 생략 가능하다.
    Tip '주어 + oneself + 동사 + 목적어'의 형태로 주어 바로 뒤에 재귀 대명사가 오면 강조 용법이고 생략 가능!

The director cleaned up the mess (herself) before meeting with the important client from Japan.
▶ 주어를 강조하는 재귀 대명사가 첫 번째 문장처럼 주어 바로 뒤에 나올 수도 있지만, '주어 + 동사 + 보어/목적어 + oneself'로 뒷부분에 놓이거나 생략하는 것 또한 가능하다.
    Tip '주어 + 동사 + 목적어 + oneself'의 형태로 문장 끝에 재귀 대명사가 오면 강조 용법이고 생략 가능!

1 Ms. Osteen's previous experience at MP Financial will definitely help ------- to get a highly paid job at HPL Management.

(A) her
(B) hers
(C) herself
(D) she

2 Due to the lack of a sufficient labor force, the manager ------- finished the financial report for the fiscal year.

(A) she
(B) her
(C) hers
(D) herself

3 Researchers found that job seekers who consider ------- highly skilled tend to be employed by successful firms.

(A) them
(B) theirs
(C) themselves
(D) their own

퀵훅! 해설 강의

1. 목적격 대명사와 재귀 대명사

Ms. Osteen이라는 단어만 보고 herself를 고르지 않도록 주의하세요. 문장의 주어는 Ms. Osteen이 아닌 Ms. Osteen's previous experience이고 빈칸에 들어갈 목적어는 Ms. Osteen을 받아 주는 대명사로 '이전 경력이 Ms. Osteen에게 도움이 되다'라는 문맥이 되어야 합니다. 즉 주어와 목적어가 동일한 것을 가리키지 않으므로 재귀 대명사가 아닌 목적격 대명사 her가 답이 됩니다. 정답은 (A)!

> **어휘 퀵훅!**
> 부사 highly는 '아주, 매우'라는 뜻이며 'highly paid(급여를 많이 받는)'를 묶음 표현으로 기억해 두세요.
> definitely adv. 분명히

구문 해석 Ms. Osteen의 MP Financial사에서의 이전 경력은 / 분명히 도움이 될 것이다 / 그녀가 급여를 많이 받는 일자리를 구하는 것에 / HPL Management사에서

2. 재귀 대명사 강조 용법

주어(the manager), 동사(finished), 목적어(the financial report)가 다 있는 완전한 문장이며 주어인 부장(the manager)이 보고서를 마무리지었다는 것을 강조하기 위한 재귀 대명사 herself가 답이 됩니다. 정답은 (D)!

> **어휘 퀵훅!**
> 명사 lack(부족, 결핍)은 주로 'lack of + 명사(~의 부족)'로 써서 'lack of labor force(인력 부족)', 'lack of skills(기술 부족)'의 묶음 표현이 자주 등장한다는 것을 기억하세요.
> labor force 인력, 노동력

구문 해석 충분한 인력의 부족으로 / 부장이 재무 보고서를 직접 마무리지었다 / 그 회계 연도에 대한

3. 목적격 대명사와 재귀 대명사

동사 consider의 목적어 자리로 consider의 주어는 관계대명사 who의 선행사인 job seekers(구직자들)로, 문맥상 '구직자들이 자기들 스스로를 매우 숙련되었다고 여긴다'는 의미가 적절하므로 재귀 대명사 themselves가 답이 됩니다. 정답은 (C)!

> **어휘 퀵훅!**
> 'highly skilled(매우 숙련된)'는 'highly motivated(매우 의욕적인)', 'highly seasoned(매우 노련한)', 'highly experienced(경험이 매우 많은)'와 더불어 토익에서 단골로 출제되는 묶음 표현으로 기억해 두세요.
> researcher n. 연구원   job seeker 구직자   tend to do ~하는 경향이 있다   employ v. 고용하다

구문 해석 연구원들은 알게 되었다 / 구직자들이 / 그들 스스로를 매우 숙련되었다고 여기는 (구직자들) / 고용되는 경향이 있다는 것을 / 성공한 회사에 의해

정답 1. (A) 2. (D) 3. (C)

[품사] 명사와 대명사

035 재귀 대명사의 관용어구를 외워 두어야 한다.

With significantly increasing customer traffic, Ms. Gordon could not manage the store by ------- anymore and decided to ask for additional assistance from the main office.

(A) she   (B) hers   (C) her   (D) herself

포인트 해설   'by oneself(혼자서)'의 묶음 표현을 묻는 문제이다. 같은 표현으로는 on one's own, alone이 있다. 정답은 (D).

구문 해석   크게 증가하고 있는 고객 규모로 / Ms. Gordon은 가게를 관리할 수 없었다 / 혼자서는 더 이상 / 그래서 추가 도움을 요청하기로 결정했다 / 본사로부터의

어휘   significantly adv. 크게, 중요하게   customer traffic 고객 규모   ask for ~을 요청하다

 '전치사 + 재귀 대명사' 표현을 알아 두어야 한다.

> **by oneself** 혼자서, 스스로(=on one's own, alone)   **for oneself** 혼자 힘으로   **of itself/in itself** 그 자체로, 본래

The event organizers arranged the tables by themselves after the year-end party concluded.
행사 기획자들이 테이블을 정리했다 / 그들 스스로 / 연말 파티가 끝난 후에
▶ by themselves는 '그들 스스로'라는 뜻이며 on their own으로 바꾸어 쓸 수 있다.

Not following the dosage instructions is in itself very dangerous and can result in serious side effects.
복용법을 따르지 않는 것은 / 그 자체로 매우 위험하며 / 심각한 부작용으로 이어질 수 있다
▶ in itself는 언급된 내용을 '그 자체로'라는 말로 강조하는 의미이다.

 '동사 + 재귀 대명사'의 묶음 표현을 기억해야 한다.

> **pay for itself** 비용만큼 돈이 절약되다
> **have + 목적어 + to oneself** ~을 … 자신이 다 차지하다
> **help oneself to + 명사** ~을 마음껏 먹다/사용하다

The unlimited museum pass will pay for itself after two visits.
무제한 박물관 입장권은 들인 비용만큼 돈이 절약될 것이다 / 두 번 방문 후에는
▶ 무제한 박물관 입장권을 사면 세 번째 방문부터는 입장권을 살 때 들인 돈만큼 비용이 절약된다는 의미이다.

Please help yourself to the refreshments provided at the end of the program.
다과를 마음껏 드세요 / 프로그램 말미에 제공되는
▶ help oneself to 뒤에 음식이 나왔으므로 '(음식을) 마음껏 먹다'라는 의미로 해석할 수 있다.

1 At the end of each stage of learning, students will be provided with a variety of exercises that they have to do ------- themselves to evaluate their progress.

(A) on
(B) at
(C) with
(D) by

2 The sales clerks encountered a problem that they could not deal with for ------- while the manager was away on a business trip.

(A) theirs
(B) they
(C) their
(D) themselves

3 Until the end of this month, Kevin Reiss can have the swimming pool all to ------- in preparation for the upcoming competition.

(A) him
(B) himself
(C) his
(D) he

035

스타토익 필수 문법 공식 Part 5&6

🗣️ 해설 강의

1. by oneself

'학생들 스스로'라는 뜻에 맞는 'by oneself(스스로)'를 물어보는 문제로 by가 답이 됩니다. (A)의 경우 on one's own(스스로)이 되어야 해요. 정답은 (D)!

┌─ **어휘 🗣️!** ─
│ 'be provided with(~을 제공받다)'은 토익에서 단골 출제되는 묶음 표현이며, stage(단계), evaluate(평가하다), a variety of(다양한)도 기본 어휘로 기억해 두세요.
│ learning n. 학습   progress n. 진도
└─

구문 해석 각 학습 단계의 끝에 / 학생들은 제공받을 것이다 / 다양한 연습 문제들을 / 그들이 스스로 해야 하는 / 그들의 진도를 평가하기 위해

2. for oneself

점원들이 출장 간 관리자 없이 '혼자 힘으로' 해결할 수 없었다는 것이 문맥상 적절하겠죠? 'for oneself(혼자 힘으로)'에 맞는 재귀 대명사인 themselves가 답이 됩니다. 정답은 (D)!

┌─ **어휘 🗣️!** ─
│ 동사 encounter는 '직면하다, 부딪히다'의 뜻으로 'encounter a problem(문제에 직면하다)', 'encounter difficulties(어려움에 부딪히다)'의 묶음 표현으로 매우 자주 등장합니다.
│ deal with 처리하다
└─

구문 해석 점원들이 문제에 직면했다 / 그들이 처리할 수 없는 / 그들 혼자 힘으로 / 관리자가 멀리 출장 가 있는 동안에

3. have + 목적어 + to oneself

수영 대회를 준비하기 위해 수영장 전체를 차지하고 쓴다는 의미로 'have + 목적어 + to oneself(~을 … 자신이 모두 차지하다)'를 묻는 문제임을 파악해야 합니다. 이 표현에 들어갈 재귀 대명사 himself가 답이 됩니다. 정답은 (B)!

┌─ **어휘 🗣️!** ─
│ 'in preparation for(~에 대한 준비)'는 묶음 표현으로 기억해 두세요.
│ competition n. 대회, 경쟁
└─

구문 해석 이달 말까지 / Kevin Reiss는 수영장 전체를 다 차지하고 쓸 수 있다 / 다가오는 대회에 대한 준비를 위해

정답 1. (D) 2. (D) 3. (B)

문맥 속 인칭 대명사의 쓰임을 파악해야 할 때가 있다.

The company has specialized in the retail drugstore industry since its founding over two decades ago by Joseph Smith and Michael Smith and changed ------- name from the general Smith Stores to the more specific Smith Drug Stores last year.

(A) its   (B) his   (C) our   (D) their

포인트 해설   동사(changed)의 주어가 무엇인지를 알아야 알맞은 인칭 대명사를 고를 수 있는데, 해석상 '회사(the company)가 이름을 변경했다'라는 뜻이 적절하므로 the company를 받아 주는 소유격 인칭 대명사 its가 들어가야 한다. 앞에 나오는 Joseph Smith and Michael Smith를 받아 주는 their로 답을 착각할 수 있지만 그 사람들의 이름을 바꾼 것이 아니므로 답이 될 수 없다. 정답은 (A).

구문 해석   그 회사는 소매 약품업을 전문으로 해 왔다 / 20년 전 설립 이래로 / Joseph Smith와 Michael Smith에 의해 / 그리고 이름을 바꾸었다 / 일반적인 Smith Stores에서 조금 더 명확한 Smith Drug Stores로 / 작년에

어휘   specialize in ~을 전문으로 하다   retail n. 소매   general adj. 일반적인, 포괄적인   specific adj. 명확한, 구체적인

 Part 6에서 인칭 대명사 문제는 다음의 두 가지 유형으로 출제된다.

유형 1	바로 앞 문장에 등장하는 명사를 찾아 빈칸에 들어갈 대명사와 연계하는 유형. 빈칸 앞부분을 잘 읽어야 한다.
유형 2	Part 5와 달리 글쓴이(I)와 상대방(you)이 지문에서 암시적으로 드러나는 유형. 문맥 속에서 답을 찾아야 한다.

지문 전체 문맥을 파악해야 하는 두 번째 유형이 대체적으로 난이도 있게 출제된다.

Questions 1-3 refer to the following letter.

★신유형

> Dear Mr. Jackson,
>
> I want to remind you that the Third Annual Global Medicine Conference has been scheduled on December 15, but the venue has yet to be decided. --------.
>
> $\underset{1}{}$
>
> According to our prior survey, many of the potential conference participants expect to learn more about -------- company's recently released painkiller. They have even expressed interest in providing funding for similar research efforts in medication like the one you developed.
>
> $\underset{2}{}$
>
> We hope you can send anyone from your sales department to the event to address questions -------- might have.
>
> $\underset{3}{}$

★신유형

1 (A) The location is accessible by public transportation.
(B) You can provide financial help to the conference.
(C) I will update you with the location soon.
(D) This is the first time to hold such a big event.

2 (A) their   (B) my
     (C) your   (D) his

3 (A) I   (B) you
     (C) he   (D) they

획흡! 해설 강의

1. 문맥상 적절한 문장 선택

★신유형 앞 문장에서 장소가 아직 결정되지 않았다는 언급이 있었으므로, 장소를 곧 알려주겠다는 내용으로 연결되는 것이 적절합니다. 정답은 (C)!

2. 지문 속에서 암시된 대명사

다음 문장에서 '귀하가 개발한 것과 같은 의약품(medication like the one you developed)'이라는 말로 보아 진통제(painkiller)는 귀하의 회사(your company)에서 개발, 출시한 것임을 알 수 있습니다. 따라서 인칭 대명사 your가 답이 됩니다. 정답은 (C)!

3. 앞에 나온 명사를 받아 주는 대명사

동사 might have 앞의 주어 자리입니다. 문맥상 '누가' 질문을 가질 것인지를 찾아야 하는데요. 전체 문맥을 살펴보면, we는 이 행사 주최측으로 상대방(you)에게 그 회사에 소속된 아무 직원이나 보내 달라고 요청하고 있으며, 그 직원이 답하게 될 질문은 그 회사의 진통제에 대해 알고 싶어하는 행사 참가자들(participants)이 할 것이라고 볼 수 있습니다. 따라서 participants를 받아 줄 대명사 they가 답이 됩니다. 정답은 (D)!

┌─ **어휘 획흡!** ─

venue n. 장소   according to ~에 따르면   expect to do ~할 것을 기대하다   painkiller n. 진통제   interest in ~에 대한 관심   medication n. 의약품
address v. (문제, 상황 등을) 다루다

구문 해석   1~3번은 다음 편지에 관한 문제입니다.

Mr. Jackson에게,

저는 귀하에게 다시 한 번 알려 드리고자 합니다 / 제3회 연례 국제 의학 회담이 예정되었다는 것을 / 12월 15일로 / 그러나 장소는 아직 결정되지 않았습니다 // 제가 귀하에게 알려 드리겠습니다 / 장소를 / 곧 //

저희 사전 조사에 따르면 / 많은 회의 참가 예정자들이 / 더 배우기를 기대하고 있습니다 / 귀사의 최근에 출시된 진통제에 대해 // 그들은 심지어 관심을 나타냈습니다 / 자금 지원을 제공하는 것에 있어서 / 비슷한 연구 노력에 대한 (자금 지원) / 의약품에 대한 / 귀하가 개발한 것과 같은 (의약품) //

저희는 바랍니다 / 귀하가 보내줄 것을 / 영업부의 아무 직원이나 / 이 행사에 / 질문에 답할 수 있도록 / 그들이 가지고 있을 (질문)

1번 보기 구문 해석   (A) 그 장소는 대중교통으로 접근 가능한 곳에 있습니다   (B) 귀하는 제공할 수 있습니다 / 재정적인 도움을 / 회담에
       (C) 제가 귀하에게 알려드리겠습니다 / 장소를 / 곧   (D) 이번이 처음입니다 / 그렇게 큰 행사를 개최하는 것이

정답 1. (C) 2. (C) 3. (D)

037 형용사는 부사와 달리 동사를 수식할 수 없다.

The companies agree that they should work ------- with each other to produce environmentally friendly merchandise.

(A) cooperative   (B) cooperation   (C) cooperated   (D) cooperatively

....

포인트 해설 자동사 work는 목적어를 가지지 않으며 부사 수식을 바로 받을 수 있다. 형용사(cooperative)는 부사와 달리 동사를 수식할 수 없다. 'work cooperatively(협력하여 일하다)'는 자주 쓰이는 묶음 표현으로 알아 두자. 정답은 (D).

구문 해설 기업들은 동의한다 / 그들이 서로 협력하여 일해야 하는 것에 / 환경 친화적인 상품을 생산하기 위해

어휘 environmentally friendly 환경 친화적인 cooperative adj. 협력적인 cooperatively adv. 협력하여

 형용사는 명사를 수식할 수 있다.

an ideal <u>location</u> for the event 그 행사에 가장 맞는 장소

shipping <u>service</u> available 이용 가능한 배송 서비스
▶ 형용사는 명사를 앞에서 수식한다. 단, possible(가능한), available(이용할 수 있는)처럼 -ible, -able로 끝나는 형용사들은 주로 명사 뒤에서 수식한다.

for substantial financial <u>benefits</u> 상당한 재정적인 혜택을 위한 (형용사 + 형용사 + 명사)
▶ 형용사 두 개가 동시에 명사를 수식하고 있다. 이처럼 여러 개의 형용사가 하나의 명사를 수식할 수도 있다.
    Tip '형용사 + 형용사 + 명사'에서 앞의 형용사 자리에 부사를 사용하지 않도록 주의하기! (자세한 설명은 〈공식 088〉에서 확인 가능)

 부사는 동사, 형용사, 동명사, 분사, 부사뿐 아니라 문장 전체도 수식할 수 있다.

동사 수식	finally <u>come</u> to an agreement 드디어 합의에 이르다 (부사 + 동사) inspect the equipment <u>regularly</u> 장비를 정기적으로 검사하다 (타동사 + 목적어 + 부사) <u>proceed</u> slowly with the project 프로젝트를 천천히 진행하다 (자동사 + 부사) Regulations <u>are</u> clearly <u>written</u>. 규정이 명확하게 적혀 있다. (be + 부사 + p.p.) It will <u>be distributed</u> equally. 그것은 균등하게 배부될 것이다. (be + p.p. + 부사) <u>have</u> consistently <u>supported</u> the program 지속적으로 그 프로그램을 후원하다 (have + 부사 + p.p.)
형용사 수식	readily <u>available</u> at the store 상점에서 바로 이용 가능한 highly <u>recommendable</u> performance 아주 권장할 만한 공연
동명사 수식	for evenly <u>applying</u> the paint 페인트를 고르게 바르는 것에 대해
분사 수식	repeatedly <u>reported</u> problems 반복적으로 보고되는 문제들
부사 수식	almost <u>exclusively</u> provided 거의 독점적으로 제공되는 deal with the issue very <u>well</u> 문제를 매우 잘 처리하다
문장 수식	Unfortunately, Mr. Watanabe couldn't take over the task. 안타깝게도, Mr. Watanabe가 그 업무를 맡을 수 없었다.

참고로 every-, no-, all-, any-가 들어간 부정 대명사 everybody, everything, nobody, nothing, anybody, anything 등은 예외적으로 부사 almost, nearly의 수식을 받을 수 있다.

Almost <u>everyone</u> objected to the plan. 거의 모든 사람이 그 계획에 반대했다.
▶ 부정 대명사 everyone을 부사 almost가 수식할 수 있다. almost 대신에 비슷한 뜻의 nearly를 써서 'nearly everyone(거의 모든 사람)'으로 쓸 수도 있다.

⏱ 30초 안에 풀어 보세요.

1 Before starting their first day at work, new employees need to learn how to behave ------- in an office environment.

(A) appropriate
(B) appropriateness
(C) appropriately
(D) appropriated

2 In order to ------- support the project, the state government decided to provide additional resources.

(A) fullest
(B) fullness
(C) full
(D) fully

3 Today's seminar is on common mistakes that ------- everyone makes when writing a résumé.

(A) nearing
(B) near
(C) nearly
(D) nearer

찍! 콕! 해설 강의

1. 자동사 + 부사

동사(behave)는 부사의 수식을 받을 수 있기 때문에 '적절하게 행동하다'의 의미에 맞는 부사 appropriately가 답이 됩니다. 참고로 behave(행동하다)는 자동사이므로 목적어인 명사를 가지지 않습니다. 정답은 (C)!

어휘 찍콕!

'behave appropriately(적절하게 행동하다)'를 묶음 표현으로 알아 두세요.
behave v. 행동하다 **appropriately** adv. 적절하게, 알맞게

구문 해석 근무 첫날을 시작하기 전에 / 신입 사원들은 배울 필요가 있다 / 어떻게 적절하게 행동하는가를 / 사무실 환경에서

2. to + (부사) + 동사원형

to 부정사에 쓰인 동사원형은 부사 수식을 받을 수 있으므로 fully가 답이 됩니다. 정답은 (D)!

어휘 찍콕!

'fully support(전적으로 후원하다)'는 토익에서 자주 등장하는 표현으로 기억해 주세요.
in order to do ~하기 위해 **support** v. 후원하다, 지지하다 **resources** n. 자원

구문 해석 그 사업을 전적으로 후원하기 위해 / 주 정부는 결정했다 / 추가 자원을 제공하기로

3. 부사 nearly + 부정 대명사

that절 이하의 주어인 부정 대명사(everyone)를 수식하는 단어가 들어가야 합니다. 부사 almost, nearly는 every-, no-, all-, any-가 들어간 부정 대명사를 수식할 수 있기 때문에 nearly가 답이 됩니다. 정답은 (C)!

어휘 찍콕!

near는 형용사로 '가까운', 부사로 '가까이'라는 뜻으로 쓰이지만, nearly는 부사로 '거의'라는 뜻임을 구별해서 알아 두어야 합니다.
common adj. 일반적인, 흔한 **résumé** n. 이력서

구문 해석 오늘 세미나는 일반적인 실수에 대한 것이다 / 거의 모든 사람들이 저지르는 (실수) / 이력서를 쓸 때

정답 1. (C) 2. (D) 3. (C)

038 비슷한 형용사 어휘를 구별해야 한다.

In an effort to reduce operating costs, the company has promoted ------- use of office equipment throughout the company building.

(A) economy   (B) economical   (C) economically   (D) economic

포인트 해설   동사(has promoted)의 목적어인 명사(use)를 수식하는 형용사 자리이다. (B)와 (D)가 모두 형용사이지만 economic은 '경제의'라는 뜻으로 의미상 적절하지 않으며 '경제적인, 저렴한'의 뜻을 가진 economical이 답이 된다. 정답은 (B).

구문 해설   운영비를 줄이기 위한 노력으로 / 그 회사는 장려했다 / 사무용품의 경제적인 사용을 / 회사 건물 전체에 걸쳐서

어휘   in an effort to do ~하기 위한 노력으로   operating cost 운영비   promote v. 장려하다

 비슷한 형용사 어휘를 구별해서 기억해 두어야 한다.

advisable (행동, 처신이) 바람직한 – advisory 고문의	enviable 선망의 대상이 되는 – envious 부러워하는, 시기하는
argumentative 논쟁적인 – arguable 논할 만한	favorable 호의적인 – favorite 가장 좋아하는
comparable 비슷한, 비교할 만한 – comparative 비교의	informative 유익한 – informed 정통한, 알고 있는
confident 자신감 있는 – confidential 기밀의	momentous 중요한 – momentary 순간의, 찰나의
considerate 사려 깊은 – considerable 상당한	reliable 믿을 수 있는 – reliant 의존하는, ~에 달려 있는
dependent 의존하는, ~에 달려 있는 – dependable 믿을 만한	seasonal 계절적인 – seasoned 노련한
distinguishable 구별할 수 있는 – distinguished 저명한, 구별된	successful 성공적인 – successive 연속적인, 계승하는
economic 경제의 – economical 경제적인, 절약하는, 저렴한	understanding 이해심이 많은 – understandable 이해할 수 있는

When the archeologist discovered the remains of ancient empire, ~~distinguishable~~(→ distinguished) scholars around the world gathered there.

그 고고학자가 발견했을 때 / 고대 왕국의 유적지를 / 전 세계의 저명한 학자들이 / 그곳에 모여들었다

▶ 의미상 '구별할 수 있는 학자들'이 아닌 '저명한 학자들'이 모였다고 하는 것이 적절하므로 형용사 distinguished를 써야 한다.

1 To retain highly ------- employees,
the company should provide a competitive
salary and additional financial benefits
based on work performance.

   (A) seasoning
   (B) seasoned
   (C) seasonal
   (D) seasons

2 Those living in the apartment building are
asked to be ------- of other tenants refraining
from making noise after 9 P.M.

   (A) consideration
   (B) considerate
   (C) considered
   (D) considerable

3 As a token of appreciation for being -------
about late deliveries, the affected customers
received coupons which are redeemable at
the store.

   (A) understanding
   (B) understand
   (C) understandable
   (D) understands

038

스타토익 필수 문법 공식 Part 5&6

찍! 톡! 해설 강의

1. seasonal과 seasoned
employees를 수식하는 형용사 자리이므로 명사 seasoning(양념), seasons(계절들)는 답이 될 수 없어요. 의미상 '계절적인(seasonal) 직원'은 부적절하고, '노련한 직원'이라는 의미를 만드는 seasoned(노련한)가 답이 됩니다. 정답은 (B)!

> **어휘 찍톡!**
> retain(유지하다, 보유하다), competitive(경쟁력 있는), 'work performance(업무 수행)'는 모두 토익에서 단골로 출제되는 어휘들입니다.
> seasoning n. 양념   seasoned adj. 노련한, 양념이 된   seasonal adj. 계절적인

구문 해석   아주 노련한 직원들을 유지하기 위해서 / 회사는 반드시 제공해야 한다 / 경쟁력 있는 급여와 추가적인 금전적 혜택을 / 업무 수행에 기반하여

2. considerable과 considerate
be 동사의 보어인 형용사 자리입니다. 의미상 아파트에 사는 사람들이 '고려될(considered) 것을 요청받다'와 '상당할(considerable) 것을 요청받다'는 어색하고, '배려할 것을 요청받다'라는 의미가 되는 considerate(배려하는)이 답이 됩니다. 정답은 (B)!

> **어휘 찍톡!**
> 'refrain from(~을 삼가다)'은 토익에서 자주 등장하는 묶음 표현이므로 알아 두어야 해요.
> tenant n. 세입자   considerate adj. 배려하는, 사려 깊은   considerable adj. 상당한

구문 해석   그 아파트 건물에 사는 사람들은 / 요청받는다 / 다른 세입자들을 배려하는 것을 / 소음을 내는 것을 삼가며 / 밤 9시 이후에

3. understanding과 understandable
be 동사의 보어인 형용사 자리입니다. 문맥상 늦은 배송에 대해 고객들이 '이해할 만한(understandable)' 태도를 보인 것이 아니라 '이해심 있는(understanding)' 태도를 보여준 것에 대해 감사한다고 하는 것이 적절하겠죠? 참고로 understanding은 명사인 '이해'라는 뜻으로도 쓸 수 있습니다. 정답은 (A)!

> **어휘 찍톡!**
> 'as a token of(~의 표시로)', redeemable((현금, 상품과) 교환할 수 있는)은 토익에 출제되는 다소 어려운 어휘로 기억해 두세요.
> appreciation n. 감사   understanding adj. 이해심 있는; n. 이해   understandable adj. 이해할 만한

구문 해석   감사의 표시로 / 이해해 준 것에 대한 / 늦은 배송에 대해서 / 영향받은 고객들은 쿠폰을 받았다 / 현금처럼 사용할 수 있는 / 가게에서

정답 1. (B) 2. (B) 3. (A)

039 수량 형용사는 뒤에 나오는 명사의 수에 유의해야 한다.

At the party on Friday, ------- new products will be on display for customers to purchase.

(A) a lot   (B) another   (C) a variety of   (D) each

포인트 해설 복수 명사(products) 앞에 올 수 있는 수량 형용사를 고르는 문제이다. (A)는 a lot of로 써야 하며, (B)와 (D)는 가산 명사 단수 앞에 나와야 하므로 오답이다. a variety of(다양한)는 various(다양한)와 마찬가지로 복수 명사 앞에 쓸 수 있다. 정답은 (C).

구문 해석 금요일 파티에서 / 다양한 신제품들이 진열될 것이다 / 고객들이 구매할 수 있도록
어휘 on display 진열되어 있는

 명사에 따라 그 앞에 오는 수량 형용사를 구별해야 한다.

가산 명사 단수	a, an, the/another/each/one
가산 명사 복수	the/many/numerous/various/a few (of the)/few (of the)/several (of the) both (of the)/a number of/a variety of/the number of/each of the/one of the
불가산 명사	the/much/a little (of the)/little (of the)/a deal of/an amount of
가산 명사 복수 불가산 명사	the/other/all (of) the*/most (of the)/some (of the)/a lot of/lots of/plenty of

*all은 of the 중에서 of만 생략하여 쓸 수도 있다.

The lecturer will handle each of the ~~inquiry~~(→ inquiries) posted on the company's online bulletin
board. 강연자가 각각의 문의 사항을 다룰 것이다 / 회사 온라인 게시판에 게시된
▶ 'each of the + 가산 명사 복수(여러 개 중에 각각)'로 쓰기 때문에 inquiries를 써야 한다.
  Tip* 'each + 단수 명사'와 'each of the + 복수 명사' 구별하여 알아 두기!

The guest room has recently been renovated, but it still needs ~~a little~~(→ a few) repairs.
그 객실은 최근에 보수되었다 / 그러나 여전히 약간의 수리가 필요하다
▶ a little은 불가산 명사 앞에 쓰기 때문에 가산 명사 복수(repairs) 앞에 오는 a few로 바꾸어야 한다.
  Tip* '(a) little + 불가산 명사'와 '(a) few + 가산 명사 복수' 구별하여 알아 두기!

 another, each, (a) few, (a) little, most, some, many, much, all은 수량 대명사로도 쓸 수 있다.

Despite extensive insurance coverage, many do not have easy access to health care.
포괄적인 보험 보상 범위에도 불구하고 / 많은 사람들이 쉽게 이용하지 못한다 / 의료 서비스를
▶ many는 형용사로 가산 명사 복수 앞에 쓸 수 있고(ex. many people 많은 사람들), 대명사로 쓰여 '많은 사람들, 많은 것들'의 의미로 도 쓸 수 있다.

It is clearly stated that not all who submit the application form can be accepted into the volunteer
program. 분명하게 명시되어 있다 / 모든 사람이 / 지원서를 제출한 / 받아들여지는 것은 아니라는 것이 / 자원봉사 프로그램에
▶ 대명사 all이 that절의 주어 역할을 하고 있다. all은 명사 앞에서 형용사로 쓰이는데(ex. all applicants 모든 지원자들), 대명사로 '모든 사람, 모든 것'이라는 의미로도 쓸 수 있다.

1 Through Sharma Academy's online education services, you can watch ------- the video lectures at any time and share them with friends.

(A) all
(B) each
(C) much
(D) another

2 If you need to return this item or manage ------- orders, please visit our Web site at www.shopperkick.com.

(A) much
(B) other
(C) number
(D) lots

3 Maunalani Tours offers a wide ------- of activities, including skydiving, snorkeling, and kayaking.

(A) amount
(B) variety
(C) deal
(D) kind

🔥 해설 강의

1. all + (of) the + 가산 명사 복수

가산 명사 복수(video lectures) 앞에 나오는 수량 표현을 고르는 문제입니다. 'all (of) the + 가산 명사 복수/불가산 명사'가 가능하므로 all (of) the video lectures를 쓸 수 있기 때문에 all이 답이 됩니다. (B)는 each of the video lectures로 of를 꼭 써야 하며, (C)는 'much (of the) + 불가산 명사', (D)는 'another + 가산 명사 단수'로 써야 하기 때문에 오답입니다. 정답은 (A)!

> 어휘 🔥!
> **at any time** 아무 때나 **share** v. 공유하다, 나누다

구문 해석 Sharma Academy의 온라인 교육 서비스를 통해 / 귀하는 모든 비디오 강의를 볼 수 있습니다 / 아무 때나 / 그리고 그것들을 공유할 수 있습니다 / 친구들과

2. other + 가산 명사 복수

가산 명사 복수(orders) 앞에 오는 형용사를 고르는 문제예요. (A)는 불가산 명사 앞에 나오고, (C)는 'a number of(많은) + 복수 명사'로 쓰며, (D)는 lots of로 써야 하기 때문에 답이 될 수 없습니다. 따라서 가산 명사 복수 혹은 불가산 명사 앞에 모두 나올 수 있는 other (다른)가 답이 됩니다. 정답은 (B)!

> 어휘 🔥!
> **return** v. 반품하다 **manage** v. 관리하다

구문 해석 만약 귀하가 해야 한다면 / 이 제품을 반품하는 것을 / 혹은 다른 주문 내역을 관리하는 것을 / 저희 웹사이트를 방문하세요 / www.shopperkick.com으로

3. a wide variety of + 복수 명사

복수 명사(activities) 앞에 나올 수 있는 수량 표현을 완성시키는 문제입니다. 'an amount of(많은)'와 'a deal of(많은)'는 불가산 명사 앞에 나오기 때문에 일단 정답에서 제외합니다. 'a kind of(일종의)'는 wide가 중간에 들어가면 '폭넓은 일종의'라는 어색한 의미가 되므로 역시 오답인데요. 'a variety of + 복수 명사(다양한 ~들)'는 wide와 함께 쓰여 'a wide variety of(매우 다양한, 폭넓게 다양한)'의 묶음 표현으로 쓰이므로 답이 될 수 있습니다. 정답은 (B)!

> 어휘 🔥!
> including은 '~을 포함하여'라는 뜻의 전치사로 토익에서 매우 자주 출제된다는 것을 기억해 두세요.
> **a variety of** 다양한

구문 해석 Maunalani 여행사는 제공합니다 / 매우 다양한 종류의 활동들을 / 스카이다이빙, 스노클링 그리고 카약 타기를 포함하여

정답 1. (A) 2. (B) 3. (B)

비슷한 부사 어휘를 구별할 수 있어야 한다.

The cruise company's recent job advertisement for new members has attracted a number of
------- trained candidates.

(A) high   (B) height   (C) highness   (D) highly

포인트 해설 형용사 trained(훈련된, 교육받은)를 수식하는 부사 자리이다. high는 형용사, 부사로 모두 쓰일 수 있는데 형용사일 때는 '높은', 부사일 때는 '(물리적으로) 높게'라는 뜻으로 '높게 훈련된 직원들'은 의미상 부적절하다. 부사 highly는 '대단히, 몹시'라는 강조의 의미로 쓰이므로 답이 될 수 있다. 정답은 (D).

구문 해석 그 유람선 회사의 최근 구인 광고가 / 신입 사원에 대한 / 끌어들였다 / 수많은 잘 훈련된 지원자들을

어휘 attract v. 끌어들이다

 비슷한 형태의 부사 어휘를 의미에 따라 구별할 수 있어야 한다.

even – evenly	even은 형용사(균등한), 부사(심지어 ~조차도)로 모두 쓰이지만, evenly(고르게, 균등하게)는 부사로만 쓰인다. **Even** native speakers cannot get good scores on the test. 심지어 원어민조차도 / 좋은 점수를 못 받는다 / 그 시험에서 Please spread the yellow paint **evenly** on the wall. 펴 발라 주세요 / 노란색 페인트를 / 고르게 / 벽에
hard – hardly	hard는 형용사(단단한, 힘든), 부사(열심히)로 모두 쓰이지만, hardly(거의 ~않다)는 부사로만 쓰인다. Everyone in the marketing team worked so **hard**. 마케팅 팀의 모든 사람이 / 아주 열심히 일했다 The car has **hardly** been used for three years. 그 차는 / 거의 사용되지 않았다 / 3년 동안
high – highly	high는 형용사(높은), 부사(높게)로 모두 쓰이지만, highly(대단히, 몹시)는 부사로만 쓰인다. The building was built **high** on the hillside. 그 건물은 지어졌다 / 높게 / 언덕에 We are seeking **highly** qualified employees. 우리는 구하고 있다 / 대단히 자격이 있는 직원들을
late – lately	late은 형용사(늦은), 부사(늦게)로 모두 쓰이지만, lately(최근에)는 부사로만 쓰인다. All of the team members should stay **late** at the office. 모든 팀원들이 / 늦게까지 있어야 한다 / 사무실에 Many people haven't been sleeping well **lately** due to scorching heat. 많은 사람들이 잠을 잘 못 잔다 / 최근에 / 무더위 때문에
near – nearly	near는 형용사(가까운), 부사(가까이)로 모두 쓰이지만, nearly(거의)는 부사로만 쓰인다. We need to find the **nearest** bank. 우리는 찾을 필요가 있다 / 가장 가까운 은행을 *near가 형용사로 명사를 수식할 때에는 주로 최상급 nearest의 형태로 자주 등장한다. Jason **nearly** missed the bus. Jason은 버스를 거의 놓칠 뻔했다.
great – greatly	great는 형용사(대단한), 부사(아주 잘)로 모두 쓰이지만, greatly(대단히, 매우)는 부사로만 쓰인다. Mr. Rodriguez is doing **great**. Mr. Rodriguez가 잘하고 있다. Your continued sponsorship of the Housing Expo is **greatly** appreciated. 귀하의 지속적인 후원에 / 주택 엑스포에 대한 / 매우 감사드립니다

1. Due to icy road conditions, the charter bus arrived three hours -------, so the scheduled event had to be altered.

   (A) lateness
   (B) lately
   (C) late
   (D) latest

2. Warehouse staff unanimously agreed that the work load should be ------- distributed among line workers.

   (A) even
   (B) evened
   (C) evenness
   (D) evenly

3. Ms. Mason had ------- ever thought of moving out of California until her husband was offered a job in New York.

   (A) hardly
   (B) hardness
   (C) hard
   (D) harden

획! 콕! 해설 강의

1. late과 lately

빙판길에 대한 언급이 있으므로 '늦게 도착했다'는 뜻에 어울리는 부사가 들어갈 자리입니다. 부사 lately는 '최근에'라는 뜻으로 오답입니다. late은 형용사 '늦은' 이외에도 부사로 '늦게'라는 뜻이 있기 때문에 답이 됩니다. 정답은 (C)!

어휘 획!콕!

alter(변경하다)라는 동사는 명사 alteration(변화, 개조)과 더불어 알아 두어야 할 어휘예요.

icy road 빙판길 lately adv. 최근에 late adv. 늦게; adj. 늦은 latest adj. 최근의, 최신의

구문 해석 빙판길 때문에 / 그 전세 버스는 3시간 늦게 도착했다 / 그래서 예정된 행사가 변경되어야만 했다

2. even과 evenly

수동태 동사를 수식하는 부사 자리입니다. even은 '고른, 균등한'이라는 형용사 이외에 '심지어 ~조차도'라는 부사로 쓸 수 있지만, 이 문장에서는 문맥과 어울리지 않아서 오답입니다. '고르게 배분하다'라는 뜻이 되는 부사 evenly(고르게)가 답이 됩니다. 정답은 (D)!

어휘 획!콕!

unanimously(만장일치로)는 'unanimously agree(만장일치로 동의하다)', 'unanimously approve(만장일치로 허가하다)', 'unanimously decide(만장일치로 결정하다)'의 묶음 표현으로 자주 쓰입니다.

warehouse n. 창고 work load 업무량 distribute v. 배분하다

구문 해석 창고 직원들은 만장일치로 동의했다 / 업무량이 반드시 고르게 배분되어야 한다고 / 라인 작업자들 사이에

3. hard와 hardly

부사 ever를 수식하는 부사 자리입니다. 명사 hardness(단단함)와 동사 harden(굳히다)은 부사 자리에 들어갈 수 없어요. hard는 '단단한, 힘든'이라는 형용사 이외에 '열심히, 심하게'라는 부사로도 쓰이지만, 이 문장에서는 의미가 맞지 않아 오답입니다. '한 번도 ~한 적이 없다, 거의 ~한 적이 없다'는 의미에 맞는 부사 hardly가 답이 됩니다. 정답은 (A)!

어휘 획!콕!

'hardly ever(결코 한 번도 ~한 적이 없다)'는 하나의 단어처럼 쓰이는 묶음 표현이므로 기억해 두는 것이 좋습니다.

move out of ~ 밖으로 이사 가다 harden v. 굳히다, 확고하게 만들다

구문 해석 Ms. Mason은 한 번도 생각해 본 적이 없다 / 캘리포니아 밖으로 이사 가는 것을 / 그녀의 남편이 일자리를 제안받기 전까지 / 뉴욕의

정답 1. (C) 2. (D) 3. (A)

041 nearly, approximately 등은 숫자를 수식하는 부사로 자주 쓰인다.

It is predicted that ------- three thousand people will visit the beach park this weekend, so a few more life guards should be on duty for their safety.

(A) nearly   (B) approximate   (C) more   (D) rough

포인트 해설 숫자를 수식하는 부사 자리로 nearly(거의)가 답이 된다. (B)는 approximately(대략), (D)는 roughly(대략)의 부사여야 숫자를 수식할 수 있으며, (C)는 more than(~ 이상)이 되어야 숫자 앞에 쓸 수 있다. 정답은 (A).

구문 해설 예측된다 / 거의 3,000명의 사람들이 해변 공원을 방문할 것이라고 / 이번 주말에 / 그래서 인명 구조 요원이 몇 명 더 근무해야 한다 / 그들의 안전을 위해

어휘 predict v. 예측하다, 예상하다   life guard 인명 구조 요원   on duty 근무 중인

 '대략, 거의'라는 뜻으로 숫자 앞에 자주 쓰이는 부사들이 있다.

| about   almost   approximately   around   nearly   roughly   +   숫자 |

The delegation from the headquarters consists of approximately one hundred people.
본사에서 온 파견단은 / 대략 100명의 사람들로 구성되어 있다
▶ approximately는 숫자 앞에서 '대략'이라는 의미로 쓸 수 있다.

About a dozen employees have applied for a transfer.
대략 열두 명 정도의 직원들이 / 전근 신청을 했다
▶ about은 '~에 관하여'라는 뜻 이외에 숫자 앞에서 '대략'이라는 의미로 쓸 수 있다.

Roughly half of the Korean markets are located in this neighborhood.
거의 절반의 한국 식료품점이 / 위치한다 / 이 동네에
▶ roughly는 '거칠게'라는 뜻도 있지만 숫자 앞에서 '거의, 대략'이라는 의미로 쓸 수 있다.

 그 밖의 숫자 앞에서 자주 쓰이는 표현들을 알아 두어야 한다.

| at least 적어도   just 단지   more than ~ 이상   only 겨우   over ~ 이상   up to 최대 ~까지   +   숫자 |

Please use the promotion code when checking out and enjoy up to 50 percent off retail prices.
할인 코드를 사용하세요 / 계산 시에 / 그리고 최대 50퍼센트까지 할인을 받으세요 / 소매 가격의
▶ up to는 숫자 앞에서 '최대 ~까지'라는 의미로 쓸 수 있다.

It will take only five minutes to get to the shopping center from here by taxi.
겨우 5분 걸릴 것이다 / 여기서부터 쇼핑센터로 가는 데 / 택시로
▶ only는 숫자 앞에서 '겨우, 단지'라는 의미로 쓸 수 있다.

According to the report, sales are up by more than(=over) 10 percent.
보고서에 따르면 / 판매량이 올랐다 / 10퍼센트 이상 정도
▶ more than은 숫자 앞에서 '~ 이상'이라는 의미로 쓸 수 있으며 over와 바꾸어 쓸 수 있다.

Tip 'more + 숫자'가 아닌 'more than + 숫자'로 쓰는 것에 주의하기!

---

1 Entry to the science forum is free of charge, but you should reserve a seat ------- a week in advance.

(A) a few
(B) at least
(C) nearing
(D) more

2 Blue Veil House, a trendy wedding venue in town, can accommodate ------- 500 guests at one time.

(A) least
(B) many
(C) over
(D) so

3 After ------- three weeks of debate over Mrs. Wales' proposal, the department heads decided not to accept it since it was not considered feasible.

(A) almost
(B) less
(C) most
(D) a few

확!확! 해설 강의

1. at least + 숫자

a week(한 주)의 a는 one과 같은 의미의 숫자 표현이에요. 따라서 빈칸에는 숫자를 수식하는 표현이 들어가야 합니다. (A)는 복수 명사 앞에 쓰기 때문에 a few weeks가 되어야 하므로 오답입니다. (C)와 (D)는 각각 nearly(거의), more than(~ 이상)이 되어야 답이 될 수 있어요. 빈칸에 at least(적어도)가 들어가면 at least a week(적어도 한 주)이 되어 답이 됩니다. 정답은 (B)!

어휘 확!확!
'free of charge(무료로)', 'in advance(미리)'는 토익에서 단골로 출제되는 묶음 표현으로 알아 두세요.
entry n. 입장, 들어감   reserve v. 예약하다

구문 해석   과학 포럼 입장은 무료이다 / 그러나 자리를 예약해야 한다 / 적어도 일주일 전에 미리

2. over + 숫자

숫자 500 앞에 올 수 있는 표현을 고르는 문제입니다. (A)는 at least(적어도)로 써야 답이 될 수 있으며, (B)는 many guests(많은 손님들)로 쓸 수는 있지만, '많은 500명의 손님들(many 500 guests)'이라는 어색한 의미가 됩니다. (D)는 형용사 혹은 부사를 수식하여 so many guests, so much로는 쓰이지만 숫자를 수식하지는 않아요. 빈칸에 over가 들어가면 over 500 guests(500명 이상의 손님들)가 되어 답이 됩니다. 참고로 over는 '~ 동안(ex. over 3 years 3년 동안)'의 뜻으로도 쓸 수 있어요. 정답은 (C)!

어휘 확!확!
동사 accommodate(수용하다)은 파생어인 명사 accommodations(숙박 시설)와 함께 기억해 두어야 해요.
trendy adj. 최신 유행의   venue n. 장소, 지점   at one time 한번에

구문 해석   Blue Veil House는 / 시내에 있는 최신 유행의 결혼식장인 / 500명 이상의 손님을 수용할 수 있다 / 한번에

3. almost + 숫자

숫자 three를 수식할 수 있는 표현을 고르는 문제예요. (B)는 숫자 앞에서는 less than(~보다 적은)으로 써서 less than three weeks(3주보다 적은, 3주 미만의)의 형태로 써야 합니다. (C)의 most는 숫자 앞에 쓸 수 없지만 almost(거의)는 숫자 앞에 쓸 수 있으므로 almost three weeks(거의 3주)로 답이 됩니다. 정답은 (A)!

어휘 확!확!
명사 debate(토론)은 'debate over/on/about(~에 대한 토론)'의 묶음 표현으로 자주 등장해요.
feasible adj. 실행 가능한

구문 해석   거의 3주간의 토론 이후에 / Mrs. Wales의 제안에 대한 / 부서장들이 결정했다 / 그것을 받아들이지 않기로 / 왜냐하면 그것이 실행 가능하다고 생각되지 않았기 때문에

정답 1. (B) 2. (C) 3. (A)

042

so와 very는 강조 부사이다.

Since the package was ------- heavy, Ms. Murphy asked a colleague to help her move it to her desk.

(A) much (B) well (C) good (D) so

포인트 해설 be 동사의 보어인 형용사(heavy)를 수식하는 부사 자리이다. (A)는 부사이지만 비교급 형용사와 부사를 강조하므로 much heavier(훨씬 더 무거운)와 같이 써야 하기 때문에 이 문제에서는 오답이다. (B)는 부사이지만 well heavy(잘 무거운)는 의미상 맞지 않고, (C)는 형용사로 명사를 수식하기 때문에 답이 될 수 없다. 따라서 '아주 무거운'이라는 뜻을 만드는 강조 부사 so가 답이 될 수 있다. 정답은 (D).

구문 해석 그 소포가 너무나 무거웠기 때문에 / Ms. Murphy는 동료에게 요청했다 / 도와 달라고 / 그녀가 그것을 옮기는 것을 / 그녀의 책상으로

어휘 package n. 소포 colleague n. 동료

---

 so, too, very, quite은 '매우, 아주, 꽤'라는 뜻의 강조 부사로 쓰인다.

I'm so <u>excited</u> about the upcoming event. 나는 다가오는 행사에 대해 매우 들떠 있다

She thought that the idea was too <u>obsolete</u>. 그녀는 생각했다 / 그 생각이 너무 시대에 뒤떨어진다고

The third quarter was very <u>profitable</u>. 3분기는 매우 수익성이 좋았다

The advantage was quite <u>distinct</u>. 이점이 꽤 두드러졌다

▶ so, too, very, quite이 각각 형용사 excited(들뜬, 신이 난), obsolete(시대에 뒤떨어진), profitable(수익성이 좋은), distinct(두드러지는)를 강조하여 수식하고 있다. 참고로 quite은 '관사 + 형용사 + 명사' 앞에 나올 수 있다.

We thought this was quite <u>an interesting novel</u>. 우리는 생각했다 / 이것이 꽤 재미있는 소설이라고

 강조 부사 much too와 형용사 too much를 구별해야 한다.

The cost of the software development project was much too <u>high</u> for the company to afford.
소프트웨어 개발 사업의 비용이 / 너무 높았다 / 그 회사가 지급하기에
▶ much too는 부사로 형용사(high)를 수식할 수 있다.

The construction work at the site next to our apartment creates too much <u>noise</u>.
공사 작업이 / 우리 아파트 옆에 있는 부지에서의 / 너무 많은 소음을 만들어 낸다
▶ too much는 형용사로 명사(noise)를 수식할 수 있다. 참고로 too much는 대명사, 부사로도 쓰이며, 부사일 때는 동사를 수식한다.

He always <u>asks</u> too much. 그는 항상 너무 많은 것을 질문한다
→ too much가 대명사로 동사 ask의 목적어 자리에 쓰였다.

Mrs. Hunt <u>drinks</u> coffee too much, and sometimes she has difficulty sleeping at night.
Mrs. Hunt는 커피를 너무 많이 마신다 / 그래서 때로는 잠자는 것에 어려움을 겪는다 / 밤에
→ too much는 부사로 동사 drink를 수식할 수 있다.

Tip 'too much + 명사', 'much too + 형용사/부사'로 구별하여 알아 두기!

1 There are ------- few times when customers voluntarily fill out the survey form to give feedback for better service.

(A) much
(B) most
(C) very
(D) a lot

2 The sliding door at the end of the hall on each floor should be kept closed whenever it rains -------.

(A) very well
(B) hardly
(C) sooner
(D) too much

3 Stocks which are issued by new or unknown companies might be ------- a risky investment.

(A) far
(B) quite
(C) too
(D) very

해설 강의

1. very + 형용사

'형용사(few) + 명사(times)' 앞에서 형용사 few를 꾸며 주는 부사 자리입니다. much, a lot은 '많은'이라는 뜻이고, most는 '대부분'이라는 뜻으로 few(거의 없는)와 의미상 같이 쓰일 수 없어요. 따라서 부사 very가 답이며 very few times는 '정말 몇 번 되지 않는'이라고 해석합니다. 정답은 (C)!

> **어휘 콕콕!**
> voluntarily adv. 자발적으로 fill out 작성하다

구문 해석 정말 몇 번 되지 않는다 / 고객들이 자발적으로 설문지를 작성하는 때가 / 피드백을 주기 위해 / 더 나은 서비스를 위한

2. 동사 + too much

동사 rain을 수식하는 부사 자리예요. very well(아주 잘), hardly(거의 ~않다), sooner(더 빨리)는 모두 다 부사(구)이지만 의미상 답이 될 수 없습니다. 문을 닫아야 한다는 문맥상 비가 많이 오는 경우로 볼 수 있는데요. too much(너무 많이)는 부사일 때 동사 수식이 가능하기 때문에 답이 됩니다. 정답은 (D)!

> **어휘 콕콕!**
> sliding door 미닫이문 hall n. 복도

구문 해석 복도 끝에 있는 미닫이문은 / 각 층에 있는 / 닫혀 있어야만 한다 / 비가 너무 많이 올 때마다

3. quite + 관사 + 형용사 + 명사

부사 far는 '아주, 훨씬'이라는 강조의 뜻으로 비교급 형용사와 부사를 수식하기 때문에 빈칸에 들어갈 수 없습니다. too와 very는 원급 형용사와 부사를 수식하는 부사로 관사(a) 앞에서는 수식할 수 없지만, too risky, very risky와 같이 형용사를 바로 수식할 수는 있어요. 'quite + 관사 + 형용사 + 명사'가 가능하기 때문에 quite이 답이 됩니다. 정답은 (B)!

> **어휘 콕콕!**
> 'issue a stock(주식을 발행하다)', 'risky investment(위험한 투자)'는 묶음 표현으로 알아 두세요.
> stock n. 주식 issue v. 발행하다 risky adj. 위험한 investment n. 투자

구문 해석 주식은 / 발행된 / 새롭거나 잘 알려지지 않은 회사들에 의해 (발행된) / 매우 위험한 투자일 수 있다

정답 1. (C) 2. (D) 3. (B)

043 시간과 장소를 나타내는 기본 전치사로 at, on, in을 쓴다.

Thanks to favorable weather conditions, passengers on board World Airlines 230 arrived ------- Seoul well ahead of time.

(A) for　　　　　　　(B) in　　　　　　　(C) on　　　　　　　(D) at

포인트 해설　도시 이름(Seoul) 앞에는 in을 써야 한다. 'arrive at'이라는 표현도 있지만 'arrive at the airport(공항에 도착하다)'와 같이 at 뒤에 건물, 지점 등의 장소가 나왔을 경우에만 가능하다. 정답은 (B).

구문 해석　우호적인 날씨 상태 덕분에 / 승객들은 / World 항공 230편에 탑승한 / 서울에 도착했다 / 일정보다 아주 빨리

어휘　favorable adj. 우호적인　weather condition 날씨 상태　ahead of time 일정보다 빨리

 시간, 장소 전치사 at, on, in의 기본적인 쓰임을 알아 두어야 한다.

시간 전치사	at + 시각 등	at 3 o'clock 3시에	at 4 P.M. 오후 4시에	
	on + 요일, 날짜 등	on Monday 월요일에	on July 4th 7월 4일에	
	in + 월, 계절, 연도 등	in March 3월에	in Summer 여름에	in 2013 2013년에
장소 전치사	at + 지점, 건물, 회사 등	at the water front 해안가에서	at the company 회사에서	at ABC Inc. ABC사에서
	on + 거리명 등	on Wilshire Boulevard Wilshire가에		
	in + 도시, 국가 등	in the city 시에서	in Korea 한국에서	

 at, on, in과 관련된 관용어구는 묶음 표현으로 암기해야 한다.

at	at a discounted price 할인된 가격으로 at a rapid speed 빠른 속도로 at an alarming rate 급속도로	at no charge 비용 없이 at no cost 비용 없이 at the corner of the street 길모퉁이에서	at the intersection 교차로에 at the time of purchase 구매할 때
on	on arrival 도착하자마자 on average 대체로	on the Internet 인터넷으로 on the phone 전화로	on the Web site 웹사이트에서 on vacation 휴가 중인
in	in the corner 모퉁이에	in the morning/afternoon/evening 아침에/오후에/저녁에	

A plumber is supposed to come ~~in~~(→ on) Sunday afternoon to fix the cold water pipe in the bathroom.
배관공이 오기로 되어 있다 / 일요일 오후에 / 냉수 배관을 고치러 / 욕실에 있는 (배관)

▶ 요일(Sunday) 앞에는 전치사 on을 쓰는데 뒤에 나오는 afternoon을 보고 in을 쓰지 않도록 해야 한다. in the afternoon(오후에)이라고 쓰지만 예문처럼 요일이 먼저 나올 경우에는 그에 맞추어 on을 써야 한다.

1 The upgrade of computer software throughout the office will start ------- Saturday morning and is expected to take all day.

(A) on
(B) for
(C) with
(D) at

2 French novelist Andre Musso had a chance to make a lot of new contacts ------- his book party which was held in New York last Friday.

(A) along
(B) as
(C) at
(D) with

3 The directors already evaluated the effectiveness of proposed measures to prevent intellectual property right infringement ------- the time of presentation.

(A) as
(B) with
(C) at
(D) in

콕콕! 해설 강의

1. on + 요일

요일(Saturday) 앞에 나오는 전치사를 고르는 문제이며 전치사 on이 답이 됩니다. 요일 뒤에 나오는 morning, afternoon, evening과 상관없이 요일에 맞추어 전치사 on을 쓰는 것에 주의해야 해요. 정답은 (A)!

어휘 콕콕!

throughout prep. ~ 전체에 걸친, ~ 전역에   be expected to do ~할 것으로 예상되다

구문 해석 컴퓨터 소프트웨어의 업그레이드가 / 사무실 전체에 걸친 / 시작될 것이다 / 토요일 아침에 / 그리고 예상된다 / 하루 종일 걸릴 것으로

2. at + 장소

명사 party 앞 전치사 자리로 '~에서'라는 뜻의 at이 답이 됩니다. along((길이나 도로 등을) 따라서), as(~로써), with(~와 함께)은 모두 의미상 오답입니다. at a party, at a meeting, at a banquet, at a concert는 자주 쓰이는 표현이에요. 정답은 (C)!

어휘 콕콕!

contact은 '접촉하다'라는 동사 이외에 명사로 '관계, 접촉, 연줄'이라는 뜻도 가지고 있음을 기억해 두세요.
chance to do ~할 기회

구문 해석 프랑스 소설가인 Andre Musso는 기회를 가졌다 / 많은 새로운 관계를 맺을 / 그의 책 홍보 파티에서 / 지난 금요일 뉴욕에서 열린

3. at the time of + 시점

명사 the time 앞의 전치사 자리입니다. as(~로써), with(~와 함께)은 의미상 오답이에요. in은 'in time for(~의 시간에 맞추어)'라는 표현으로 'in time for the movie(영화 시간에 맞추어)'와 같이 쓰지만, 'in the time of'라고 쓰지는 않습니다. 따라서 'at the time of presentation(발표할 때)'의 표현을 만드는 전치사 at이 답이 됩니다. 정답은 (C)!

어휘 콕콕!

measure(조치, 방법)는 '조치를 취하다'라고 할 때 'take measures'의 묶음 표현으로 쓰이는 것을 기억해 두세요.
evaluate v. 평가하다   prevent v. 막다   intellectual property right 지적 재산권   infringement n. 침해

구문 해석 이사들은 이미 평가했다 / 제안된 방법의 효과를 / 지적 재산권 침해를 막기 위한 (방법) / 발표할 때에

정답 1. (A) 2. (C) 3. (C)

044 시점 전치사와 기간 전치사를 구별해서 써야 한다.

As a valued customer to our hotel for almost a decade, you will receive a gift certificate worth $200 ------- two weeks.

(A) within   (B) across   (C) since   (D) by

포인트 해설   two weeks(2주)라는 기간 앞에 쓸 기간 전치사 자리이다. across(~을 가로질러)는 장소 전치사로 오답이다. since(~ 이래로), by(~까지)는 둘 다 시점 앞에 쓰여서 since last Friday(지난 금요일 이래로), by Friday(금요일까지)와 같이 쓰이므로 기간(two weeks) 앞에 쓸 수 없다. 따라서 '2주 이내에'라는 뜻을 만드는 within(~ 이내에)이 답이 된다. 정답은 (A).

구문 해석   저희 호텔의 귀중한 고객으로서 / 거의 10년 동안 / 귀하는 상품권을 받을 것입니다 / 200달러 가치의 / 2주 이내에

어휘   valued adj. 귀중한, 소중한   gift certificate 상품권   worth adj. ~의 가치가 있는

 시점 전치사

| before ~ 전에   by ~까지   from ~로부터   prior to ~ 전에   since ~ 이래로   until ~까지   **+**   시점 |

Audience members at the concert should get a stamp on their parking permits prior to(=before) the performance. 콘서트 관객들은 도장을 받아야만 한다 / 그들의 주차권에 / 공연 전에

▶ prior to(~ 전에)는 before와 같은 뜻으로 시점 앞에 쓸 수 있다. 참고로 by와 until은 둘 다 '~까지'라는 뜻이기 때문에 혼동될 수 있는데, by는 그 시점까지 어떤 행동이 완료, 마무리될 때, until은 그 시점까지 계속 진행, 지속되는 경우에 쓴다.

Tip prior to(~ 전에)는 전치사, prior(이전의, 앞의)는 형용사!

Every day, the Princess Like Avenue is full of cars and people until midnight.
매일 / Princess Like가는 / 자동차와 사람들로 가득 차 있다 / 자정까지
→ 자정까지 붐비는 것이 계속 지속된다는 것이므로 until을 쓴다.

Three boxes of oranges are scheduled to be delivered by Monday.
세 박스의 오렌지가 배송되기로 예정되어 있다 / 월요일까지
→ 월요일까지 배송이 완료된다는 것이므로 by를 쓴다.

 기간 전치사

| during ~ 동안   for ~ 동안   in ~ 후에, ~ 만에   over ~ 동안   throughout ~ 내내   within ~ 이내에   **+**   기간 |

Seaside Resort will offer free breakfast to those who stay more than a week throughout the next two months. Seaside 리조트는 무료 아침 식사를 제공할 것이다 / 일주일 이상 머무는 투숙객들에게 / 다음 두 달 내내

▶ throughout은 '~ 내내'라는 뜻의 기간 전치사로 쓸 수 있다.

The company will finish furnishing the new office within a week.
그 회사는 끝낼 것이다 / 새로운 사무실에 가구를 비치하는 것을 / 일주일 이내에

▶ within은 '~ 이내에'라는 뜻의 기간 전치사로 쓸 수 있다. 참고로 전치사 in은 장소 전치사일 때 '~ 안에(ex. in the room 그 방 안에)'라는 뜻이지만, 기간 앞에 쓸 때에는 '~ 후에, ~ 만에(ex. in three weeks 3주 후에, 3주 만에)'라는 뜻으로 쓴다.

1 The guide provided the tourists visiting the island with a list of events and holidays ------- the month of July.

(A) since
(B) by
(C) during
(D) from

2 In celebration of Chinese New Year, there will be a variety of performances on the big stage located on the first floor of the shopping center every day ------- this Sunday.

(A) throughout
(B) since
(C) within
(D) until

3 The weather forecast predicts a high chance of heavy showers ------- the next week.

(A) along
(B) over
(C) since
(D) above

확쿡! 해설 강의

1. during + 기간
the month of July는 '7월 한 달'의 기간을 의미합니다. since(~ 이래로), by(~까지), from(~로부터)은 모두 시점 전치사이기 때문에 정답에서 제외돼요. '7월 한 달 동안'이라는 뜻이 되는 기간 전치사 during이 답이 됩니다. 정답은 (C)!

┌ **어휘 확쿡!** ─────────────
'provide A with B(A에게 B를 제공하다)'는 토익에 단골로 출제되는 표현으로 'provide B to A(B를 A에게 제공하다)'로 쓸 수 있음을 알아 두세요.
a list of ~의 목록
└──────────────────

구문 해석 가이드는 그 섬을 방문하는 관광객들에게 제공했다 / 행사와 휴일의 목록을 / 7월 한 달 동안의

2. until + 시점
this Sunday는 시점이므로 빈칸에는 시점 전치사가 들어가야겠죠? throughout(~ 내내), within(~ 이내에)은 기간 앞에 쓰는 전치사로 정답에서 제외됩니다. since는 시점 전치사이지만 '(과거 시점) 이래로 계속 ~해 왔다'라는 의미로 since last Sunday(지난주 일요일 이래로)처럼 과거 시점 앞에 써야 하기 때문에 오답이에요. '이번 주 일요일까지'라는 의미에 맞는 전치사 until이 답이 됩니다. 정답은 (D)!

┌ **어휘 확쿡!** ─────────────
in celebration of ~을 기념하여   performance n. 공연, (업무) 수행
└──────────────────

구문 해석 음력 새해를 기념하여 / 다양한 공연이 있을 것이다 / 큰 무대에서 / 쇼핑센터 1층에 있는 / 이번 주 일요일까지 매일

3. over + 기간
next week이라고만 쓰면 '다음 주'라는 뜻의 시점이지만 the next week은 '다음 한 주'라는 기간이 돼요. 따라서 기간 전치사 over(~ 동안)가 답이 됩니다. along((도로 등을) 따라서)과 above(~의 위쪽에)는 장소 전치사로 오답이며, since(~ 이래로)는 시점 전치사로 기간을 의미하는 the next week 앞에 쓸 수 없습니다. 정답은 (B)!

┌ **어휘 확쿡!** ─────────────
'a chance of(~할 가능성)', 'over the next week(다음 한 주 동안)'은 묶음 표현으로 기억해 두세요.
weather forecast 일기 예보   chance n. 가능성   the next week 다음 한 주
└──────────────────

구문 해석 일기 예보는 예측한다 / 폭우가 올 높은 가능성을 / 다음 한 주 동안

정답 1. (C) 2. (D) 3. (B)

045 방향, 위치 전치사는 의미 해석을 잘 해야 한다.

The concert hall ------- the YD center will be remodeled to accommodate more people.

(A) through　　　　　(B) out of　　　　　(C) next　　　　　(D) opposite

포인트 해설	연주회장과 센터 사이의 위치를 설명하는 전치사가 필요한데, '맞은편, 건너편'에 있다는 의미가 적절하므로 opposite이 답이 된다. 센터를 '통과하여(through)', 센터의 '안에서 밖으로(out of)' 연주회장이 있다는 말은 어색하기 때문에 오답이다. (C)의 경우는 next to the YD Center가 되도록 next to(~의 옆에)로 써야 한다. 정답은 (D).
구문 해석	그 연주회장은 / YD 센터 맞은편에 있는 / 개조될 것이다 / 더 많은 사람들을 수용할 수 있도록
어휘	concert hall 연주회장　remodel v. 개조하다　accommodate v. 수용하다

 방향, 위치 전치사의 정확한 뜻을 알아 두어야 한다.

across ~을 가로질러, ~을 건너서	alongside ~의 옆(쪽)에, ~와 함께	opposite ~의 맞은편에	through ~을 통과하여
across from ~의 맞은편에	beside ~ 옆에(=by)	over ~ 위에 걸쳐, ~을 넘어	throughout ~ 구석구석, 전역에
along (길이나 도로 등)을 따라서	beyond ~의 저편에	past ~을 지나서	toward(s) ~을 향해서

The pharmacy is going to move to a new location ~~across~~(→ across from) the City Hall.
약국은 이전할 것이다 / 새로운 지점으로 / 시청 맞은편에.
▶ 의미상 '시청의 맞은편에 위치한다'는 의미이므로 across from(~의 맞은편에)으로 바꾸어야 한다. '시청을 가로질러' 혹은 '시청을 건너서' 위치한다는 뜻은 불가능하므로 across는 쓸 수 없다. across는 'across the road(길을 가로질러, 길을 건너서)'로 자주 쓰인다.

A few vacation houses are being built ~~besides~~(→ beside) the lake.
몇 채의 별장들이 지어지는 중이다 / 호수 옆에
▶ besides(~뿐만 아니라)는 의미상 답이 될 수 없고, '~ 옆에'라는 뜻의 전치사 beside로 바꾸어야 한다. 철자가 비슷하기 때문에 혼동할 수 있다.
　Tip* 'besides = in addition to(~뿐만 아니라)'와 'beside = by, next to(~의 옆에)'는 구별하여 알아 두기!

 past, opposite, alongside는 전치사 이외의 품사로도 쓰일 수 있다.

past	(전치사) just walked past her office room 방금 그녀의 사무실을 지나갔다 (형용사) for the past five years 지난 5년 동안
opposite	(전치사) a bus stop opposite the bank 은행 맞은편에 버스 정류장 (형용사) on the opposite side of the road 길 반대쪽에 (명사) suggest the opposite 반대의 것을 제안하다
alongside	(전치사) alongside the pedestrian walk 보도 옆쪽에 (부사) with Mr. Lang standing alongside Mr. Lang이 옆에 서 있는 상태로

토익 실전 문제 ⏱ 30초 안에 풀어 보세요.

1 To get to our new office, please go ------- the previous location, turn left and then you can find it on your right between the post office and a supermarket.

(A) onto
(B) past
(C) over
(D) between

2 The manager suggested taking the sofa from the employee lounge and putting it against the wall ------- his desk.

(A) through
(B) among
(C) inside
(D) alongside

3 News on increasing unemployment rates can be found ------- the newspaper every day, which makes new graduates depressed.

(A) across
(B) throughout
(C) beside
(D) among

휙휙! 해설 강의

1. 방향 전치사 past

문맥상 길을 찾아오는 방법을 알려 주고 있죠? (A)는 '~ 위로', (C)는 '~을 넘어서, ~에 걸쳐서'라는 뜻으로 오답입니다. (D)는 주로 'between A and B(A와 B 사이에)'로 쓰기 때문에 답이 될 수 없어요. 새로운 지점을 찾기 위해 이전 지점을 '지나쳐' 가라고 지시하는 내용이 적절하므로 전치사 past(~을 지나서)가 답이 됩니다. 정답은 (B)!

> **어휘 휙휙!**
> 'get to + 장소'가 '~에 도달하다'라는 뜻으로 쓰인다는 것을 기억하세요.
> **previous** adj. 이전의

구문 해석 저희의 새로운 사무실로 오시기 위해서는 / 이전의 위치를 지나가서 / 왼쪽으로 도세요 / 그리고 나면 찾을 수 있을 거예요 / 오른쪽에서 / 우체국과 슈퍼마켓 사이에

2. 위치 전치사 alongside

그의 책상(his desk)과 벽(the wall)의 위치 관계를 나타낼 전치사를 찾는 문제로 '책상 옆쪽 벽'이라는 의미에 맞는 alongside가 답이 됩니다. 참고로 전치사 alongside는 '~의 옆쪽에, ~와 나란히'라는 뜻 이외에 '~와 함께'라는 뜻으로도 쓸 수 있어요(ex. work alongside the construction workers 공사 현장 인부들과 함께 일하다). 정답은 (D)!

> **어휘 휙휙!**
> **against** prep. ~에 기대어 **through** prep. ~을 통과하여 **among** prep. (셋 이상) 사이에 **inside** prep. ~ 안쪽에

구문 해석 그 관리자는 소파를 가져올 것을 제안했다 / 직원 휴게실에서 / 그리고 그것을 벽에 기대 놓을 것을 / 그의 책상 옆에 (벽)

3. 위치 전치사 throughout

증가하는 실업률에 대한 뉴스(news on increasing unemployment rates)를 신문 여기저기에서 다 볼 수 있다는 의미로 throughout(~의 구석구석에)이 답이 됩니다. throughout은 throughout the city(도시 구석구석에)와 같이 주로 물리적인 장소 앞에서 쓰이지만 '책이나 신문 등의 구석구석에'라는 추상적인 장소의 의미로도 쓰일 수 있습니다. across((도로나 강 등을) 가로질러), beside(~ 옆에), among((셋 이상의) 사이에)은 모두 전치사이지만 의미상 답이 될 수 없어요. 정답은 (B)!

> **어휘 휙휙!**
> unemployment rate(실업률)은 토익에 자주 등장하는 복합 명사 어휘로 알아 두세요.
> **graduate** n. 졸업생 **depressed** adj. 우울한

구문 해석 증가하는 실업률에 대한 뉴스가 / 발견될 수 있다 / 신문 구석구석에서 / 매일마다 / (그 뉴스는) 졸업생들을 우울하게 만든다

정답 1. (B) 2. (D) 3. (B)

046 접속사 뒤에는 주어 + 동사가, 전치사 뒤에는 명사구가 나온다.

------- working hours, no employees are allowed to use the company telephone for personal purposes.

(A) As to (B) During (C) Although (D) While

포인트 해설   명사구(working hours)를 이끌어 줄 전치사 자리이다. although(비록 ~이지만), while(~ 동안)은 접속사로 주어 + 동사의 절 앞에 쓰기 때문에 답이 될 수 없다. as to(~에 대해), during(~ 동안)은 둘 다 전치사인데 '근무 시간 동안 허용되지 않는다'는 의미가 적절하기 때문에 during이 답이 된다. 정답은 (B).

구문 해석   근무 시간 동안에 / 아무 직원도 허용되지 않는다 / 회사 전화 사용을 / 개인적인 용무로

어휘   working hour n. 근무 시간   be allowed to do ~하는 것이 허용되다   as to ~에 대해(=about, on, over)

 접속사는 절과 절을 연결하고, 전치사는 명사(구) 앞에 쓴다.

~~Although~~(→ Despite/In spite of) <u>the worst economy recession</u> throughout the industry, the company has remained very profitable thanks to the new line of sports gear.
최악의 경기 침체에도 불구하고 / 업계 전체에 걸친 / 그 회사는 큰 수익성을 유지했다 / 새로운 라인의 스포츠용품 덕분에
▶ 명사구(the worst economy recession) 앞에 부사절 접속사 although은 올 수 없고, 전치사인 despite 혹은 in spite of를 써야 한다.
   Tip 'although + 주어 + 동사'와 'despite/in spite of + 명사(구)'로 구별하여 알아 두기!

 의미가 비슷한 부사절 접속사와 전치사를 비교해서 알아 두어야 한다.

	부사절 접속사	전치사
~ 동안	while	during
~ 때문에	because, since, now that	because of, due to, owing to, thanks to
~에도 불구하고, ~이지만	although, even if, even though	despite, in spite of
~할 때	when, at the time, every time(~할 때마다)	at the time of

Once you open an account with us, ~~at the time of~~(→ at the time/when) <u>you purchase</u> over $50, you will get a five percent discount.
일단 귀하가 저희에게 계정을 만드시면 / 50달러 이상을 구매할 때 / 귀하는 5퍼센트 할인을 받으실 것입니다
▶ 주어 + 동사(you purchase)의 절 앞에는 전치사 at the time of(~할 때)가 나올 수 없기 때문에 비슷한 뜻의 접속사 at the time 혹은 when으로 바꾸어야 한다.
   Tip 'at the time of + 명사(구)'와 'at the time + 주어 + 동사'로 구별하여 알아 두기!

1 ------ the audio-visual aids at the presentation, all the attendees could understand well what the speaker was trying to deliver to them.

(A) Because
(B) Owing
(C) Thanks to
(D) In spite

2 ------ the unpopularity of the tour package, the travel agency is thinking of discontinuing the service from next month.

(A) Although
(B) While
(C) Due to
(D) Since

3 ------ the news that the city plans to create more jobs sounds good, it is not likely that the unemployment rate will decrease anytime soon.

(A) Although
(B) During
(C) Despite
(D) Because of

046
스타토익 필수 문법 공식 Part 5&6

콕콕! 해설 강의

1. 전치사 + 명사구, 주어 + 동사
콤마 앞 수식어구를 이끌어 주면서 명사구 앞에 쓸 수 있는 전치사 자리예요. (A)는 접속사로 주어 + 동사의 절 앞에 쓰기 때문에 답이 될 수 없고, (B)와 (D)는 각각 owing to, in spite of로 써야 해요. 따라서 전치사 thanks to(~ 덕분에)가 답이 됩니다. 정답은 (C)!

> **어휘 콕콕!**
> 동사 deliver는 '배송하다'라는 뜻 이외에 '전달하다'라는 뜻으로 쓰이며 'deliver an idea(생각을 전달하다)'의 묶음 표현을 알아 두세요.
> audio-visual aids 시청각 자료   attendee n. 참석자(cf. attendance 참석)

구문 해석   시청각 자료 덕분에 / 발표에서 / 모든 참석자들은 잘 이해할 수 있었다 / 연설자가 그들에게 전달하고자 하는 것을

2. 전치사 + 명사구, 주어 + 동사
콤마 앞 수식어구를 이끌어 주면서 명사구 앞에 올 전치사 자리입니다. 인기가 없는 것은 여행사가 서비스를 중단하는 이유가 되므로 이유를 나타내는 전치사 due to(~ 때문에)가 답이 됩니다. (A)와 (B)는 접속사로 절 앞에 쓰이며, (D)는 접속사일 때 '~ 이래로, ~ 때문에'라는 뜻이 있지만 명사 앞에서 전치사로 쓰일 때에는 '~ 이래로'라는 뜻만 있기 때문에 답이 될 수 없어요. 정답은 (C)!

> **어휘 콕콕!**
> 동사 think는 'think that 주어 + 동사' 혹은 'think of + 명사'의 구문으로 자주 출제됨을 기억해 두세요.
> unpopularity n. 인기 없음   think of ~을 생각하다   discontinue v. 중단하다

구문 해석   여행 상품의 비인기(인기 없음) 때문에 / 그 여행사는 서비스 중단을 생각 중이다 / 다음 달부터

3. 접속사 + 주어 + 동사, 주어 + 동사
빈칸 뒤의 구조 파악이 혼동될 수 있는데, 콤마 앞에는 주어(the news that the city plans to create more jobs)와 동사(sounds)의 절이 나왔기 때문에 빈칸에는 절을 이끌어 줄 접속사가 들어가야 해요. (B), (C), (D)는 모두 전치사이므로 절 앞에 쓸 수 없겠죠? 따라서 접속사 although(~에도 불구하고, ~이지만)가 답이 됩니다. 정답은 (A)!

> **어휘 콕콕!**
> 형용사 likely(~할 것 같은)는 'be likely to do(~할 것 같다)', 'it is likely that 주어 + 동사(~할 것 같다)'의 구문으로 토익에서 단골로 출제됩니다.
> create v. 창출하다, 만들어 내다   unemployment rate 실업률

구문 해석   시가 더 많은 일자리를 창출할 것을 계획한다는 소식이 / 좋게 들림에도 불구하고 / 실업률이 감소할 것 같지는 않다 / 빨리

정답 1. (C) 2. (C) 3. (A)

상관 접속사는 짝 찾기 문제가 나온다.

The articles in the March issue of *City & Life*, which feature the fast-changing lifestyle of the younger generation, are considered ------- informative and enlightening.

(A) also　　　　(B) both　　　　(C) or　　　　(D) neither

포인트 해설　뒤의 and로 보아 'both A and B(A와 B 둘 다)'를 묻는 문제임을 알 수 있다. 이때 A와 B 자리에는 같은 품사가 나오기 때문에 informative, enlightening의 형용사가 나란히 들어갈 수 있다. 정답은 (B).

구문 해석　*City & Life*지 3월호에 실려 있는 기사들은 / 젊은 세대의 빠르게 변하는 생활 방식을 특집으로 다루는 / 여겨진다 / 유익하고 깨달음을 주는 것으로

어휘　issue n. (신문, 잡지의) 호　feature v. ~을 특집으로 하다　generation n. 세대　informative adj. 유익한
enlightening adj. 깨달음을 주는, 교훈적인

 상관 접속사의 A와 B에는 같은 품사가 병렬 구조로 연결된다.

B as well as A A뿐만 아니라 B	both A and B A와 B 둘 다	not A but B A가 아니라 B
not only A but (also) B A뿐만 아니라 B도	neither A nor B A와 B 둘 다 아닌	either A or B A와 B 둘 중에 하나

The new epidemic disease has spread at an alarming rate not only in the United States but (also) throughout Europe.
그 새로운 전염병은 퍼져 왔다 / 급속도로 / 미국뿐 아니라 유럽 전역에
▶ 전치사구 in the United States와 throughout Europe이 병렬 구조로 연결되고 있다. 참고로 but also에서 also는 생략될 수 있다.
　　Tip 상관 접속사는 not only ~ but also, either ~ or의 짝꿍 맞추기가 중요!

 상관 접속사 표현이 주어가 되면 B 부분에 동사가 수일치를 한다. 단, both A and B(A와 B 둘 다)는 복수 주어로 본다.

Neither Mr. Brady nor the other team members agree with the plan.
Mr. Brady와 다른 팀원들 모두 동의하지 않는다 / 그 계획에
▶ 'neither A nor B(A와 B 둘 다 아닌)'가 주어가 되면서 동사는 B에 해당되는 명사구(the other team members)에 수일치하여 복수 동사(agree)를 쓴다.

1 If you would like to participate in the Fifth Annual Small Business Symposium, you can reserve your seat ------- on the phone or online.

(A) nor
(B) either
(C) both
(D) neither

2 Good Table Weekly is an online magazine that not only provides easy-to-follow recipes ------- offers instructional videos on how to create amazing dishes.

(A) but
(B) and
(C) nor
(D) also

3 All staff members are well aware that attendance to the seminar is not mandatory ------- is highly recommended.

(A) and
(B) as well
(C) but
(D) either

 해설 강의

1. either A or B
뒤에 나오는 or를 보고 'either A or B(A와 B 둘 중에 하나)'의 상관 접속사임을 파악할 수 있으므로 either가 답이 됩니다. 정답은 (B)!

어휘 획!
annual adj. 연례의, 매년의

구문 해석 만약 귀하가 제5회 연례 중소기업 심포지엄에 참가하기를 원한다면 / 자리를 예약할 수 있습니다 / 전화 혹은 온라인 둘 중 하나로

2. not only A but (also) B
not only가 먼저 나온 것으로 보아 'not only A but (also) B(A뿐만 아니라 B)'의 상관 접속사임을 파악할 수 있어요. 여기서 also는 생략되고 but만 나올 수 있으므로 but이 답이 됩니다. 정답은 (A)!

어휘 획!
easy-to-follow는 하나의 형용사로 '따라 하기 쉬운'으로 해석한다는 것을 기억하세요.
instructional adj. 교육용의

구문 해석 Good Table Weekly지는 온라인 잡지이다 / 따라 하기 쉬운 요리법을 제공할 뿐 아니라 / 교육용 영상도 제공한다 / 놀라운 요리들을 만드는 방법에 대한

3. not A but B
해석만 잘 해보아도 '필수는 아니다 그러나 권장된다'라는 의미가 되므로 but이 적절한 것을 알 수 있지만, 'not A but B(A가 아니라 B)'의 구문을 알고 있으면 더 빠르게 but을 답으로 고를 수 있습니다. 정답은 (C)!

어휘 획!
'highly recommended(매우 권장되는)'는 'strongly recommended(강력하게 권장되는)'와 더불어 토익에 매우 자주 등장하는 묶음 표현이에요.
attendance n. 참석   mandatory adj. 의무인, 필수인

구문 해석 전 직원이 잘 알고 있다 / 세미나 참석이 의무는 아니지만 / 매우 권장된다는 것을

정답 1. (B) 2. (A) 3. (C)

048 and는 앞뒤에 같은 품사의 단어를 연결한다.

If you want to return your online purchase, ------- your order confirmation e-mail and present it to a store associate.

(A) to print   (B) printing   (C) print   (D) printed

포인트 해설	등위 접속사 and는 앞뒤에 같은 품사를 나란히 연결할 수 있는데, and 이하에 동사원형의 명령문이 나왔으므로 앞에도 명령문을 만드는 동사원형이 들어가서 '인쇄하세요 그리고 제시하세요'라는 문맥이 되어야 한다. 정답은 (C).
구문 해석	만약 귀하가 온라인 구매품을 반품하고 싶다면 / 주문 확인 이메일을 인쇄하세요 / 그리고 그것을 제시하세요 / 상점 직원에게
어휘	confirmation n. 확인 present v. 제시하다 store associate 상점 직원

 등위 접속사 and, but, or 등은 앞뒤에 같은 품사를 연결할 수 있다.

The island is very famous for delicious <u>food</u>, friendly <u>people</u> and beautiful <u>scenery</u>.
그 섬은 매우 유명하다 / 맛있는 음식, 친절한 사람들 그리고 아름다운 풍경으로
▶ 명사 food, people, scenery가 연결된 구조로 3개 이상을 연결할 때에는 'A and B and C'가 아니라 'A, B, and C'로 앞쪽에는 콤마를 쓴다.

Students are allowed to ask questions <u>before</u> or <u>after</u> the class, but not during the class.
학생들은 허락된다 / 질문하는 것이 / 수업 전 또는 후에 / 하지만 수업 중에는 아니다
▶ 전치사 before, after가 연결된 구조로 원래는 'before (the class) or after the class'인데 중복되는 명사 the class는 생략되고 전치사끼리만 연결되어 'before or after'가 된 것이다.

Fresh Cleaning is widely known for its <u>home cleaning service</u> which is always finished on time, <u>professional staff</u> who are very accommodating and <u>competitive prices</u>.
Fresh Cleaning사는 널리 알려져 있다 / 항상 제시간에 끝나는 집안 청소 서비스 / 매우 친절한 전문적인 직원들 / 그리고 저렴한 가격(으로 널리 알려져 있다)
▶ 명사구 home cleaning service, professional staff, competitive prices가 연결된 구조이다. 중간에 각종 수식어구 거품들을 잘 걸러 내야 한다.

 등위 접속사 so(그래서), for(~ 때문에)는 주어 + 동사의 절만 연결할 수 있다.

The company warehouse cannot accommodate any more stock, so it needs to be expanded sometime soon.
회사의 창고는 수용할 수 없다 / 더 이상의 재고를 / 그래서 확장될 필요가 있다 / 빨리
▶ 등위 접속사 so는 단어와 단어, 구와 구는 연결하지 못하고 주어 + 동사의 절만 연결할 수 있다.

Tip* and(그리고), or(또는), but/yet(그러나), so(그래서), for(~ 때문에) 등의 등위 접속사는 문맥에 맞는 것을 선택하기!

1 Mr. Ota has been trying hard to find a right person who ------- over his position and be in charge of renewing rental contracts.

(A) have taken
(B) takes
(C) is taken
(D) will take

2 The head nurse is responsible for supervising staff, ------- to patients' needs, and developing new programs.

(A) responds
(B) responding
(C) respond
(D) to respond

3 There are a few hotels that provide transportation to ------- from the airport, so please contact the airline service desk in advance and make a reservation for a pickup.

(A) either
(B) also
(C) and
(D) together

콕콕! 해설 강의

1. 조동사 + 동사원형 and (조동사) + 동사원형

주격 관계대명사 who 뒤의 동사 자리예요. 빈칸과 and 뒤의 동사(be)가 병렬 구조로 연결되어 '직책을 이어받고 담당할 사람'이라고 해석됩니다. and 뒤의 동사로 동사원형(be)이 온 것으로 보아 빈칸에는 동사원형 앞에 나올 조동사가 들어감을 알 수 있어요. 즉 원래 문장은 'will take over his position and (will) be in charge of'이므로 will take가 답이 됩니다. takes를 빈칸에 쓰려면 'who takes over his position and is in charge of'로 and 뒤에 be가 아닌 is가 나왔어야 해요. 정답은 (D)!

어휘 콕콕!

'take over'는 '(임무를) 이어받다, 떠맡다(=assume), 인수하다(=acquire)'의 뜻이며 토익에서 자주 등장하는 어휘예요.
in charge of ~을 담당하는   rental contract 임대 계약(서)

구문 해석 Mr. Ota는 열심히 노력해 왔다 / 적절한 사람을 찾기 위해 / 그의 직책을 이어받고 / 임대 계약을 갱신하는 것을 담당할

2. 전치사 + 동명사, 동명사 and 동명사

주어가 책임지는 것(responsible for)으로 나열된 것을 간략하게 정리하면 'supervising, _____, and developing'의 세 가지 업무가 열거되었음을 알 수 있어요. 따라서 and 앞뒤에 있는 ~ing와 대등하게 연결될 responding이 답이 됩니다. 정답은 (B)!

어휘 콕콕!

'be responsible for(~에 책임이 있다)'는 토익에 단골로 출제되는 묶음 표현이며, 'be liable for', 'be accountable for'와 같은 뜻임을 기억해 두세요.
supervise v. 감독하다   need n. 필요, 요구

구문 해석 수간호사는 책임이 있다 / 직원들을 감독하고 / 환자들의 필요에 대응하고 / 새로운 프로그램을 개발하는 것에

3. 전치사 (+ 명사) and 전치사 + 명사

전치사 to와 전치사 from이 연결될 수 있는 단어를 고르는 문제입니다. 의미상 '공항으로 가는 교통편과 공항으로부터 오는 교통편'을 모두 제공한다는 내용이 되는데요. 원래 문장은 'to (the airport) and from the airport'로 전치사구 2개가 and로 나란히 연결된 것인데 중복되는 명사 부분이 생략되면서 'to and from the airport'만 남은 것으로 볼 수 있습니다. 따라서 등위 접속사 and가 답이 됩니다. (A)는 either A or B(A와 B 둘 중에 하나)로 써야 하고, (B)와 (D)는 부사이므로 전치사 2개를 연결할 수 없어요. 정답은 (C)!

어휘 콕콕!

reservation(예약)은 'make a reservation (for)'의 묶음 표현으로 '(~에 대해) 예약을 하다'라는 뜻으로 자주 출제됩니다.
transportation n. 교통수단

구문 해석 몇몇 호텔들이 있습니다 / 교통수단을 제공하는 / 공항에서부터 오는 것과 가는 것에 대한 / 그러므로 항공사 서비스 데스크에 연락하세요 / 미리 / 그리고 예약하세요 / (공항으로) 데리러 나오는 것을

정답 1. (D) 2. (B) 3. (C)

049

비교급은 ~er than을 쓴다.

The hotel announced that it will install a new water purification system which is ------- than the previous one at its Beijing branch.

(A) reliably   (B) reliable   (C) most reliable   (D) more reliable

---

포인트 해설   be 동사의 보어인 형용사 자리로 (A)를 제외하고 모두 정답 가능성이 있지만 바로 뒤에 than을 보고 비교급 more reliable이 답이 되는 것을 알 수 있다. 정답은 (D).

구문 해석   호텔은 발표했다 / 새로운 정수 시스템을 설치할 것이라고 / 이전 것보다 더 믿을 만한 / 베이징 지점에 있는

어휘   install v. 설치하다   water purification system 정수 시스템   reliable adj. 믿을 만한

 형용사와 부사는 비교급을 만들 수 있으며, 'as ~ as'는 동급 비교로 '…만큼 ~한'이라는 뜻이고 '~er than(혹은 more ~ than)'은 '…보다 더 ~한'이라는 뜻이다.

The new refrigerator turned out to be as popular ~~than~~(→ as) expected.

새로운 냉장고는 밝혀졌다 / 예상만큼 인기 있는 것으로

▶ as가 있는 것으로 보아 형용사 popular의 동급 비교 구문이므로 than은 올 수 없고, 'as ~ as(…만큼 ~한)'로 써야 한다. as ~ as 사이에는 형용사나 부사의 원급이 들어간다는 것을 기억하자.

Farm Insurance provides ~~as extensive~~(→ more extensive) coverage than any other insurance company in the nation.

Farm 보험사는 더 포괄적인 보험을 제공한다 / 다른 어떤 보험사보다 / 국내에서

▶ 뒤에 than이 있는 것으로 보아 'as ~ as'의 동급 비교가 아닌 'more ~ than(…보다 더 ~한)'을 써야 한다.

    Tip 'more + 명사 + than(~보다 많은 명사)', 'fewer/less + 명사 + than(~보다 수/양이 적은 명사)' 표현도 추가로 알아 두기!

 형용사와 부사의 최상급은 'the ~est' 혹은 'the most ~'로 쓴다.

The ancient bath house is one of the most frequently visited places in the city.

고대 목욕탕은 가장 자주 방문되는 곳 중에 하나이다 / 그 도시에서

▶ 부사 frequently의 최상급으로 앞에 the most를 썼다.

This report indicates the places where earthquakes most frequently occur.

이 보고서는 지역들을 나타낸다 / 지진이 가장 빈번하게 발생하는 (지역)

▶ 부사 frequently의 최상급 구문이며 부사의 최상급에서는 앞의 정관사 the를 생략할 수 있다.

1 The cookbook has received many positive reviews, making it just ------- popular as previous publications.

(A) more
(B) so
(C) as
(D) much

2 Some government officials insist that safety regulations on trading agricultural products need to be much ------- than before.

(A) strictly
(B) strict
(C) more strictly
(D) stricter

3 Of all the stores in the shopping mall, Joey's Dollhouse was chosen as the ------- place to visit by children between four and seven.

(A) desirable
(B) more desirable
(C) desirably
(D) most desirable

🔍 해설 강의

1. as + 형용사 + as

뒤에 나오는 as와 연결되어 as popular as(~만큼 인기 있는)의 동급 비교 구문임을 파악할 수 있으므로 as가 답이 됩니다. 이 구문에서 just는 뒤에 나오는 as popular as를 강조하는 부사예요. 정답은 (C)!

어휘 🔍!
cookbook n. 요리책   review n. 평가   publication n. 출판물, 출판

구문 해석 그 요리책은 많은 긍정적인 평가를 받았다 / 그것(요리책)을 만들었다 / 꼭 이전 출판물만큼 인기 있도록

2. be + 형용사의 비교급 + than ~

빈칸 뒤의 than으로 보아 비교급을 고르는 문제인데 (C)와 (D)가 모두 비교급 형태입니다. 빈칸 앞에 be 동사가 있으므로 be 동사의 보어 자리에 쓰는 형용사의 비교급인 stricter가 답이 됩니다. 참고로 much는 비교급을 수식하는 부사로 '훨씬, 더욱'의 뜻으로 해석해요. 정답은 (D)!

어휘 🔍!
strict(엄격한)는 rigorous, stringent와 비슷한 뜻으로 토익에서 매우 자주 출제되는 형용사 어휘예요.
government official 공무원, 관리   **trade** v. 거래하다, 무역하다   **agricultural** adj. 농업의

구문 해석 일부 공무원들은 주장한다 / 안전 규정이 / 농산품을 거래하는 것에 대한 / 훨씬 더 엄격해질 필요가 있다는 것을 / 이전보다

3. the + 최상급

place를 수식하는 형용사 자리이기 때문에 부사 (C)는 정답에서 제외됩니다. 정관사 the 뒤에 비교급 (B)는 쓸 수 없어요. 문장 앞의 'Of all ~'로 보아 '모든 ~ 중에 가장'이라는 최상급 most desirable이 답이 됩니다. 정답은 (D)!

어휘 🔍!
desire는 명사(바람, 소망)와 동사(바라다, 소망하다)로 쓰이며, 파생된 형용사 desirable은 '호감 가는, 바람직한'의 뜻을 가지고 있습니다.
be chosen as ~로 선택되다

구문 해석 쇼핑몰 안에 있는 모든 상점들 중에서 / Joey's Dollhouse가 가장 가고 싶은 장소로 선택됐었다 / 아이들에 의해 / 4살에서 7살 사이의 (아이들)

정답 1. (C) 2. (D) 3. (D)

050 much는 비교급을 강조한다.

The newly introduced commuter train is ------- faster than the previous one, and it can cut travel time in half.

(A) much　　　　　(B) so　　　　　(C) very　　　　　(D) such

....

포인트 해설　비교급(faster) 앞의 빈칸 자리에는 비교급을 수식하는 부사가 들어갈 수 있는데, much는 비교급을 수식하여 '훨씬, 더욱' 이라는 뜻으로 쓰이므로 답이 될 수 있다. so와 very는 so fast, very fast처럼 원급 형용사를 수식하지만 비교급은 수식하지 않는다. 정답은 (A).

구문 해석　새롭게 도입된 통근 열차는 훨씬 빠르다 / 이전 것보다 / 그래서 이동 시간을 줄일 수 있다 / 절반으로

어휘　introduce v. 도입하다, 소개하다　previous adj. 이전의　travel time 이동 시간

 비교급을 강조하여 '훨씬'이라는 의미를 가지는 부사는 much, even, far, a lot, still, by far 등이 있다.

much　　even　　far　　a lot　　still　　by far　+　비교급

The vacuum cleaner by Koller Electronics turned out to be much <u>more</u> energy-efficient than that of its major competitors.
Koller Electronics사에 의한 진공청소기가 / 훨씬 더 에너지 효율적인 것으로 밝혀졌다 / 주요 경쟁업체들의 그것(진공청소기)보다
▶ 비교급 more energy-efficient를 much가 수식하여 '훨씬'이라는 의미로 쓰였다.

As time goes by, the country is becoming far <u>more</u> dependent on tourism industry.
시간이 지나감에 따라 / 그 나라는 훨씬 더 의존하게 되고 있다 / 관광 산업에
▶ far는 '멀리'라는 뜻으로도 쓰이지만 비교급(more dependent)을 수식하여 '훨씬'이라는 의미로 쓸 수 있다.

 최상급을 강조하여 '단연코'라는 의미를 가지는 부사는 by far, quite, much 등이 있다.

by far　　quite　　much　+　최상급

The recent bank scandal is by far <u>the most</u> shocking issue local citizens have read about in years.
최근의 은행 스캔들은 / 단연코 가장 충격적인 주제이다 / 지역 주민들이 수년 동안 읽은
▶ 최상급 the most shocking을 부사 by far가 수식하여 '단연코'라는 뜻으로 쓰였다.
　Tip 'by far more ~ than' 혹은 'by far the most ~'로 비교급과 최상급을 모두 강조하는 by far 알아 두기!

The upcoming soccer game is quite <u>the biggest</u> sporting event in the region.
다가오는 축구 경기는 / 단연코 가장 큰 스포츠 행사이다 / 그 지역에서
▶ quite은 '꽤'라는 뜻의 부사로도 쓰이지만 최상급(the biggest)을 강조하여 '단연코'라는 의미로도 쓰인다.

Scarlet Bistro is much <u>the best</u> restaurant that I've ever visited in Toronto.
Scarlet Bistro는 단연코 최고의 식당이다 / 내가 토론토에서 가봤던
▶ much는 '훨씬'의 의미로 비교급을 수식하는 부사로도 쓰이지만, 최상급(the best)을 강조하여 '단연코'라는 의미로도 쓰인다.

참고로, 부사 very가 최상급과 같이 쓰일 수 있는데 the very + -est로 정관사 the 뒤에 위치한다.

You can check out <u>the</u> very <u>latest</u> local news on the Web site.
당신은 가장 최신 지역 뉴스를 확인할 수 있다 / 그 웹사이트에서

1 Fat free dairy products are found to be a lot
------- among people who want to lose
weight.

(A) popular
(B) more popular
(C) popularly
(D) most popularly

2 Roux's paintings have been widely regarded
as ------- the most exceptional works of art of
the century.

(A) far
(B) so
(C) quite
(D) too

3 The entire country is becoming much -------
with a steadily increasing multicultural
population consisting mainly of European
immigrants.

(A) diversely
(B) diverse
(C) more diversely
(D) more diverse

 해설 강의

1. a lot + 비교급
be 동사의 보어인 형용사 자리로 부사인 (C)와 (D)는 정답에서 제외돼요. 비교급을 강조하는 표현 a lot이 있는 것으로 보아 more popular가 답이 됩니다. 정답은 (B)!

┌─ 어휘 쿡쿡! ───
│ 'be found to be'는 '~인 것처럼 보이다, ~인 것으로 밝혀지다'라는 뜻의 묶음 표현입니다.
│ fat free 무지방의   dairy product 유제품   lose weight 체중을 감량하다
└───

구문 해석 무지방 유제품들이 훨씬 더 인기 있는 것으로 보인다 / 사람들 사이에서 / 체중을 감량하고 싶어하는

2. quite + 최상급
최상급(the most exceptional)을 수식하는 부사 자리로 보기 중 최상급을 강조하는 '단연코'라는 의미의 부사 quite이 답이 됩니다. far는 비교급을 강조할 수 있으므로 'far more expensive(훨씬 더 비싼)'와 같은 구문으로 쓰이며, so와 too는 원급 형용사 혹은 원급 부사를 강조하여 'so expensive/too expensive(너무 비싼)'와 같은 구문으로 쓸 수 있습니다. 정답은 (C)!

┌─ 어휘 쿡쿡! ───
│ 'be regarded as(~로 여겨지다)'는 특히 부사 widely와 같이 쓰여 'be widely regarded as(널리 ~로 여겨지다)'로 자주 쓰여요.
│ widely adv. 널리   exceptional adj. 뛰어난, 우수한
└───

구문 해석 Roux의 그림들은 널리 여겨져 왔다 / 단연코 가장 뛰어난 예술 작품으로 / 그 세기의

3. much + 비교급
become(~가 되다)이 형용사 보어를 가지는 동사이므로 보기 중 부사 (A)와 (C)는 정답에서 제외됩니다. 빈칸 앞의 부사 much는 형용사 앞에서 단독으로 형용사를 수식하는 일이 없기 때문에 (B) 또한 오답입니다. 그런데 much는 비교급을 수식하는 부사이므로 빈칸에 비교급 형용사 more diverse는 들어갈 수 있어요. 정답은 (D)!

┌─ 어휘 쿡쿡! ───
│ multicultural adj. 다문화의   diverse adj. 다양한
└───

구문 해석 나라 전체가 점점 더 다양화되고 있다 / 꾸준히 증가하는 다문화 인구로 / 대부분 유럽 이민자들로 구성된 (인구)

정답 1. (B) 2. (C) 3. (D)

Part V

01 While competition among businesses in the beauty industry has never been ------- than now, consumers can derive benefits from it.

(A) fiercer (B) most fiercely
(C) more fiercely (D) fiercest

02 Most of the questions regarding further career development opportunities and commensurate benefits ------- on the company's Web site.

(A) will address (B) was addressing
(C) have addressed (D) are addressed

03 To accommodate specific needs of our customers, we have customized insurance plans for those travelers who make ------- visits to Canada.

(A) frequency (B) frequent
(C) frequented (D) frequently

04 ------- you have to cancel or change your trip, please contact the agency at least 3 weeks before your scheduled departure so that no extra charges will be incurred.

(A) While (B) Because of
(C) In the event that (D) Meantime

05 Worldjoin.com has attributed its rapid success as one of the most popular retail companies in the region to its ------- shipping department.

(A) reliable (B) relying
(C) reliant (D) relies

06 ------- devoted to preserving wildlife animals are invited to participate in the programs run by ACE Conservation Foundation.

(A) Them (B) Those
(C) Anyone (D) One

07 It is ------- considering whether to close the building for renovation work to be done more quickly and efficiently.

(A) worth (B) worthy
(C) worthful (D) worthily

08 With its agreeable location and modern facilities, Paradise Inn will ------- be our chosen hotel for summer vacations from now on.

(A) defined (B) definition
(C) definite (D) definitely

09 Bauer Farms ------- responds to online inquiries within one or two business days, which makes its customers very satisfied.

(A) recently (B) lastly
(C) usually (D) soon

10 Dushku Landscaping decided not ------- its contract with Herez Hotel for another year because the hotel always had problems with overdue payment.

(A) renewing (B) renewed
(C) renewal (D) to renew

11 Visiting executives were ------- by the general manager that the tour of the assembly line had been rescheduled for the following Friday.

(A) explained (B) suggested
(C) notified (D) announced

12 More than half of the ------- in their 20s turned out to be easily distracted by the use of cell phones while driving, which can result in serious car accidents.

(A) responses (B) respondents
(C) responds (D) response

13 Please register your e-mail address with us and get ------- updated on upcoming sales events and any other special deals.

(A) yours   (B) yourself
(C) you   (D) your

14 Those with an invitation for the play should arrive at the theater at least one hour in advance and ------- it with a ticket.

(A) exchanging   (B) exchange
(C) exchanges   (D) to exchange

15 A flower shop is located on the first floor of the convention center, ------- the reception desk.

(A) forward   (B) beyond
(C) next to   (D) across

16 If you are on a low calorie diet, Greek Yogurt can be a healthy ------- for mayonnaise in a fruit salad.

(A) substituting   (B) substitute
(C) substituted   (D) substitutes

Part VI

Questions 17-20 refer to the following notice.

Temporary parking

The Kinau Market has authorized the residents of Hanaula Apartments to park their vehicles at its lower level parking structure from April 1st to April 15th. During this time, repainting work ------- underway on the apartment building's parking lot.
    17

The parking payment for this temporary parking is ------- on March 31st, and it should be paid
                                      18
directly to the manager of the apartment building.

Upon receiving the payment, the manager will give residents a temporary parking permit valid only for those dates indicated above. ------- will be instructed to visibly place the permit on
                                          19
the driver's side dashboard to identify their car.

-------. Thank you for your cooperation.
 20

---

17 (A) have to be   (B) will be
    (C) has been   (D) were

18 (A) available   (B) ready
    (C) due   (D) good

19 (A) He   (B) It
    (C) They   (D) We

20 (A) The construction has been successfully finished.
(B) Parking fees will be doubled.
(C) We are sorry for the inconvenience it may cause.
(D) There's a shortage of parking space.

정답 및 해설 p.248

www.HackersIngang.com

Section
2

토익 700점 이상을 위한 **빈출 핵심** 공식

[공식 051 ~ 080]

김지현 선생님이 알려 주는
학습 목표와 학습 방법을
동영상강의로
꼭! 확인해 보세요.

[동사구] 시제, 가정법, 태

051 'request that 주어 + _____'의 경우 동사원형이 정답이다.

The event organizer requested that every attendee ------- the organization committee to receive schedule information within seven days.

(A) has contacted   (B) contacting   (C) contact   (D) will contact

....

포인트 해설   request, ask와 같이 '요구'를 의미하는 동사 뒤의 that절에는 should가 생략되어 동사원형이 나올 수 있다. 이 문장도 'requested that every attendee (should) contact'에서 should가 생략되고 동사원형(contact)이 남은 것으로 볼 수 있다. 정답은 (C).

구문 해석   행사 조직 담당자가 요구했다 / 모든 참가자가 조직 위원회에 연락해야 한다고 / 일정 정보를 받기 위해서는 / 7일 이내에

어휘   attendee n. 참가자   organization committee 조직 위원회

 insist, order, suggest, ask, request와 같은 '주장, 명령, 제안, 요구' 동사 뒤에 나오는 that절의 동사는 should가 생략된 동사원형이 나오게 된다.

Most of the staff <u>insist</u> that the company ~~waives~~(→ waive) delivery fees for combined orders over $50.
대부분의 직원들이 주장한다 / 회사가 배송비를 면제해 주어야 한다고 / 묶음 배송에 대해 / 50달러 이상의
▶ 'insist that the company (should) waive delivery fees'에서 that절의 should가 생략되었으므로 동사원형(waive)이 나와야 한다.

The superintendent <u>requested</u> that all personal belongings ~~are~~(→ be) cleared off the stairs.
관리자가 요구했다 / 모든 개인 소지품이 치워져야 한다는 것을 / 계단에서
▶ 'requested that all personal belongings (should) be cleared'에서 that절의 should가 생략된 것으로 동사원형(be)이 나와야 한다.

 'It(가주어) + is + 형용사 보어 + that절(진주어)' 구문에서도 형용사 보어 자리에 necessary, essential, imperative, important, vital 등 '필수적인, 중요한'이라는 의미의 형용사가 들어가면 that절의 동사로 should가 생략된 동사원형이 나올 수 있다.

It is <u>essential</u> that the newly hired employee ~~goes~~(→ go) through a probationary period of two weeks.
필수적이다 / 새롭게 고용된 직원이 / 거쳐야 하는 것이 / 2주간의 수습 기간을
▶ 'It is essential that the newly hired employee (should) go through'에서 should가 생략되어 동사원형 go가 나온다.

It is <u>necessary</u> that the catering company ~~makes~~(→ make) provisions for vegetarians.
필수적이다 / 음식 조달업체가 / 준비하는 것이 / 채식주의자들을 위해
▶ 'It is necessary that the catering company (should) make provisions'에서 should가 생략되어 동사원형 make가 나온다.
    Tip* 'make provision(s) for(~을 위해 준비하다)'는 묶음 표현으로 알아 두기!

1 Many citizens have consistently suggested that some rules ------- considering rapidly changing traffic conditions.

(A) has revised
(B) revised
(C) revising
(D) be revised

2 It is essential that anyone purchasing a used car ------- for a thorough inspection before signing a contract.

(A) ask
(B) to ask
(C) asks
(D) will be asked

3 It is very ------- that a person looking for an apartment have enough balance in a savings account to pay for monthly rent.

(A) reliable
(B) lucrative
(C) important
(D) dependent

획 콕! 해설 강의

1. suggest that 주어 + (should) 동사원형

'제안'을 의미하는 동사 suggest 뒤의 that절에서는 조동사 should가 생략되고 동사원형만 남을 수 있어요. 따라서 동사원형으로 시작하는 be revised가 답이 됩니다. 정답은 (D)!

어휘 획 콕!

consider(고려하다)에서 파생된 considering은 전치사로 '~을 고려할 때'라고 해석할 수 있음을 기억해 두세요.

citizen n. 시민 rapidly adv. 빠르게 traffic conditions 교통 상황

구문 해석 많은 시민들이 계속 제안해 왔다 / 일부 규정이 수정되어야 한다는 것을 / 빠르게 변하는 교통 상황을 고려할 때

2. It is essential that 주어 + (should) 동사원형

가주어 it, 진주어 that절 구문에 형용사 보어 essential(필수적인)이 있는 것으로 보아 빈칸은 that절의 should가 생략되고 동사원형만 남은 자리이므로 ask가 답이 됩니다. 정답은 (A)!

어휘 획 콕!

'thorough inspection(철저한 검사)', 'thoroughly inspect(철저하게 검사하다)'는 토익에서 단골로 출제되는 묶음 표현이에요.

used car 중고차 thorough adj. 철저한 inspection n. 검사

구문 해석 필수적이다 / 중고차를 구입하는 사람은 누구든지 / 철저한 검사를 요청하는 것이 / 계약서에 서명하기 전에

3. It is important that 주어 + (should) 동사원형

that절의 주어는 a person으로 단수이지만 동사가 has가 아닌 have가 나왔습니다. 즉 주어와 관계없이 동사원형(have)이 나온 것인데, 이 구문을 만들 수 있는 형용사는 important(중요한)로 뒤에 나오는 that절의 동사에 (should) have가 오고 여기에서 should가 생략되어 동사원형(have)만 남은 것으로 볼 수 있습니다. 정답은 (C)!

어휘 획 콕!

reliable(믿을 만한), lucrative(수익성이 좋은), dependent(의존하는)는 모두 토익에서 자주 등장하는 형용사 어휘들입니다.

balance n. 잔액 savings account 저축 계좌

구문 해석 매우 중요하다 / 아파트를 찾고 있는 사람이 / 저축 계좌에 충분한 잔액을 가지고 있는 것이 / 월세를 지불할 수 있을 정도로

정답 1. (D) 2. (A) 3. (C)

052 'have + 목적어 + _____'의 경우 동사원형 혹은 과거분사가 답이 될 수 있다.

The human resources manager had Ms. Kan ------- any inaccurate information regarding job requirements before putting an ad in the newspaper.

(A) correct   (B) to correct   (C) correction   (D) correcting

포인트 해설 사역동사 have는 'have + 목적어 + 목적 보어(동사원형/과거분사)'의 5형식 구문을 가지는데, 이때 목적어와 목적 보어의 관계가 능동이면 목적 보어 자리에 동사원형을, 목적어와 목적 보어의 관계가 수동이면 과거분사를 쓴다. 보기 중 과거분사는 아예 없고, 해석상 'Ms. Kan이 고치다'라는 능동의 의미이므로 동사원형이 답이 된다. 정답은 (A).

구문 해석 인사부장은 시켰다 / Ms. Kan이 틀린 정보를 수정하도록 / 자격 요건에 대해 / 신문에 광고를 내기 전에

어휘 inaccurate adj. 틀린, 부정확한   job requirement 자격 요건   put an ad 광고를 내다

 사역동사 have, make의 5형식 구문의 목적 보어 자리에는 목적어와 목적 보어 관계가 능동이면 동사원형을, 목적어와 목적 보어 관계가 수동이면 과거분사를 쓴다.

Mr. Taylor had the shipment of kitchenware properly ~~display~~(→ displayed).
Mr. Taylor는 시켰다 / 부엌용품의 수송품이 / 적절하게 진열되도록
▶ 목적어인 부엌용품들이 진열당하는 수동의 관계이기 때문에 목적 보어 자리에 과거분사 displayed를 쓴다. 참고로 사역동사 let의 5형식 구문에서는 'let + 목적어 + 동사원형'은 쓰지만, 'let + 목적어 + 과거분사'는 쓰지 않는다.

let the tourists take the pictures (O)
let the pictures taken by the tourists (X)

We made the tourists ~~to watch~~(→ watch) their personal belongings.
우리는 만들었다 / 관광객들이 주의하도록 / 그들의 소지품을
▶ 목적어인 관광객들이 스스로 조심하는 능동의 관계이므로 목적 보어 자리에 동사원형 watch를 쓴다.
Tip '주어 + have/make + 목적어 + 목적 보어(주어는 목적어가 ~하게/~되게 하다)'의 사역동사 5형식 구문 알아 두기!

 준사역동사 get의 5형식 구문의 목적 보어 자리에는 목적어와 목적 보어 관계가 능동이면 to 부정사를, 목적어와 목적 보어 관계가 수동이면 과거분사를 쓴다.

get the managers to agree to the plan 관리자들이 동의하도록 하다 / 그 계획에
▶ 목적어인 관리자들이 동의하는 능동의 관계이기 때문에 목적 보어 자리에 to 부정사 to agree를 쓴다.

get the report finished by tomorrow 보고서가 완성되도록 하다 / 내일까지
▶ 목적어인 보고서가 완성되는 수동의 관계이기 때문에 목적 보어 자리에 과거분사 finished를 쓴다.

1 The store manager had all of the new products ------- on the shelves right next to the counter to boost sales.

(A) to rearrange
(B) rearrange
(C) rearranging
(D) rearranged

2 Before signing the contract, the head manager had the contract thoroughly ------- by all of his team members.

(A) reviewer
(B) reviewed
(C) review
(D) to review

3 Lucy's supervisor ------- her translate the contract into Korean so that the clients could understand while reviewing its terms and conditions.

(A) made
(B) required
(C) got
(D) offered

찍! 훅! 해설 강의

1. have + 목적어 + 목적 보어(과거분사)

'have + 목적어(all of the new products) + 목적 보어(_____)'의 5형식 구문으로 목적어인 모든 신상품(all of the new products)이 재배열되는 수동 관계이므로 과거분사 rearranged가 답이 됩니다. 정답은 (D)!

> **어휘 찍!훅!**
> boost(신장시키다, 증가시키다), rearrange(재배열하다)는 토익에서 자주 등장하는 동사 어휘들이에요.
> shelf n. 선반

구문 해석 가게 관리자가 시켰다 / 모든 신상품들이 / 재배열되도록 / 선반 위에 / 계산대 바로 옆에 있는 / 판매를 신장시키기 위해

2. have + 목적어 + 목적 보어(과거분사)

'have + 목적어(the contract) + 목적 보어(_____)'의 5형식 구문으로 목적어인 계약서(contract)가 검토되는 수동 관계이므로 과거분사 reviewed가 답이 됩니다. 부사 thoroughly는 과거분사를 수식하여 '철저히 검토되도록'이라고 해석합니다. 정답은 (B)!

> **어휘 찍!훅!**
> 부사 thoroughly(철저하게)는 주로 '검토하다, 검사하다'라는 의미의 동사들과 어울려 자주 등장하며 'thoroughly review(철저하게 검토하다)', 'thoroughly inspect(철저하게 검사하다)', 'thoroughly screen(철저하게 조사하다)', 'thoroughly scrutinize(철저하게 살피다)'의 묶음 표현으로 자주 나옵니다.
> review v. 검토하다

구문 해석 계약서에 서명하기 전에 / 총관리자가 하게 하였다 / 계약서가 / 철저히 검토되도록 / 그의 팀원들 전부에 의해

3. make + 목적어 + 목적 보어(동사원형)

빈칸에 들어갈 동사는 목적어(her)와 목적 보어(translate)를 가지는 5형식 동사이며 목적 보어 자리에 동사원형(translate)을 가질 수 있으므로 사역동사 make가 답이 됩니다. require는 5형식 동사이지만 목적 보어 자리에 to 부정사를 가지기 때문에 오답이며, get은 준사역동사로 목적 보어 자리에 to 부정사 혹은 과거분사를 가지기 때문에 답이 될 수 없습니다. 정답은 (A)!

> **어휘 찍!훅!**
> terms와 conditions는 둘 다 '조건'이라는 뜻이지만, 'terms and conditions(조건, 약관)'로 하나의 단어처럼 쓰는 경우가 많아요.
> translate v. 번역하다

구문 해석 Lucy의 상사가 만들었다 / 그녀가 / 계약서를 한국어로 번역하도록 / 그래서 고객들이 이해할 수 있도록 / 검토하는 동안에 / 조건을

정답 1. (D) 2. (B) 3. (A)

[동사구] 시제, 가정법, 태

053 'help + 목적어 + _____'의 경우 동사원형 혹은 to 부정사가 답이 될 수 있다.

The upcoming banquet on Friday will help the new employees ------- with each other before starting to work on Monday.

(A) socializing   (B) socializes   (C) socialize   (D) socialized

---

포인트 해설   help 동사는 'help + 목적어 + 목적 보어(동사원형/to 부정사)'의 5형식 구문으로 쓰일 수 있으므로 위의 빈칸은 목적 보어 자리이다. 목적 보어 자리에 동사원형이나 to 부정사가 들어갈 수 있는데 보기 중에 to 부정사는 없으므로 동사원형 인 socialize가 답이 된다. 정답은 (C).

구문 해석   다가오는 금요일 연회가 / 도와줄 것이다 / 신입 사원들이 / 서로 어울리는 것을 / 월요일에 근무를 시작하기 전에

어휘   upcoming adj. 다가오는   banquet n. 연회   socialize v. (사람들과) 어울리다, 사귀다

---

 help가 5형식 구문으로 쓰였을 때, 목적 보어 자리에 동사원형 혹은 to 부정사를 모두 쓸 수 있다.

Mr. Green <u>helped</u> me (to) <u>resume</u> my work when I came back after a long sick leave.
Mr. Green이 나를 도와주었다 / 내 업무를 다시 시작하는 것을 / 내가 돌아왔을 때 / 오랜 병가 후에

▶ help의 5형식 구문으로 목적 보어 자리에 동사원형 혹은 to 부정사를 모두 쓸 수 있다. 참고로 help는 3형식 구문으로 쓸 수도 있다.

After finishing the report, Mr. Fischer will help me with my résumé.
그의 보고서를 끝낸 이후에 / Mr. Fischer는 나를 도와줄 것이다 / 이력서 작성하는 것을

→ help의 3형식 구문이며 'help A with B(B를 가지고 A를 도와주다)'라고도 쓸 수 있다.

Tip '주어 + help + 목적어 + 목적 보어(동사원형/to 부정사)'의 help 5형식 구문 알아 두기!

 help의 5형식 구문에서 목적어가 생략되고 목적 보어인 동사원형 혹은 to 부정사가 바로 나올 수 있다.

Teachers expect that the new learning programs will <u>help</u> (them) educate/to educate foreign students more systematically.
교사들은 기대한다 / 새로운 학습 프로그램들이 (그들을) 도와줄 것이라고 / 외국인 학생들을 더 체계적으로 교육하는 것을

▶ 목적어인 them이 생략되고 목적 보어인 동사원형(educate) 혹은 to 부정사(to educate)가 바로 나올 수 있다.

1 The Web site contains plenty of reviews from customers which help you ------- the most reliable airline when traveling overseas.

(A) choice
(B) chosen
(C) to choose
(D) chooses

2 Thousands of people have gathered from across the nation to help ------- the town that was hit by an earthquake.

(A) rebuilding
(B) rebuild
(C) rebuilt
(D) rebuilds

3 Doctors have endorsed the chair since it helps ------- backache by encouraging users to sit up straight for extensive periods.

(A) prevented
(B) prevent
(C) preventing
(D) to be prevented

획!혹! 해설 강의

1. help + 목적어 + to 부정사 목적 보어

help 동사가 '동사(help) + 목적어(you) + 목적 보어(_____)'의 5형식 구문으로 쓰였기 때문에 빈칸에는 help의 목적 보어 자리에 들어갈 수 있는 동사원형 혹은 to 부정사가 필요하겠죠? 보기 중에서는 to 부정사인 to choose가 답이 됩니다. 정답은 (C)!

어휘 획!혹!

reliable(믿을 만한)은 dependable과 같은 뜻의 형용사로 토익에서 단골로 출제된다는 것을 알아 두세요.
contain v. 담고 있다   overseas adv. 해외로; adj. 해외의

구문 해석 그 웹사이트는 담고 있다 / 고객들로부터의 많은 평가들을 / 당신이 고르는 것을 도와주는 (평가) / 가장 믿을 만한 항공사를 / 해외여행을 할 때

2. help + (목적어) + 동사원형 목적 보어

help 동사의 5형식 구문에서는 목적어가 생략되고 목적 보어인 동사원형 혹은 to 부정사가 바로 나올 수 있어요. 보기에 to 부정사가 없으므로 동사원형 rebuild가 답이 됩니다. 정답은 (B)!

어휘 획!혹!

gather v. 모이다   hit v. 강타하다   rebuild v. 재건하다, 다시 짓다

구문 해석 수천 명의 사람들이 모여들었다 / 전국에서 / 그 도시를 재건하는 것을 돕기 위해 / 지진 피해를 입은 (도시)

3. help + (목적어) + 동사원형 목적 보어

help 동사의 5형식 구문에서는 목적어가 생략되고 목적 보어인 동사원형 혹은 to 부정사가 바로 나올 수 있습니다. (D)는 to 부정사이지만 빈칸 뒤에 목적어인 명사 backache가 있으므로 수동형인 to be prevented는 사용할 수 없어요. 따라서 동사원형 prevent가 답이 됩니다. 정답은 (B)!

어휘 획!혹!

endorse는 '(수표에) 서명하다'라는 뜻 이외에 '지지하다, 보증하다'라는 뜻으로도 쓰이는 동사 어휘예요.
backache n. 허리 통증   sit up straight 바르게 앉다   prevent v. 예방하다

구문 해석 의사들이 그 의자를 지지해 왔다 / 왜냐하면 그것이 허리 통증 예방을 도와주기 때문이다 / 사용자들이 바르게 앉도록 해주면서 / 긴 시간 동안에

정답 1. (C) 2. (B) 3. (B)

054 'As soon as 주어 + _____, 주어 + 미래 시제'에서는 현재 시제가 정답이다.

As soon as Mr. Takahashi ------- collecting data, he will send it to his assistant for analysis.

(A) completing   (B) will complete   (C) is completed   (D) completes

....

포인트 해설   의미상 '데이터 수집을 끝내다'라는 능동태이므로 수동태 (C)는 오답이다. 콤마 이하 주절의 동사가 미래 시제(will send)이기 때문에 빈칸에 will complete을 넣는 실수를 할 수도 있는데, as soon as(~하자마자)와 같은 시간 접속사나 조건 접속사가 이끄는 절의 동사는 의미상 미래이더라도 현재 시제로 써야 한다. 정답은 (D).

구문 해석   Mr. Takahashi는 데이터 수집을 끝내자마자 / 그는 그의 비서에게 그것을 보낼 것이다 / 분석을 위해서

어휘   collect v. 수집하다   assistant n. 비서, (대학의) 조교

 시간 접속사와 조건 접속사가 이끄는 부사절에서는 미래 시제 대신 현재 시제를 쓴다.

시간 접속사	after ~이후에	as soon as ~하자마자	by the time ~할 때쯤이면	when ~할 때	while ~하는 동안
조건 접속사	if ~라면	once 일단 ~하면	provided (that) ~라면	unless ~하지 않는다면	

When you ~~will finish~~(→ finish) the six-month language course, an official certificate will be provided.
당신이 끝마칠 때 / 6개월의 언어 과정을 / 공식적인 자격증이 제공될 것이다
▶ 시간 접속사 when이 이끄는 부사절에서는 미래 시제 대신 현재 시제를 써야 한다.

It is expected that Mrs. Upton ~~is promoted~~(→ will be promoted) to the senior position as soon as she gets back to the head office.
예상된다 / Mrs. Upton이 승진되는 것이 / 고위직으로 / 그녀가 돌아오자마자 / 본사로
▶ 시간 접속사 as soon as가 이끄는 부사절에서는 미래 시제 대신 현재 시제 gets를 쓰지만 주절의 동사는 미래 시제 그대로 쓰기 때문에 will be promoted가 되어야 한다.

As soon as Mr. Mori ~~puts~~(→ put) his property on the market, many people called him to schedule a showing appointment.
Mr. Mori가 부동산을 내놓자마자 / 시장에 / 많은 사람들이 그에게 전화를 걸었다 / (부동산을) 보는 약속을 잡기 위해
▶ as soon as가 시간 접속사라고 해서 무조건 현재 시제 동사를 쓰면 안 된다. 시간 혹은 조건 접속사절의 시제가 의미상 미래일 경우에 미래 대신 현재를 쓰는 것이다. 콤마 이하 주절의 시제가 called로 과거이므로 부사절의 시제도 과거가 나와야 한다.

Tip '시간/조건 접속사 + 현재 시제, 주어 + 미래 시제'와 '시간/조건 접속사 + 과거 시제, 주어 + 과거 시제'를 구별하여 알아 두기!

1 Once you ------- filling out the document at the reception desk in the lobby, you will be referred to the appropriate department.

(A) finish
(B) will finish
(C) are finished
(D) has finished

2 Please be reminded that if you are late for the job interview, you ------- ineligible for the position.

(A) have been considered
(B) are considered
(C) will be considered
(D) has to be considered

3 The board of directors believes that overall production will double, ------- the new work system streamlines the manufacturing process.

(A) although
(B) as if
(C) so that
(D) provided

 해설 강의

1. Once 주어 + 현재 시제, 주어 + 미래 시제

문장의 주어와 수일치되지 않는 (D)는 정답에서 제외되겠죠? 콤마 이하 주절의 동사가 미래 시제(will be referred)인데, 조건 접속사 once절에서는 미래 시제 대신 현재 시제를 쓰기 때문에 finish가 답이 됩니다. 정답은 (A)!

어휘 획득!

'refer A to B'는 'A를 (도움을 받을 수 있도록) B에게 보내다/연결해 주다'라는 뜻의 묶음 표현으로 기억해 두세요.

fill out 작성하다

구문 해석 일단 귀하가 문서 작성을 끝내면 / 로비의 안내 데스크에서 / 귀하는 보내질 것입니다 / 적절한 부서로

2. If 주어 + 현재 시제, 주어 + 미래 시제

조건 접속사 if절의 동사는 미래 대신 현재 시제 동사(are)를 쓰지만, 주절의 동사는 미래 시제를 그대로 쓸 수 있기 때문에 will be considered가 답이 됩니다. 정답은 (C)!

어휘 획득!

remind(상기시키다)의 수동태 구문으로 'please be reminded that(~을 다시 한 번 알고 있으세요)'의 명령문이 묶음 표현으로 자주 출제됩니다.

be late for ~에 늦다   ineligible adj. 자격이 없는, 부적격의

구문 해석 다시 한 번 알고 있으세요 / 만약 당신이 취업 면접에 늦는다면 / 당신은 여겨질 거예요 / 자격이 없다고 / 그 일자리에

3. 주어 + 미래 시제, provided (that) 주어 + 현재 시제

보기가 모두 부사절 접속사이므로 절 앞에 쓸 수 있어요. 콤마 이하 부사절의 동사가 현재 시제(streamlines)인데 주절의 동사가 미래 시제(will double)인 것으로 보아, 빈칸은 시간 혹은 조건 접속사 자리임을 파악할 수 있습니다. provided (that)은 '~라면'이라는 뜻의 조건 접속사이며 문맥상 뜻도 적절하므로 답이 됩니다. 참고로 provided (that)에서 that을 생략하고 provided만 단독으로 쓸 수 있어요. 정답은 (D)!

어휘 획득!

double(두 배가 되다), streamline(간소화하다)은 토익에서 자주 등장하는 동사 어휘들입니다.

overall adj. 전반적인   production n. 생산량, 생산   process n. 공정

구문 해석 이사회는 믿고 있다 / 전반적인 생산량이 두 배가 될 것이라고 / 새로운 근무 시스템이 간소화한다면 / 제조 공정을

정답 1. (A) 2. (C) 3. (D)

055 'for/in/over the last/past + 기간, 주어 + have p.p.'로 쓴다.

Mr. Harris hasn't logged on to the company Web site ------- the last six months, so he has forgotten his ID and password.

(A) around   (B) after   (C) over   (D) since

포인트 해설 현재 완료 시제(hasn't logged)와 어울리는 전치사구로 '지난 6개월 동안 계속 ~해 왔다'라는 의미를 만들어 주는 전치사 over(동안)가 가장 적절하다. around(~ 주변에), after(~ 이후에)는 의미상 적절하지 않으며, 전치사 since(~ 이래로)는 현재 완료와 자주 쓰이지만 six months 같은 기간이 아닌 since last Friday, since 1999 같은 과거 시점 앞에 쓰이기 때문에 답이 될 수 없다. 정답은 (C).

구문 해석 Mr. Harris는 회사 웹사이트에 로그인하지 않았다 / 지난 6개월 동안 / 그래서 그는 잊어버렸다 / 그의 아이디와 비밀번호를
어휘 log on 로그인하다   forget v. 잊다

 현재 완료 시제(have + p.p.)는 'for/in/over the last/past + 기간(지난 ~ 동안)'의 전치사구와 자주 쓰인다.

Over the last thirty years, the foundation ~~provided~~(→ has provided) grants to those who want to study in the United States.
지난 30년 동안 / 그 재단은 보조금을 제공해 왔다 / 공부하길 원하는 사람들에게 / 미국에서
▶ '지난 30년 동안(over the last thirty years) 계속 제공해 왔다'라는 의미로 현재 완료 시제 동사(has provided)와 함께 쓰였다.

Ms. Burton ~~tries~~(→ has tried) to open her own law practice **for the past two years**.
Ms. Burton은 노력해 왔다 / 그녀 자신의 변호사 사무실을 개업하려고 / 지난 2년 동안
▶ '지난 2년 동안(for the past two years) 계속 노력해 왔다'라는 의미로 현재 완료 시제(has tried)와 함께 쓰였다.

 'in + 기간(~ 후에, ~ 만에)'과 'in the last/past + 기간(지난 ~ 동안)'을 구별할 수 있어야 한다.

Mr. Madsen went out to have lunch, but he is going to return to office in a few minutes.
Mr. Madsen은 점심을 먹으러 나갔다 / 하지만 사무실로 돌아올 것이다 / 몇 분 후에
▶ in a few minutes가 '몇 분 후에'라는 뜻으로 쓰였다.
 Tip* 'in + 기간(특정 기간이 경과한 후에)'과 'within + 기간(특정 기간 이내에)'의 의미를 구별하여 알아 두기!

Nobody in the neighborhood has seen Mr. and Mrs. Vincent in the last two years.
그 동네에서 아무도 보지 못했다 / Vincent 부부를 / 지난 2년 동안
▶ in the last two years가 '지난 2년 동안'이라는 뜻으로 쓰였고 in the past two years로 바꾸어 쓸 수도 있다.
 또한 'in the last/past + 기간'은 현재 완료 시제(has seen)와 함께 쓴다.

토익 실전 문제 · 40초 안에 풀어 보세요.

1 For the ------- two months, Mr. Nishimura has received estimates for replacing the roof from several companies.

(A) latter
(B) past
(C) current
(D) lately

2 Waiale, a famous buffet restaurant, ------- for fresh local cuisine over the last decade.

(A) has been noted
(B) are being noted
(C) will be noted
(D) should have noted

3 ------- the last five years, Bestsell.com has relentlessly tried to join forces with online shopping giant Fullcart.com.

(A) On
(B) As
(C) With
(D) In

획!획! 해설 강의

1. for the past + 기간
주절의 동사가 현재 완료 시제(has received)인 것으로 보아 현재 완료와 자주 쓰이는 시간 부사구인 'for the last/past + 기간'이 쓰인 것을 알 수 있으므로 past가 답이 됩니다. 형용사 latter(후자의), current(현재의), 부사 lately(최근에)는 모두 오답이에요. 정답은 (B)!

어휘 획!획!
estimate은 '추정하다'라는 동사 이외에 '추정, 견적(서)'라는 뜻의 명사로도 쓸 수 있음을 기억하세요.
replace v. 교체하다 latter adj. (둘 중) 후자의 current adj. 현재의 lately adv. 최근에

구문 해석 지난 2달 동안 / Mr. Nishimura는 견적서를 받아 왔다 / 지붕 교체에 대한 / 여러 회사로부터

2. 주어 + have + p.p. ~ + over the last + 기간
단수 주어(Waiale)와 수일치되지 않는 (B)는 오답이겠죠? 빈칸 뒤에 목적어가 없고, 의미상 '주목받다'라는 수동태가 적절하므로 보기 중 능동태인 (D)도 역시 답이 될 수 없어요. 'over the last decade(지난 10년 동안)'와 함께 지난 10년 동안 계속 주목받아 왔다는 의미가 어울리므로 현재 완료 시제 has been noted가 답이 됩니다. 정답은 (A)!

어휘 획!획!
'be noted for(~로 주목받다)'는 'be known for(~로 유명하다)', 'be famous for(~로 유명하다)'와 더불어 토익에서 단골로 출제되는 묶음 표현이므로 알아 두어야 해요.
local cuisine 현지 요리 decade n. 10년

구문 해석 Waiale는 / 유명한 뷔페식당으로 / 신선한 현지 요리로 주목받아 왔다 / 지난 10년 동안

3. in the last + 기간, 주어 + have + p.p.
현재 완료 시제(has tried)와 잘 어울리는 시간 부사구는 'for/in/over the last/past five years(지난 5년 동안)'로, 빈칸에 for, in, over이 모두 가능하며 보기 중에서는 in이 답이 됩니다. 참고로 in five years는 '5년 후에, 5년 만에'라는 뜻이지만, in the last five years는 '지난 5년 동안'으로 해석해요. 정답은 (D)!

어휘 획!획!
relentlessly(끈질기게, 가차 없이)와 'join forces(협력하다, 힘을 합치다)'의 표현들도 기억해 두세요.
giant n. 거물 회사, 거대 조직; adj. 거대한

구문 해석 지난 5년 동안 / Bestsell.com은 끈질기게 노력해 왔다 / 합병하기 위해 / 온라인 쇼핑 거물 회사인 Fullcart.com과

정답 1. (B) 2. (A) 3. (D)

056 'If 주어 + had p.p., 주어 would have p.p.'는 가정법 과거 완료 시제이다.

If Royal Dishware had released the new line of kitchenware earlier, it ------- its presence more greatly in Asian countries.

(A) have to expand   (B) will be expanded
(C) has expanded   (D) would have expanded

포인트 해설	if절의 동사가 had + p.p.(had released)인 것으로 보아 가정법 과거 완료 시제이다. 'If 주어 + had + p.p., 주어 + would/could/might/should + have + p.p.'의 가정법 과거 완료 구문에 따라 빈칸에 would have expanded가 들어가야 한다. 참고로 가정법 과거 완료는 의미상 '과거에 ~했었다면 …했을 텐데'라는 과거 사실의 반대를 나타낸다. 정답은 (D).
구문 해석	만약 Royal Dishware사가 새로운 라인의 주방용품을 출시했다면 / 더 일찍 / 회사는 점유율을 더 크게 높일 수 있었을 텐데 / 아시아 국가들에서
어휘	kitchenware n. 주방용품 presence n. 존재, 참석 expand v. 확장하다

 가정법 과거와 가정법 과거 완료는 동사 시제 일치에 주의해야 한다.

가정법 과거(=현재 사실의 반대)	If 주어 + 과거 시제 동사, 주어 + would/could/might/should + 동사원형

The cupcake store could attract more customers if it put ads in major magazines and newspapers.
그 컵케이크 가게는 더 많은 고객들을 끌어들일 수 있을 텐데 / 만약 그 가게가 광고를 낸다면 / 주요 잡지와 신문에

▶ if절의 주어 it에 대해 동사가 puts가 아니라 put인 것으로 보아 과거 시제로 쓰였음을 알 수 있다. if절에 과거 시제 동사가 나온 가정법 과거이므로 주절의 동사로 could attract를 쓸 수 있다. 의미는 현재 사실의 반대가 되어 '실제로는 광고를 내지 않아 고객을 끌어들이지 못한다'고 해석할 수 있다.

가정법 과거 완료(=과거 사실의 반대)	If 주어+ had + p.p., 주어 + would/could/might/should + have + p.p.

If Mr. Huang had accepted the offer, he would have become one of the most successful entrepreneurs in the publishing industry.
만약 Mr. Huang이 제안을 받아들였다면 / 그는 되었을 텐데 / 가장 성공한 기업가 중 한 명이 / 출판업계에서

▶ if절의 동사가 과거 완료 시제(had accepted)인 것으로 보아 시제가 가정법 과거 완료임을 알 수 있다. 과거 사실의 반대를 나타내므로 '과거에 그 제안을 받아들이지 않아서 성공한 기업가 중 한 명이 되지 못했다'고 해석할 수 있다.

Tip 가정법 구문은 수학 공식처럼 외워서 if절과 주절의 시제 짝꿍을 맞추는 것이 좋아요!

 but for, if it were not for는 '~가 없었더라면'이라는 뜻으로 가정법 문장에 쓰인다.

But for your advice, I would give up finding a job. (가정법 과거)
=If it were not for your advice, I would give up finding a job. 당신의 조언이 없다면 / 나는 포기할 텐데 / 일자리를 찾는 것을

But for your advice, I would have given up finding a job. (가정법 과거 완료)
=If it had not been for your advice, I would have given up finding a job.
당신의 조언이 없었더라면 / 나는 포기했을 텐데 / 일자리를 찾는 것을

▶ 주절의 시제를 보고 가정법 과거인지 가정법 과거 완료인지를 구별해 낼 수 있다.

1 If Pen Boulangerie lowered tuition fees for baking classes, it ------- more adult students and make higher profits.

(A) attracted
(B) will be attracted
(C) has attracted
(D) could attract

2 Ms. Murray would be considered for promotion to the head of the department ------- she had a better relationship with other staff members.

(A) as
(B) if
(C) whereas
(D) but for

3 ------- his recent mistake, Mr. Scott in public relations would have been nominated to represent the company at the conference.

(A) With
(B) But for
(C) In spite
(D) As to

🔑 해설 강의

1. If 주어 + 과거 시제 동사, 주어 + could + 동사원형

if절의 동사가 과거 시제(lowered)이므로 가정법 과거임을 알 수 있습니다. 따라서 주절의 동사로 'would/could/might/should + 동사원형'이 들어가야 하므로 could attract가 답이 됩니다. 해석은 '수업료를 낮추지 않아서 학생들을 끌어들이지 못하고 높은 수익을 내지 못한다'는 현재 사실의 반대로 해야 해요. 정답은 (D)!

어휘 🔑!

lower(낮추다), tuition fee(수업료), attract(끌어들이다)는 토익에서 자주 볼 수 있는 어휘들이므로 기억해 두세요.

구문 해석 만약 Pen Boulangerie가 수업료를 낮춘다면 / 제빵 수업에 대한 / 더 많은 성인 학생들을 끌어들일 수 있을 텐데 / 그리고 더 높은 수익을 낼 수 있을 텐데

2. 주어 + would + 동사원형, if 주어 + 과거 시제 동사

주절의 과거 시제(would be considered)와 종속절의 과거 시제(had)를 보고 가정법 과거임을 알 수 있어요. 따라서 빈칸에는 가정법에 쓰이는 접속사 if가 답이 됩니다. (D)는 가정법에 쓸 수 있지만 but for(~가 없다면) 뒤에는 명사가 나와야 하기 때문에 이 문장에서는 답이 될 수 없으며, 접속사 as(~할 때), whereas(반면에)는 가정법과 관련 없는 접속사들로 오답입니다. 정답은 (B)!

어휘 🔑!

'be considered for(~의 대상으로 고려되다)', 'promotion to(~로 승진)'는 토익에서 단골로 출제되는 묶음 표현이에요.

구문 해석 Ms. Murray는 승진 대상으로 고려될 텐데 / 부서장으로의 (승진) / 만약 그녀가 더 좋은 관계를 갖고 있다면 / 다른 직원들과

3. but for + 명사, 주어 + would have p.p.

주절의 동사(would have been nominated)를 보고 가정법임을 알 수 있겠죠? 가정법에 쓰이고 빈칸 뒤의 명사구를 이끌어 주는 but for(~가 없다면)가 답이 됩니다. (C)는 in spite of의 형태로만 쓸 수 있으며, (A)와 (D)는 명사구 앞에 쓰는 전치사이지만 빈칸에 들어가면 with his recent mistake(그의 최근 실수와 함께), as to his recent mistake(그의 최근 실수에 대하여)이 되어 문맥상 답이 될 수 없어요. 정답은 (B)!

어휘 🔑!

nominate(임명하다), represent(대표하다)는 기본 동사 어휘로 알아 두세요.
public relations 홍보 부서 **as to** ~에 대하여

구문 해석 그의 최근 실수가 아니었다면 / 홍보 부서의 Mr. Scott이 임명되었을 텐데 / 회사를 대표하도록 / 그 회담에서

정답 1. (D) 2. (B) 3. (B)

057 'Should 주어 + 동사원형'은 if가 생략된 가정법 도치 구문이다.

------- anyone have questions regarding the provisions of our contract, he or she can contact Ms. Pedersen in human resources.

(A) When   (B) Should   (C) As soon as   (D) If

포인트 해설	의미상, 조건 접속사 if 혹은 시간 접속사 when을 선택할 수 있는데 종속절의 주어(anyone)에 대해 동사로 has가 아닌 have가 나와 수일치되지 않고 있음을 파악해야 한다. 따라서 원래 문장은 'If anyone should have questions ~'의 should 가정법인데 if가 생략되면서 should가 주어 앞으로 도치되어 'Should anyone have questions ~'가 된 것으로 보아야 한다. 정답은 (B).
구문 해석	만약 누구든지 질문이 있으면 / 우리 계약서 조항에 대해 / 그 사람은 Ms. Pedersen에게 연락하면 됩니다 / 인사 부서의
어휘	provision n. (계약서 등의) 조항

Point 1 should 가정법은 'If 주어 + should + 동사원형, 주어 + 명령문/현재 시제/미래 시제 등(혹시 앞으로 ~라면)'으로 쓰며 if가 생략될 경우 should가 주어 앞으로 도치되어 나올 수 있다.

If you should need any detailed information on charity donations, please visit our Web site or feel free to call us.

⇨ Should you need any detailed information on charity donations, please visit our Web site or feel free to call us.

혹시 앞으로 귀하가 구체적인 정보를 필요로 한다면 / 자선 기부에 대한 / 저희 웹사이트를 방문하시거나 / 주저 말고 저희에게 전화 주세요

▶ should 가정법에서 if가 생략되면 should가 주어 앞으로 도치되어 'Should + 주어(you) + 동사원형(need)'이 나온다.

Point 2 가정법 과거와 가정법 과거 완료에서도 if가 생략되면 도치 구문을 만들 수 있다.

If Mr. Yamada were in London, he could attend the seminar on Ms. Hamilton's behalf.

⇨ Were Mr. Yamada in London, he could attend the seminar on Ms. Hamilton's behalf.

만약 Mr. Yamada가 런던에 있다면 / 그는 세미나에 참석할 수 있을 텐데 / Ms. Hamilton을 대신하여

▶ 가정법 과거에서 if가 생략되면서 과거 동사 were가 주어 앞으로 도치되었다.

If the company had placed an ad in the newspaper, it could have expanded its customer base in Korea.

⇨ Had the company placed an ad in the newspaper, it could have expanded its customer base in Korea.

만약 그 회사가 광고를 냈더라면 / 그 신문에 / 고객층을 확대할 수 있었을 텐데 / 한국에서

▶ 가정법 과거 완료에서 if가 생략되면서 had + p.p.의 had가 주어 앞으로 도치되었다.

Tip Should, Were, Had가 문장 맨 앞에 있으면 if가 생략된 가정법 문장으로 파악하기!

1 Should anyone ------- for extra copies of the workshop agenda, please let me know immediately.

(A) ask
(B) asked
(C) will ask
(D) asks

2 Had the movie theater hired more help for the peak season, it ------- better reviews from moviegoers.

(A) will be receiving
(B) have received
(C) would be received
(D) could have received

3 Mr. Cooper can contact Ms. Chang in the accounting department should ------- need any legal advice on tax returns.

(A) he
(B) himself
(C) his
(D) his own

획획! 해설 강의

1. Should + 주어 + 동사원형, 명령문

should가 문장 앞으로 나온 것으로 보고 원래 문장은 'If anyone should ask for ~'의 should 가정법인데, 접속사 if가 생략되고 조동사 should가 주어 앞으로 도치된 구문임을 파악할 수 있어야 합니다. 따라서 빈칸은 원래 should 뒤에 있던 동사원형 ask가 남아 있을 자리예요. 정답은 (A)!

┌─ 어휘 획획! ─
│ extra adj. 추가의 agenda n. 안건 ask for ~을 요청하다
└─

구문 해석 혹시 앞으로 누군가가 요청한다면 / 워크숍 안건의 추가 사본을 / 저에게 알려 주세요 / 즉시

2. Had + 주어 + p.p., 주어 + could have p.p.

문장 앞에 had가 나온 것으로 보아 원래 문장은 'If the movie theater had hired ~'의 가정법 과거 완료 시제임을 파악할 수 있겠죠? 가정법 과거 완료의 시제 일치에 따라 'would/could/might/should + have + p.p.'에 맞는 could have received가 빈칸에 들어가야 합니다. 정답은 (D)!

┌─ 어휘 획획! ─
│ help는 동사로 '도와주다'라는 뜻 이외에 명사로 '도움을 주는 사람, 도움'의 의미로 쓸 수 있는 어휘예요.
│ peak season 성수기 moviegoer n. 영화 관객, 영화를 보러 가는 사람
└─

구문 해석 만약 영화관이 고용했더라면 / 더 많은 직원을 / 성수기를 위해 / 더 나은 평가를 받을 수 있었을 것이다 / 영화 관객들로부터

3. 주어 + 동사 + should + 주어 + 동사원형

주어(Mr. Cooper), 동사(can contact), 목적어(Ms. Chang), 전치사구(in the accounting department) 뒤에 갑작스럽게 조동사 should가 나온 것은 그 이하가 should 가정법 도치 구문이기 때문임을 재빨리 파악해야 해요. 이 문장은 if가 생략된 가정법의 부사절이 주절 뒤에 위치한 것으로 원래는 'if he should need any legal advice ~'의 구문인데, if가 생략되고 should가 주어 앞으로 도치되면서 '~ should + 주어(he) + 동사원형(need)'이 된 거예요. 따라서 빈칸은 주격 대명사인 he가 들어가야 합니다. 정답은 (A)!

┌─ 어휘 획획! ─
│ legal adj. 법적인 tax return 소득 신고
└─

구문 해석 Mr. Cooper는 Ms. Chang에게 연락할 수 있다 / 회계 부서의 / 혹시 그가 필요로 한다면 / 어떤 법적인 조언이든지 / 소득 신고에 대한 (조언)

정답 1. (A) 2. (D) 3. (A)

058 사람의 감정은 수동태로 나타낸다.

The advertising manager was quite ------- to find out that she was not considered for a promotion this year.

(A) disappointing　　(B) disappointed　　(C) disappointment　　(D) disappoints

---

포인트 해설　be 동사 다음에 올 동사의 형태를 고르는 문제인데 disappoint는 '실망시키다'라는 뜻의 타동사이다. 문맥상 주어인 광고
　　　　　　부장이 '실망하는 감정을 느꼈다'라는 의미이므로 be 동사(was)와 함께 수동태를 만드는 disappointed가 답이 된다. 정답
　　　　　　은 (B).

구문 해석　광고부장은 매우 실망했다 / 알게 되고 / 그녀가 승진 고려 대상이 아니라는 것을 / 올해에

어휘　　　find out 알게 되다, 알아내다　be considered for ~의 고려 대상이 되다　promotion n. 승진

 감정 동사로 사람이 느끼는 감정을 나타낼 때에는 수동태 또는 과거분사로 쓴다.

amaze 놀라게 하다	**depress** 우울하게 하다	**encourage** 권장하다, 고무시키다	**satisfy** 만족시키다
annoy 짜증 나게 하다	**disappoint** 실망하게 하다	**excite** (기대감으로) 흥분시키다	**surprise** 놀라게 하다
astonish 놀라게 하다	**distract** 산만하게 하다	**exhaust** 지치게 하다	**tire** 피곤하게 하다
bewilder 혼란스럽게 하다	**disturb** 방해하다	**interest** ~의 관심을 끌다	

The team members **were very** ~~surprising~~(→ surprised) **at the substantial sales increase last month.**
팀원들은 매우 놀랐다 / 엄청난 판매량 증가에 / 지난달의
▶ 주어인 팀원들(team members)이 '놀라움을 느꼈다'라는 의미가 적절하므로 were surprised의 수동태를 써야 한다.

　Tip 사람이 감정을 느끼면 수동태/과거분사, 감정의 원인을 제공하면 능동태/현재분사 사용하기!

The noise **coming from the construction site near the office building is quite** ~~annoyed~~(→ annoying).
공사 현장에서 들려오는 소음은 / 사무실 건물 근처에 있는 (공사 현장) / 아주 짜증스럽다
▶ 주어인 소음(noise)이 '짜증을 불러일으키는'이라는 능동의 의미가 적절하므로 is annoying의 능동태를 써야 한다.

 'be 동사 + p.p. + 전치사'가 하나의 묶음 표현으로 쓰이는 경우가 있다.

be interested in ~에 관심이 있다　**be surprised at** ~에 놀라다　**be satisfied with** ~에 만족하다　**be disappointed with** ~에 실망하다

Any company that **is interested** ~~on~~(→ in) **preserving the environment is more than welcome to join the program.**
어느 회사든지 / 환경 보존에 관심이 있는 / 매우 환영합니다 / 프로그램에 참가하는 것을
▶ 'be interested in(~에 관심이 있다)'의 묶음 표현이므로 전치사 on 대신 in을 써야 한다. 위의 표현에서는 과거분사 자리 혹은 전치사
　자리를 물어보는 문제가 나올 수 있다.

⏱ 40초 안에 풀어 보세요.

1 Job candidates who are ------- in the position should send the required documents by e-mail no later than July 15.

    (A) interesting
    (B) interests
    (C) interestingly
    (D) interested

2 Mr. Patterson, the marketing manager, said that the announcement from the head office was more ------- than expected.

    (A) encourages
    (B) encouraged
    (C) encouragement
    (D) encouraging

3 On the first day back to school after winter break, waiting in the long line for renewal of university IDs made many students -------.

    (A) exhausts
    (B) exhausted
    (C) exhausting
    (D) exhaust

058 스타토익 필수 문법 공식 Part 5&6

꽉! 콕! 해설 강의

1. 주어(사람 명사) + be interested in

be 동사의 보어 자리이면서 입사 지원자들(job candidates)이 '관심'이라는 감정을 느끼게 된 것이므로 수동태를 만드는 interested가 답이 됩니다. 'job candidates who are interesting'은 '재미있는 입사 지원자들'이라는 뜻으로 입사 지원자들이 재미있는 혹은 흥미로운 사람들이라는 의미가 되어 이 문장에서는 답이 될 수 없습니다. 참고로 'be interested in(~에 관심이 있다)'은 묶음 표현으로 알아 두어야 합니다. 정답은 (D)!

어휘 꽉!콕!
'no later than(늦어도 ~까지)'은 묶음 표현으로 토익에 자주 등장해요.
job candidate 입사 지원자 send v. 보내다

구문 해석 입사 지원자들은 / 그 직책에 관심이 있는 / 요구되는 서류들을 보내야 한다 / 이메일로 / 늦어도 7월 15일까지

2. 주어(사물 명사) + be encouraging

be 동사의 보어 자리로 (B), (D) 둘 다 가능하지만, 주어인 발표 내용(announcement)이 '고무된(encouraged) 것'이 아니라 '고무적인(encouraging) 것'이라는 의미가 문맥상 적절하므로 encouraging이 답이 됩니다. 정답은 (D)!

어휘 꽉!콕!
encouragement n. 장려 encouraging adj. 고무적인

구문 해석 Mr. Patterson이 / 마케팅부장인 / 말했다 / 본사로부터의 발표가 / 더 고무적이라고 / 예상했던 것보다

3. make + 목적어(사람 명사) + exhausted

make는 5형식 동사로 'make + 목적어 + 목적 보어'로 쓸 수 있는데, '~을 …한 상태로 만들다'라는 뜻일 때에는 목적 보어 자리에 형용사가 나올 수 있으므로 빈칸에 형용사 역할을 하는 분사가 들어갈 수 있습니다. exhaust(지치게 하다)는 감정 동사이며, 문맥상 '학생들을 지친 상태'로 만든다는 의미가 적절하므로 과거분사 exhausted(지친)가 답이 됩니다. 정답은 (B)!

어휘 꽉!콕!
winter break 겨울 방학 renewal n. 갱신 exhaust v. 지치게 하다

구문 해석 개강 첫날에 / 겨울 방학이 끝난 후 / 긴 줄에서 기다리는 것이 / 학생증의 갱신을 위한 / 많은 학생들을 지치게 만들었다

정답 1. (D) 2. (D) 3. (B)

059

'현재분사 + 명사'와 '과거분사 + 명사'를 구별할 수 있어야 한다.

When welcoming guests from abroad, we recommend giving them traditional ------- pieces rather than luxurious and expensive gifts.

(A) handcrafted　　　(B) handcraft　　　(C) handcrafting　　　(D) to handcraft

....

포인트 해설	명사 pieces를 수식하는 형용사 자리에 분사가 들어갈 수 있다. 수식받는 명사인 물건(pieces)은 물건이 스스로를 '손으로 만드는(handcrafting) 것'이 아니라 '손으로 만들어진(handcrafted) 것'이라는 수동의 관계이므로 과거분사 handcrafted가 답이 된다. 정답은 (A).
구문 해석	외국에서 온 손님을 맞이할 때 / 우리는 추천한다 / 그들에게 전통적인 수공예품을 주는 것을 / 사치스럽고 비싼 선물보다
어휘	traditional adj. 전통적인　rather than ~보다　handcrafted adj. 손으로 만든

Point 1 현재분사와 과거분사는 모두 명사를 수식하는 형용사 역할을 하는데, 수식받는 명사와 능동 관계이면 현재분사를, 수식받는 명사와 수동 관계이면 과거분사를 쓴다.

the finished product 완성된 제품(완제품)
▶ 제품이 완성되는 것이므로 수동 관계

the expected date of delivery 예상되는 배송 날짜
▶ 날짜가 예상되는 것이므로 수동 관계

a challenging task 도전적인 업무
▶ 업무가 도전적이라는 능동 관계

an approaching deadline 다가오는 마감 기한
▶ 마감 기한이 다가온다는 능동 관계

Point 2 '분사 + 명사'가 한 단어처럼 쓰이는 표현들이 있다. 이 표현들은 관용구처럼 외워 두어야 한다.

accommodating person 친절한 사람
approaching rainstorm 다가오는 폭풍우
closing remarks/opening remarks
폐회사/개회사
complicated issues 복잡한 문제들
dedicated members 헌신적인 회원들
demanding customer 까다로운 고객
detailed information 상세한 정보
distinguished lawyer 저명한 변호사
encouraging results 고무적인 결과
the departing manager
사임하는(그만두는) 부장

existing facility 기존 설비
experienced employees
경험 있는 직원들
inviting city 매력적인 도시
missing luggage 분실된 짐
motivated candidates 의욕적인 지원자들
opposing views 반대 의견
preceding year 전년도, 작년
preferred means 선호되는 수단
presiding officer 의장
scheduled meetings 예정된 회의들

qualified applicants 적격의 지원자들
remaining members 남아 있는 회원들
repeated requests 반복되는 요청들
rising prices 오르는 가격
seasoned/skilled workers
노련한 직원들
the most celebrated places
가장 유명한 장소들
the proposed site 제안된 부지
written notification 서면 공지
aspiring musicians
장차 음악가가 되려는 사람들

Mr. Ryu has reservations about renovating the ~~existed~~(→ existing) facility.
Mr. Ryu는 의구심을 가지고 있다 / 기존 설비를 보수하는 것에 대해
▶ '기존 설비'는 현재분사 existing을 써서 existing facility로 써야 한다.

Tip* reservation이 '예약'이 아닌 '의구심'이라는 뜻으로 쓰인 'have reservations about(~에 대해 의구심을 가지다)'을 묶음 표현으로 알아 두기!

1 At the year-end party, the CEO attributed the company's huge success to its ------- employees.

(A) motivates
(B) motivationally
(C) motivation
(D) motivated

2 Due to ------- oil prices, more and more commuters are beginning to use public transportation instead of driving their own cars.

(A) rises
(B) rising
(C) risen
(D) rose

3 Entrance fees to the theme park have recently increased, since it is the most ------- tourist destination in the city.

(A) celebrated
(B) celebrating
(C) celebration
(D) celebrates

퀵 혹! 해설 강의

1. motivated + 명사

employees를 수식하는 형용사가 들어갈 자리예요. 명사를 수식할 자리에 동사(motivates), 부사(motivationally), 명사(motivation)는 들어갈 수 없고, 형용사 motivated(의욕적인)가 답이 됩니다. 참고로 motivated(의욕적인)와 더불어 qualified(자격이 있는), skilled (숙련된), experienced(경험이 있는), dedicated(헌신적인)는 사람 명사와 함께 자주 등장하는 어휘들입니다. 정답은 (D)!

> **어휘 쏙쏙!**
> attribute A to B A의 공/원인을 B에 돌리다

구문 해석 송년회에서 / CEO는 회사의 큰 성공의 공을 돌렸다 / 의욕적인 직원들에게

2. rising + 명사

전치사(due to)의 목적어인 명사(oil prices)를 수식하는 형용사 자리입니다. 수식받는 명사인 유가(oil prices)와 동사가 '오르다'라는 능동의 관계이므로 현재분사 rising이 답이 됩니다. 'rising oil prices(오르는 유가)'는 그 자체가 하나의 단어인 것처럼 자주 쓰인답니다. 정답은 (B)!

> **어휘 쏙쏙!**
> commuter n. 통근자   public transportation 대중교통

구문 해석 오르는 유가 때문에 / 점점 더 많은 통근자들이 / 대중교통을 이용하기 시작했다 / 자가용을 운전하는 것 대신에

3. celebrated + 명사

관광지(tourist destination)를 수식하는 형용사 자리예요. 관광지가 '축하하는(celebrating)', '축하받는(celebrated)'이라는 뜻이 둘 다 어색해서 고민할 수 있는 문제인데, celebrated는 '유명한'이란 뜻의 형용사로도 쓰이기 때문에 의미상 적절합니다. 정답은 (A)!

> **어휘 쏙쏙!**
> 'tourist destination(관광지)'은 'tourist attraction(관광 명소)'과 더불어 토익에서 자주 등장하는 복합 명사 어휘예요.
> entrance fee 입장료   celebrated adj. 유명한, 축하받는

구문 해석 입장료는 / 그 테마파크의 / 최근에 증가해 왔다 / 왜냐하면 그것이 가장 유명한 관광지이기 때문에 / 그 도시에서

정답 1. (D) 2. (B) 3. (A)

060 'Before + 현재분사/과거분사'의 구문이 가능하다.

Before ------- up tables for the luncheon, please confirm how many people will attend the event.

(A) set   (B) sets   (C) setting   (D) be set

포인트 해설 부사절 접속사(before) 뒤에는 주어 + 동사의 절이 나와야 한다. 원래 문장은 'before you set up tables ~'인데 분사 구문을 만들기 위해 접속사 뒤의 ① 주어(you)를 생략하고, ② 동사원형에 ~ing를 붙여 'before setting up tables ~'가 된 것이다. 이처럼 부사절 접속사 뒤에 주어 + 동사가 분사 구문으로 축약되어 나올 수 있다. 정답은 (C).

구문 해석 식탁을 차리기 전에 / 오찬을 위한 / 확인해 주세요 / 몇 명의 사람들이 행사에 참석할지

어휘 confirm v. 확인하다   set up 차리다, 설치하다, (날짜 등을) 정하다

 부사절 접속사 when, while, after, before, until, if, unless, once, although 뒤에는 분사 구문이 나올 수 있다.

Unless it is renewed, your subscription to *Style Monthly* will expire at the end of this year.
Unless (being) renewed, your subscription to *Style Monthly* will expire at the end of this year.
⇨ Unless renewed, your subscription to *Style Monthly* will expire at the end of this year.
갱신되지 않으면 / 귀하의 *Style Monthly*지 구독이 / 만료될 것입니다 / 올해 말에
▶ 분사 구문을 만들려면 ① 종속절과 주절의 주어가 같을 경우 종속절의 주어를 생략하고, ② 동사원형에 ~ing를 붙인다. 이때 '동사원형 + ~ing'가 being이 되면 생략할 수 있다.

Before they enter the government building, visitors should be screened at the front gate first.
⇨ Before entering the government building, visitors should be screened at the front gate first.
그들이 정부 청사에 들어가기 전에 / 방문객들은 반드시 신원 조사를 받아야 한다 / 정문에서 먼저
▶ 부사절 접속사 before 뒤에서 ① 주절의 주어(visitors)와 종속절의 주어(they)가 같으므로 they를 생략하고, ② 동사원형에 ~ing (entering)를 붙인다.

Before Ms. Kumar is transferred to the Shanghai office, she needs to find a replacement for her position in Portland.
⇨ Before being transferred to the Shanghai office, she needs to find a replacement for her position in Portland.
Ms. Kumar가 전근 가기 전에 / 상하이 사무소로 / 그녀는 후임자를 찾을 필요가 있다 / 포틀랜드에서의 그녀의 직책에 대한 (후임자)
▶ 부사절 접속사 before 다음은 분사 구문으로, ① 주어(Ms. Kumar)와 주절의 주어(she)가 같으므로 생략하고, ② 동사원형에 ~ing (being)를 붙이면 'before being transferred to ~'가 된다. 분사 구문의 being은 보통 생략하는데, 부사절 접속사 after와 before 뒤에 나온 분사 구문에서는 생략하지 않는 경우가 많다.

Tip 'When/While/After/Before + _____'의 형태가 보일 경우 주절의 주어와 의미 관계를 따져서, 능동이면 현재분사를 수동이면 과거분사를 정답으로 고르기!

1 ------ confirmed, your order cannot be changed or cancelled due to personal reasons.

(A) Despite
(B) Due to
(C) Once
(D) As of

2 ------ in the middle of checking in, Ms. Letterman realized that her visa had expired two weeks ago.

(A) During
(B) Meanwhile
(C) Unless
(D) While

3 When ------ to submit the draft of the contract by Tuesday, Mr. Dumpa asked the manager to extend the deadline for at least two days.

(A) tells
(B) told
(C) telling
(D) tell

 해설 강의

1. Once + 분사 구문

(A), (B), (D)는 전치사로 명사(구) 앞에 쓰기 때문에 과거분사(confirmed) 앞자리에 들어갈 수 없습니다. once는 부사절 접속사로 쓰여 뒤에 주어 + 동사의 절이 아닌 축약된 분사 구문이 나온 것으로 짐작할 수 있는데, 원래 문장은 'once the order is confirmed ~'이고 분사 구문으로 만들기 위해 ① 부사절 접속사 뒤에 주어가 생략되고, ② 동사원형에 ~ing를 붙여 'once (being) confirmed ~'가 된 것입니다. 이때 분사 구문의 being은 생략되었어요. 정답은 (C)!

> **어휘 확콕!**
> personal reason 개인적인 이유

구문 해석 일단 확인되면 / 귀하의 주문은 변경 혹은 취소될 수 없습니다 / 개인적인 이유로

2. While + 전치사구

(A)는 전치사로 그 뒤에 또 다른 전치사(in the middle of)가 올 수 없습니다. (B)는 접속부사로 'meanwhile, 주어 + 동사'와 같이 문장 앞자리에서 수식하는 역할을 하기 때문에 오답이에요. (C)와 (D)는 부사절 접속사로 주어 + 동사의 절이 뒤따라 나와야 하는데, 원래 문장인 'while she was in the middle of ~'를 분사 구문을 만들기 위해 ① 주어를 없애고, ② 동사에 ~ing를 붙여 'while (being) in the middle of ~'가 되었고 분사 구문에서 being을 생략하여 'while in the middle of ~' 구문이 된 것으로 볼 수 있어요. 따라서 구조와 의미가 적절한 while(~ 동안)이 답이 됩니다. unless(~하지 않는다면)도 부사절 접속사로 분사 구문을 가질 수 있지만 의미상 이 문제에서는 답이 될 수 없어요. 정답은 (D)!

> **어휘 확콕!**
> in the middle of ~의 도중에   realize v. 알다, 깨닫다   expire v. 만료되다

구문 해석 탑승 수속을 밟는 도중에 / Ms. Letterman은 알았다 / 그녀의 비자가 만료되었다는 것을 / 2주 전에

3. When + 분사 구문

부사절 접속사 when 뒤에는 주어 + 동사의 절이 나오거나 분사 구문이 나올 수 있습니다. 문맥상 'Mr. Dumpa가 지시를 받다'라는 수동의 의미가 적절하므로 원래 문장은 'when Mr. Dumpa was told to submit ~'이었고, 분사 구문을 만들기 위해 ① 주어를 없애고, ② 동사원형에 ~ing를 붙여 'when (being) told to submit ~'이 된 것으로 볼 수 있어요. 분사 구문의 being은 생략될 수 있으므로 남아 있는 told가 답이 됩니다. 정답은 (B)!

> **어휘 확콕!**
> extend(연장하다)는 주로 기간을 연장한다는 의미로 'extend the deadline(마감 기한을 연장하다)'이라는 묶음 표현이 토익에 자주 나와요.
> draft n. 초안   be told to do ~할 것을 지시받다

구문 해석 지시를 받았을 때 / 계약서 초안을 제출할 것을 / 화요일까지 / Mr. Dumpa는 부장에게 요청했다 / 마감 기한을 연장해 달라고 / 적어도 2일 동안

정답 1. (C) 2. (D) 3. (B)

061 'all + (of the) + 명사'의 경우에는 명사에 동사의 수를 일치시킨다.

------- of the work done by the sales team has paid off, and the overall figures have increased dramatically.

(A) Several　　　　　　(B) Numerous　　　　　　(C) All　　　　　　(D) One

포인트 해설　단수 명사 work가 나왔으므로 'several + 복수 명사(여러 개의 ~들)', 'numerous + 복수 명사(많은 ~들)', 'one of the + 복수 명사(~ 중에 하나)'로 써야 하는 (A), (B), (D)는 모두 오답이다. all은 대명사로 쓰일 때 'all + (of the) + 명사(가산 명사 복수/불가산 명사)'가 가능하기 때문에 불가산 명사 work와 같이 쓸 수 있다. 대명사 all이 주어로 나올 경우에는 all이 아닌 그 뒤에 나오는 명사에 동사가 수일치해야 한다. 이 문장에서는 그 명사가 work 불가산 명사이기 때문에 단수로 보아 동사 has를 썼다. 정답은 (C).

구문 해석　모든 작업이 / 영업 팀에 의해 이루어진 (작업) / 성과가 있었다 / 그리고 전반적인 수치가 증가해 왔다 / 엄청나게

어휘　**pay off** 성과가 있다, 성공하다　**overall** adj. 전반적인　**figure** n. 수치　**dramatically** adv. 엄청나게

 전체 중 부분을 나타내는 표현은 뒤에 나오는 명사에 동사의 수를 일치시킨다.

all, any, most, some, rest, half, 분수　+　(of the)　+	가산 명사 복수 불가산 명사	+　복수 동사 단수 동사

Most of the information we received from the head office ~~seem~~(→ seems) to be up-to-date.
대부분의 정보가 / 우리가 본사로부터 받은 / 최신인 것처럼 보인다
▶ most 때문에 주어를 복수로 혼동할 수 있지만 most 뒤에 나오는 명사에 동사가 수일치되야 한다. 불가산 명사(information)는 단수 취급하므로 동사는 seems가 되어야 한다.

Some of the office furniture on the new catalogue ~~are~~(→ is) overly priced.
사무용 가구 중 일부가 / 새로운 카탈로그에 나와 있는 / 과도하게 가격이 책정되었다
▶ some 뒤에 나오는 명사에 동사의 수를 일치시켜야 하는데, 불가산 명사(furniture)는 단수 취급하므로 동사는 is가 되어야 한다.
　Tip　주어로 사용된 'Most/Some of the + 명사'와 동사 사이의 수식어절이나 전치사구를 걸러 내고 명사와 동사의 수를 일치시키는 것이 좋다!

 'any, most, some, rest, 분수 + (of the) + 명사'에서 'of the'는 생략할 수 있는데, 예외적으로 all은 'all (of the) + 명사'와 더불어 'all the + 명사' 형태가 가능하다.

most participants (O)	all participants (O)
most of the participants (O)	all of the participants (O)
most the participants (X)	all the participants (O)
most of participants (X)	all of participants (X)

1 ------- of the kitchen tools displayed on the first floor were made from imported materials.

(A) Either
(B) Most
(C) One
(D) Every

2 Some information on the effects of drinking coffee every day ------- to be inaccurate and it is only based on limited research.

(A) is found
(B) finding
(C) were found
(D) find

3 ------- the nurses working in this hospital are encouraged to use new and innovative methods in planning patient care.

(A) Few
(B) Most
(C) Various
(D) All

콕콕! 해설 강의

1. most of the + 복수 명사 + 복수 동사

문장의 주어 자리에 들어갈 대명사를 고르는 문제입니다. (A)와 (C)는 단수 취급하므로 동사 were가 아닌 was를 써야 해요. (D)는 수량 형용사로 every Monday(매주 월요일)와 같이 명사 앞에 쓰기 때문에 빈칸의 대명사 자리에 들어갈 수 없어요. most를 쓰면 뒤에 나오는 명사에 동사가 수일치하고, 뒤에 나오는 복수 명사 tools에 대해 동사 were가 수일치하므로 답이 됩니다. 정답은 (B)!

> **어휘 콕콕!**
> kitchen tool 주방 도구 display v. 진열하다 imported adj. 수입된 material n. 재료

구문 해석 대부분의 주방 도구들이 / 1층에 진열된 / 만들어졌다 / 수입 재료로

2. some + 불가산 명사 + 단수 동사

수식어구인 전치사구(on the effects of drinking coffee every day)를 걸러 내면 주어는 some information이에요. some은 그 뒤에 나오는 명사에 동사가 수일치하기 때문에 명사 information에 맞는 단수 동사 is found가 답이 됩니다. 정답은 (A)!

> **어휘 콕콕!**
> 'be found to do(~한 것으로 밝혀지다)', 'be based on(~에 기초하다)'은 수동태의 묶음 표현으로 기억해 두세요.
> effect n. 영향 inaccurate adj. 부정확한 limited adj. 제한된

구문 해석 일부 정보가 / 영향에 관한 / 커피를 매일 마시는 것의 / 부정확한 것으로 밝혀졌다 / 그리고 그것은 오로지 제한된 연구에 기초한 것이다

3. all (of) the + 명사

원래 주어인 all (of) the nurses에서 of가 생략된 것으로 all이 답이 될 수 있는데요. all nurses, all of the nurses, all the nurses 모두 가능한 형태입니다. (A)는 few nurses 혹은 few of the nurses로 써야 하고, (B) 역시 most nurses 혹은 most of the nurses로 써야 해요. (C)는 'various + 복수 명사'로 써야 하기 때문에 various nurses로 써야 합니다. 정답은 (D)!

> **어휘 콕콕!**
> be encouraged to do ~할 것을 권장받다 innovative adj. 혁신적인 patient care 환자 간호

구문 해석 모든 간호사들은 / 이 병원에서 일하는 / 권장받는다 / 새롭고 혁신적인 방법들을 사용할 것을 / 환자 간호를 계획하는 데 있어서

정답 1. (B) 2. (A) 3. (D)

062 부사는 구와 절도 수식할 수 있다.

Guests staying at our Penthouse Suite can enjoy beautiful views of the Pacific Ocean ------- through the window.

(A) right   (B) rightful   (C) rightly   (D) rightness

....

포인트 해설 전치사구(through the window)는 부사의 수식을 받을 수 있다. rightly는 부사이지만 '당연히, 올바르게'라는 의미로 remember rightly(올바르게 기억하다)와 같이 쓰기 때문에 이 문장에서는 답이 될 수 없다. right은 형용사로는 '옳은'이 라는 뜻이 있고, 부사로는 '바로'라는 뜻이 있다. 여기서 right은 부사로 답이 될 수 있다. 정답은 (A).

구문 해석 손님들은 / 우리 Penthouse Suite에 투숙하는 / 아름다운 풍경을 즐길 수 있다 / 태평양의 (풍경) / 창문을 통해서 바로

어휘 view n. 풍경

 부사는 전치사구, 명사구(관사 + 명사) 등의 구를 수식할 수 있다.

Immediately after the meeting, we will meet in front of the conference room.
회의 직후에 / 우리는 만날 것이다 / 회의실 앞에서
▶ 전치사구(after the meeting)를 부사(immediately)가 수식하고 있다.

Tip immediately after/before, soon after/before, right after/before는 '~ 직후/직전'이라는 뜻의 묶음 표현으로 알아 두기!

The building, formerly an art center, has turned into a renowned casino and now attracts many tourists from all over the world.
그 건물은 / 이전에 예술 회관이었던 / 유명한 카지노로 바뀌었다 / 그리고 이제 많은 관광객들을 끌어들이고 있다 / 전 세계에서
▶ 명사는 형용사 수식을 받지만 '관사 + 명사'의 명사구(an art center)는 부사(formerly)의 수식을 받을 수 있다.

 부사는 부사절을 수식할 수 있다.

Scott rejected the proposal simply because he did not want to go through the delicate negotiation process.
Scott은 그 제안을 거절했다 / 단지 그가 원하지 않기 때문에 / 까다로운 협상 과정을 겪는 것을
▶ 부사(simply)는 because 이하의 부사절을 앞에서 수식할 수 있다.

You will need to pay extra charges depending on your shipping address, especially if you choose express delivery.
당신은 추가 비용을 낼 필요가 있을 것이다 / 배송 주소에 따라 / 특히 당신이 특급 배송을 선택한다면
▶ 부사(especially)는 if 이하의 부사절을 앞에서 수식할 수 있다.

You should take this medicine only when you experience any symptoms listed on the label.
당신은 이 약을 복용해야만 한다 / 당신이 어떤 증상을 겪을 때에만 / 라벨에 적혀 있는
▶ 부사(only)는 when 이하의 부사절을 앞에서 수식할 수 있다.

1 A copy of the agenda is usually available ------- after the meeting is over so the participants are able to go over it again on their own.

(A) short
(B) shorten
(C) shortly
(D) shortage

2 Please be reminded that the special room rates indicated on our Web page are ------- for students and seniors.

(A) excluded
(B) exclusively
(C) exclusiveness
(D) exclusive

3 The three-story building, ------- the biggest shopping mall in town, has now become an art center.

(A) once
(B) very
(C) recently
(D) previous

�! 해설 강의

1. 부사 + 부사절

부사절(after the meeting is over) 앞에서는 부사가 수식할 수 있으므로, '곧'이라는 뜻의 부사 shortly가 답이 됩니다. 형용사 short(짧은), 동사 shorten(짧게 하다), 명사 shortage(부족)는 모두 빈칸에 들어갈 수 없는 품사입니다. 정답은 (C)!

> **어휘 �!**
> agenda(의제 목록), 'go over(검토하다)'는 토익에서 단골로 출제되는 어휘들이에요.
> over adj. 끝난   on one's own 스스로, 혼자서

구문 해석 의제 목록의 사본은 일반적으로 이용 가능하다 / 회의가 끝난 직후에 / 그래서 참석자들은 다시 한 번 그것을 검토할 수 있다 / 스스로

2. be 동사 + 부사 + 전치사구 보어

주어(special room rates), 동사(are), 보어(for students and seniors)를 해석하면 '객실 특별 요금은 학생과 노인들을 위한 것이다'라는 완전한 뜻이 되기 때문에 be 동사의 보어로 전치사구(for students and seniors)가 나왔음을 확인할 수 있어요. 따라서 빈칸은 전치사구를 수식하는 부사 자리로 exclusively가 답이 됩니다. be 동사 뒤를 형용사 보어 자리로 착각할 수 있지만, 빈칸이 없어도 의미가 완전할 뿐 아니라 전치사구가 보어 역할을 하기 때문에 빈칸에 형용사를 넣지 않도록 주의해야 합니다. 정답은 (B)!

> **어휘 🔉!**
> exclusively는 '오직, 독점적으로(=solely)'의 뜻으로 토익에 자주 등장하는 부사 어휘로 기억해 두세요.
> room rates 객실 요금   indicate v. 나타내다

구문 해석 알고 있으세요 / 객실 특별 요금은 / 우리 웹페이지에 나와 있는 (요금) 오직 학생과 노인들만을 위한 것임을

3. 부사 + 관사 + 명사

지금은 미술 센터가 되었다는 것으로 보아 쇼핑몰이었던 것은 과거의 일임을 알 수 있겠죠? 따라서 '과거 한때'라는 의미의 once가 의미상 적절하며, 부사로서 '관사 + 명사'를 앞에서 수식할 수 있으므로 답이 됩니다. (D)는 의미상 가능하지만 형용사이기 때문에 관사 앞에서 명사 수식을 할 수 없어요. 참고로 (B)는 부사이지만 형용사/부사를 주로 수식하기 때문에 빈칸에 들어갈 수 없으며 (C)는 '최근에'라는 뜻으로 최근에 쇼핑몰이었던 건물이 지금 미술 센터라는 의미는 어색하기 때문에 오답입니다. 정답은 (A)!

> **어휘 🔉!**
> story n. (건물의) 층   once adv. 한때, 한 번   recently adv. 최근에

구문 해석 그 3층 건물은 / 한때 그 도시에서 가장 큰 쇼핑몰이었던 / 지금은 미술 센터가 되었다

정답 1. (C) 2. (B) 3. (A)

063 접속부사는 접속사가 아닌 부사이다.

Passengers need to print out boarding passes at the self check-in kiosk, and -------, they should proceed to the counter to check any bags.

(A) then   (B) therefore   (C) after   (D) instead

포인트 해설	빈칸은 콤마 앞 부사 자리로 빈칸 이하 절의 내용을 앞과 연결해 주고 있다. then(그리고 나서), therefore(따라서), instead (대신에)는 모두 접속부사인데 문맥상 탑승 수속 순서를 설명해 주고 있으므로 '그리고 나서'라는 뜻의 then이 답이 된다. after(~ 후에)는 접속사 혹은 전치사이므로 콤마 앞 부사 자리에 들어갈 수 없다. 정답은 (A).
구문 해석	승객들은 인쇄할 필요가 있다 / 탑승권을 / 무인 수속 단말기에서 / 그리고 나서 / 그들은 접수대로 가야 한다 / 어떤 가방 이라도 부치기 위해
어휘	proceed to ~로 나아가다 check v. (짐을) 부치다

 접속부사는 부사이므로 절과 절을 연결할 수 없으며 절과 절을 연결하는 접속사와 구별할 수 있어야 한다.

afterward(s) 그 후에	in fact 사실	otherwise 그렇지 않으면
as a result, consequently 결과적으로	in short 요약하여	then 그리고 나서
for instance, for example 예를 들어	instead 대신에	therefore, thus, hence 따라서
however 그러나	in the meantime, meanwhile 그동안에	
in contrast 대조적으로	nevertheless, nonetheless 그럼에도 불구하고	
besides, furthermore, in addition, moreover 게다가, ~ 뿐만 아니라		

The new mobile phone is very compact and lightweight. However, it hasn't received favorable reviews from our target customers.
새로운 휴대 전화는 매우 작고 가볍다 // 그러나 / 좋은 평가를 받지 못했다 / 우리의 대상 고객들로부터
▶ 접속부사 however는 문장 앞에서 문장 전체 내용을 수식해 줄 수 있다.

 비슷한 의미의 접속부사와 전치사를 구별할 수 있어야 한다.

접속부사 - 전치사	
afterward(s) 그 후에 - after ~의 후에 (*after는 접속사로도 쓴다)	instead 대신에 - instead of ~ 대신에
as a result 결과적으로 - as a result of ~의 결과로	besides 게다가 - besides ~ 뿐만 아니라
in addition 게다가 - in addition to ~ 뿐만 아니라	

Mr. Lucas attended the conference in London, and ~~after~~(→ afterward(s)), he flew to New York for a meeting with a client.   Mr. Lucas는 회의에 참석했다 / 런던에서 / 그리고 그 후에 / 그는 뉴욕으로 갔다 / 고객과의 회의를 위해
▶ 접속사 and 이하의 절 내용을 전체적으로 수식해 줄 부사 자리이므로 접속부사 afterward(s)가 쓰여야 한다. after는 전치사 혹은 접속사로 쓰이므로 부사 자리에 들어갈 수 없다.

Tip after는 전치사 혹은 접속사, afterward(s)는 접속부사임을 구별하여 알아 두기!

1 A lot of customers put design before prices when buying cell phones, ------- companies are eager to develop stylish products.

(A) so
(B) then
(C) besides
(D) therefore

2 Mr. Yang had traveled around the world for about five years, and -------, he published a book titled *Out in the World*.

(A) hence
(B) afterwards
(C) while
(D) however

3 Job seekers do not need to visit the company's Web site periodically, but -------, they can sign up for e-mail notifications for openings.

(A) despite
(B) whereas
(C) however
(D) instead

 해설 강의

1. 주어 + 동사 + 접속사 + 주어 + 동사

빈칸은 빈칸 앞뒤의 절과 절을 연결하는 접속사 자리이므로 등위 접속사 so(그래서)가 답이 됩니다. then(그리고 나서), besides(게다가), therefore(따라서)는 모두 접속부사이므로 절을 연결할 수 없어요. 정답은 (A)!

어휘 획득!
'put A before B'를 직역하면 'B 앞에 A를 두다'라는 뜻인데 'B보다 A를 우선시하다'라는 의미의 묶음 표현으로 기억해 두세요.
be eager to do 몹시 ~하고 싶어하다

구문 해석 많은 소비자들이 가격보다 디자인을 우선시한다 / 휴대 전화를 구매할 때 / 따라서 기업들은 몹시 개발하고 싶어한다 / 멋진 제품을

2. 접속사 + 접속부사, 주어 + 동사

접속사 and 뒤에 나오는 절을 수식하는 접속부사 자리입니다. 의미상 여행을 하고 '그 후에' 책을 출간했다는 것이 적절하므로 afterwards(그 후에)가 답이 됩니다. hence(따라서)와 however(그러나)는 접속부사이지만 의미상 적절하지 않고, while(~하는 동안)은 접속사이므로 접속부사 자리에 들어갈 수 없습니다. 정답은 (B)!

어휘 획득!
publish v. 출간하다, 출판하다   title v. 제목을 붙이다

구문 해석 Mr. Yang은 전 세계를 여행했다 / 대략 5년 동안 / 그리고 그 후에 / 그는 책을 출간했다 / *Out in the World*라고 제목 붙여진

3. 접속사 + 접속부사, 주어 + 동사

접속사 but 이하의 절을 수식하는 부사 자리입니다. (A)는 전치사, (B)는 접속사이므로 부사 자리에 들어갈 수 없어요. (C)는 접속부사이지만 '그러나'라는 뜻으로 but과 의미가 중복되기 때문에 쓸 수 없습니다. (D)는 접속부사이자 '그 대신에'라는 의미이므로 답이 될 수 있어요. 정답은 (D)!

어휘 획득!
'job seeker(구직자)', opening(공석)은 모두 구인, 구직과 관련하여 토익에서 매우 자주 등장하는 어휘들이에요.
periodically adv. 정기적으로   sign up for ~을 신청하다   notification n. 알림, 통지

구문 해석 구직자들은 방문할 필요가 없다 / 회사 웹사이트를 / 정기적으로 / 그러나 대신에 / 그들은 이메일 알림을 신청할 수 있다 / 공석에 대한 (알림)

정답 1. (A) 2. (B) 3. (D)

064 접속부사는 앞뒤 문맥을 연결해 준다.

In some cases, employees interested in a transfer may need to apply for new jobs within the company. Some employers accept applications from internal candidates prior to opening them up to external ones.

This means that you will have an advantage during the hiring process. -------, you may still need to apply and interview for the job, especially if the position is in a different department or location.

(A) Despite   (B) However   (C) Thus   (D) Whereas

포인트 해설 빈칸은 문장 전체를 수식하는 부사 자리이다. 전치사 despite(~에도 불구하고)과 접속사 whereas(반면에)는 문장 처음에 있는 콤마 앞에서 단독으로 사용할 수 없으므로 오답이다. 빈칸 앞의 내용은 직원이기 때문에 고용 절차에 있어서 유리하다는 것인데, 빈칸 뒤는 그럼에도 여느 지원자들처럼 지원하고 면접을 봐야 한다는 상반된 내용이므로 '그러나, 그런데도'라는 의미의 접속부사 however가 답이 된다. thus(따라서)는 접속부사이지만 원인과 결과의 의미를 나타낼 때 쓰인다. 정답은 (B).

구문 해석 어떤 경우에는 / 전근에 관심 있는 직원들은 / 새로운 일자리에 지원할 필요가 있을지도 모른다 / 회사 내에서 // 일부 고용주들은 / 지원서를 받는다 / 사내 지원자들로부터 / 공개하기 전에 / 그것을 / 외부 지원자들에게 //

이것은 의미한다 / 당신이 유리할 것이라는 점을 / 고용 절차에 있어서 // 그러나 / 여전히 지원하고 면접을 봐야 할 필요가 있을지도 모른다 / 일자리를 위한 / 특히 그 자리가 다른 부서나 지점에 있다면

어휘 transfer n. 전근, 이동   internal adj. 내부의   candidate n. 지원자, 후보자   external adj. 외부의   hiring process 고용 절차

 Part 6에서 접속부사 문제는 다음의 두 가지 유형으로 출제된다.

유형 1	Part 5와 달리 접속부사가 정답으로 출제되는 유형. 문제 보기에 접속부사, 접속사, 전치사가 고르게 나올 경우, 접속사는 주어 + 동사의 절을 이끌고, 전치사는 명사(구)를 이끈다는 문법에 기초하여 문제를 풀어 나가야 한다.
유형 2	문제 보기가 접속부사로만 이루어져 있는 유형. 빈칸 앞뒤의 문맥을 보고 해석상 적절한 보기를 정답으로 골라야 한다.

기본 문법을 이용해 정답과 오답을 구별하기 쉬운 첫 번째 유형보다는 전체 문맥을 이해해야만 정답을 찾을 수 있는 두 번째 유형이 더 어렵게 출제될 수 있음에 유의해야 한다. 접속부사에 대한 기본문법과 종류는 <공식 063>에 자세히 정리되어 있다.

Questions 1-3 refer to the following instruction.

신유형

Almost all of the 300 million pieces of mail that we handle every year arrive safely. When there is a problem with your mail, -------, please be sure to file your claim online.
1

To open an issue for either damaged or lost items, first sign into americapostservice.com and enter your item's tracking number. -------, you will be able to start your claim immediately and
2
check its status. -------.
3

If you have difficulty following the above instructions, please contact our customer service hotline at 1-392-555-4968.

1 (A) hence   (B) however
    (C) despite   (D) but

2 (A) After   (B) Besides
    (C) Then   (D) In short

3 (A) It usually takes a week for the claim to be processed.
    (B) You can pick up the mail in person.
    (C) Damaged items are the customers' responsibility.
    (D) You can change the delivery date online.

확! 쾅! 해설 강의

1. 접속부사, 접속사, 전치사 구별

빈칸은 콤마와 콤마 사이에 들어가는 부사 자리예요. 전치사 despite(~에도 불구하고)은 명사(구)를 이끌며, 등위 접속사 but(그러나)은 주어 + 동사의 절을 이끌기 때문에 콤마와 콤마 사이에 단독으로 들어갈 수 없습니다. hence(따라서), however(그러나)는 둘 다 접속부사이기 때문에 콤마 사이의 수식어 자리에 들어갈 수 있는데요. 의미상 '우편물이 안전하게 도착한다. 그러나 문제가 있으면 배상을 청구하라'는 문맥이므로 however가 답이 됩니다. 이렇게 접속부사가 문장의 중간에 콤마와 콤마 사이에 들어가서 의미를 연결하는 경우가 있음에 주의해야 합니다. 정답은 (B)!

2. 문맥상 적절한 의미의 접속부사 선택

바로 앞 문장에서 first를 써서 '먼저 ~을 하다'라며 순서 및 절차를 설명하고 있으므로 '그리고 나서 ~을 하다'라는 의미로 다음 절차를 나타내는 then이 답이 됩니다. after는 전치사, 접속사 이외에 부사로도 쓰이지만 콤마 앞에 혼자 쓰이지 못하고, 'the day after (그 다음날)', 'a week after(그 다음 주)', 'soon after(직후)', 'ever after(그 뒤에 계속)'와 같이 부사구로 쓰여야 합니다. 정답은 (C)!

3. 문맥상 적절한 문장 선택

신유형 앞 문장에서 배상 청구를 시작하는 방법을 언급하였으므로 청구가 처리되는 데까지 일주일이 걸린다는 내용으로 연결되는 것이 보기 중 가장 적절합니다. 파손된 우편물이 고객 책임이라는 것은 고객이 업체 측에 배상 청구를 하는 내용과 연결될 수 없으므로 (C)는 답이 될 수 없습니다. 정답은 (A)!

어휘 확!쾅!

handle v. 처리하다, 다루다   file a claim (배상을) 청구하다, 항의서를 제출하다   enter v. 입력하다   tracking number 추적 번호   status n. 상태

구문 해석   1-3번은 다음 안내문에 관한 문제입니다.

3억 통의 우편물 거의 모두가 / 저희가 매년 처리하는 / 안전하게 도착합니다 // 그러나 문제가 있을 때에는 / 귀하의 우편물에 / 반드시 온라인으로 (배상을) 청구하세요 //

문제를 신고하시려면 / 파손되었거나 분실된 물품에 대해 / 먼저 americapostservice.com으로 로그인하세요 / 그리고 우편물의 추적 번호를 입력하세요 // 그리고 나면 / 귀하는 배상 청구를 시작할 수 있습니다 / 즉시 / 그리고 그것(청구)의 상태를 확인하는 것을 / 보통 일주일이 걸립니다 / 배상 청구가 처리되는 데 //

만약 어려움이 있으시다면 / 위의 설명을 따라 하는 데 / 연락해 주세요 / 고객 서비스 직통 전화 1-392-555-4968로 //

3번 보기 구문 해석   (A) 보통 일주일이 걸립니다 / 배상 청구가 처리되는 데   (B) 귀하는 우편물을 직접 수령하실 수 있습니다
(C) 파손된 물건은 고객 책임입니다   (D) 귀하는 변경할 수 있습니다 / 배송 날짜를 / 온라인으로

정답 1. (B) 2. (C) 3. (A)

065 전치사 to와 to 부정사를 구별해야 한다.

Cabin crew members are dedicated to ------- the best in-flight service possible for the convenience of passengers.

(A) providing   (B) provides   (C) provider   (D) provided

포인트 해설 'be dedicated to(~에 전념하다, ~에 헌신하다)'에서 to는 to 부정사가 아니라 전치사 to이기 때문에 그 뒤에 명사(구) 혹은 동명사가 나와야 한다. 정답은 (A).

구문 해석 승무원들은 / 전념합니다 / 제공하는 것에 / 가능한 한 최고의 기내 서비스를 / 승객들의 편안함을 위해

어휘 cabin crew 승무원 in-flight adj. 기내의

 다음의 묶음 표현은 모두 전치사 to를 사용하며, 전치사 to 다음에는 명사(구) 혹은 동명사가 올 수 있다.

contribute to ~에 기여하다	object to ~에 반대하다
lead to ~로 이어지다	be used to, be accustomed to ~에 익숙하다
look forward to ~을 기대하다	be dedicated to, be committed to, be devoted to ~에 전념하다, ~에 헌신하다

I'm looking forward to serving as the chair of the committee.
저는 기대하고 있습니다 / 위원장으로 일하는 것을
▶ 'look forward to(~을 기대하다)'에서 to는 전치사이므로 뒤에 동명사(serving)가 나올 수 있다.
Tip 'look forward to + 명사/동명사'는 자주 출제되므로 꼭 외워 두기!

The director objected to the idea of working overtime during the holiday season.
이사는 반대했다 / 초과 근무를 하자는 의견에 / 휴가철에
▶ 'object to(~에 반대하다)'에서 to는 전치사로 그 뒤에 명사(the idea)가 나올 수 있다. 참고로 같은 뜻의 동사 oppose(반대하다)는 타동사이므로 전치사 to 없이 'oppose the idea(의견에 반대하다)'로 쓴다는 것을 함께 알아 둔다.

 'be committed to(~에 전념하다, ~에 헌신하다)'에서 to는 전치사이지만, 'commitment to(~에 대한 약속, ~에 대한 헌신)'의 경우에는 to가 전치사와 to 부정사로 모두 쓰일 수 있다.

commitment to a friendlier work environment 더 친화적인 근무 환경에 대한 약속
▶ 전치사 to 뒤에 명사구(work environment)가 나왔다.

commitment to help underprivileged people 혜택을 받지 못한 사람들을 돕는 것에 대한 헌신
▶ to 부정사의 to 뒤에 동사원형(help)이 나왔다.

1 Local stores have significantly contributed to
------- sufficient funds for charities.

(A) raised
(B) raising
(C) raises
(D) be raised

2 Some of the large established companies
have been devoted to ------- national forest
and wildlife.

(A) preserves
(B) preserving
(C) preservation
(D) preserved

3 A recent consumer survey indicated that
rising income levels have led to growing
------- for better quality food.

(A) demanded
(B) demanding
(C) demandable
(D) demand

 해설 강의

1. contribute to ~ing

'contribute to(~에 기여하다)'에서 to는 전치사로 그 뒤에 명사(구) 혹은 동명사가 나와야 하기 때문에 보기 중 동명사 raising이
답이 됩니다. 정답은 (B)!

> **어휘 찾콕!**
> raise는 '올리다' 이외에 '(자금을) 모으다'라는 뜻이 있으며 'raise funds(자금을 모으다)'의 묶음 표현으로 자주 등장한다는 것을 기억하세요.
> **significantly** adv. 상당히, 중요하게 **sufficient** adj. 충분한 **charity** n. 자선 단체, 자선

구문 해석 지역 상점들이 상당히 기여했다 / 충분한 자금을 모으는 데 / 자선 단체들을 위한

2. be devoted to ~ing

'be devoted to(~에 전념하다)'에서 to는 전치사이므로 뒤에 명사(구) 혹은 동명사가 나와야 합니다. 명사 preservation(보존)은 목
적어(national forest and wildlife)를 가질 수 없으므로 오답이며, 동명사 preserving이 목적어를 가질 수 있으므로 답이 됩니다. 정
답은 (B)!

> **어휘 찾콕!**
> 동사 establish(설립하다)에서 파생된 형용사 established는 '인정받는, 확실히 자리를 잡은'의 의미로 쓰인다는 것을 알아 두세요.
> **wildlife** n. 야생 동물 **preserve** v. 보존하다

구문 해석 일부 인정받는 대기업들은 / 전념해 왔다 / 보존하는 것에 / 국유림과 야생 동물을

3. lead to + (형용사) + 명사

'lead to(~로 이어지다)'에서 to는 전치사로 뒤에 명사 혹은 동명사가 나올 수 있습니다. growing은 형용사로 '증가하는'의 뜻이기 때문
에 빈칸은 전치사 to 뒤에 오면서 형용사 growing의 수식을 받는 명사 자리겠죠? 따라서 demand가 답이 됩니다. 동명사 demanding은
형용사의 수식을 받을 수 없을 뿐 아니라, 뒤에 목적어를 가지기 때문에 오답이에요. 정답은 (D)!

> **어휘 찾콕!**
> 명사 demand(수요)는 'demand for(~에 대한 수요)'의 묶음 표현으로 자주 출제돼요.
> **income level** 소득 수준 **lead to** ~로 이어지다 **growing** adj. 증가하는

구문 해석 최근 소비자 조사가 나타냈다 / 증가하는 소득 수준이 이어졌다고 / 증가하는 수요로 / 더 좋은 품질의 식품에 대한

정답 1. (B) 2. (B) 3. (D)

066

'전치사 + _____'에서는 명사 혹은 동명사가 답이 될 수 있다.

In place of Mr. Newton, who is on sick leave, Michelle will be responsible for ------- new employees and evaluating them after orientation.

(A) educates   (B) educated   (C) educating   (D) educate

포인트 해설 전치사(for) 뒤에는 명사 혹은 동명사가 모두 올 수 있다. 그런데 빈칸 뒤에 또 다른 명사(new employees)가 있으므로 이 명사를 목적어로 가지는 동명사 educating이 답이 된다. 명사는 '명사 + 목적어(명사)'로 쓸 수 없지만, 동명사는 동사에 ~ing를 붙인 것이므로 '동명사 + 목적어(명사)'로 쓸 수 있다. 참고로 이 문장에서는 동명사 educating과 evaluating이 등위 접속사 and로 나란히 연결되고 있다. 정답은 (C).

구문 해석 Mr. Newton을 대신하여 / 병가 중인 / Michelle이 담당할 것이다 / 신입 사원들을 교육하는 것을 / 그리고 그들을 평가하는 것을 / 오리엔테이션이 끝나고

어휘 in place of ~을 대신하여   sick leave 병가   be responsible for ~을 담당하다, ~에 책임이 있다   evaluate v. 평가하다

 전치사 뒤에는 명사와 동명사가 모두 올 수 있는데, 명사는 또 다른 명사를 목적어로 가지지 못하지만 동명사는 명사를 목적어로 가질 수 있다.

Most of the city officials are committed to ~~attraction~~(→ attracting) <u>more foreign investors</u>.
시 공무원들 대부분이 전념하고 있다 / 끌어들이는 데 / 더 많은 외국 투자자들을
▶ 명사(more foreign investors)를 목적어로 가지는 동명사를 써야 한다.

Management has been successful in ~~persuasion~~(→ persuading) <u>shareholders</u> to invest in research and development.
경영진은 성공해 왔다 / 설득하는 데 있어서 / 주주들을 / 연구와 개발에 투자하도록
▶ 명사(shareholders)를 목적어로 가지는 동명사를 써야 한다.

Upon ~~receiving~~(→ receipt) <u>of the survey form</u>, Mr. Baldwin filled it out immediately and submitted it to general affairs.
받자마자 / 설문지를 / Mr. Baldwin은 그것을 즉시 작성했다 / 그리고 그것을 제출했다 / 총무부에
▶ 뒤에 명사 목적어가 아닌 전치사구(of the survey form)가 나왔기 때문에 명사 receipt(수령, 받음)이 나와야 한다. 동명사를 쓰고 싶으면 'upon receiving the survey form ~'으로 목적어(the survey form)가 바로 나와야 한다.

Tip* '전치사 + 동명사 + 명사'와 '전치사 + 명사 + 전치사구' 구문을 구별하여 알아 두기!

1 Due to ------- from the majority of the staff, the submission deadline for quarterly reports has been extended until next Tuesday.

(A) requester
(B) requests
(C) requesting
(D) requested

2 Ms. Ciara at the Chicago branch has been commended for ------- an easy and streamlined online consulting program for overseas clients.

(A) developer
(B) developing
(C) development
(D) develops

3 Despite unforeseen difficulties, the government has endlessly tried to meet the need for ------- to clear water.

(A) accessing
(B) accessible
(C) accessed
(D) access

퀵! 혹! 해설 강의

1. 전치사 + 명사 + 전치사

전치사(due to) 뒤에는 명사(구) 혹은 동명사가 올 수 있죠? 동명사(requesting)는 뒤에 명사 목적어를 가지는데 전치사 from 이하가 나오는 것으로 보아 답이 될 수 없습니다. 따라서 명사 requests가 답이 됩니다. 정답은 (B)!

어휘 퀵! 혹!
submission n. 제출(물) extend v. 연장하다

구문 해석 요청 때문에 / 대부분의 직원들로부터 / 분기별 보고서에 대한 제출 마감 기한이 / 연장되었다 / 다음 주 화요일까지

2. 전치사 + 동명사 + 명사 목적어

전치사 for 뒤에는 명사(구)나 동명사가 올 수 있는데, 뒤에 나온 목적어(an easy and streamlined online consulting program)를 가질 수 있는 것은 동명사이므로 developing이 답이 됩니다. 명사(development)가 빈칸에 들어가려면 'for development of an easy and streamlined online consulting program'으로 써야 해요. 정답은 (B)!

어휘 퀵! 혹!
동사 commend는 '칭찬하다'라는 뜻이며 'be commended for(~에 대해 칭찬받다)'의 묶음 표현으로 기억해 두세요.
streamline v. 간소화하다 consulting adj. 상담의, 자문의

구문 해석 시카고 지사의 Ms. Ciara는 칭찬을 받았다 / 개발한 것에 대해 / 쉽고 간소화된 온라인 상담 프로그램을 / 해외 고객들을 위한

3. 전치사 + 명사 + 전치사

전치사 for 뒤에는 명사(구) 혹은 동명사가 나올 수 있는데, 동명사(accessing)는 동사처럼 목적어를 가지기 때문에 빈칸에 들어가려면 'for accessing clear water'가 되어야 합니다. 따라서 빈칸은 명사 자리인데 access는 동사로 '접근하다'라는 뜻 이외에 명사로 '접근'이라는 뜻이 있습니다. 정답은 (D)!

어휘 퀵! 혹!
unforeseen adj. 뜻밖의, 예측하지 못한 difficulty n. 어려움 need n. 필요 access n. 접근; v. 접근하다

구문 해석 뜻밖의 어려움에도 불구하고 / 정부는 계속 노력해 왔다 / 필요를 충족시키기 위해 / 깨끗한 물에 접근하는 (필요)

정답 1. (B) 2. (B) 3. (D)

067 regarding은 전치사로 쓰인다.

For passengers' safety, regulations ------- the screening of baggage at the airport will become much stricter from next week.

(A) regarded   (B) regardful   (C) regard   (D) regarding

포인트 해설   문장의 주어는 regulations, 동사는 will become으로 그 사이에 들어갈 수식어구를 이끌어 주면서 명사구(the screening of baggage) 앞에 쓰일 수 있는 것은 전치사이다. regarding은 전치사로 '~에 관하여'라는 뜻이므로 답이 된다. regard의 경우, in regard to 혹은 with regard to로 써야 빈칸에 들어갈 수 있다. 정답은 (D).

구문 해석   승객들의 안전을 위해 / 규정이 / 공항에서의 수하물 검사에 관한 (규정) / 훨씬 더 엄격해질 것이다 / 다음 주부터

어휘   regulations n. 규정   screen v. 검사하다   strict adj. 엄격한

---

 about 이외에 '~에 관하여'라는 뜻의 전치사를 알아 두어야 한다.

as for	concerning	on	in/with reference to	in/with relation to
as to	regarding	over	in/with regard to	

The conference on effective language learning will be held in Room 220 at the Central Hotel.
회의가 / 효과적인 언어 학습에 관한 / 열릴 것이다 / 220호에서 / Central 호텔의

▶ 전치사 on은 '~ 위에'라는 뜻 이외에 '~에 관하여'라는 의미도 있으며, 'conference on(~에 관한 회의)', 'presentation on(~에 관한 발표)', 'discussion on(~에 관한 토론)', 'seminar on(~에 관한 세미나)'의 묶음 표현으로 자주 출제된다.

There has been a dispute over how much commission the law firm should take.
논쟁이 있어 왔다 / 얼마의 수수료를 법률 회사가 가져가야 하는지에 관한

▶ 전치사 over가 '~에 관한'이라는 뜻으로 쓰였으며 'dispute over(~에 관한 논쟁)'는 토익에 자주 등장하는 묶음 표현이므로 알아 두자.

 전치사는 아니지만 '~에 관련하여, ~과 연관하여'라는 뜻의 묶음 표현인 pertaining to, related to, referring to가 있다.

The organization has tried to gather enough data pertaining to the recent increase in cases of obesity around the world.
그 단체는 애써 왔다 / 충분한 자료를 모으려고 / 최근 비만 사례의 수의 증가에 관련하여 / 전 세계에서의

▶ 'pertaining to(~에 관련하여)'는 'related to', 'referring to'와 같은 표현이며, 동사인 'pertain to(~에 관련하다)'로도 쓴다는 것을 알아 두자.

Tip regarding과 concerning은 to 없이 단독으로 사용되고, pertaining to는 반드시 to가 있어야 함을 구별하여 알아 두기!

1 The conference room on the second floor has been occupied for a series of workshops ------- changing global relationships.

(A) at
(B) on
(C) of
(D) as

2 At the meeting, some of the supervisors raised questions in ------- to the performance appraisal process.

(A) regarding
(B) consideration
(C) discussion
(D) relation

3 The February issue of *Beauty Guru* features informative articles ------- to how to maintain healthy hair including daily diet tips.

(A) pertaining
(B) concerning
(C) about
(D) regarded

🙌흑! 해설 강의

1. on

빈칸 이하가 워크숍의 주제를 말하고 있으므로 '~에 관한'이라는 뜻의 전치사 on이 답이 됩니다. 'workshop on'을 하나의 묶음 표현으로 알아 두어야 합니다. 참고로 (D)는 as to로 쓰면 '~에 관하여'라는 뜻이지만 as만 쓰면 '~로서'의 뜻으로 자격 전치사가 됩니다. 정답은 (B)!

> **어휘 🙌흑!**
> occupy v. (공간 등을) 사용하다, 차지하다　a series of 일련의

구문 해석　2층에 있는 회의실이 / 사용되어 왔다 / 일련의 워크숍을 위해 / 변화하는 세계 관계에 관한

2. in relation to

'업무 평가 절차에 관한' 문제를 제기했다는 문맥이므로 'in relation to(~에 관한)'의 relation을 답으로 골라야 합니다. (A)는 '~에 관한'이라는 뜻의 전치사이지만 전치사 in 뒤에 들어갈 수 없어요. 정답은 (D)!

> **어휘 🙌흑!**
> raise는 '올리다, (자금을) 모으다'의 뜻 이외에 '(안건, 문제를) 제기하다'라는 뜻으로 'raise questions(문제를 제기하다)'의 묶음 표현으로 자주 쓰입니다.
> performance appraisal 업무 평가　consideration n. 고려　discussion n. 토론

구문 해석　회의에서 / 일부 감독관들이 문제를 제기했다 / 업무 평가 절차에 관한

3. pertaining to

의미상 '~에 관한'이라는 단어가 필요한데 빈칸 뒤의 to와 함께 쓰일 수 있는 것은 보기 중 pertaining으로 'pertaining to(~에 관한, ~과 연관하여)'의 표현을 알아야 풀 수 있는 문제입니다. (B)와 (C)는 to 없이 단독으로 써야 하고 (D)는 in/with regard로 써야 빈칸에 들어갈 수 있습니다. 정답은 (A)!

> **어휘 🙌흑!**
> issue n. (잡지 등의) 호　feature v. ~을 특집으로 하다　maintain v. 유지하다

구문 해석　*Beauty Guru*지 2월호는 / 유익한 기사를 특집으로 하고 있다 / 건강한 머리카락을 유지하는 방법에 관한 (기사) / 일일 식단에 관한 조언을 포함하여

정답 1. (B) 2. (D) 3. (A)

068

'관계대명사 주격/목적격 + 불완전한 절'의 구문을 파악해야 한다.

For further information on any of our AT mobile plans, please feel free to contact our seasoned customer service representatives ------- are available 24 hours a day.

(A) which　　　　　(B) whom　　　　　(C) who　　　　　(D) whose

....

포인트 해설	선행사가 사람(representatives)이므로 (A)는 답이 될 수 없으며, 동사 are 앞의 주어 자리이므로 주격 관계대명사 who가 들어가야 한다. 이처럼 주격 관계대명사 뒤에는 주어 없이 동사가 바로 쓰이는 불완전한 절이 나온다. 정답은 (C).
구문 해석	더 많은 정보를 위해서 / 저희의 AT 휴대 전화 요금제 중에 어느 것에 관해서든 / 주저 말고 연락하세요 / 저희의 숙련된 고객 서비스 담당 직원들에게 / 24시간 동안 이용 가능한 (직원들)
어휘	further adj. 더 이상의, 추가의　feel free to do 주저 말고 ~하다　seasoned adj. 숙련된

 주격 관계대명사(who, which, that) 뒤에는 주어가 없는 불완전한 절이, 목적격 관계대명사(whom, which, that) 뒤에는 목적어가 없는 불완전한 절이 나온다.

Before taking the medicine, you should carefully read the dosage instruction which can be found on the label.
약을 먹기 전에 / 당신은 반드시 복용법을 주의 깊게 읽어야 한다 / 라벨에서 확인될 수 있는 (복용법)
▶ 주격 관계대명사 which 뒤로 주어 없이 동사(can)가 바로 오는 불완전한 절이 나왔다.
　Tip* 주격 관계대명사는 '선행사 + which/who/that + 동사' 형태로 알아 두기!

The kitchen utensils that I ordered were mistakenly delivered to the wrong person.
주방 조리 도구가 / 내가 주문한 / 잘못 배송되었다 / 엉뚱한 사람에게
▶ 목적격 관계대명사 that 뒤에 주어(I)와 동사(ordered)는 있지만, 동사(ordered)의 목적어가 없는 불완전한 절이 나왔다.
　Tip* 목적격 관계대명사는 '선행사 + which/whom/that + 주어 + 동사' 형태로 알아 두기!

 관계대명사 whose는 '명사 + whose + 명사'의 구조로 쓰이며, 이때 whose가 바로 다음에 나오는 명사를 수식하는 역할을 한다. 또한 whose 뒤에는 주어 + 동사 + 목적어/보어의 완전한 절이 나온다.

The foundation whose mission is to provide financial aid to children holds a charity event every six months.　그 단체는 / (단체의) 임무가 재정적인 보조를 제공하는 것인 / 아이들에게 / 자선 행사를 연다 / 6개월마다
▶ 소유격 관계대명사 whose가 뒤의 명사 mission을 수식하여 '그 단체의 임무'라고 해석할 수 있으며, whose 뒤로 주어(mission), 동사(is), 보어(to provide)의 완전한 절이 나왔다.
　Tip* 소유격 관계대명사는 '선행사 + whose + 주어 + 동사 + 목적어/보어'의 형태로 사용되고, 목적격 관계대명사는 '선행사 + which/whom/that + 주어 + 동사' 형태로 사용됨을 구별하여 알아 두기!

1 The free template ------- helps clients file a claim with the insurance company is available online at www.freemedicalservice.com.

(A) whom
(B) what
(C) how
(D) which

2 Hundreds of people have gathered in the main hall of the convention center ------- is one of the recent additions to the once quiet town.

(A) who
(B) what
(C) which
(D) where

3 The speaker ------- informative presentations always impress the audience has been invited to attend the upcoming seminar next month.

(A) who
(B) whom
(C) whose
(D) whoever

콕콕! 해설 강의

1. 사물 명사 + which + 동사

문장의 주어(the free template)를 수식하는 관계절이 나온 문장입니다. 선행사가 사물 명사이고 뒤에 주어 없이 동사로 시작되는 불완전한 절이 나왔으므로 주격 관계대명사 which가 답이 됩니다. (A)는 사람 명사를 선행사로 가지고, (B)는 선행사를 가지지 않기 때문에 답이 될 수 없습니다. (C)는 관계부사로 그 뒤에 완전한 절이 나와야 합니다. 정답은 (D)!

어휘 콕콕!

template n. 견본 양식, 본보기   file a claim 청구하다, 주장하다

구문 해석   무료 견본 양식이 / 고객들을 도와줄 / 보험 회사에 청구하는 것을 (도와줄) / 온라인에서 이용 가능하다 / www.freemedicalservice.com에서

2. 사물 명사 + which + 동사

빈칸 이하는 the convention center를 선행사로 가지는 관계절이죠? 선행사가 사물 명사이고 뒤에 주어 없이 동사로 시작되는 불완전한 절이 나왔으므로 주격 관계대명사 which가 답이 됩니다. (A)는 사람 명사를 선행사로 가지고, (B)는 선행사를 가지지 않기 때문에 오답입니다. (D)는 장소 명사를 선행사로 가지기 때문에 the convention center를 장소로 보고 답으로 혼동할 수 있지만 where는 관계부사로 그 뒤에 완전한 절이 나와야 하기 때문에 주어 없이 동사 is로 시작하는 불완전한 절 앞에는 쓸 수 없어요. 정답은 (C)!

어휘 콕콕!

동사 add(더하다)에서 파생된 명사 addition은 '추가한 것, 추가 인원'의 의미로 쓴다는 것을 기억하세요.

gather v. 모이다   quiet adj. 조용한, 한적한

구문 해석   수백 명의 사람들이 모여들었다 / 컨벤션 센터의 본관에 / 가장 최근에 추가된 건물 중 하나인 / 한때 조용했던 마을에

3. 명사 + whose + 명사

주어인 명사(the speaker)를 선행사로 가지는 관계절이 빈칸 뒤에 나온 것인데, 명사(the speaker)와 관계절의 주어(informative presentations)가 '연설자의 유익한 연설'이라는 소유 관계로 해석되므로 소유격 관계대명사 whose가 답이 됩니다. (A)는 주격 관계대명사로 그 뒤에 동사로 시작되는 불완전한 절이 나와야 하며, (B)는 목적격 관계대명사로 그 뒤에 목적어가 없는 불완전한 절이 나와야 하기 때문에 오답입니다. (D)의 whoever는 anyone who와 동의어로 바로 뒤에 동사가 나와야 하므로 정답이 될 수 없습니다. 정답은 (C)!

어휘 콕콕!

informative adj. 유익한   impress v. 감동을 주다

구문 해석   그 연설자는 / (그 연설자의) 유익한 연설은 항상 청중에게 감동을 주는데 / 다가오는 세미나에 참석할 것을 초대받았다 / 다음 달에 있을

정답 1. (D) 2. (C) 3. (C)

069 목적격 관계대명사는 생략 가능하다.

All the useful tips ------- need to have for a successful job interview can be found in the latest issue of *Success and Life Today*.

(A) your   (B) yours   (C) you   (D) yourself

....

포인트 해설   주어(all the useful tips), 동사(can be found)의 문장 구조에서 빈칸 이하(_____ need to have for a successful job interview)는 주어를 선행사로 가지는 관계절로 볼 수 있다. 원래 문장은 'all the useful tips (that) you need to have ~' 인데 목적격 관계대명사는 생략 가능하므로 that이 생략된 뒤 남은 주어 you가 빈칸에 들어가야 한다. 정답은 (C).

구문 해석   모든 유용한 조언들은 / 당신이 가질 필요가 있는 (조언들) / 성공적인 취업 면접을 위해서 / 찾을 수 있다 / *Success and Life Today*지의 최신 호에서

어휘   useful adj. 유용한   job interview 취업 면접   latest issue 최신 호

 목적격 관계대명사는 생략 가능하다.

Those people (whom) you <u>met</u> at the fair yesterday will be your potential clients.
그 사람들은 / 당신이 어제 박람회에서 만난 / 당신의 잠재 고객들이 될 것이다

▶ those people을 선행사로 가지는 관계절이 나왔고 목적격 관계대명사 whom 뒤로 동사 met의 목적어가 없는 불완전한 절이 나왔다. 이때 목적격 관계대명사 whom은 생략 가능하다.

We have enclosed a manual (which) Mr. Blake <u>can consult</u> when installing the program.
저희는 설명서를 동봉하였습니다 / Mr. Blake가 참고할 수 있는 (설명서) / 프로그램 설치 시

▶ a manual을 선행사로 가지는 관계절이 나왔고 목적격 관계대명사 which 뒤로 동사 can consult의 목적어가 없는 불완전한 절이 나왔다. 이때 목적격 관계대명사 which는 생략 가능하다.

 주격 관계대명사는 생략할 수 없지만, '주격 관계대명사 + be 동사'는 생략 가능하다.

Those (who are) willing to attend the charity auction need to fill out the form first and submit it to us.
그 사람들은 / 자선 경매에 참가하고자 하는 / 작성해야 한다 / 그 서식을 먼저 / 그리고 그것을 제출해야 한다 / 우리에게

▶ '주격 관계대명사 + be 동사'가 생략되면서 be 동사의 보어인 형용사 willing이 선행사(those) 뒤에 바로 나올 수 있다.

Any parts (which are) needed to service the car should be specially ordered.
어느 부품이든지 / 차를 수리하는 데 필요한 / 특별 주문되어야 한다

▶ '주격 관계대명사 + be 동사'가 생략되면서 'be 동사 + p.p.'의 수동태 동사로 쓰인 p.p.형 needed가 선행사(any parts) 뒤에 바로 나올 수 있다.

    Tip 목적격 관계대명사와 '주격 관계대명사 + be 동사'는 생략 가능!

---

1 The recently proposed plan ------- unanimously supported has not received final approval from the CFO.

(A) our own
(B) ourselves
(C) ours
(D) we

2 Those ------- to speak but not read the language are encouraged to join the weekly English classes held at the community center.

(A) enable
(B) ability
(C) able
(D) ably

3 Any medical staff ------- for the mishap during the surgery should cooperate with the hospital's legal department to handle the problem.

(A) account
(B) accounts
(C) accountability
(D) accountable

해설 강의

1. 목적격 관계대명사 생략

주어(the recently proposed plan)와 동사(has not received) 사이에 주어를 선행사로 가지는 관계절이 온 문장입니다. 원래 문장은 'the recently proposed plan (that) we unanimously supported ~'인데 목적격 관계대명사 that이 생략되고 주어 자리에 있는 주격 대명사 we만 남은 것으로 볼 수 있어요. 정답은 (D)!

어휘

부사 unanimously는 '만장일치로'라는 뜻으로 'unanimously support(만장일치로 지지하다)', 'unanimously agree(만장일치로 동의하다)'의 묶음 표현으로 자주 쓰여요.

approval n. 허가   CFO(Chief Financial Officer) n. 자금 관리 이사

구문 해석 최근에 제안된 계획은 / 우리가 만장일치로 지지했던 (계획) / 최종 허가를 받지 못했다 / 자금 관리 이사로부터

2. (주격 관계대명사 + be 동사) + 형용사

those who(~하는 사람들)라는 표현을 알고 있으면 쉽게 풀 수 있는 문제로 원래 주어는 'those (who are) able to speak ~'인데 '주격 관계대명사 + be 동사'가 생략되어 be 동사의 보어인 형용사 able이 바로 나와 'those able to speak ~'이 된 것으로 볼 수 있습니다. 정답은 (C)!

어휘

be encouraged to do ~하는 것이 장려되다   enable v. 가능하게 하다   be able to do ~할 수 있다

구문 해석 그 언어(영어)를 말할 줄은 알지만 읽지 못하는 사람들은 / 장려된다 / 매주 열리는 영어 수업에 참여하는 것이 / 지역 사회 센터에서 열리는

3. (주격 관계대명사 + be 동사) + 형용사

주어(any medical staff)와 동사(should cooperate) 사이에 주어를 선행사로 가지는 관계절이 들어간 문장으로, 원래는 'any medical staff (who is) accountable for ~'인데 '주격 관계대명사 + be 동사'가 생략되어 'any medical staff accountable for ~'가 된 것으로 볼 수 있어요. 'be accountable for(~에 책임이 있다)'라는 표현을 알고 있으면 훨씬 더 쉽게 풀 수 있는 문제입니다. 문장의 동사 should cooperate이 있으므로 빈칸에 또 다른 동사 (A)와 (B)는 들어가지 못하며, 복합 명사를 제외하고는 명사 + 명사는 나오지 않으므로 (C)도 오답입니다. 정답은 (D)!

어휘

'cooperate with(~와 협력하다)'은 토익에서 단골로 출제되는 묶음 표현으로 기억해 두세요.

medical staff 의료진   mishap n. (작은) 사고   legal department 법무 부서   be accountable for ~에 책임이 있다

구문 해석 어느 의료진이든지 / 사고에 책임이 있는 (의료진) / 수술 중에 / 병원의 법무 부서와 협력해야 한다 / 문제를 해결하기 위해

정답 1. (D) 2. (C) 3. (D)

070 관계부사는 'when/how/where/why + 완전한 절'의 구문으로 쓴다.

Inspectors are planning to visit the proposed site ------- the first power plant in the region will be established.

(A) where   (B) what   (C) which   (D) whom

포인트 해설	빈칸 이하는 site(부지)를 선행사로 가지는 관계절이다. site를 사물/일반 명사로 보면 관계대명사 which를 쓸 수 있고, site를 장소 명사로 보면 관계부사 where를 쓸 수 있다. 그런데 빈칸 뒤에 나오는 절이 주어(the first power plant), 동사(will be established)의 완전한 절로 나왔으므로 관계부사 where가 답이 된다. 참고로 관계대명사는 그 뒤에 주어나 목적어가 없는 불완전한 절이 나와야 한다. 정답은 (A).
구문 해설	조사원들이 계획 중이다 / 그 후보지를 방문할 것을 / (그곳에) 그 지역 최초의 발전소가 설립될
어휘	inspector n. 조사원 plan to do ~할 계획이다 power plant 발전소

 관계부사는 관계대명사처럼 선행사를 가진다. 단, 관계대명사는 선행사를 사람/사물로 구별하여 쓰는 반면에 관계부사는 장소, 시간, 방법, 이유로 구별하여 쓴다.

선행사 – 관계부사			
the place(장소) – where*	the time(때, 시간) – when	the way(방법) – how**	the reason(이유) – why

*where는 '장소 전치사 + which'로 바꿀 수 있어서 문장에 따라 at which, in which, on which 등으로 바꾸어 쓸 수 있다.
**the way how의 경우 'the way (how)' 혹은 '(the way) how'로 선행사와 관계부사 중 하나를 생략하여 쓴다.

Mr. Ryder will find an ideal place where(=in which) we can hold a farewell party for outgoing director, Janet Spencer.
Mr. Ryder가 알맞은 장소를 찾을 것이다 / 우리가 환송 파티를 열 수 있는 / 회사를 떠나는 Janet Spencer 이사를 위한
▶ place(장소)를 선행사로 가지는 관계부사 where 뒤에 주어(we), 동사(can hold), 목적어(a farewell party)의 완전한 절이 나왔다. 이때 where는 '장소 전치사 + which'인 in which로 바꿀 수 있다.

관계대명사 뒤에는 불완전한 절이, 관계부사 뒤에는 완전한 절이 나온다는 것을 구분해야 한다.

Unfortunately, we could not find a place which would be perfectly appropriate for the year-end party.
안타깝게도 / 우리는 장소를 찾을 수 없었다 / 완벽하게 적절한 / 연말 파티를 위한
▶ 주격 관계대명사 which는 그 뒤에 주어 없이 동사(would be)로 바로 시작되는 불완전한 절이 나온다.

The company would like to expand its presence in Korea where it has earned a reputation as an honest organization. 그 회사는 점유율을 높이고 싶어한다 / 한국에서 / (그곳에서) 그것이 명성을 얻어 온 / 정직한 조직으로
▶ 관계부사 where 뒤에는 주어(it), 동사(has earned), 목적어(a reputation)의 완전한 절이 나온다.

Tip who(whom), which, that은 관계대명사이므로 다음에 주어나 목적어가 없는 불완전한 절이 오고, when/how/where/why는 관계부사이므로 완전한 절이 나와야 하는 것으로 구별하기!

1 No one in the department was notified of the time ------- the new accounting system would become available.

(A) where
(B) which
(C) how
(D) when

2 If you are not at home to receive the package, the deliveryperson will leave it in the cabinet ------- you can find on the first floor of the apartment building.

(A) where
(B) why
(C) which
(D) whom

3 Mr. Bernard sent a letter of intent to the hiring team in ------- he clearly expressed his interest in joining as a supervisor.

(A) how
(B) where
(C) which
(D) whose

🎯 해설 강의

1. 시간 + 관계부사 when
time(시간)을 선행사로 가지는 관계부사 when이 답이며, 관계부사 when 뒤에는 주어(the new accounting system), 동사(would become), 보어(available)의 완전한 절이 나오고 있습니다. (B)는 관계대명사로 그 뒤에 불완전한 절을 가지며, (A)와 (C)는 관계부사이지만 where는 장소, how는 방법을 선행사로 가지기 때문에 이 문제에서는 오답입니다. 정답은 (D)!

> **어휘 🎯!**
> 'notify A of B(A에게 B를 통보하다)'는 'inform A of B(A에게 B를 알리다)'와 더불어 토익에 자주 나오는 묶음 표현이므로 알아 두어야 해요.
> be notified of ~을 통보받다 accounting system 회계 시스템

구문 해석 부서에서 그 어느 누구도 통보받지 않았다 / 시간을 / 새로운 회계 시스템이 이용 가능하게 되는 (시간)

2. 사물 + 관계대명사 which
cabinet(보관장)을 선행사로 가지는 관계절이 나왔죠? 빈칸 뒤에는 주어(you), 동사(can find)가 있고 동사의 목적어가 없는 불완전한 절이 나왔으므로, 불완전한 절을 이끌어 주는 관계대명사 which가 답이 됩니다. (A)와 (B)는 관계부사로 그 뒤에는 완전한 절이 나와야 하며 (D)는 선행사가 사람일 때 쓸 수 있으므로 오답입니다. 정답은 (C)!

> **어휘 🎯!**
> package n. 소포 leave v. 놓아두다 cabinet n. 보관장

구문 해석 만약 당신이 집에 없다면 / 소포를 받기 위해 / 배달원이 그것을 놓아두고 갈 것이다 / 보관장 안에 / 당신이 찾을 수 있는 / 아파트 건물 1층에서

3. 장소 전치사 + which
문맥상 '그가 관심을 명확하게 드러낸 편지'라고 해석되므로 빈칸 이하는 letter(편지)를 선행사로 가지는 관계절이며 중간의 'of intent to the hiring team'은 모두 수식어 거품입니다. 빈칸 뒤에 주어(he), 동사(expressed), 목적어(his interest)의 완전한 절이 나왔으므로 관계부사 where가 들어가야 해요. 하지만 그 앞에 전치사 in이 있는 것으로 보아 where를 대신할 수 있는 '장소 전치사(in) + which'가 나온 것으로 파악할 수 있으므로 which가 답이 됩니다. 관계부사 where(=장소 전치사 + which)의 선행사인 장소 명사는 물리적인 장소뿐 아니라 letter처럼 추상적인 장소 포함할 수 있음에 주의하세요. 정답은 (C)!

> **어휘 🎯!**
> intent n. 의향, 의지 clearly adv. 명확하게 supervisor n. 관리자

구문 해석 Mr. Bernard가 의향이 담긴 편지를 보냈다 / 인사팀에 / (그 서신에서) 그는 관심을 명확하게 드러냈다 / (팀)에 합류하는 것에 대한 (관심) / 관리자로서

정답 1. (D) 2. (C) 3. (C)

071 명사절 접속사 that 뒤에는 완전한 절이 나온다.

The report indicates ------- customers' spending habits are quite different from those of the previous year due in part to rapid lifestyle changes.

(A) while   (B) although   (C) that   (D) about

포인트 해설 빈칸 이하의 절은 타동사 indicate의 목적어인 명사절이다. 따라서 빈칸에 명사절 접속사가 들어가야 하는데, (A)와 (B)는 부사절 접속사, (D)는 전치사이므로 답이 될 수 없다. that은 명사절 접속사로 '~ 것'이라고 해석할 수 있다. 참고로 'due in part to + 명사'는 '어느 정도는 ~ 때문에'라고 해석하는 묶음 표현임을 알아 두자. 정답은 (C).

구문 해석 보고서는 나타낸다 / 고객들의 소비 습관이 / 꽤 다르다는 것을 / 전년도의 그것(소비 습관)과 / 어느 정도는 급격한 생활 방식의 변화들 때문에

어휘 indicate v. 나타내다 spending habit 소비 습관 in part 어느 정도는, 부분적으로

 명사절 접속사 that은 '~ 것'으로 해석하며 뒤에 완전한 절이 나온다.

That the third-quarter sales have been very disappointing does not come as a surprise considering current sluggish economy.
3분기 판매량이 매우 실망스럽다는 것은 / 놀랍지 않다 / 현재의 경기 침체를 생각해 볼 때
▶ 문장의 주어인 명사절을 이끌어 주는 명사절 접속사 that 뒤에 주어(the third-quarter sales), 동사(have been), 보어(disappointing)의 완전한 절이 나왔으며 '3분기 판매량이 실망스럽다는 것'으로 해석할 수 있다.
   Tip 문장 맨 앞에 'That + 주어 + 동사'가 나오면 주어 자리에 쓰인 명사절로 판단하기!

 명사절 접속사 that과 관계대명사 that을 구별할 수 있어야 한다.

명사절 접속사 that	관계대명사 that
선행사 없음	선행사 있음
완전한 절이 뒤에 나옴	불완전한 절이 뒤에 나옴

That some companies are exempt from the restrictions has been a source of dispute.
일부 회사가 면제되는 것이 / 그 제한으로부터 / 논쟁의 근원이 되어 왔다
▶ that은 문장의 주어인 명사절을 이끌어 주고 있으며 '~ 것'으로 해석한다. 이때 that 뒤로 주어(some companies), 동사(are), 보어(exempt)의 완전한 절이 나왔다.

The terms and conditions that are written on this page are nonnegotiable and effective during the entire period of contract.
조건들은 / 이 페이지에 쓰여진 / 협상 가능하지 않습니다 / 그리고 유효합니다 / 전체 계약 기간 동안
▶ 명사 terms and conditions를 선행사로 가지는 관계대명사 that이 나왔으며, that 뒤에 주어 없이 동사(are written)가 바로 나오는 불완전한 절이 나왔다.

1 Please note ------- airport terminals 4, 5 and 6 are all interconnected, so you can easily move throughout all of them.

(A) on
(B) that
(C) since
(D) whereas

2 Stenton is a marketing firm ------- is dedicated to building brands that sell internationally.

(A) who
(B) what
(C) that
(D) whose

3 The world-famous figure skater announced that she would return to competition in September and ------- she had intentions to retire anytime soon.

(A) what
(B) while
(C) because
(D) that

퀵!퀵! 해설 강의

1. 명사절 접속사 that

빈칸 이하는 동사 note의 목적어인 명사절이므로 빈칸에 명사절 접속사가 들어가야 해요. 명사절 접속사 that은 '~ 것'으로 해석하여 답이 될 수 있습니다. (A)는 전치사로 절 앞에 쓸 수 없으며, (C)와 (D)는 부사절 접속사이므로 명사절을 이끌 수 없습니다. 정답은 (B)!

어휘 퀵!퀵!

'note that(~을 알고 있다)'과 더불어 'state that(~을 말하다)', 'indicate that(~을 나타내다)'은 토익에서 자주 등장하는 표현이므로 알아 두어야 합니다.

note v. 유념하다, 주목하다 interconnected adj. 상호 연결된 throughout prep. ~의 전체에 걸쳐; adv. 도처에, 구석구석까지

구문 해석 알고 있으세요 / 공항의 4번, 5번, 6번 터미널이 모두 연결되어 있음을 / 그래서 당신은 그것들 전체를 쉽게 이동할 수 있습니다

2. 관계대명사 that

marketing firm을 선행사로 가지면서 동사 is 앞에 위치할 주격 관계대명사 자리이므로 that이 답이 됩니다. (A)는 사람 명사를 선행사로 가지며, (B)는 선행사를 가지지 않기 때문에 정답에서 제외됩니다. (D)는 소유격으로 바로 뒤에 명사가 나와야 하기 때문에 오답이에요. 정답은 (C)!

어휘 퀵!퀵!

sell은 '팔다'라는 뜻 이외에 '팔리다'라는 뜻으로 'sell well(잘 팔리다)'과 같은 표현으로도 토익에서 자주 출제됩니다.

be dedicated to ~에 전념하다

구문 해석 Stenton사는 마케팅 회사이다 / 브랜드를 만드는 것에 전념하는 / 국제적으로 팔리는 (브랜드)

3. 명사절 접속사 that + and + 명사절 접속사 that

동사(announced)의 목적어 자리에 나온 명사절로 쓰인 that절 두 개가 and로 연결된 형태입니다. 즉 첫 번째 목적어는 'that she would return to ~' 부분이고, 두 번째 목적어는 'that she had intentions to retire ~'로 볼 수 있어요. 따라서 and 이하의 명사절을 이끌어 줄 명사절 접속사 that이 답이 됩니다. (B), (C)는 부사절 접속사이며, (A)는 명사절 접속사일 경우에 불완전한 절이 이어지기 때문에 완전한 절 앞인 빈칸 자리에는 들어갈 수 없어요. 정답은 (D)!

어휘 퀵!퀵!

return v. 돌아가다 intention to do ~할 의사

구문 해석 그 유명한 피겨 스케이팅 선수는 발표했다 / 그녀가 대회에 돌아갈 것이라고 / 9월에 / 그리고 은퇴할 의사가 있다고 / 언제든지 곧

정답 1. (B) 2. (C) 3. (D)

072

'that + 완전한 절', 'what + 불완전한 절'을 구별할 수 있어야 한다.

------- most credit card companies focus on is the development of comprehensive measures to prevent the leakage of customer information.

(A) What   (B) As   (C) That   (D) All

포인트 해설	문장의 동사는 is이며 동사 앞은 주어인 명사절이다. 보기 중 명사절 접속사는 what과 that인데, what 뒤에는 불완전한 절이, that 뒤에는 완전한 절이 나와야 한다. 빈칸 뒤에 나오는 절은 동사 focus on에서 전치사 on의 목적어가 없는 불완전한 절이므로 what이 답이 된다. 정답은 (A).
구문 해석	대부분의 신용 카드 회사가 주력하는 것은 / 종합적인 대책의 개발이다 / 고객 정보 유출을 예방하는
어휘	focus on 주력하다, 집중하다 measure n. 대책, 조치 prevent v. 예방하다, 막다 leakage n. 유출, 새어 나감

 명사절 접속사 what과 that은 모두 '~ 것'으로 해석하지만 what 뒤에는 불완전한 절이, that 뒤에는 완전한 절이 나온다는 것으로 구분한다.

The sales clerk said ~~what~~(→ that) calendars will be discounted for this week only.
그 영업 사원이 말했다 / 달력들이 할인될 것임을 / 이번 주에만
▶ 동사 said의 목적어인 명사절에 완전한 절이 나왔으므로 that을 써야 한다.

The event participants were required to comment on ~~that~~(→ what) they thought about the meals provided. 행사 참가자들은 요청받았다 / 의견을 말해 주기를 / 그들이 생각하는 것을 / 제공된 음식에 대해
▶ 전치사 on의 목적어인 명사절에 thought의 목적어가 없는 불완전한 절이 나왔으므로 what을 써야 한다.

~~That~~(→ What) is mistakenly reported should be corrected immediately.
잘못 보고된 것은 / 즉시 수정되어야 한다
▶ 문장의 주어인 명사절에 주어 없이 동사(is)가 바로 나오는 불완전한 절이 나왔으므로 what을 써야 한다.

 say (that), indicate (that), think (that), know (that)에서 명사절 접속사 that은 생략할 수 있다.

The report indicates (that) about 80 percent of the employees do not go over their work contracts on purpose.
그 보고서는 나타낸다 / 대략 80퍼센트의 직원들이 검토하지 않는다는 것을 / 그들의 고용 계약서를 / 고의로
▶ 동사 indicate의 목적어인 명사절을 명사절 접속사 that이 이끌어 주고 있는데, 이때 that은 생략될 수 있다.

1 Mr. Connelly was happy to announce -------
Mrs. Dench would be appointed as the new
Chief Financial Officer.

(A) that
(B) for
(C) as to
(D) what

2 Quality and affordability are ------- makes
USMS one of the nation's leading travel
insurance providers.

(A) what
(B) where
(C) that
(D) when

3 ------- entry-level employees want as part
of employee benefit packages is clearly
indicated on the questionnaire.

(A) Whoever
(B) What
(C) That
(D) Since

🔤 해설 강의

1. 명사절 접속사 that + 완전한 절
동사 announce의 목적어인 명사절을 이끌어 주는 명사절 접속사가 들어갈 자리예요. for(~을 위해), as to(~에 대해서)는 전치사로 절 앞에 올 수 없습니다. that과 what은 명사절 접속사로 쓰이는데 빈칸 뒤에 완전한 절이 나왔으므로 that이 답이 됩니다. 정답은 (A)!

┌─ **어휘 🔤!**
│ 'be appointed as(~로 임명되다)', 'be appointed to(~에 임명되다)'는 토익에서 자주 나오는 묶음 표현이에요.
│ be happy to do ~하게 되어 기쁘다

구문 해석 Mr. Connelly는 발표하게 되어서 기뻤다 / Mrs. Dench가 임명될 것임을 / 새로운 재무 관리 이사로

2. 명사절 접속사 what + 불완전한 절
be 동사의 보어인 명사절을 이끌어 주는 명사절 접속사 자리이며, 의미상 '~ 것'이 적절하기 때문에 that과 what이 들어갈 수 있습니다. 빈칸 뒤에는 주어 없이 동사(makes)가 나오는 불완전한 절이 나왔으므로 불완전한 절 앞에 쓰는 what이 답이 될 수 있어요. (B)와 (D) 는 관계부사로 그 뒤에 완전한 절을 가지며, where는 장소 선행사를, when은 시간 선행사를 가져야 합니다. 정답은 (A)!

┌─ **어휘 🔤!**
│ quality n. 우수함, 질 affordability n. 적당한 비용, 감당할 수 있는 비용

구문 해석 (품질의) 우수함과 적당한 비용이다 / 만드는 것은 / USMS사를 / 국내의 선두적인 여행 보험사 중의 하나로

3. 명사절 접속사 what + 불완전한 절
문장의 동사는 is clearly indicated 부분이며 동사 앞은 주어인 명사절입니다. 빈칸에 명사절 접속사 what 또는 that이 들어갈 수 있는데 빈칸 뒤에 동사 want의 목적어가 없는 불완전한 절이 나왔기 때문에 what이 답이 됩니다. whoever는 anyone who와 동의어로 그 뒤에 바로 동사가 나와야 하며, since는 부사절 접속사이므로 명사절을 이끌어 줄 수 없어요. 정답은 (B)!

┌─ **어휘 🔤!**
│ entry-level은 '신입의, 초보의'라는 뜻의 형용사로 Part 5, 6뿐 아니라 Part 7에서도 자주 등장하는 어휘이므로 알아 두어야 합니다.
│ as part of ~의 일부로 questionnaire n. 설문지

구문 해석 신입 사원들이 원하는 것이 / 복리 후생 제도의 일부로 / 분명하게 나타나 있다 / 설문지에

정답 1. (A) 2. (A) 3. (B)

073 that절과 함께 쓰이는 명사와 형용사가 있다.

The increase in the number of employees applying for transfers to India is largely due to the fact ------- the company provides them with living allowances while overseas.

(A) when　　　　　(B) how　　　　　(C) after　　　　　(D) that

....

포인트 해설 '회사가 직원들에게 생활비를 준다(빈칸 이하)=사실(the fact)'의 동격 관계가 되기 때문에 동격의 that이 빈칸에 들어가야 한다. 'the fact that(~라는 사실)'은 동격의 that이 들어간 묶음 표현으로 자주 쓰인다. 참고로 'largely due to'는 '주로 ~ 때문에'라는 묶음 표현으로 알아 두자. 정답은 (D).

구문 해석 직원 수의 증가는 / 인도로 전근을 신청하는 / 주로 그 사실 때문이다 / 회사가 그들에게 생활비를 준다는 (사실) / 해외에 있는 동안

어휘 increase in ~의 증가(cf. decrease in ~의 감소)　largely adv. 주로　allowance n. 수당　overseas adj. 해외에 있는

 동격의 that절을 가지는 명사가 있다.

claim that ~라는 주장	fact that ~라는 사실	news that ~라는 소식
confirmation that ~라는 확인	idea that ~라는 의견	opinion that ~라는 의견

Due to the news that restaurants in the hotel closed, reservations have decreased.
소식 때문에 / 호텔 안의 식당들이 문을 닫았다는 / 예약이 감소해 왔다
▶ '호텔 식당들이 문을 닫았다는 것=소식(news)'의 동격 관계이므로 동격의 that이 쓰였다.

Some disagree with the idea that working as a team leads to better outcomes than working individually.
어떤 사람들은 의견에 동의하지 않는다 / 팀으로 일하는 것이 더 나은 결과로 이어진다는 것에 / 개별적으로 일하는 것보다
▶ '팀으로 일하는 것이 더 좋은 결과로 이어진다는 것=의견(idea)'의 동격 관계로 동격의 that이 쓰였다.

 that절과 함께 쓰이는 형용사는 묶음 표현으로 알아 두어야 한다.

be aware that ~을 알고 있다	be happy that ~을 기뻐하다
be confident that ~을 확신하다, ~을 자신하다	be optimistic that ~을 낙관하다
be convinced/sure that ~을 확신하다	be positive that ~을 확신하다, ~에 긍정적이다

I'm well aware that I will receive a lot of complaints about the new schedule.
저는 잘 알고 있습니다 / 제가 많은 불만을 들을 것이라는 것을 / 새로운 일정에 대해
▶ aware는 that절과 자주 쓰이는 형용사이다.

　Tip 'be well aware that(~을 잘 알고 있다)', 'be fully aware that(~을 완전히 알고 있다)'을 묶음 표현으로 알아 두기!

1 The directors were convinced ------- overall spending would exceed the budget for the following quarter.

(A) that
(B) where
(C) who
(D) what

2 Mr. Graham was ------- that he would win the contract because he made such an impressive presentation in front of the potential clients.

(A) positivity
(B) positive
(C) positively
(D) most positively

3 Since the technical team handed out troubleshooting guidelines to employees, they were ------- that there would not be many calls for computer repairs for a while.

(A) promising
(B) sure
(C) ideal
(D) obvious

 해설 강의

1. be convinced that

빈칸 이하의 절을 이끌어 줄 접속사를 고르는 문제입니다. 형용사 convinced는 that절과 함께 쓰여 'be convinced that(~을 확신하다)'으로 쓰기 때문에 that이 답이 됩니다. 정답은 (A)!

어휘 쏙쏙!

following은 전치사로 '~ 이후에(=after)'라는 뜻 이외에 형용사로 '다음의'라는 뜻이 있어서 'the following year(그 다음 해)', 'the following week(그 다음 주)'등의 표현으로 쓰여요.

overall spending 전반적인 지출   exceed v. 초과하다

구문 해석   이사들은 확신했다 / 전반적인 지출이 예산을 초과할 것임을 / 그 다음 분기에

2. be positive that

be 동사의 보어 자리에 (C)와 (D)의 부사는 들어갈 수 없어요. 형용사 positive는 be 동사의 보어로 쓸 수 있으며, 동시에 that절과 함께 쓰여서 'be positive that(~을 확신하다)'으로 쓰기 때문에 positive가 답이 됩니다. 정답은 (B)!

어휘 쏙쏙!

명사 presentation(발표)은 '발표를 하다'라고 할 때 'make a presentation', 'give a presentation', 'deliver a presentation'의 표현으로 쓴다는 것을 기억해 두세요.

win a contract 계약을 따내다   potential client 잠재 고객, 예비 고객

구문 해석   Mr. Graham은 확신했다 / 그가 계약을 따낼 것이라고 / 왜냐하면 그가 인상적인 발표를 했기 때문에 / 잠재 고객들 앞에서

3. that절과 함께 쓰이는 형용사 어휘

의미상 지침서를 이미 주었기 때문에 수리 요청이 없을 것이라고 '확신한다'는 해석이 가장 적절하며 sure는 that절과 함께 쓰여 'be sure that(~을 확신하다)'으로 쓰기 때문에 답이 됩니다. promising(유망한), ideal(이상적인), obvious(명확한)는 모두 의미상 답이 될 수 없어요. 정답은 (B)!

어휘 쏙쏙!

hand out 나누어 주다   troubleshooting n. 문제 해결   call for ~에 대한 요청   for a while 한동안

구문 해석   기술팀이 나누어 주었기 때문에 / 문제 해결 지침서를 / 직원들에게 / 그들은 확신했다 / 많은 요청이 없을 것으로 / 컴퓨터 수리에 대한 / 한동안은

정답 1. (A) 2. (B) 3. (B)

074 '의문사 + 주어 + 동사'의 절은 문장의 주어, 목적어, 보어 자리에 쓸 수 있다.

It is still unknown to the entire staff ------- will assume the title of human resources director after Mr. Rivera retires at the end of next month.

(A) who   (B) why   (C) how   (D) whom

포인트 해설   it은 가주어, 빈칸 이하의 명사절은 진주어다. 따라서 빈칸은 명사절을 이끌어 주면서 동사 will assume 앞에서 주어 역할을 할 수 있는 명사절 접속사가 들어가야 하는 자리이다. 의문사 who는 '누가'라는 뜻이며, 명사절 접속사 역할을 할 수 있을 뿐 아니라 동사 앞 주어 자리에 쓰이기 때문에 답이 될 수 있다. 정답은 (A).

구문 해석   아직 안 알려졌다 / 전 직원에게 / 누가 맡게 될 것인지 / 인사부장직을 / Mr. Rivera가 은퇴한 후에 / 다음 달 말에

어휘   unknown adj. 알려지지 않은   assume v. (떠)맡다   title n. 직책

 의문대명사 what, who, which, whose와 의문부사 how, why, where, when은 명사절 접속사 역할을 할 수 있으며 의문대명사 뒤에는 불완전한 절이, 의문부사 뒤에는 완전한 절이 나온다.

No one had any idea <u>about</u> who would be held responsible for the loss.
아무도 몰랐다 / 누가 책임을 지게 될지 / 그 손해에 대해
▶ 의문대명사 who가 전치사 about의 목적어인 명사절을 이끌어 주고 있으며, who가 주어 역할을 하기 때문에 who 뒤의 명사절로 동사 would의 주어가 없는 불완전한 절이 나왔다.

They have not reached a consensus <u>on</u> how they should gear up for the upcoming festival.
그들은 합의에 이르지 못했다 / 어떻게 그들이 다가오는 축제를 준비할지에 대해
▶ 의문부사 how가 전치사 on의 목적어인 명사절을 이끌어 주고 있으며, how 뒤의 명사절로 완전한 절이 나왔다.

> **Tip** 육하원칙에 해당하는 who(누가), when(언제), where(어디), what(무엇), how(어떻게), why(왜), which(어느)/whose(누구의)와 같은 의문사는 명사절을 이끄는 것으로 알아 두기!

 의문형용사 which, what, whose는 명사절 접속사이면서 동시에 명사를 수식하는 역할을 할 수 있다.

There are so many English programs for international students that they need help in deciding which <u>one</u> best suits their needs.
너무나 많은 영어 프로그램이 있어서 / 국제 학생들을 위한 / 그들은 도움을 필요로 한다 / 결정하는 데 있어서 / 어느 것이 그들의 필요에 가장 잘 맞는지
▶ 의문형용사 which가 동명사 deciding의 목적어인 명사절을 이끌어 주면서 동시에 one을 수식하고 있다.

It seems that very few customers have information on what <u>extra options</u> they have when ordering office chairs.
정보를 가지고 있는 고객들은 거의 없는 것처럼 보인다 / 무슨 추가 선택 사항을 그들이 가지고 있는지에 대한 / 사무실 의자를 주문할 때
▶ 의문형용사 what이 전치사 on의 목적어인 명사절을 이끌어 주면서 명사 extra options를 수식하고 있다. 참고로 what은 정해지지 않은 불특정 다수 중 하나를, which는 이미 정해진 범위의 것들 중 하나를 일컫는다.

> **Tip** 'what + 명사(무슨 ~)'는 불특정 다수 중 하나, 'which + 명사(어느 ~)'는 정해진 범위 중 하나임을 구별하여 알아 두기!

토익 실전 문제 ⏱ 40초 안에 풀어 보세요.

1 Please let Ms. Bolkan know ------- you are going to send her a fixed itinerary for her upcoming trip to Brazil so that she can make transportation arrangements.

(A) who
(B) whose
(C) what
(D) when

2 After a series of lectures by distinguished specialists, the audience was asked to comment on ------- lecture was the most helpful.

(A) that
(B) whom
(C) whose
(D) these

3 Customers are asked to indicate ------- beauty products they have on their wish lists for the summer season.

(A) whose
(B) that
(C) which
(D) how

콕콕! 해설 강의

1. 동사 + 의문부사절

동사 know의 목적어인 명사절을 이끌어 주는 명사절 접속사 자리입니다. 보기의 의문사가 모두 명사절 접속사로 쓰일 수 있는데요. 해석을 해보면 '언제 보낼지 알려 주세요'라고 하는 것이 가장 적절하기 때문에 의문부사 when이 답이 됩니다. 의문부사 when 뒤에는 완전한 절이 나올 수 있어요. 참고로 (A), (B), (C)는 모두 의문대명사로 그 뒤에는 불완전한 절이 나와야 합니다. 정답은 (D)!

어휘 콕콕!

arrangement는 '마련, 준비'라는 뜻으로 'transportation arrangements(교통수단 마련)'의 복합 명사와 더불어 'make an arrangement (준비를 하다)'라는 묶음 표현을 기억해 두세요.

fixed adj. 확정된, 고정된   itinerary n. (여행) 일정(표)   upcoming adj. 다가오는

구문 해석   Ms. Bolkan에게 알려 주세요 / 언제 당신이 그녀에게 보낼 것인지 / 확정된 일정표를 / 그녀의 다가오는 브라질 여행을 위한 / 그녀가 교통수단을 마련할 수 있도록

2. 전치사 + 의문형용사절

전치사 on의 목적어인 명사절을 이끌어 주는 명사절 접속사이면서 명사 lecture를 수식할 수 있는 의문형용사 whose가 답이 될 수 있습니다. '누구의 강연'이라는 의미도 문맥상 적절합니다. (A)와 (B)는 명사절 접속사로는 쓰이지만 형용사 역할을 하지 않기 때문에 답이 될 수 없고, (D)는 대명사 혹은 형용사로만 쓰일 뿐 접속사 역할은 하지 못합니다. 정답은 (C)!

어휘 콕콕!

동사 comment는 'comment that(~을 언급하다)', 'comment on(~에 대해 의견을 말하다)'의 묶음 표현으로 쓰이는 것을 기억해 두세요.

a series of 일련의   distinguished adj. 저명한, 유명한   specialist n. 전문가

구문 해석   일련의 강연 이후에 / 저명한 전문가들에 의한 / 청중들은 의견을 말해 줄 것을 요청받았다 / 누구의 강연이 가장 유익했는지에 대해

3. 동사 + 의문형용사절

동사 indicate의 목적어인 명사절을 이끌어 주는 명사절 접속사이면서, 명사 beauty products를 꾸며 주는 형용사 역할을 동시에 할 수 있는 의문형용사 which(어떤)가 답이 됩니다. (A)는 의문형용사이지만 '누구의'라는 의미로 '누구의 미용 제품'은 이 문장에서 적절하지 않으며, (B)와 (D)는 명사절 접속사이지만 형용사 역할을 동시에 할 수 없어요. 정답은 (C)!

어휘 콕콕!

wish list 희망 사항 목록

구문 해석   고객들은 요청을 받습니다 / 나타낼 것을 / 어떤 미용 제품이 그들의 희망 사항 목록에 있는지를 / 여름 시즌에 대한

정답 1. (D) 2. (C) 3. (C)

075 '의문사 how + _____'에서는 형용사나 부사가 답이 될 수 있다.

Due to a heavy rainstorm that caused severe damage to our warehouse, we cannot guarantee ------- soon your order will be delivered.

(A) why   (B) when   (C) how   (D) what

포인트 해설 동사 guarantee의 목적어인 명사절을 이끌어 주는 명사절 접속사 자리로 보기의 의문사 모두 명사절 접속사로 쓰일 수 있다. 하지만 빈칸 이하의 부사 soon과 함께 쓰여야 하며 문맥상 '얼마나 빨리'라는 뜻이 적절하므로 의문사 how가 답이 된다. how는 형용사 혹은 부사와 함께 쓰일 때 '얼마나 ~한/하게'라고 해석할 수 있다. '언제 배송될지 보장할 수 없다'는 의미를 생각하여 when을 정답으로 혼동할 수 있지만, when soon(언제 곧)이라고 쓰는 것은 불가능하므로 오답이다. 정답은 (C).

구문 해석 사나운 폭풍우 때문에 / 심각한 피해를 일으킨 / 저희 창고에 / 저희는 보장할 수 없습니다 / 얼마나 빨리 귀하의 주문품이 배송될지를

어휘 severe adj. 심각한   warehouse n. 창고   guarantee v. 보장하다

 의문사 how는 '어떻게'라는 뜻이지만, 'how + 형용사/부사'로 써서 '얼마나 ~한/얼마나 ~하게'라는 의미로 쓸 수 있다.

At the interview, Mr. Benning told us how he managed to raise brand recognition and build a highly successful business.
인터뷰에서 / Mr. Benning은 우리에게 말했다 / 어떻게 그가 브랜드 인지도를 높였는지 / 그리고 크게 성공한 사업을 일구어 냈는지
▶ 의문사 how는 '어떻게'라는 뜻으로 해석한다.

Please RSVP to the event planning committee so that they can determine how many people will be at the party. 회답해 주세요 / 행사 기획 위원회에 / 그들이 결정할 수 있도록 / 얼마나 많은 사람들이 파티에 올지를
▶ 'how + 형용사(many)'가 되면 '얼마나 ~한'의 뜻이므로 '얼마나 많은'으로 해석한다.

The overall safety of the production facility heavily depends upon how frequently it is inspected by experts. 전반적인 안전은 / 생산 설비의 / 크게 달려 있다 / 그것이 얼마나 빈번하게 점검되는지에 / 전문가들에 의해
▶ 'how + 부사(frequently)'가 되면 '얼마나 ~하게'라는 뜻이므로 '얼마나 빈번하게'라고 해석할 수 있다.
    Tip* 'how 주어 + 동사'는 '어떻게 ~가 …하는지를', 'how + 형용사'는 '얼마나 ~한', 'how + 부사'는 '얼마나 ~하게'의 의미임을 각각 구별하여 알아 두기!

 의문사 how 뒤의 형용사 혹은 부사 자리를 구별할 수 있어야 한다.

how quickly you can react to changing market trends
얼마나 빠르게 / 당신이 반응할 수 있는지 / 변화하는 시장 동향에
▶ 동사 react를 수식하는 부사가 how 뒤에 나왔다.
    Tip* 'how + _____ + 주어 + 동사'에서는 부사가 정답!

how quick your response is
얼마나 빠른지 / 당신의 반응이
▶ be 동사의 보어인 형용사가 how 뒤에 나왔다.
    Tip* 'how + _____ + 주어 + be 동사'에서는 형용사가 정답!

1 Before employees are given a user ID
   and a password for the new program,
   Mr. Zimmer will brief them on ------- the
   system is different from the old one.

   (A) when
   (B) who
   (C) how
   (D) what

2 The release date is tentatively scheduled for
   December 24, but many customers cannot
   wait to see how ------- the new mobile phone
   from LK Electronics is.

   (A) impressive
   (B) impression
   (C) impressively
   (D) impresses

3 Contestants are to be scored on how -------
   they can deliver their ideas on the effects of
   an excessive workout routine within the
   given time.

   (A) eloquently
   (B) eloquent
   (C) eloquence
   (D) most eloquent

👂❗ 해설 강의

1. 전치사 + 의문사 how 명사절

전치사 on의 목적어인 명사절을 이끌어 줄 명사절 접속사 자리로 의문사 how가 들어가서 '그것(새로운 프로그램)이 이전 것과 어떻게 다른지에 대한 세미나'라는 의미가 적절하기 때문에 how가 답이 됩니다. (D)는 의문대명사로 그 뒤에 나오는 절은 주어나 목적어가 없는 불완전한 절이 되어야 하는데 이 문장에서는 완전한 절이 나왔으므로 답이 될 수 없습니다. 정답은 (C)!

> **어휘 👂❗**
> brief는 동사로 쓰일 때 'brief A on B(A에게 B에 대해서 알려 주다)'의 묶음 표현으로 쓰는 것을 기억하세요.
> **be different from** ~과 다르다

구문 해석 직원들이 받기 전에 / 사용자 ID와 비밀번호를 / 새로운 프로그램을 위한 / Mr. Zimmer가 그들에게 알려 줄 것이다 / 어떻게 시스템이 다른지에 대해 / 이전 것과

2. how + 형용사 + 주어 + be 동사

'how + 형용사/부사'는 '얼마나 ~한/얼마나 ~하게'라는 의미로 쓰일 수 있어요. 빈칸은 문장 맨 끝에 있는 be 동사 is의 보어인 형용사가 앞으로 이동한 것이므로 impressive가 답이 됩니다. 정답은 (A)!

> **어휘 👂❗**
> **release date** 출시 날짜 **tentatively** adv. 잠정적으로 **impressive** adj. 멋진, 인상적인

구문 해석 출시 날짜가 잠정적으로 잡혔다 / 12월 24일로 / 그러나 많은 고객들이 빨리 보고 싶어한다 / 새로운 휴대 전화가 얼마나 멋진지 / LK Electronics사로부터 출시되는

3. how + 부사 + 주어 + 동사

'how + 형용사/부사'는 '얼마나 ~한/얼마나 ~하게'라는 의미로 쓰일 수 있는데요. 빈칸 이하에 나오는 동사 deliver를 수식하여 '얼마나 유창하게 전달하다'라는 해석이 문맥상 알맞기 때문에 동사를 수식하는 부사 eloquently가 들어가는 것이 적절합니다. 정답은 (A)!

> **어휘 👂❗**
> 부사 eloquently는 '(말을) 유창하게, 능변으로'라는 뜻이며, 'speak eloquently(유창하게 말하다)'의 묶음 표현으로 알아 두세요.
> **contestant** n. (대회) 참가자 **score** v. 점수를 매기다 **deliver an idea** 의견을 전달하다 **effect** n. 영향 **workout** n. 운동 **routine** n. 생활, 일상

구문 해석 참가자들은 점수가 매겨질 것이다 / 얼마나 유창하게 / 그들의 의견을 전달할 수 있는지에 대해 / 과도한 운동 생활의 영향에 대한 / 주어진 시간 안에

정답 1. (C) 2. (A) 3. (A)

076

'whether + _____'에서는 to 부정사가 답이 될 수 있다.

Patients can decide whether ------- a nurse practitioner or a doctor because insurance coverage might be different depending on which care provider they choose.

(A) seeing   (B) to see   (C) sees   (D) being seen

포인트 해설   동사 decide의 목적어 자리에 접속사 whether가 이끄는 명사절이 나왔다. 이때 '~인지 아닌지'의 뜻을 가지는 접속사 whether는 뒤에 나오는 명사절의 주어 + 동사(they will see)를 to 부정사로 축약할 수 있다. 따라서 whether to see가 온 것으로 볼 수 있다. 정답은 (B).

구문 해석   환자들은 선택할 수 있다 / 전문 간호사를 만날지 의사를 만날지 / 왜냐하면 보험 보장 범위가 다를 수 있기 때문에 / 어떤 의료 제공자를 그들이 선택하느냐에 따라

어휘   insurance coverage 보험 보장 범위   depending on ~에 따라   care provider 의료 제공자

 'whether(~인지 아닌지)'는 명사절 접속사로 쓰일 수 있는데, whether 뒤에 오는 명사절의 주어 + 동사를 to 부정사로 축약하여 'whether to 부정사'로 쓰는 경우도 있다.

The hiring committee members will deliberate for another week to decide whether they will hire (=whether to hire) Mr. Chen (or not).
고용 위원단원들이 심사숙고할 것이다 / 일주일 더 / 결정하기 위해 / 그들이 Mr. Chen을 고용할지 말지를
▶ 접속사 whether 뒤에 나오는 절의 주어 + 동사를 to 부정사로 축약하여 whether to hire로 쓸 수 있다. 참고로 whether 뒤의 절에 나오는 or not은 생략 가능하다.

Whether to expand the subway line to the outskirt of the city is under consideration.
지하철 노선을 확장할지 말지가 / 도시 근교로 / 고려 중이다
▶ 원래 문장은 'whether we will expand the subway line'으로 whether 뒤에 주어 + 동사가 to 부정사(to expand)로 축약된 것이다.
   Tip whether 뒤에 주어 + 동사가 없으면 'whether to 부정사' 구문으로 보기!

 의문사 what, how, when, where 뒤에 나오는 절의 '주어 + 동사(should)'는 to 부정사로 축약할 수 있다.

Due to his lack of experience, the customer service representative didn't know how he should handle(=how to handle) complaints.
그의 경험 부족으로 / 그 고객 서비스 담당 직원은 알지 못했다 / 어떻게 그가 처리해야 할지 / 불만 사항들을
▶ 의문사 how 뒤의 '주어 + 동사(should)'를 to 부정사로 축약하여 쓸 수 있다. 'how to 부정사(어떻게 ~할지)'를 토익에 자주 나오는 묶음 표현으로 알아 두자.

Please contact Dr. Larson if you are not sure when you should stop(=when to stop) taking the medicine.
Dr. Larson에게 연락 주세요 / 만약에 확신하지 못한다면 / 언제 멈추어야 할지 / 약을 복용하는 것을
▶ 의문사 when 뒤의 '주어 + 동사(should)'를 to 부정사로 축약하여 쓸 수 있다. 'when to 부정사(언제 ~할지)'와 더불어 'what to 부정사(무엇을 ~할지)', 'where to 부정사(어디서 ~할지)'가 묶음 표현으로 출제된다는 것을 기억하자.
   Tip 의문사 when/how/where/what 뒤에 주어 + 동사가 없으면 'when/how/where/what to 부정사' 구문으로 보기!

1　It is currently under consideration ------- to employ temporary staff to meet the increasing seasonal demand for pineapple cookies.

(A) that
(B) whether
(C) since
(D) while

2　At the Seventh Global Food Festival, ten food trucks will demonstrate ------- to make popular Korean fusion dishes, such as kimchi tacos.

(A) what
(B) where
(C) when
(D) how

3　It remains to be seen whether ------- provisions on the lease contract would be appealing to the tenants.

(A) to revise
(B) revision
(C) revises
(D) revised

🎯 록 콕! 해설 강의

1. whether to 부정사

가주어 it으로 시작하는 것을 보아 빈칸 이하는 진주어겠죠? 따라서 빈칸은 진주어인 명사절을 이끌어 줄 명사절 접속사 자리입니다. 빈칸에 들어가는 접속사는 바로 뒤에 to 부정사(to employ)를 가질 수 있어야 하는데, 접속사 that, since, while은 to 부정사 축약 구조를 갖지 못해요. whether는 그 뒤에 나오는 주어 + 동사를 축약하여 'whether to 부정사(~할지 말지)'로 쓸 수 있기 때문에 답이 됩니다. 정답은 (B)!

> **어휘 콕콕!**
> 전치사 under는 '~하는 중인'이라는 의미로 'under consideration(고려 중인)', 'under discussion(논의 중인)', 'under construction(공사 중인)'의 묶음 표현으로 토익에 매우 자주 등장합니다.
> **employ** v. 고용하다　**temporary** adj. 임시적인　**seasonal** adj. 계절적인

구문 해석　현재 고려 중이다 / 임시 직원을 고용할 것인가 말 것인가를 / 증가하는 계절적 수요를 충당하기 위해 / 파인애플 쿠키에 대한

2. how to 부정사

동사 demonstrate(시연하다)의 목적어인 명사절을 이끌어 줄 명사절 접속사가 빈칸에 들어가야 합니다. 보기의 의문사들은 모두 명사절 접속사로 쓰일 수 있으며 명사절의 주어 + 동사를 to 부정사로 축약해서 쓸 수 있어요. 동사 demonstrate은 '시연하다, 보여주다'라는 뜻이므로 '만드는 방법'을 시연한다는 뜻에 맞는 how가 답이 됩니다. 정답은 (D)!

> **어휘 콕콕!**
> **demonstrate** v. 시연하다, 보여주다　**dish** n. 음식

구문 해석　제7회 세계 음식 축제에서 / 10개의 음식을 파는 트럭들이 시연할 것이다 / 인기 있는 한국 퓨전 음식을 어떻게 만드는지 / 김치 타코와 같은

3. whether + 분사 + 명사 주어 + 동사

가주어 it, 진주어 whether절의 구문임을 파악해야 해요. 진주어 자리에 that절 이외에 whether절도 나올 수 있는데요. 접속사 whether 뒤에 주어(provisions)와 동사(would be)가 있으며, 빈칸은 주어인 provisions를 수식하는 형용사입니다. '수정된 조항'이라는 수동의 의미에 맞는 revised가 답이 됩니다. whether 뒤의 빈칸에 들어갈 답으로 to revise를 바로 고르지 않도록, whether 뒤에 주어나 동사가 오는지 먼저 확인해야 한다는 것을 기억하세요. 정답은 (D)!

> **어휘 콕콕!**
> provision은 '조항, 준비, 공급'의 뜻을 가지며 특히 'make provision(s) for(~을 위한 준비를 하다)'의 묶음 표현을 알아 두어야 합니다.
> **remain to be seen** 두고 볼 여지가 남아 있다　**lease contract** 임대 계약(서)

구문 해석　두고 볼 여지가 남아 있다 / 수정된 조항들이 / 임대 계약서의 / 세입자들에게 호소력을 가질지

정답 1. (B) 2. (D) 3. (D)

077 'however + 형용사/부사 + 주어 + 동사'의 구문을 쓸 수 있다.

------- long it takes to increase oil production capacity, the government has determined to invest as much time and money as needed.

(A) As soon as   (B) However   (C) Despite   (D) While

포인트 해설	콤마 앞의 부사절을 이끌어 줄 부사절 접속사 자리이다. 전치사 despite을 제외하고 나머지 보기는 모두 부사절 접속사로 쓰일 수 있다. 그런데 빈칸 뒤의 주어(it) + 동사(takes)에 앞서 부사(long)를 먼저 가질 수 있는 것은 복합관계부사 however 뿐이다. 'however + 형용사/부사 + 주어 + 동사'의 순서로 쓰면 '아무리 ~하더라도'로 해석할 수 있다. 정답은 (B).
구문 해석	아무리 오래 걸리더라도 / 기름 생산량을 늘리는 것이 / 정부는 결정했다 / 시간과 돈을 많이 투자하기로 / 필요한 만큼
어휘	production capacity 생산량 determine to do ~할 것을 결정하다

 복합관계부사 however(어떤 방식이든지), wherever(어디에서나), whenever(언제라도, ~할 때마다)는 부사절 접속사로 쓸 수 있다.

However you try to solve the problem, it will not work out.
당신이 어떤 방식으로 노력하든지 / 그 문제를 해결하기 위해 / 소용없을 것이다
▶ however가 '어떤 방식이든지'라는 뜻으로 부사절을 이끌어 주고 있다. however가 접속부사인 '그러나'라는 뜻으로 쓰이는 것과 구별할 수 있어야 한다.

Tourists were surprised that they could find a beverage vending machine nearly **wherever** they went in the city.
관광객들은 놀랐다 / 그들이 음료 자판기를 찾을 수 있어서 / 거의 그들이 갔던 곳 어디에서나 / 그 도시에서
▶ wherever가 '어디에서나'라는 뜻으로 문장 뒤에 위치한 부사절을 이끌어 주고 있다.

Whenever you book a flight on our Web site, you can earn one mile for every dollar you spend.
귀하가 항공편을 예약하실 때마다 / 저희 웹사이트에서 / 1마일을 얻을 수 있습니다 / 귀하가 쓰는 1달러마다
▶ whenever가 '~할 때마다'라는 뜻으로 부사절을 이끌어 주고 있다. 이때 whenever는 'every time(~할 때마다)'으로 바꾸어 쓸 수 있다.

 however, wherever, whenever가 '아무리 ~하더라도, 어디서 ~하더라도, 언제 ~하더라도'라는 양보의 뜻일 때에는 각각 'no matter how, no matter where, no matter when'으로 바꾸어 쓸 수 있다.

However(=No matter how) **carefully you explain** 아무리 주의 깊게 당신이 설명하더라도
▶ 참고로 however가 '아무리 ~하더라도'의 의미일 때에는 'however + 형용사/부사'의 순서로 쓴다.

    however <u>much</u> you want 아무리 많이 당신이 원하더라도
    however <u>quickly</u> you settle down 아무리 빨리 당신이 정착하더라도
    Tip ' _____ + 형용사/부사 + 주어 + 동사'에서는 however가 온 수 있음을 알아 두기!

Wherever(=No matter where) **Ms. Flores goes within the city** Ms. Flores가 그 도시 내에서 어디를 가더라도

Whenever(=No matter when) **you call for assistance** 당신이 언제 도움을 요청하더라도
    Tip 'no matter _____ 주어 + 동사'의 경우에는 시간 관련 문맥이면 when이, 장소 관련이면 where가 답이 됨을 알아 두기!

1 Before signing the contract, clients can ask to revise it ------- they want to make changes on any of the provisions.

(A) such as
(B) although
(C) whenever
(D) therefore

2 No matter ------- you go in Hawaii, you can explore the islands' incredible natural beauty as well as fantastic local cuisine with tropical flavors.

(A) what
(B) where
(C) that
(D) how

3 ------- how prominently placed the exit signs are, employees will not be able to find the way out of the building in case of an emergency.

(A) Although
(B) Regardless
(C) As to
(D) No matter

획쾅! 해설 강의

1. whenever의 부사절

빈칸 이하의 부사절을 이끌어 줄 부사절 접속사를 고르는 문제예요. therefore는 접속부사, such as(~처럼)는 전치사이므로 둘 다 접속사 자리에 쓰일 수 없습니다. although(비록 ~이지만)는 부사절 접속사이지만 빈칸에 들어가면 '그들이 변경하고 싶음에도 불구하고(although) 수정을 요청할 수 있다'라는 어색한 뜻이 되기 때문에 답이 될 수 없어요. 변경하고 싶을 때는 언제라도(whenever)'라는 뜻으로 whenever가 답이 됩니다. 정답은 (C)!

> ─ 어휘 획쾅! ─
> sign a contract 계약서에 서명하다   revise v. 수정하다   provision n. (계약서 등의) 조항

구문 해석   계약서에 서명하기 전에 / 고객들은 수정하는 것을 요청할 수 있다 / 그들이 변경하고 싶을 때는 언제나 / 조항 중에 어느 것이라도

2. no matter where

no matter와 함께 쓰일 수 있는 보기를 골라야 하는 문제입니다. no matter와 함께 쓰이지 않는 that은 우선 정답에서 제외됩니다. 'no matter what(무엇을 ~하든지)'은 의문사 what 뒤에 불완전한 절이 나오는 것처럼 'no matter what' 뒤에도 불완전한 절이 나와야 하죠. 그런데 빈칸 이하는 완전한 절이므로 답이 될 수 없습니다. 'no matter where(어디서 ~하더라도)', 'no matter how(아무리 ~하더라도)' 중에서 문맥상 '하와이에서 어디를 가더라도'라는 의미가 적절하므로 빈칸에는 where가 답이 됩니다. 정답은 (B)!

> ─ 어휘 획쾅! ─
> explore v. 탐험하다, 조사하다   incredible adj. 놀라운, 믿을 수 없는   cuisine n. 요리   tropical adj. 열대의   flavor n. 풍미, 맛

구문 해석   당신이 어디를 가더라도 / 하와이에서 / 당신은 그 섬의 놀라운 자연의 아름다움을 탐험할 수 있다 / 환상적인 지역 요리뿐 아니라 / 열대의 풍미를 가진 (요리)

3. no matter how

부사절 접속사 although는 또 다른 접속사 how와 나란히 쓸 수 없기 때문에 답이 될 수 없으며, regardless는 regardless of(~에 상관없이)로 써야 합니다. as to(~에 관하여)는 전치사로 '전치사 + 명사절(의문사 how절)'의 구조가 가능하다고 착각할 수 있지만, '얼마나 눈에 띄는지에 관하여(as to)'라는 의미가 문맥상 적절하지 않아요. '아무리 눈에 띄게 두어도 길을 못 찾는다'는 의미에 맞는 no matter how(=however 아무리 ~하더라도)가 답이 됩니다. 정답은 (D)!

> ─ 어휘 획쾅! ─
> 부사 prominently(눈에 띄게)는 묶음 표현인 'prominently placed(눈에 띄게 놓여진)', 'prominently displayed(눈에 띄게 진열된)', 'prominently featured(눈에 띄게 다뤄진)'로 알아 두면 그 쓰임을 기억하기 쉬워요.
> exit sign 출구 표지   in case of an emergency 비상 시에

구문 해석   아무리 눈에 띄게 놓여져 있어도 / 출구 표지가 / 직원들은 찾을 수 없을 것이다 / 건물 밖으로 나가는 길을 / 비상 시에는

정답 1. (C) 2. (B) 3. (D)

078 'Hardly/Seldom + 동사 + 주어'의 도치 구문을 쓸 수 있다.

------- has the restaurant been fully booked, since its interior looks old and outdated and the service is incredibly slow.

(A) Hardly   (B) Also   (C) Although   (D) Probably

포인트 해설	동사(has) + 주어(the restaurant)의 순서로 시작되고 있으므로 빈칸에 이런 도치 구문을 만들 수 있는 단어가 들어가야 한다. hardly, seldom, rarely는 모두 '거의 ~않다'라는 의미의 부정부사로 문장 앞에 나오면 문장의 주어, 동사를 도치시키기 때문에 보기 중 hardly가 답이 될 수 있다. 정답은 (A).
구문 해석	식당은 완전히 예약이 찬 적이 거의 없었다 / 왜냐하면 그곳의 내부가 오래되어 보이고 구식이며 / 서비스가 믿을 수 없을 정도로 느리기 때문에
어휘	fully adv. 완전히, 충분히 outdated adj. 구식인 incredibly adv. 믿을 수 없을 정도로, 엄청나게

 hardly, scarcely, rarely, never, not only, seldom, neither와 같이 '~않은' 혹은 '거의/좀처럼 ~않은'이라는 뜻의 부정부사가 문장 맨 앞에 나오면 문장의 주어와 동사는 도치된다.

Seldom had I had a car accident before I moved to New York City.
나는 차 사고를 당한 적이 거의 없었다 / 뉴욕으로 오기 전에
▶ seldom(거의 ~않다)이 문장 맨 앞에 나오면서 문장의 동사(had), 주어(I)가 도치되었다. 원래 문장은 'I had seldom had a car accident ~'이며 'have/has/had + p.p.' 완료 시제의 도치 구문은 have/has/had를 주어 앞으로 이동시키면 된다.

Not only is Mr. Kerr invited to be present at the Science Expo, but he is also asked to give the opening remarks.
Mr. Kerr는 초청받았을 뿐 아니라 / 과학 박람회에 참석하는 것에 / 그는 또한 요청받았다 / 개회사를 해 줄 것을
▶ not only가 문장 맨 앞에 나오면서 문장의 동사(is), 주어(Mr. Kerr)가 도치된 형태로 나왔다. 원래 문장은 'Mr. Kerr is not only invited to be present ~'이며 be 동사가 들어간 문장의 도치 구문은 be 동사를 주어 앞으로 이동시키면 된다.
    Tip hardly, scarcely, rarely, seldom은 모두 그 자체로 부정적인 뜻을 지니고 있으므로 not과 같은 다른 부정어와 함께 쓸 수 없음은 추가로 알아 두기!

Never does Mr. Goldberg help to rearrange furniture for a party.
Mr. Goldberg는 한번도 도와주지 않았다 / 가구를 재배치하는 것을 / 파티를 위해
▶ never가 문장 맨 앞으로 나오면서 문장의 동사(does)와 주어(Mr. Goldberg)가 도치되었다. 원래 문장은 'Mr. Goldberg never helps to rearrange ~'이며 help와 같은 일반 동사는 주어 앞으로 바로 도치되어 나가지 못하고, 조동사 do/does/did가 대신 앞으로 나가고 동사는 원형으로 바꾸어 쓴다.
    Tip 'Never + do/does/did + 주어 + 일반동사 동사원형' 도치 구문 알아 두기!

1 ------- did the secretary book a flight for Mr. Hopkins, but she also arranged transportation for his entire trip.

   (A) As Always
   (B) Not only
   (C) Usually
   (D) Sometimes

2 Rarely had the delegates ------- so welcomed and relaxed like at home, and most of them were more than willing to attend the conference again next year.

   (A) felt
   (B) feeling
   (C) feel
   (D) feels

3 Seldom ------- Mr. Benson's proposals favorably received due to his lack of hands-on experience.

   (A) was
   (B) had
   (C) were
   (D) have

✭훅! 해설 강의

1. Not only + 동사 + 주어
빈칸 뒤의 동사(did)와 주어(the secretary)가 도치된 것으로 보아 도치 구문을 만들 수 있는 부정부사 not only가 답이 됩니다. 나머지 보기들도 다 부사이지만 문장 맨 앞에 나와도 문장의 주어와 동사를 도치시키지는 않기 때문에 답이 될 수 없어요. 정답은 (B)!

> **어휘 ✭훅!**
> book v. 예약하다(=reserve) arrange v. 마련하다, (일정 등을) 잡다

구문 해석 비서는 예약했을 뿐 아니라 / Mr. Hopkins를 위한 비행편을 / 그녀는 또한 교통수단을 마련했다 / 그의 전체 여행 일정을 위한

2. Rarely + had + 주어 + p.p.
rarely(좀처럼 ~하지 않는)가 문장 앞에 나오면 문장의 주어와 동사는 도치됩니다. 바로 뒤에 동사 had가 도치되어 나온 것으로 보아 원래 주어와 동사는 'the delegates had rarely felt ~'로 과거 완료 시제 'had + p.p.(had felt)'가 쓰였는데, 주어와 동사가 도치되면서 had가 앞으로 이동하고 빈칸에 p.p.형인 felt가 남은 것으로 볼 수 있어요. had feeling이나 had feel(s)의 동사 구조는 불가능하므로 나머지 보기는 답이 될 수 없습니다. 정답은 (A)!

> **어휘 ✭훅!**
> more than은 '매우/몹시/충분히 ~인'의 의미로 쓰여 'be more than willing to(매우 기꺼이 ~하다)', 'be more than happy to(~하게 되어 몹시 기쁘다)'와 같이 쓸 수 있어요.
> delegate n. 대표자 be willing to do 기꺼이 ~하다

구문 해석 그 대표자들은 느낀 적이 거의 없었다 / 그렇게 환영받고 집에 와 있는 것 같은 편안함을 / 그래서 그들 대부분은 매우 기꺼이 회의에 참석하고자 했다 / 내년에 다시

3. Seldom + be + 주어 + p.p.
seldom(거의 ~않은)이 문장 앞에 나오면 문장의 주어와 동사가 도치되겠죠? 해석해 보면 '제안서가 받아들여지다'라는 수동의 의미가 적절하므로 원래 문장이 'Mr. Benson's proposals were seldom favorably received ~'인 것을 알 수 있습니다. 도치 구문을 만들 때 be 동사는 주어 앞으로 이동하므로 'seldom were Mr. Benson's proposals favorably received ~'로 쓸 수 있어요. (A)는 주어인 proposals와 수일치되지 않아서 정답이 될 수 없습니다. 정답은 (C)!

> **어휘 ✭훅!**
> 'favorably received'는 '호의적으로 받아들여지다, 호평을 받다'라는 뜻으로 토익에서 단골로 출제되는 표현이므로 기억해 두세요.
> favorably adv. 호의적으로 hands-on experience 현장 경험

구문 해석 Mr. Benson의 제안서들이 호의적으로 받아들여진 적은 거의 없다 / 그의 현장 경험 부족으로

정답 1. (B) 2. (A) 3. (C)

079 'Only + 부사(구/절) + 동사 + 주어'의 도치 구문을 쓸 수 있다.

Only after the product went through a rigorous inspection process did the managers ------- that it was ready to be put on the market.

(A) think   (B) thought   (C) has thought   (D) be thought

....

포인트 해설   'Only + 부사절(only after the product went through a rigorous inspection process)'이 문장 앞에 오면서 문장의 동사(did)와 주어(the managers)가 도치되었다. 원래는 'the managers thought that ~'으로 과거 시제 동사(thought)가 있었는데, 일반 동사의 도치 구문은 그 동사가 주어 앞으로 나가지 못하고, do/does/did의 조동사가 대신 나가야 한다. thought가 과거 시제 동사이므로 대신할 조동사 did가 앞으로 나가고 주어 뒤에 남아 있는 동사는 원형으로 써서 'did the managers think ~'가 된 것으로 볼 수 있다. 정답은 (A).

구문 해석   그 제품이 통과한 이후에서야 / 엄격한 검사 절차를 / 관리자들은 생각했다 / 그것이 준비가 되었다고 / 시장에 내놓여질

어휘   go through 통과하다, 겪다   rigorous adj. 엄격한(=strict, stringent)   be ready to do ~할 준비가 되다
       put ~ on the market ~을 시장에 내놓다

 'Only + 부사(구/절)'이 문장 앞에 나오면 문장의 주어와 동사는 도치된다.

Only by registering your membership code online are you able to use the e-Card.
오로지 회원 번호를 등록함으로써 / 온라인으로 / 당신은 e-Card를 이용할 수 있다

▶ 원래 문장의 주어와 동사는 'you are able to ~'인데, 'Only + 부사구(only by registering your membership code online)'가 문장 앞에 나오면서 '동사(are) + 주어(you)'의 순서로 도치되었다. be 동사는 도치 구문일 때 주어 앞으로 바로 이동할 수 있다.

Only after you receive your online purchase can you register for the product warranty.
귀하의 온라인 구매 상품을 받은 이후에야 / 귀하의 제품 보증서를 등록할 수 있습니다

▶ 원래 문장의 주어와 동사는 'you can register for ~'인데, 'Only + 부사절(only after you receive your online purchase)'이 문장 앞에 나오면서 문장의 주어와 동사가 도치되어 '동사(can) + 주어(you)'의 순서가 되었다. 조동사는 도치 구문일 때 주어 앞으로 바로 이동할 수 있다.

Only recently did Fixhat.com open its retail stores in Toronto.
최근에서야 / Fixhat.com은 소매점을 열었다 / 토론토에

▶ 원래 문장의 주어와 동사는 'Fixhat.com opened ~'인데, 'Only + 부사(only recently)'가 문장 앞에 나오면서 문장의 주어와 동사가 도치되어 '동사(did) + 주어(Fixhat.com)'의 순서가 되었다. 주의할 점은 일반 동사의 도치 구문은 일반 동사가 주어 앞으로 바로 나오지 못하고, do/does/did 조동사가 대신 나온다는 점이다. 이때 주어 뒤에 남아 있는 일반 동사는 반드시 원형(open)으로 써야 한다.

Tip 문장의 맨 앞에 'Only + 전치사/접속사/부사 ~ 동사 + 주어' 도치 구문으로 알아 두기!

1 Only when the physical therapy assistants are under the supervision of licensed professionals ------- they allowed to provide care services.

   (A) are
   (B) will
   (C) does
   (D) was

2 Only by presenting a photo ID such as a driver's license can ------- enjoy substantial discounts.

   (A) yours
   (B) yourself
   (C) your
   (D) you

3 Only ------- has the idea of hiring full-time consultants for students been widely discussed among faculty members.

   (A) lateness
   (B) lately
   (C) later
   (D) late

해설 강의

1. Only + 부사절 + 동사 + 주어

'Only + 부사절(only when ~ professionals)'이 문장 앞에 오면서 문장의 주어와 동사가 도치된 것으로 볼 수 있는데요. 주어(they) 뒤에 allowed가 나온 것을 보고 원래 문장이 'they are allowed ~'의 수동태 구문이었음을 파악할 수 있어야 합니다. 나머지 보기의 동사가 빈칸에 들어갈 경우, 원래 주어와 동사가 'they will allowed', 'they does allowed', 'they was allowed'로 다 불가능한 형태 이므로 답이 될 수 없습니다. 정답은 (A)!

어휘 physical therapy 물리 치료 assistant n. 보조, 조교 under the supervision of ~의 감독 하에 professional n. 전문가

구문 해석 오직 물리 치료 보조사들은 감독 하에 있을 때에만 / 자격증이 있는 전문가들의 / 그들은 허용된다 / 치료 서비스를 제공하는 것이

2. Only + 부사구 + 동사 + 주어

'Only + 부사구(only by presenting a photo ID such as a driver's license)'가 문장 앞에 나오면서 문장의 주어와 동사가 도치된 것 으로 볼 수 있습니다. 원래 주어와 동사는 'you can enjoy ~'이지만 동사 can이 앞으로 나오면서 빈칸에는 주어, 즉 주격 대명사가 남 아 있게 된 것이죠. 정답은 (D)!

어휘 동사 present는 '제시하다, (문제를) 야기하다'라는 뜻으로 쓰이며 'present an ID(신분증을 제시하다)', 'present a risk(위험을 야기하다)'를 자주 쓰이는 묶음 표현으로 알아 두는 것이 좋습니다.
substantial adj. 상당한

구문 해석 오직 사진이 있는 신분증을 제시함으로써 / 운전 면허증과 같은 / 당신은 상당한 할인을 누릴 수 있습니다

3. Only + 부사 + 동사 + 주어

문장의 주어와 동사가 '동사(has) + 주어(the idea)'의 순서로 도치된 것으로 보아 문장 앞에 'Only + 부사(구/절)'이 나왔음을 파악할 수 있어야 해요. 따라서 빈칸은 only 뒤의 부사 자리이므로 부사로 쓰이면서 의미가 적절한 lately(최근에)가 답이 됩니다. 정답은 (B)!

어휘 full-time adj. 전임의 widely adv. 널리 faculty member 교직원

구문 해석 최근에야 비로소 / 전임 상담가를 고용하는 계획이 / 학생들을 위한 / 널리 논의되고 있다 / 교직원들 사이에서

정답 1. (A) 2. (D) 3. (B)

than을 쓰지 않는 비교급 표현들이 있다.

The state-of-the-art community center which opened last week was not built in ------- style as the other buildings in the historic town.

(A) same   (B) more same   (C) most same   (D) the same

포인트 해설   '나머지 건물들과 같은 스타일이다'라는 의미의 비교 표현이 들어갈 자리로 'the same (+ 명사) as(~와 같은)'의 묶음 표현을 물어보는 문제이다. 이때 same 앞에 반드시 the를 붙여 쓴다는 것에 주의하자. 정답은 (D).

구문 해석   최첨단 지역 문화 센터는 / 지난주에 문을 연 / 같은 스타일로 지어지지 않았다 / 나머지 건물들과 (같은 스타일) / 그 역사적인 도시에 있는

어휘   state-of-the-art adj. 최첨단의   historic adj. 역사적인

---

 more than 비교급 이외의 비교 표현들을 알아 두어야 한다.

inferior/superior to ~보다 열등한/우수한	**the same (+ 명사) as** ~와 같은
just as 꼭 ~처럼, (앞에 나온 것과 비교하여) 그만큼 ~한	**the + 비교급 ~, the + 비교급 …** ~하면 할수록 더욱 더 …하다
prior to ~보다 이전에	**would rather ~ than …** …하느니 차라리 ~하다

Mr. Maiden's report seems to be superior to that of his colleagues.
Mr. Maiden의 보고서는 / 더 우수한 것으로 보인다 / 그의 동료들의 그것(보고서)보다
▶ '~보다 우수한'이라는 비교 표현이지만 than을 쓰지 않고 to를 쓰는 것에 유의해야 한다.

Some employees do not want to stay at the same hotel as their supervisors.
일부 직원들은 머물고 싶어 하지 않아 한다 / 같은 호텔에 / 그들의 상사들과
▶ '~와 같은'이라는 비교 표현으로 'the same (+ 명사) as'는 반드시 same 앞에 정관사 the를 붙여 쓰는 것에 유의해야 한다.

I would rather join another branch than quit my job.
저는 차라리 다른 지점으로 가는 것을 신청하겠습니다 / 일을 그만두느니
▶ 'would rather A than B(B하느니 차라리 A를 하다)' 구문이다. 참고로 'rather than'은 단독으로 '~ 대신에, ~보다는'의 의미로 쓰일 수 있음을 알아 두어야 한다.

The more stringent our quality control system is, the more reliable our products will be.
더 엄격할수록 / 우리의 품질 관리 시스템이 / 더 신뢰할 만할 것이다 / 우리 제품이
▶ 원래 비교급은 정관사 the 뒤에 쓰지 않지만, 'the + 비교급 ~, the + 비교급 …(~하면 할수록 더욱 더 …하다)'에서는 예외적으로 쓸 수 있다.
     Tip 'the + 비교급'이 먼저 나온 것을 보면 뒤이어 'the + 비교급'이 나오는지 꼭 확인하기!

---

1 Please be reminded that the recommended arrival time at the airport is three hours ------- to departure when traveling overseas.

(A) before
(B) ahead
(C) prior
(D) less

2 The faster you respond to the invitation, the ------- you are to get a good seat in the front row.

(A) more likely
(B) most likely
(C) likelihood
(D) likeness

3 To be a competent and respected leader, problem solving skills are required, but communication skills are ------- as important.

(A) very
(B) far
(C) just
(D) well

 해설 강의

1. prior to

보기 중에서 빈칸 뒤의 전치사 to와 함께 쓰일 수 있는 것은 prior뿐입니다. (A)의 경우 to 없이 단독으로 쓰이면 답이 될 수 있으며 (B)의 ahead는 부사로 '앞으로'라는 뜻인데 'ahead of(~보다 앞서서)'로 쓰이면 빈칸에 들어갈 수 있죠. 즉 'three hours prior to departure(출발 3시간 전)'는 'three hours before departure', 'three hours ahead of departure'로 바꾸어 쓸 수 있습니다. 정답은 (C)!

어휘 ✔✔!
arrival n. 도착 departure n. 출발 prior to(=before) ~ 이전에

구문 해석 알고 있으세요 / 권장되는 도착 시간은 / 공항에 / 출발 3시간 전입니다 / 해외여행을 떠날 때

2. the + 비교급 ~, the + 비교급 …

문장 앞에 the faster를 보고 'the + 비교급 ~, the + 비교급 …(~하면 할수록 더 …하다)'의 구문인 것을 파악할 수 있어야 합니다. 빈칸은 the 뒤에 나올 비교급 자리로 more likely가 답이 됩니다. 정답은 (A)!

어휘 ✔✔!
likely는 형용사(~할 것 같은)와 부사(아마도)로 모두 쓰일 수 있으며, 명사 likelihood(가능성)와 명사 likeness(유사성)를 구별할 수 있어야 합니다.
respond to ~에 응답하다 in the front row 앞줄 likely adj. ~할 것 같은(cf. be likely to do ~할 것 같다, ~하기 쉽다)

구문 해석 더 빨리 귀하가 응답할수록 / 초대에 대해 / 더 ~할 수 있습니다 / 좋은 좌석을 받을 수 / 앞줄에

3. just as

빈칸 뒤 as와 함께 어울리는 부사를 고르는 문제로 문맥상 앞에서 언급된 문제 해결 기술 못지않게 의사소통 기술이 그만큼 중요하다는 비교 의미임을 알 수 있어요. 'just as'는 비교 표현 중 하나로 '(앞에 나온 것과 비교하여) 그만큼 ~한'이라는 뜻인 것을 알아야 풀 수 있는 문제입니다. 정답은 (C)!

어휘 ✔✔!
competent adj. 유능한 problem solving skill 문제 해결 기술 communication skill 의사소통 기술

구문 해석 유능하고 존경받는 지도자가 되기 위해서는 / 문제 해결 기술이 / 요구됩니다 / 그러나 의사소통 기술도 그만큼(앞에서 언급된 것만큼) 중요합니다

정답 1. (C) 2. (A) 3. (C)

Part V

01 The news that the budget airline no longer provides free beverages during flights has left many frequent fliers -------.

(A) disappoint　　(B) disappointed
(C) disappointing　(D) disappointment

02 To avoid complicated hiring processes and to reduce expenses, many companies say that they would rather retrain existing workers ------- hire new employees from outside.

(A) to　　(B) as
(C) than　(D) and

03 Even after reviewing hundreds of résumés, the production company hasn't yet decided ------- person is qualified enough to be the costume director for the new movie.

(A) which　(B) that
(C) how　　(D) whose

04 Mr. Green ------- that Mrs. Brown be dispatched to the upcoming international conference as a company representative.

(A) identified　(B) notified
(C) commented　(D) suggested

05 ------- after you place an order with us, you will receive an e-mail with your confirmation number that will enable you to check your order status.

(A) Immediate　　(B) Immediacy
(C) Immediately　(D) Immediateness

06 For safety reasons, people who use water slides are not allowed to wear anything other than swimsuits ------- on the rides.

(A) while　(B) at
(C) though　(D) in case of

07 Upon ------- her credit history, the mortgage officer at the bank informed Mrs. Crowe that she was not eligible for a loan.

(A) check　　(B) checked
(C) checking　(D) checks

08 The editor ------- were introduced to yesterday at the party would like to meet you again since he is interested in publishing your novels.

(A) you　　(B) your
(C) yours　(D) yourself

09 Those who participated in the interview wanted to know ------- of the applicants got the job.

(A) that　(B) whose
(C) which　(D) what

10 Should anyone need Korean-English translation when analyzing the collected data, ------- to Mr. Connery for help.

(A) refers　　(B) referring
(C) referred　(D) refer

11 Hotel guests can upgrade their room to a suite ------- a lake for an additional charge of seventy dollars per night.

(A) faces　(B) facing
(C) face　　(D) faced

12 In the online survey, 80 percent of our customers stated ------- they put durability before anything else when choosing office furniture.

(A) what　(B) while
(C) that　(D) on

13 Mainly due to good publicity from critics, the number of visitors to the Contemporary Art Museum is much higher than in ------- years.

(A) precede
(B) precedes
(C) preceded
(D) preceding

14 Ms. Leigh asked to meet with Mr. Keaton, a man from customer relations with whom she could be ------- at ease.

(A) more absolute
(B) absolute
(C) absoluteness
(D) absolutely

15 If Mrs. Huang were to take the temporary job in Asia, she ------- for promotion.

(A) has been considering
(B) would be considered
(C) was considered
(D) have to be considered

16 Mr. Fonda was told to help ------- Ms. Allen to a customer service representative who would address her concerns.

(A) direct
(B) directs
(C) directing
(D) directed

Part VI

Questions 17-20 refer to the following advertisement.

MJ Hotel is not the place for you if you want to stay in the center of a hectic city since it is located in a tranquil neighborhood. There are, ------- , some tourist spots only a 10-minute drive from the hotel, such as a botanical garden and a zoo, which makes it a perfect place for a family weekend getaway. -------.

In celebration of our 5th anniversary this year, we are now offering substantial discounts for those who make a reservation for a seven-night stay or more.

You can visit our Web site at www.MJreservations.com to check how much money you can -------. -------, you can just call us at 808-384-8847 for a quick reservation.

17 (A) then
(B) however
(C) in fact
(D) for example

18 (A) The hotel will be moved to a new location.
(B) All of the suites are fully booked now.
(C) The hotel was established in 1960s.
(D) That's why we have high occupancy rates all year round.

19 (A) enjoy
(B) make
(C) produce
(D) save

20 (A) Consequently
(B) Even though
(C) Alternatively
(D) As for

정답 및 해설 p.251

www.HackersIngang.com

Section

3

토익 800점 이상을 위한 고득점 공식

[공식 081 ~ 100]

김지현 선생님이 알려 주는
학습 목표와 학습 방법을
동영상강의로
꼭! 확인해 보세요.

081 현재 시제는 가까운 미래를 나타낼 수 있다.

The lease for your apartment ------- at the end of next month if you don't renew it within two weeks.

(A) expires   (B) expired   (C) are expired   (D) will be expired

....

포인트 해설   at the end of next month(다음 달 말)는 미래 시점이므로 '만료가 될 것이다'라는 미래 시제 동사가 빈칸에 들어가야 한다. (D)를 답으로 혼동할 수 있는데 expire(만료되다)는 자동사이므로 수동태가 될 수 없어 오답이다. 현재 시제는 가까운 미래를 의미할 수 있기 때문에 expires가 답이 된다. 정답은 (A).

구문 해설   귀하의 아파트에 대한 임대가 / 만료될 것입니다 / 다음 달 말에 / 만약 그것을 갱신하지 않으면 / 2주 안에

어휘   lease n. 임대

 현재 시제는 가까운 미래를 의미할 수 있다. 주로 오다/가다(come/go), 출발하다/도착하다(depart, leave/arrive 등), 시작/끝(start/finish, complete, conclude, end, expire 등)을 의미하는 동사에 쓰인다.

The train bound for Sevilla departs promptly at 8 A.M. tomorrow.
기차가 / 세비야로 향하는 / 정확히 오전 8시에 출발한다 / 내일
▶ 내일 출발한다는 미래 시제인데 현재 시제(departs)로 가까운 미래를 나타내고 있다.

At the end of this month, the contract expires unless otherwise told.
이달 말에 / 계약이 만료될 것이다 / 달리 말이 없다면
▶ 이달 말에 만료된다는 미래 시제이지만 현재 시제(expires)로 가까운 미래를 나타내고 있다.

 이미 예정된 일을 말할 때는 현재 진행 시제가 미래를 의미할 수 있다.

Analysts from the company are coming to the London factory tomorrow to inspect the facility.
분석가들이 / 그 회사로부터 / 내일 런던 공장에 올 것이다 / 시설을 점검하기 위해
▶ 분석가들이 내일 오는 것은 예정된 일이며 현재 진행 시제로 미래 의미를 나타내고 있다.

Over the next week, we are offering a free gift basket for all orders over $100.
다음 한 주 동안 / 저희는 제공할 것입니다 / 무료 선물 바구니를 / 100달러 이상의 모든 주문에 대해
▶ 다음 한 주 동안 선물 바구니를 제공하는 것은 예정된 일이며 현재 진행 시제로 미래를 나타내고 있다.

081

1 At the Sienna Museum of Art, the exhibition on Fletcher's paintings ------- at the end of next week.

(A) to conclude
(B) has concluded
(C) concluded
(D) concludes

2 To clear stock, we ------- huge discounts on every item on the shelves from next week.

(A) offers
(B) offering
(C) offered
(D) are offering

3 This morning, members were told that the head of their team ------- the company next month to start his own business.

(A) have left
(B) is leaving
(C) will be left
(D) had been left

 해설 강의

1. 가까운 미래를 나타내는 현재 시제

전시회가 다음 주 말에 끝난다는 미래 시제이므로 will conclude를 쓸 수 있지만 보기 중에 없습니다. 대신 conclude와 같이 '끝나다' 라는 의미의 동사는 현재 시제로 가까운 미래를 나타낼 수 있기 때문에 concludes가 답이 될 수 있어요. 정답은 (D)!

> **어휘 촉촉!**
> 동사 conclude(끝나다, 결론을 내리다)는 'conclude with(~로 끝나다)', 'conclude that절(~라고 결론을 내리다)'의 표현으로 쓸 수 있다는 것을 기억하세요.
> exhibition n. 전시회 at the end of ~의 말에

구문 해석 Sienna 미술관에서 / Fletcher의 그림에 대한 전시회가 끝날 것이다 / 다음 주 말에

2. 미래의 예정된 일을 나타내는 현재 진행 시제

주어(we)와 수일치되지 않는 동사 (A)는 답에서 제외됩니다. 다음 주에 할인이 시작된다는 의미이므로 미래 시제인 will offer가 있으 면 답이 되겠지만 보기 중에 없어요. 대신 이미 예정된 미래의 일을 나타낼 때 현재 진행 시제를 쓸 수 있으므로 are offering이 답이 될 수 있습니다. 정답은 (D)!

> **어휘 촉촉!**
> 명사 stock(재고)은 'clear stock(재고 정리를 하다)', 'in stock(재고가 있는)', 'out of stock(재고가 없는)'의 묶음 표현으로 자주 쓰이는 것을 알아 두세요.
> shelf n. 선반

구문 해석 재고 정리를 하기 위해서 / 저희는 엄청난 할인을 제공할 것입니다 / 선반에 진열된 모든 제품에 대해 / 다음 주부터

3. 미래의 예정된 일을 나타내는 현재 진행 시제

that절의 동사 자리이므로 주어인 the head of their team에 수일치되지 않는 (A)는 답에서 제외합니다. 뒤에 목적어(the company)를 가지는 능동태 동사 자리이므로 보기 중 수동태인 (C)와 (D)는 답이 될 수 없어요. next month로 보아 다음 달에 떠난다는 의미의 미래 시제 will leave가 필요하지만 보기 중에 없고, 대신 현재 진행 시제가 가까운 미래에 예정된 일을 나타낼 수 있으므로 답이 될 수 있습 니다. 참고로 주절의 동사가 과거 시제(were told)이므로 종속절의 시제도 똑같이 과거를 쓴다고 생각할 수 있지만, 주절의 시제가 과거 이더라도 종속절의 내용이 현재를 기준으로 미래의 일일 때에는 미래 시제에 해당되는 동사를 쓸 수 있습니다. 정답은 (B)!

> **어휘 촉촉!**
> start business 사업을 시작하다 leave v. 떠나다

구문 해석 오늘 아침에 / 팀원들은 말을 들었다 / 그들의 팀장이 회사를 떠날 것이라는 것을 / 다음 달에 / 그 자신의 사업을 시작하기 위해

정답 1. (D) 2. (D) 3. (B)

082 'be to 부정사'는 '~할 예정이다'라는 의미이다.

Some paintings loaned by Rhode Museum are ------- at Casa Gallery from July 15th to December 15th.

(A) exhibit   (B) exhibiting   (C) to be exhibited   (D) to be exhibiting

....

포인트 해설 be 동사 뒤에 동사원형 exhibit은 들어갈 수 없으므로 (A)는 오답이다. 문맥상 '전시되다'라는 수동태 동사가 필요한데 'be + p.p.' 형태가 들어가 있는 보기는 to be exhibited이므로 답이 될 수 있다. 이때 be 동사 뒤에 to 부정사가 들어가는 be to 용법이 미래 시제를 나타낼 수 있으므로 '전시될 것이다'라고 해석할 수 있다. 정답은 (C).

구문 해석 몇 점의 그림들이 / Rhode 박물관에서 대여해 온 / 전시될 것이다 / Casa 갤러리에서 / 7월 15일부터 12월 15일까지

어휘 loan v. 대여하다, 대출하다 exhibit v. 전시하다; n. 전시(회)

 'be + to 부정사'의 be to 용법은 '~할 예정이다', '~할 의무이다'라는 뜻으로 쓸 수 있다.

Mr. Stiller is to arrive(=is due to arrive) in Seoul at 5 P.M., so we need to send someone to pick him up at the airport.
Mr. Stiller가 서울에 도착할 예정이다 / 오후 5시에 / 그래서 우리는 누군가를 보낼 필요가 있다 / 그를 데려오도록 / 공항에서
▶ be to 용법이 '~할 예정이다'라는 뜻으로 미래를 나타내고 있으며, 이때 be to 용법은 'be due to 부정사(~할 예정이다)'로 바꾸어 쓸 수 있다.

Participants are to follow the instructions given by the presiding officer.
참가자들은 지시 사항을 따라야 한다 / 의장에 의해 주어진 (지시 사항)
▶ be to 용법이 '~해야 한다'라는 뜻으로 의무를 나타내고 있다.

 be to 용법과 be 동사의 보어로 명사적 용법의 to 부정사가 나오는 것을 구별해야 한다.

The primary goal of our organization is to retrain retirees and to help them find a job.
우리 단체의 주된 목표는 / 퇴직자들을 재교육시키는 것이다 / 그리고 그들을 돕는 것이다 / 일자리를 구하는 것을
▶ be 동사의 보어로 나온 to 부정사가 '~하는 것'이라는 뜻의 명사적 용법으로 쓰이고 있다.

Tip be 동사의 보어로 사용된 to 부정사는 주어와 동격 관계로 '~하는 것'이라는 뜻!

1 The mission of the program is ------- babies from low income families get sufficient medical treatment in a timely manner.

   (A) helps
   (B) to help
   (C) helper
   (D) helped

2 Please be reminded that you ------- to come back to the office in time for the meeting after lunch time.

   (A) are
   (B) has
   (C) will
   (D) should

3 New board members will be ------- informally at the bar on the first floor of the hotel, which should give them a chance to network.

   (A) to meet
   (B) met
   (C) meeting
   (D) meets

 해설 강의

1. be + to 부정사(명사적 용법)

빈칸 뒤에 목적어인 명사(babies)가 있어서 능동태 동사가 되어야 하므로 수동태를 만드는 p.p.형 (D)는 오답입니다. (B)의 to 부정사가 be 동사 보어 자리에서 '~하는 것'이라는 명사적 용법으로 쓰일 수 있으며 '프로그램의 목표는 도와주는 것이다'라는 뜻으로 to help가 답이 됩니다. 정답은 (B)!

┌ 어휘 🙊!
│ mission n. 목표, 임무 low income family 저소득층 가정 sufficient adj. 충분한 in a timely manner 시기 적절하게

구문 해석 프로그램의 목표는 / 저소득층 가정의 아기들을 돕는 것이다 / 충분한 치료를 받도록 / 시기 적절하게

2. 의무를 나타내는 be to 용법

that절의 주어인 you 다음의 동사 자리입니다. (C)와 (D)는 조동사로 동사원형이 바로 뒤따라 나와야 하기 때문에 to 부정사(to come) 앞에 쓸 수 없고 (B)는 주어에 수일치되지 않아서 오답입니다. (A)의 be 동사가 들어가면 be to 용법으로 '~해야 한다'라는 '의무'의 뜻으로 해석할 수 있어요. 정답은 (A)!

┌ 어휘 🙊!
│ in time은 '시간에 맞추어, 늦지 않게'라는 뜻이며 'in time for + 명사(~의 시간에 맞추어)'를 토익에 자주 등장하는 표현으로 알아 두세요.
│ remind v. 상기시키다

구문 해석 상기하세요 / 당신이 반드시 사무실로 돌아와야 한다는 것을 / 회의 시간에 맞추어 / 점심시간 이후에

3. will과 be to 용법

be 동사 뒤인 빈칸에 (B)가 들어가면 수동태가 되는데 문맥상 주어인 임원들이 '만나다'라는 능동태가 되어야 하므로 답이 될 수 없습니다. (A)가 빈칸에 들어가면 be to 용법으로 '만날 것이다'의 미래 의미가 된다고 혼동할 수 있지만 문장의 또 다른 미래 시제인 will과 함께 쓸 수 없으므로 (A)는 오답이에요. (C)가 빈칸에 들어가면 'will be + ~ing'의 미래 진행 시제로 미래의 특정 기간에 진행되는 일을 나타낼 수 있는데 임원들이 만나는 행위가 미래에(서로 친해지는 동안) 진행되는 것이므로 이 문장에서 쓸 수 있습니다. 정답은 (C)!

┌ 어휘 🙊!
│ informally adv. 비공식적으로 network v. 인적 네트워크를 형성하다(서로 알고 친해지는 것 혹은 인맥을 형성하는 것)

구문 해석 새로운 이사회 임원들이 비공식적으로 만날 것이다 / 술집에서 / 호텔 1층에 있는 / (그것이) 그들에게 줄 것이다 / 서로 친해질 기회를

정답 1. (B) 2. (A) 3. (C)

083 'will have + p.p.'는 미래 완료 시제이다.

The faculty members expect that by the end of next year, new school curriculum ------- completely adopted and implemented.

(A) was to be　　　(B) must have　　　(C) have to be　　　(D) will have been

---

포인트 해설 주어가 단수(new school curriculum)이므로 동사 (C)는 수일치가 안 되어 답이 될 수 없다. next year로 보아 that절 이하 내용이 미래에 일어나는 일이 되어야 하는데 (A)는 과거 시제이고, (B)의 'must have + p.p.(과거에 ~했음에 틀림 없다)'는 과거 사실을 추측할 때 쓰는 시제이므로 답이 될 수 없다. 따라서 내년 말이 되면 '~가 되어 있을 것이다'라는 미래 완료 시제(will have + p.p.)가 답이 된다. 미래 완료 시제는 이전에 시작된 일이 미래에 가서 완료된다는 의미로 해석할 수 있다. 정답은 (D).

구문 해석 교직원들은 예상하고 있다 / 내년 말까지 / 새로운 학교 교육 과정이 완전히 채택되고 / 시행될 것으로

어휘 faculty n. 교직원　curriculum n. 교육 과정　adopt v. (방법 등을) 채택하다　implement v. 시행하다

 미래 완료 시제(will have + p.p.)는 미래의 특정 시점 이전에 시작된 일이 그 미래 시점에 가서 완료될 때 쓸 수 있다.

By next month, Mr. Perez **will have worked** in the real estate industry for 25 years.
다음 달이면 / Mr. Perez는 일한 것이 될 것이다 / 부동산업계에서 / 25년 동안
▶ 이미 일을 하고 있는 상태이며 다음 달이라는 미래의 특정 시점이 되면 25년 동안 일한 것이 완료된다는 의미로 미래 완료 시제(will have worked)를 쓸 수 있다.

Mr. Perez **will work** in the real estate industry from next month.
Mr. Perez는 일할 것이다 / 부동산업계에서 / 다음 달부터
▶ 위의 미래 완료 시제와는 달리 이 문장은 이미 일을 하고 있는 것이 아니라 다음 달부터 일을 새롭게 시작할 것이라는 의미이므로 단순 미래 시제(will work)를 쓴다.

 시간 접속사 by the time(~할 때쯤)이 이끌어 주는 부사절의 시제가 현재일 때, 주절의 시제로 미래 시제 혹은 미래 완료 시제가 나올 수 있다.

By the time we arrive, all the people **will have left**.　우리가 도착할 때쯤이면 / 모든 사람들이 떠났을 것이다
▶ by the time이 이끌어 주는 부사절의 동사가 현재 시제(arrive)일 때, 주절의 시제로 미래 혹은 미래 완료를 쓸 수 있는데 이 문장에서는 도착할 때쯤이면 이미 모든 사람이 떠났을 것이라는 의미의 미래 완료 시제 will have left가 나왔다. 참고로 by the time이 이끄는 부사절의 시제가 과거일 때, 주절의 시제로 과거 완료 시제(had + p.p.)를 쓸 수 있다.

By the time the plumbers **got** here, the leak **had already flooded** the entire floor of the building.
배관공이 여기 도착했을 때쯤에 / 물이 새어 나와 벌써 홍수가 나 있었다 / 건물 전체 층에
→ by the time이 이끌어 주는 부사절의 시제가 과거(got)인데, 의미상 도착한 것보다 홍수가 난 것이 먼저이므로 주절의 시제는 과거 완료(had flooded)를 썼다.

Tip 'By the time + 주어 + 현재, 주어 + 미래 완료/미래'와 'By the time 주어 + 과거, 주어 + had p.p.'의 두 구문을 구별하여 알아 두기!

---

1 As of next month, Ms. York and her secretary ------- in Spain for almost three months to close a deal with a new client.

(A) should have been
(B) will have been
(C) had to be
(D) is going to be

2 ------- the management releases a statement to the press, the misinformation regarding Mr. Gibson's sudden resignation will have been widespread.

(A) After
(B) Because of
(C) Assuming that
(D) By the time

3 It is expected that the workforce will have been increased by 10 percent by the time the office expansion -------.

(A) will be complete
(B) to be complete
(C) is complete
(D) have been complete

핵콕! 해설 강의

1. 미래 완료 will have p.p.
주어(Ms. York and her secretary)가 복수이므로 수일치되지 않는 (D)는 정답에서 제외합니다. 미래의 특정 시점(next month)이 되면 스페인에 머무르는 기간이 3개월째가 된다는 것은 이미 이전부터 스페인에 머물고 있었고 다음 달이면 3개월째에 이른다는 의미이기 때문에 미래 완료 시제(will have been)가 답이 됩니다. (A)는 'should have + p.p.(~했어야 했는데)'로 과거에 대한 후회를 나타낼 때 쓰이며 (C)는 have to(~해야 한다)의 과거형으로 답이 될 수 없어요. 정답은 (B)!

어휘 핵콕!
전치사 as of는 '~일자로'의 뜻으로 'as of July 1st (7월 1일자로)'처럼 쓰인다는 것을 기억해 두세요.
close a deal 거래를 매듭짓다

구문 해석 다음 달로 / Ms. York와 그녀의 비서는 스페인에 머문 것이 된다 / 거의 3개월 동안 / 거래를 매듭짓기 위해 / 새로운 고객과

2. by the time 주어 + 현재 동사, 주어 + will have p.p.
부사절의 시제가 현재(releases)일 때, 주절의 시제로 미래 완료(will have been widespread)가 오도록 연결하는 접속사는 by the time(~할 때쯤이면)입니다. by the time절에 현재 시제가 왔을 때 주절의 시제로 미래 혹은 미래 완료 시제가 올 수 있어요. after는 시간 접속사이므로 after절에 현재 시제(releases)가 나오면 주절에는 미래 시제(will be widespread)가 나와야 하기 때문에 이 문장에서는 답이 될 수 없습니다. 정답은 (D)!

어휘 핵콕!
statement n. 성명서, 명세서 resignation n. 사직 widespread adj. 널리 퍼진

구문 해석 경영진이 성명서를 발표할 때쯤이면 / 언론에 / 잘못된 정보가 / Mr. Gibson의 갑작스런 사직에 대한 / 널리 퍼져 있을 것이다

3. 주어 + will have p.p. by the time 주어 + 현재 동사
by the time(~할 때쯤)이 이끄는 시간 부사절의 시제가 현재이면 주절의 시제는 미래 혹은 미래 완료를 쓸 수 있습니다. 주절의 시제가 will have been increased의 미래 완료이므로 빈칸에는 현재 시제 is complete이 답이 됩니다. 정답은 (C)!

어휘 핵콕!
workforce n. 인력 by prep. (정도, 차이) ~만큼 expansion n. 확장

구문 해석 예상된다 / 인력이 증가되어 있을 것으로 / 10퍼센트 만큼 / 사무실 확장이 끝날 때쯤이면

정답 1. (B) 2. (D) 3. (C)

084 관계절의 시제가 주절의 시제와 꼭 일치하는 것은 아니다.

The draft of the official notice that ------- online has been reviewed thoroughly and has received final approval from the director. Employees will find it on the company intranet no later than next Monday.

(A) has been posted　　　(B) was posted　　　(C) is posting　　　(D) will be posted

포인트 해설 관계대명사 that절이 수식하는 선행사는 notice로 '온라인에 게시될 공지'라는 의미에 맞는 수동태 동사가 들어가야 한다. 따라서 보기 중 능동태인 is posting은 정답에서 제외한다. 이미 검토가 되었고 승인도 받았다(has been reviewed ~ and has received ~ approval)고 했는데 온라인에 게시될 시점은 제시되지 않았다. 하지만 회사 내부 전산망(company intranet)에서 다음 주 월요일, 즉 미래의 특정 시점에 공지를 보게 된다(will find)고 하였으므로, 공지가 게시되는 시점이 미래라는 것을 알 수 있다. 정답은 (D).

구문 해석 공지문의 초안이 / 온라인으로 게시될 (공지문) / 철저하게 검토되었다 / 그리고 최종 승인을 받았다 / 이사로부터 // 직원들은 그것을 보게 될 것이다 / 회사 내부 전산망에서 / 늦어도 다음 주 월요일까지는

어휘 draft n. 초안　thoroughly adv. 철저하게　approval n. 승인　company intranet 회사 내부 전산망　no later than 늦어도 ~까지는

 Part 6에서 시제 일치 문제는 다음의 두 가지 유형으로 출제된다.

유형 1	Part 5와 달리 지문의 상단이나 하단에 시간(on March 15th, in August 등) 혹은 시제 단서(next Friday, three days ago 등)가 주어지는 유형. 이 단서들을 근거로 두 절의 동사 시제가 다름을 파악해야 한다.
유형 2	시간, 시제 단서가 전혀 주어지지 않는 유형. 전체 문맥의 흐름에 따라 동사 시제를 구별해 나가야 한다.

시제 일치는 무조건 똑같은 시제를 쓰는 것을 의미하지 않는다. 특히 관계절과 주절이 서로 다른 시제를 쓰는 경우가 문제로 나올 수 있음을 주의해야 한다. Part 6의 다른 문제 풀이 방법이 대체로 그러하듯 관계절의 시제 일치 문제도 역시 빈칸이 들어간 문장뿐 아니라 앞뒤 문맥을 살펴보아야 정답을 고를 수 있다.

Questions 1-3 refer to the following memorandum.

As most of you already know, Sarah Brandon has been appointed as the new vice president who ------- in charge of managing new branches in China.
    1

At the acceptance speech yesterday, she said that she was looking forward to her first day at work in a new position and that she would do her best to make this ------- smoothly.
    2

Lora Wilson who ------- an acting vice president for the past two months will help her to adjust
    3
to the new working environment before she starts her work next Monday.

---

1 (A) was   (B) has been
  (C) will be   (D) have to be

2 (A) implementation   (B) distribution
  (C) transition   (D) authorization

3 (A) has been   (B) will be
  (C) were   (D) should be

 해설 강의

1. 전체 문맥에서 관계절의 시제 단서 찾기

who 이하의 관계절이 the new vice president를 선행사로 가지며 빈칸에 들어가는 동사는 선행사에 수일치해야 하는데요. 선행사가 단수 명사이므로 (D)는 수일치되지 않습니다. 이 문장 주절의 시제가 현재 완료(has been appointed)라고 해서 종속절의 시제로 무조건 현재 완료를 써서는 안 돼요. 문맥상 부사장으로 임명은 받았지만 실제 중국 지점을 담당하는 시기는 언급하지 않았으므로 시제 단서를 찾아야 합니다. 다음 단락에 '그녀가 출근 첫날을 기대하고 있다'는 말이 나오는 것으로 보아 아직 부사장 직책 근무를 시작하기 전인 것을 파악할 수 있으므로 앞으로 중국 지점을 담당하게 될 것이라는 미래 시제 will be가 답이 될 수 있습니다. 정답은 (C)!

2. 명사 어휘

빈칸에 들어가는 명사는 지시 형용사 this의 수식을 받기 때문에 this가 가리키는 것이 무엇인지 찾아야 해요. 문맥상 새로운 사람이 임명되어 새로운 직책을 맡게 된 것은 회사 내의 '변화, 전환'으로 볼 수 있겠죠? 따라서 이 변화를 원활하게 이루어지도록 하겠다는 의미로 명사 transition(변화, 전환)이 답이 됩니다. implementation((제안, 계획 등의) 실행), distribution(분배), authorization(허가)은 모두 의미상 답이 될 수 없어요. 정답은 (C)!

3. 시간 단서를 보고 관계절의 시제 찾기

who 이하 관계절이 Lora Wilson을 선행사로 가지며 빈칸에 들어가는 동사는 선행사에 수일치해야 합니다. 선행사 Lora Wilson은 단수이므로 (C)는 수일치되지 않겠죠? 문장 뒤에 for the past two months로 보아 '지난 2개월 동안 계속해 오다'라는 현재 완료 시제 has been이 답이 됩니다. 정답은 (A)!

어휘 꿀팁!

동사 accept(받아들이다)에서 파생된 명사 acceptance가 들어간 acceptance speech는 '(제안 등의) 수락 연설'이라는 의미의 복합 명사로 씁니다. 동사 adjust는 '조절하다, 조정하다'의 뜻이지만, 'adjust to + 명사'는 '~에 적응하다'라는 뜻임을 기억하세요.

be appointed as ~로 임명되다   **in charge of** ~을 담당하는   **smoothly** adv. 원활하게   **acting** adj. 대행의, 대리의

구문 해석   1-3번은 다음 회람에 관한 문제입니다.

여러분 대다수가 알고 있듯이 / Sarah Brandon이 임명되었습니다 / 새로운 부사장으로 / 새로운 지점을 관리하는 것을 담당하게 될 (부사장) / 중국에서 //

어제 수락 연설에서 / 그녀는 말했습니다 / 그녀가 출근 첫날을 기다리고 있다는 것을 / 새로운 직책에서의 / 그리고 그녀가 최선을 다할 것이라는 것을 / 이 변화가 원활하게 이루어지도록 하기 위해 //

Lora Wilson은 / 지난 2개월 동안 부사장 대행이었던 / 그녀를 도와줄 것입니다 / 새로운 근무 환경에 적응하는 것을 / 그녀가 다음 주 월요일에 일을 시작하기 전에 //

정답 1. (C) 2. (C) 3. (A)

085 'with + 명사 + 분사' 형태의 분사 구문이 있다.

All of the grantees of Wahlberg Foundation can study in the United States with all expenses ------- including tuition, accommodations and airfares.

(A) covering   (B) cover   (C) covered   (D) covers

포인트 해설 with 분사 구문은 동시 상황을 의미하며, 'with + 명사 + 현재분사/과거분사'로 쓸 수 있다. 이때 명사와 분사의 관계가 능동이면 현재분사를, 수동이면 과거분사를 쓰는데 비용(expenses)이 처리되는(covered) 것은 수동의 관계이므로 과거분사 covered가 답이 된다. 학생들이 공부를 하는 것과 비용이 처리되는 것이 동시 상황으로 이루어진다는 것으로 해석할 수 있다. 정답은 (C).

구문 해설 Wahlberg 재단의 모든 수혜자들은 / 미국에서 공부할 수 있다 / 모든 비용이 지불되는 상태로 / 수업료, 숙박비 그리고 항공료를 포함하여

어휘 grantee n. 수혜자 expense n. 비용 tuition n. 수업료 accommodation n. 숙박

 'with + 명사 + 현재분사(~가 …한 채로)'는 명사와 분사의 관계가 능동임을, 'with + 명사 + 과거분사(~가 …된 채로)'는 명사와 분사의 관계가 수동임을 나타낸다.

A special committee was established to conduct market research, with Mr. Gatsby being the leader.
특별 위원회가 / 수립되었다 / 시장 조사를 하기 위해 / Mr. Gatsby가 지도자인 상태로
▶ 'with + 명사(Mr. Gatsby) + 현재분사(being)'로 'Mr. Gatsby가 지도자인 상태'라는 능동의 의미이기 때문에 현재분사 being이 쓰였다.

Employees are asked not to leave the office with their computer turned on.
직원들은 요청받았다 / 사무실을 나가지 말 것을 / 그들의 컴퓨터가 켜진 상태로
▶ 'with + 명사(computer) + 과거분사(turned)'로 '컴퓨터가 켜진 상태'라는 수동의 의미이기 때문에 과거분사 turned가 쓰였다.

 'with + 명사 + 형용사'로 '(명사)가 ~한 상태로'라고 쓰이기도 한다.

Technicians will have meetings twice a week with the company president present.
기술자들은 회의를 가질 것이다 / 일주일에 두 번 / 회사 사장이 참석한 상태로
▶ 'with + 명사(the company president) + 형용사(present)'의 구조로 '회사 사장이 참석한 상태로 회의가 진행된다'는 의미이다.

Tip* present가 동사일 때에는 '제시하다', 형용사일 때에는 '참석한'이라는 뜻임을 구별하여 알아 두기!

토익 실전 문제   🕐 50초 안에 풀어 보세요.

1 Kawai Boutique will open its online shopping mall on December 1st, with the products ------- for order on the same day.

(A) avails
(B) availability
(C) available
(D) availably

2 The opening ceremony took place in an auditorium, with some people ------- on the chairs and others on the floor.

(A) seat
(B) seats
(C) seating
(D) seated

3 ------- sales rising by 40 percent, thanks in part to a successful TV commercial campaign, the management decided to invest more in advertisement.

(A) As
(B) With
(C) Because
(D) Owing

횟! 훅! 해설 강의

1. with + 명사 + 형용사
전치사 with 이하는 의미상 '제품이 이용 가능한 상태로 문을 연다'는 동시 상황을 나타내고 있습니다. 'with + 명사(the products) + 형용사((명사)가 ~한 상태로)'는 동시 상황을 나타낼 수 있기 때문에 빈칸에 형용사 available이 들어갈 수 있어요. 정답은 (C)!

> ─ 어휘 횟! 훅! ─
> avail v. 도움이 되다   availability n. 이용 가능성   availably adv. 이용 가능하게

구문 해석 Kawai Boutique는 온라인 쇼핑몰을 열 것이다 / 12월 1일에 / 제품이 주문 가능한 상태로 / 같은 날에

2. with + 명사 + 분사
'with + 명사(some people) + 분사(_____)'의 동시 상황을 나타내는 with 분사 구문으로 명사와 분사의 관계가 능동인지 수동인지를 따져 보아야 합니다. 명사 some people이 다른 사람을 앉히는 것이 아니라 본인들이 '앉은 상태'임을 나타내는 단어가 필요한데요. seat은 '앉히다'라는 뜻이기 때문에 본인이 '앉은, 앉혀진'이라는 의미일 때에는 과거분사 seated를 써야 합니다. 정답은 (D)!

> ─ 어휘 횟! 훅! ─
> opening ceremony 개회식   take place 열리다, 일어나다   auditorium n. 강당

구문 해석 개회식이 강당에서 열렸다 / 일부 사람들은 의자에 앉고 다른 사람들은 바닥에 앉은 상태로

3. with + 명사 + 분사
보기 중 (D)는 owing to(~ 때문에)로 써야 하기 때문에 답에서 제외됩니다. (A)는 전치사일 때 '~로서'라는 자격을 나타내므로 명사 sales 앞에 들어가기에는 의미상 부적절하며, 접속사 '~ 때문에, ~함에 따라'일 때에는 'as sales rise ~'로 as 뒤에 주어 + 동사의 절이 나와야 합니다. (C)도 부사절 접속사로 'because sales rise ~'와 같이 주어 + 동사의 절을 이끌기 때문에 역시 오답입니다. 따라서 'with + 명사(sales) + 분사(rising)'의 with 분사 구문으로 '판매가 오르면서 동시에 경영진이 결정했다'라는 동시 상황을 의미하는 것으로 보는 것이 적절합니다. 정답은 (B)!

> ─ 어휘 횟! 훅! ─
> 전치사 by는 '~에 의해, ~ 옆에'라는 뜻 이외에 '~ 정도'의 의미로 쓰일 수 있어서 'by 3 inches(3인치 정도)', 'by 5 percent(5퍼센트 정도)'와 같이 쓰일 수 있음을 기억해 두세요.
> thanks to ~ 덕분에   in part 부분적으로   invest in ~에 투자하다

구문 해석 판매가 오르면서 / 40퍼센트 정도 / 부분적으로 성공적인 TV 광고 캠페인 덕분에 / 경영진은 결정했다 / 광고 부분에 더 투자하기로

정답 1. (C) 2. (D) 3. (B)

086 '_____ + 동명사'의 경우 형용사가 아닌 부사가 정답이 된다.

------- updating the Web site is instrumental in increasing visitor traffic, which is closely related to the sales figures.

(A) Regularity   (B) Regularize   (C) Regular   (D) Regularly

포인트 해설	updating은 문장의 주어 역할을 하는 동명사로 '~하는 것'으로 해석하며 바로 뒤의 명사 the Web site는 동명사의 목적어로 쓰였다. 동명사는 '동사 + ~ing' 형태이기 때문에 동사처럼 부사 수식을 받으므로 regularly가 답이 된다. 명사가 형용사 수식을 받는 것과 구별할 수 있어야 한다. 정답은 (D).
구문 해설	웹사이트를 규칙적으로 업데이트하는 것이 / 중요하다 / 방문객 숫자를 늘리는 데 / 판매 수치와 긴밀하게 연관되어 있는 (방문객 숫자)
어휘	instrumental in ~하는 데 중요한 closely adv. 긴밀하게 related to ~에 연관된

 명사는 형용사가 수식하지만 동명사는 부사가 수식한다.

~~Proper~~(→ Properly) treating employees of all levels has a direct impact on their productivity.
적절하게 대우하는 것은 / 모든 직급의 직원들을 / 직접적인 영향이 있다 / 그들(직원)의 생산성에
▶ '직원들을 대우하는 것'으로 해석되므로 문장의 주어는 동명사(treating)이고, 이 동명사는 명사 목적어(employees of all levels)를 가진다. 동명사는 동사처럼 부사(properly)의 수식을 받아야 하기 때문에 형용사(proper)가 수식할 수 없다.

Even after two weeks of ~~carefully~~(→ careful) deliberation, Mr. Kutcher and his colleagues could not come to a unanimous decision.
2주간의 면밀한 심사숙고 후에도 / Mr. Kutcher와 그의 동료들은 이르지 못했다 / 만장일치 결정에
▶ 전치사 of 뒤에 명사(deliberation)가 나왔으며 명사는 부사(carefully)가 아닌 형용사(careful)의 수식을 받아야 한다.

 명사 앞에는 관사를 쓰지만 동명사 앞에서는 관사를 쓸 수 없다.

A reliable sales ~~projecting~~(→ projection) is vital to success.
확실한 판매 예상이 중요하다 / 성공에
▶ 관사(a) 뒤에 동명사(projecting)는 올 수 없으므로 명사(projection)가 나와야 한다. 참고로 소유격 대명사는 동명사 앞에 쓸 수 있다.

They expanded their presence in the region.   그들은 확대했다 / 그들의 영역을 / 그 지역에서
→ 명사(presence) 앞에 나오는 소유격 대명사(their)는 '~의'로 소유의 의미를 나타낸다.

Nobody objected to their coming to the party.   아무도 반대하지 않았다 / 그들이 오는 것을 / 파티에
→ 동명사(coming) 앞에 나오는 소유격 대명사(their)는 동명사의 의미상 주어가 되어 '~가/이'라고 해석하기 때문에 their coming은 '그들이 오는 것'으로 해석한다.

Tip 'a(n)/the + 형용사 + 명사'와 '부사 + 동명사 + 명사'로 명사와 동명사의 쓰임을 구별하기!

1 After ------- making efforts to increase sales, the company has finally made profits over the last quarter.

(A) tired
(B) tireless
(C) tirelessly
(D) tirelessness

2 The new client was demanding and consistently insisted upon our ------- with the state law.

(A) complying
(B) complied
(C) compliant
(D) complies

3 The director of the public relations department has spent the whole week ------- planning promotional events to increase brand recognition.

(A) meticulous
(B) meticulously
(C) meticulousness
(D) more meticulous

 해설 강의

1. 전치사 + 부사 + 동명사
전치사 after 뒤에 동명사 making이 나왔기 때문에 빈칸은 동명사를 수식하는 부사 tirelessly(지치지 않고)가 들어가야 합니다. 동명사는 명사와 달리 부사의 수식을 받는 것에 주의하세요. 정답은 (C)!

어휘 확인!
'make an effort(노력을 하다)', 'make profits(수익을 내다)'는 토익에서 자주 등장하는 묶음 표현이므로 알아 두어야 합니다.
profit n. 수익 tirelessly adv. 지치지 않고

구문 해석 지치지 않고 노력한 결과 / 판매를 늘리기 위해 / 그 회사는 드디어 수익을 냈다 / 지난 분기 동안

2. 소유격 대명사 + 동명사
전치사 upon 뒤에는 명사 혹은 동명사가 들어갈 수 있는데 보기 중에 명사가 없습니다. (C)를 명사로 혼동할 수 있지만 형용사이므로 빈칸에 들어갈 수 없어요. 동명사는 소유격 대명사(our)를 앞에 쓸 수 있으며, 이때 소유격 대명사는 동명사의 의미상 주어가 되어 '~가/이'라고 해석합니다. 즉 our complying을 '우리가 준수하는 것'의 주어와 동사 관계로 해석해야 하죠. 동사 comply는 'comply with(~을 준수하다)'으로 쓰기 때문에 동명사일 때에도 complying with으로 전치사 with을 바로 쓸 수 있음에 주의하세요. 정답은 (A)!

어휘 확인!
'comply with(~을 준수하다)' 이외에도 'conform to', 'abide by', observe, obey는 모두 '(법, 규정 등을) 지키다, 준수하다'라는 뜻으로 쓰이는 어휘임을 알아 두세요.
demanding adj. 까다로운 insist upon/on ~을 요구하다, ~을 주장하다 compliant adj. 준수하는, 유순한

구문 해석 그 새로운 고객은 까다로웠다 / 그리고 계속 요구했다 / 우리가 주 법을 준수할 것을

3. 부사 + 동명사
'spend + 시간 + doing(~하는 데 시간을 보내다)'은 대표적인 동명사 표현입니다. 따라서 빈칸은 동명사(planning)를 수식하는 부사 meticulously(꼼꼼하게)가 들어가야 할 자리예요. 정답은 (B)!

어휘 확인!
부사 meticulously는 '꼼꼼하게, 세심하게'의 뜻으로 carefully, cautiously와 비슷한 뜻으로 쓰이는 어휘임을 기억하세요.
public relations department 홍보 부서 promotional event 홍보 행사 brand recognition 브랜드 인지도

구문 해석 홍보부장은 일주일 내내 시간을 보냈다 / 홍보 행사를 꼼꼼하게 계획하면서 / 브랜드 인지도를 높이기 위한

정답 1. (C) 2. (A) 3. (B)

[준동사/품사]

087 ing형 명사는 동명사가 아니다.

All participants have been notified that the venue of the ------- meeting has been changed to room 307.

(A) planning   (B) planners   (C) plans   (D) to plan

....

포인트 해설   'the + _____ + 명사'의 구조에서 빈칸에는 명사를 수식하는 형용사가 들어가거나 명사 + 명사의 복합 명사를 만드는 또 다른 명사가 들어갈 수 있다. (A), (B), (C)는 모두 명사로 빈칸에 들어가면 복합 명사 형태를 만들 수 있는데 복합 명사는 예외적인 경우(ex. savings account 등)를 제외하고 앞에 오는 명사를 복수형으로 쓰지 않기 때문에 (B)와 (C)는 답이 될 수 없다. (A)는 ing형의 명사로 '기획'이란 뜻이므로 'planning meeting(기획 회의)'이라는 복합 명사가 될 수 있다. 정답은 (A).

구문 해석   모든 참가자들이 통보받았다 / 기획 회의 장소가 / 변경되었다고 / 307호로

어휘   venue n. (행사 등의) 장소

 동명사는 목적어를 가질 수 있지만 ing형 명사는 형태만 ing일 뿐 명사이기 때문에 목적어를 가지지 못한다.

clothing 의류 (clothes 옷)	housing 주택 (house 집)	seating 좌석 배치 (seat 좌석)	ticketing 발권 (ticket 표)
funding 자금 지원 (fund 자금)	planning 기획 (plan 계획)	spending 소비	staffing 직원 배치 (staff 직원)
heating 난방 (heat 열)	processing 가공, 처리 (process 과정)		

Tip* ing형 명사는 형태로는 품사를 구별할 수 없으므로 무조건 외우기!

The accounting director thought that the seminar was very helpful in planning next year's budget.
회계 부장은 생각했다 / 그 세미나가 매우 유용했다고 / 기획하는 데 / 내년 예산을
▶ 전치사 뒤의 동명사 planning이 명사 next year's budget을 목적어로 가져서 '내년 예산을 기획하는 것'으로 해석한다.

Right after the planning stage, everyone involved was ready to jump into the construction stage.
기획 단계 직후 / 관련된 모든 사람들은 / 뛰어들 준비가 되었다 / 공사 단계로
▶ planning stage(기획 단계)라는 복합 명사 안에서 planning(기획)이 명사로 쓰였다.

 ing형 명사는 품사가 명사이므로 ① 형용사 수식을 받고 ② 관사 뒤에 쓸 수 있으며 ③ 소유격이 앞에서 '~의'라는 뜻으로 쓰일 수 있다.

excessive **spending** on food   음식에 대한 지나친 소비
▶ 명사 spending(소비)은 형용사(excessive)의 수식을 받을 수 있다.

the **processing** of such data   그런 자료의 처리
▶ 명사 processing(처리)은 관사(the) 뒤에 쓸 수 있다.

reduce their **funding**   그들의 자금 지원을 줄이다
▶ 명사 funding(자금 지원) 앞에서 소유격 대명사(their)가 '~의'라는 뜻으로 쓰일 수 있다.

1 Mr. Bale was informed that his visa application had been forwarded to the embassy for -------.

(A) process
(B) processed
(C) processor
(D) processing

2 The foundation expressed its interest in ------- research on alternative energy.

(A) fund
(B) funding
(C) funded
(D) funds

3 The host of the annual event repeatedly stressed the importance of ------- seating for children in order to avoid possible injury.

(A) adequacy
(B) adequately
(C) adequate
(D) adequateness

퀵! 훅! 해설 강의

1. 전치사 + ing형 명사

전치사 for 뒤에 명사 자리입니다. 비자 신청서가 대사관에 보내진 목적은 그곳에서 '처리(processing)'되기 위해서지 '과정(process)'을 위해서가 아니므로 ing형의 명사 processing(처리)이 답이 됩니다. 정답은 (D)!

어휘 퀵! 훅!
forward는 '(편지, 물건, 정보 등을) 보내다'라는 뜻의 동사 어휘인데 '사람을 보내다'라는 뜻으로는 쓸 수 없기 때문에 'forward a letter(편지를 보내다)'는 가능하지만 'forward a manager(관리자를 보내다)'와 같은 표현은 불가능하다는 것에 주의해야 해요.
application n. 신청(서), 지원 embassy n. 대사관 processor n. 처리하는 사람, (컴퓨터) 프로세서

구문 해석 Mr. Bale은 알게 되었다 / 그의 비자 신청서가 보내졌다는 것을 / 대사관으로 / 처리를 위해

2. 전치사 + 동명사 + 명사 목적어

전치사 in 뒤에는 명사 혹은 동명사가 들어갈 수 있어요. 빈칸 뒤에 명사 목적어(research)가 나왔기 때문에 목적어를 가질 수 있는 동명사 funding이 답이 될 수 있습니다. 여기서 funding은 '자금 지원'이라는 ing형 명사가 아닌 동명사로 '자금을 지원하는 것'으로 해석해야 한다는 것을 정확히 파악해야 해요. 정답은 (B)!

어휘 퀵! 훅!
'be interested in(~에 관심이 있다)'과 더불어 'interest in(~에 대한 관심)'도 알아 두세요.
express v. 표현하다 alternative energy 대체 에너지

구문 해석 그 재단은 관심을 표현했다 / 연구에 자금을 지원하는 것에 / 대체 에너지에 대한 (연구)

3. 전치사 + 형용사 + ing형 명사

전치사의 목적어로 쓰인 seating은 동명사일 수도 있고 ing형 명사일 수도 있습니다. 동명사 seating은 뒤에 명사 목적어가 나와야 하는데 이 문장에서는 전치사 for 이하가 나오고 있으므로 seating이 동명사가 아닌 ing형의 명사로 쓰였음을 파악할 수 있겠죠? 따라서 빈칸은 명사를 수식할 형용사 adequate(적절한)이 들어갈 자리가 됩니다. 정답은 (C)!

어휘 퀵! 훅!
host n. (행사의) 주최측 repeatedly adv. 거듭, 반복적으로 in order to do ~하기 위해 injury n. 부상

구문 해석 그 연례 행사 주최측은 거듭 강조했다 / 적절한 좌석 배치의 중요성을 / 아이들에 대한 / 일어날 수 있는 부상을 막기 위해

정답 1. (D) 2. (B) 3. (C)

088 '_____ + 형용사 + 명사'의 경우 형용사 혹은 부사가 답이 될 수 있다.

Because of his ------- acclaimed movie, the American director has been prized by critics and moviegoers around the world.

(A) widely　　　　　　(B) wide　　　　　　(C) width　　　　　　(D) widen

....

포인트 해설　'_____ + 형용사(acclaimed) + 명사(movie)'의 구조로 의미상 '널리 칭송받는'이라고 하는 것이 적절하기 때문에 '칭송받는(acclaimed)'이라는 형용사를 수식할 부사 widely(널리)가 답이 된다. 참고로 wide(넓은)는 형용사, width(너비)는 명사, widen(넓게 하다)은 동사이다. 정답은 (A).

구문 해석　그의 널리 칭송받는 영화 때문에 / 그 미국 감독은 높이 평가받아 왔다 / 비평가들과 영화 관객들에게 / 전 세계의

어휘　acclaim v. 칭송하다, 찬사를 보내다　prize v. 높이 평가하다, 가치 있게 여기다

Point 1　'_____ + 형용사 + 명사'의 빈칸에는 형용사를 수식하는 부사가 들어갈 수 있다.

highly **motivated** technician　매우 의욕이 충만한 기술자

exceptionally **hard** work　유난히 힘든 작업

increasingly **difficult** exam　점차 어려워지는 시험

amazingly **clear** sound　놀랍게도 청명한 소리

affordably **priced** items　적당하게 가격이 책정된 물건들

Point 2　'_____ + 형용사 + 명사'의 빈칸에는 명사를 수식하는 또 다른 형용사가 들어갈 수 있다.

After reviewing last year's financial report, the CEO suggested a number of ways to reduce ~~incidentally~~(→ incidental) financial **expenses**.
검토한 이후에 / 작년의 재무 보고서를 / CEO는 제안했다 / 여러 가지 방법을 / 줄일 수 있는 / 부수적인 재무 비용을

▶ '부사(incidentally) + 형용사(financial) + 명사(expenses)'의 구조일 것으로 착각할 수 있지만 해석을 해보면 부사 incidentally가 형용사 financial을 수식하여 '부수적으로 재정적인'이라는 어색한 의미가 된다. 이보다는 '부수적인 비용'으로 명사 expenses를 수식하는 형용사(incidental)가 들어가는 것이 적절하다. 이처럼 명사 앞에 형용사가 2개 이상 나와서 명사를 수식할 수 있다.

　Tip　'_____ + 형용사 + 명사'에서 '_____ + 형용사'가 의미상 자연스러우면 부사를, '_____ + 명사'가 자연스러우면 형용사를 정답으로 선택하기!

1 Reallocating resources resulted in ------- improved productivity and higher profits.

(A) significant
(B) signification
(C) significantly
(D) significance

2 It is reported that ------- financial aid is an important factor that affects the academic performance of international students.

(A) sufficient
(B) sufficiently
(C) sufficiency
(D) suffice

3 All involved staff members were notified of the ------- scheduled meeting on Thursday afternoon.

(A) provisions
(B) provisional
(C) provision
(D) provisionally

핵콕! 해설 강의

1. 부사 + 형용사 + 명사

'_____ + 형용사(improved) + 명사(productivity)'의 구조로 '상당히 향상된'이라는 의미가 적절하기 때문에 형용사 improved를 수식하는 부사 significantly(상당히)가 답이 됩니다. significant(상당한)는 형용사, signification(의의, 단어의 뜻)과 significance (중요, 의미)는 명사입니다. 정답은 (C)!

어휘 핵콕!

reallocate v. 재분배하다   result in ~의 결과로 이어지다   productivity n. 생산성

구문 해석   자원을 재분배하는 것이 / 결과로 이어졌다 / 상당히 향상된 생산성과 더 높은 이윤(의 결과로)

2. 형용사 + 형용사 + 명사

'_____ + 형용사(financial) + 명사(aid)'의 구조로 '충분하게 재정적인'이라는 의미는 어색하기 때문에 부사 sufficiently가 형용사 financial을 수식하는 구문은 아닙니다. '충분한 원조'라는 의미가 적절하므로 명사 aid를 수식하는 형용사 sufficient(충분한)가 답이 돼요. 정답은 (A)!

어휘 핵콕!

financial aid 재정적인 원조   factor n. 요인, 요소   affect v. 영향을 끼치다   academic performance 학업 성과

구문 해석   보고되었다 / 충분한 재정적인 원조가 중요한 요인이라고 / 학업 성과에 영향을 주는 (요인) / 유학생들의 (성과)

3. 부사 + 형용사 + 명사

'_____ + 형용사(scheduled) + 명사(meeting)'의 구조로 '잠정적으로 일정이 정해진'이라는 의미가 적절하기 때문에 형용사 scheduled를 수식하는 부사 provisionally(잠정적으로)가 답이 됩니다. 정답은 (D)!

어휘 핵콕!

provisionally는 '잠정적으로, 임시적으로'라는 뜻으로 토익에서 자주 등장하는 부사 어휘이므로 기억해 두어야 합니다.

involved adj. 관련된, 연관된   be notified of ~을 통보받다   provision n. 준비, 공급, 조항

구문 해석   모든 관련 직원들은 통보받았다 / 잠정적으로 일정이 정해진 회의에 대해 / 목요일 오후로

정답 1. (C) 2. (A) 3. (D)

089 부사 otherwise는 '달리'라는 뜻으로도 쓰인다.

Due to heavy snowfall in the southern part of Korea, the ------- crowded theme park was not busy last Sunday.

(A) ever　　　　　(B) otherwise　　　　　(C) even　　　　　(D) also

포인트 해설 문맥상, 원래는 붐비던 곳인데 지난 일요일만 폭설로 사람이 없었다는 의미가 되어야 한다. 따라서 '달리, 다르게'라는 뜻의 부사 otherwise가 답이 되며 이때 otherwise는 뒤의 분사 crowded를 수식한다. otherwise는 '그렇지 않으면'의 뜻으로 많이 쓰이지만 '달리, 다르게'라는 뜻으로도 쓰는 것에 주의해야 한다. ever(한 번이라도, 어느 때고), even(심지어 ~조차), also(또한)는 모두 부사이지만 의미상 답이 될 수 없다. 정답은 (B).

구문 해석 엄청난 폭설 때문에 / 한국의 남부 지역에서의 / 다른 때에는 붐비던 놀이공원이 / 바쁘지 않았다 / 지난 일요일에

어휘 crowded adj. 붐비는　theme park 놀이공원

 otherwise는 '그렇지 않으면'이라는 의미 이외에 '달리, 다르게'라는 의미로도 쓰인다.

The company will pay for my overall living expenses. Otherwise, I wouldn't apply for the overseas job.
그 회사가 지불할 것이다 / 나의 전체 생활비를 / 그렇지 않으면 / 나는 지원하지 않았을 것이다 / 해외 일자리에

▶ 접속부사 otherwise는 앞뒤 문장의 의미를 연결해 주는 기능을 하면서 문장의 앞부분에 위치하는 것으로 자주 등장한다. Part 6에 주로 나오는 유형이며 '그렇지 않으면'으로 해석할 수 있고 if not(그렇지 않으면)으로 바꾸어 쓸 수 있다.

The furniture should not be abraded or otherwise damaged if you want to return it for a full refund.
그 가구는 마모되거나 / 다른 방식으로 손상되지 않아야 합니다 / 귀하가 그것을 반품하고 싶으시면 / 전액 환불을 위해

▶ otherwise가 '다른 방식으로'라는 뜻의 부사로 쓰여 damaged를 수식하고 있으며 'in any other ways(다른 방법으로)'와 같은 의미이다.

Please report to the event venue at 5 P.M. on Friday unless the event organizer tells you otherwise.
행사 장소로 오세요 / 금요일 오후 5시에 / 행사 기획자가 귀하에게 다르게 말하지 않는 한

▶ otherwise가 '전에 언급된 것과 다르게'라는 뜻의 부사로 쓰여 동사 tells를 수식하고 있으며 differently(다르게)로 바꾸어 쓸 수 있다.

　Tip otherwise의 세 가지 의미, '① 그렇지 않으면, ② 달리, ③ 전과는 다르게'를 구별하여 알아 두기!

1 The foundation has given grants to students who would ------- not be able to pursue advanced education.

(A) otherwise
(B) however
(C) meanwhile
(D) nonetheless

2 Mr. Bloom strongly believes that the disappointing sales are due to the CEO involving the scandal, and he has never thought -------.

(A) everywhere
(B) otherwise
(C) something
(D) together

3 Oahu, ------- known as a rainbow island, is crowded with visitors all year round due to its fantastic weather and spectacular scenery.

(A) thus
(B) hence
(C) moreover
(D) otherwise

해설 강의

1. otherwise(그렇지 않으면)
빈칸에 들어갈 적절한 부사 어휘를 고르는 문제로 의미상 보조금을 주지 않았을 경우를 설명하므로 '그렇지 않았더라면'이라는 의미의 otherwise가 답이 됩니다. however(그러나), meanwhile(그동안), nonetheless(그럼에도 불구하고)는 모두 부사이지만 의미상 답이 될 수 없어요. 정답은 (A)!

어휘
grant는 '허가하다'라는 뜻의 동사로 쓸 수 있지만 '보조금'이라는 뜻의 명사로도 쓰일 수 있음을 기억해 두세요.
pursue v. (논의, 교육 등을) 계속하다, 추구하다 advanced adj. 고급의, 진보된

구문 해석 그 재단은 보조금을 수여해 왔다 / 학생들에게 / 그렇지 않았더라면 고등 교육을 계속할 수 없었을 (학생들)

2. otherwise(달리)
추문에 연루된 최고 경영자 이외에 실적이 하락할 다른 이유를 생각하지 못한다는 의미로 부사 otherwise(달리)가 동사(has thought)를 수식하여 '달리 생각하다'라는 뜻이 되어야 합니다. 이렇듯 otherwise는 '앞에서 언급된 것과 다르게'라는 의미로 쓸 수 있어요. 부사 everywhere(어디에나), together(함께), 대명사 something(무언가)은 모두 해석만 해보아도 답이 될 수 없음을 알 수 있습니다. 정답은 (B)!

어휘
disappointing adj. 실망스러운 due to ~ 때문에

구문 해석 Mr. Bloom은 굳게 믿고 있다 / 실망스러운 판매 실적이 / 추문에 연루된 최고 경영자 때문이라고 / 그리고 그는 달리 (원인이 있다고) 생각해본 적이 없다

3. otherwise known as
빈칸 이하는 주어인 오아후 섬을 추가 설명하는 부분으로 오아후라는 이름의 섬이 다른 이름, 즉 무지개 섬으로 알려져 있다는 의미로 볼 수 있습니다. 따라서 부사 otherwise가 분사 known을 수식하여 '달리 알려진'이라는 뜻이 되어야 해요. 'otherwise known as(달리 ~라고 알려진)'는 묶음 표현으로 자주 쓰입니다. 부사 thus와 hence는 둘 다 '따라서'라는 뜻으로 원인에 따른 결과를 나타낼 때 쓸 수 있어요. 부사 moreover(게다가)는 앞 내용에 추가되는 내용을 설명할 때 쓰입니다. 정답은 (D)!

어휘
be crowded with ~로 붐비다 all year round 일 년 내내 spectacular adj. 장관을 이루는, 굉장한 scenery n. 풍경, 경치

구문 해석 오아후는 / 달리 무지개 섬이라고 알려진 / 관광객들로 붐빈다 / 일 년 내내 / 환상적인 날씨와 장관을 이루는 풍경 때문에

정답 1. (A) 2. (B) 3. (D)

090 'given + 명사(구)'에서 given은 전치사이다.

------- fluctuating stock prices and the worldwide recession, it is advisable to avoid risky investments for a while.

(A) Given   (B) Since   (C) Owing   (D) Even if

포인트 해설 콤마 앞의 수식어구를 이끌어 주면서 빈칸 뒤 명사구 앞에 쓸 수 있는 전치사가 들어갈 자리이다. (B)는 부사절 접속사일 때에는 '~ 때문에, ~ 이래로'의 두 가지 뜻이 가능하지만 전치사일 때는 '~ 이래로'라는 시점 전치사로만 쓰이기 때문에 이 문제에서는 오답이다. (C)는 owing to(~ 때문에)로 써야 하고 (D)는 부사절 접속사로 주어 + 동사의 절을 이끌기 때문에 답이 될 수 없다. given은 형용사로는 '정해진(ex. given situation 정해진 상황)'으로 쓰이지만 전치사일 때는 '~을 고려해 볼 때, ~ 때문에'라는 뜻으로 쓰이므로 답이 될 수 있다. 정답은 (A).

구문 해석 변동이 심한 주가와 세계적인 경기 침체를 고려해 볼 때 / 현명하다 / 위험한 투자를 피하는 것이 / 한동안

어휘 fluctuating adj. 변동이 심한 risky adj. 위험한 for a while 한동안

 기타 전치사(구)는 의미를 정확히 알아 두어야 한다.

according to ~에 따라, ~에 의하면	**except for** ~을 제외하고	**including** ~을 포함하여
along with ~와 함께, ~에 덧붙여서	**following** ~ 후에(=after)	**plus** ~에 더하여(=in addition to, besides)
as of ~일자로	**given** ~을 고려해 볼 때(=considering)	

Given(=Considering) the gloomy economy nationwide, researchers cannot expect funds from local companies.

불경기를 고려해 볼 때 / 전국적인 / 연구자들은 자금을 기대할 수 없다 / 지역 기업들로부터

▶ given이 명사구(the gloomy economy nationwide) 앞에서 전치사인 '~을 고려해 볼 때(=considering)'의 뜻으로 쓰였다. 참고로 같은 뜻의 전치사 considering은 considering (that)의 접속사 형태로도 사용될 수 있음에 주의해야 한다.

Following(=After) his one-year assignment in Seoul, Mr. Morris from human resources will return to the head office in Paris.

서울에서 1년 동안의 업무 후에 / 인사부의 Mr. Morris는 돌아올 것이다 / 파리 본사로

▶ following이 명사구(his one-year assignment) 앞에서 '~ 후에(=after)'라는 뜻의 전치사로 쓰였다.

    Tip 'following'은 '~ 후에'라는 뜻의 전치사 및 '다음의(ex. the following notice 다음의 공지)'라는 뜻의 형용사로도 쓰임을 구별하여 알아 두기!

The package includes a five night stay at a five star hotel in the center of Manhattan plus three meals each day.

패키지 상품은 포함한다 / 5박의 숙박을 / 5성급 호텔에서 / 맨해튼 중심에 있는 / 매일 세끼 식사에 더하여

▶ plus가 명사구(three meals) 앞에서 '~에 더하여(=in addition to)'라는 뜻의 전치사로 쓰였다.

1 ------- the housing market's impact on the economy, it is expected that the whole nation will suffer from slow growth over the next few months.

(A) Except
(B) Although
(C) Considering
(D) Regardless

2 Any changes or cancellations will result in a $150 fee per passenger ------- any applicable increase in airfare.

(A) plus
(B) as well
(C) rather than
(D) in addition

3 Ms. Martinez is always under pressure to meet tight deadlines, ------- the stress of doing market research every month.

(A) depending on
(B) along with
(C) as of
(D) according to

090

스타토익 필수 문법 양식 Part 5&6

훽쿡! 해설 강의

1. 전치사 considering
콤마 앞의 명사구를 이끌어 주는 전치사 자리이므로 접속사인 (B)는 답이 될 수 없으며 (D)는 regardless of(~에 관계없이)로 써야 하기 때문에 오답입니다. (A)와 (C)가 전치사인데 '주택 시장의 영향을 제외하고(except)'는 문맥상 어색하고, '주택 시장의 영향을 고려해 볼 때(considering)'가 적절합니다. 정답은 (C)!

어휘 훽쿡!
'impact on'과 'influence on'은 '~에 대한 영향'이라는 의미의 묶음 표현으로 전치사 on과 함께 쓰는 것을 알아 두세요.
housing market 주택 시장 suffer from ~로 고통받다 slow growth 저성장

구문 해석 주택 시장의 영향을 고려해 볼 때 / 경제에 대한 (영향) / 예상된다 / 나라 전체가 고통받을 것이다 / 저성장으로 / 다음 몇 달 동안

2. 전치사 plus
취소나 변경을 하게 되면 150달러를 내야 할 뿐 아니라 (변경 시) 항공료가 조금 더 올라갈 수도 있다는 의미예요. 따라서 빈칸 이하의 명사구를 이끌어 주는 전치사이면서 '~에 더하여, ~에 추가하여'라는 의미인 plus(=in addition to)가 답이 됩니다. (B)는 as well as로, (D)는 in addition to로 써야 답이 될 수 있어요. 정답은 (A)!

어휘 훽쿡!
result in ~로 결과가 이어지다, ~을 야기하다 applicable adj. 해당되는, 적용되는 airfare n. 항공료

구문 해석 어떤 변경이나 취소도 / 150달러의 비용으로 이어질 것입니다 / 승객 당 / 모든 해당 항공료 증가에 더하여

3. 전치사 어휘
보기는 모두 전치사이므로 빈칸에 들어가서 명사구를 이끌어 줄 수 있는데요. 문맥상, 시장 조사에 대한 스트레스와 마감 기한을 지키는 스트레스를 '함께' 받는다는 것이 적절하므로 along with(~와 함께, ~에 덧붙여서)이 답이 됩니다. depending on(~에 따라서), as of (~일자로), according to(~에 따라)는 모두 의미상 답이 될 수 없어요. 정답은 (B)!

어휘 훽쿡!
'under pressure(압박을 받는)', 'under stress(스트레스를 받는)'는 모두 전치사 under를 쓰는 것에 주의해야 할 묶음 표현입니다.
tight adj. 빠듯한, 단단한 market research 시장 조사

구문 해석 Ms. Martinez는 항상 압박을 받는다 / 빠듯한 마감 기한을 맞추어야 하는 / 시장 조사를 하는 것에 대한 스트레스와 함께 / 매달

정답 1. (C) 2. (A) 3. (B)

091 [접속사]

'관계대명사 who + (주어 + 동사) + 동사' 구문을 쓸 수 있다.

The company newsletter will feature the newly appointed vice president, ------- the management believes will help the company broaden its presence in China.

(A) whom　　　　　　(B) what　　　　　　(C) who　　　　　　(D) which

....

포인트 해설　빈칸에 들어가는 관계대명사는 vice president를 선행사로 가지기 때문에 사람 명사를 선행사로 가지는 (A)와 (C) 중에 답이 있다. 빈칸 뒤에 주어 + 동사(the management believes)를 보고 목적격 whom으로 정답을 혼동할 수 있는데, 그 뒤에 또 다른 동사 will help가 나오는 것에 주의해야 한다. 즉 the management believes는 삽입어구여서 없어도 되는 수식어구이다. 이 수식어구를 제외하면 빈칸 뒤는 주어 없이 동사 will help가 나오는 불완전한 절이므로 주격 관계대명사 who가 들어가야 한다. 정답은 (C).

구문 해설　사보는 크게 다룰 것이다 / 새롭게 임명된 부사장을 / 경영진이 생각하기에 / 회사를 도와줄 / 중국에서 회사의 영향력을 확대하는 것을

어휘　feature v. ~을 크게 다루다, ~을 특징으로 하다　appoint v. 임명하다　broaden presence 영향력을 확대하다, 입지를 넓히다

 주격 관계대명사(who, which, that) 뒤에는 동사가 나와야 하지만 '주어 + think/hope/believe/boast/ say/feel'의 삽입어구가 들어갈 수 있다.

선행사　+　who/which/that　+　주어　+　think/hope/believe/boast/say/feel　+　관계절 동사

The MOA Design Store will provide various promotional offers, which I think will help it to get some publicity.
MOA Design 상점은 제공할 것이다 / 다양한 판촉 할인을 / (할인이) 내 생각에 / 그 가게가 관심을 좀 얻는 것을 도와줄 것이다
▶ promotional offers를 선행사로 가지는 주격 관계대명사 which와 동사 will help 사이에 I think가 삽입어구로 들어간 것이다.

La Table has various kinds of espresso machines which it boasts are energy-efficient and user-friendly.
La Table은 다양한 종류의 에스프레소 기계를 가지고 있습니다 / 그것(La Table)이 자랑하는 / 에너지 효율적이고 사용자 친화적이라고
▶ espresso machines를 선행사로 가지는 주격 관계대명사 which와 동사 are 사이에 it boasts는 삽입어구로 들어간 것이다.

 삽입어구가 들어간 관계절에서는 관계대명사 주격과 목적격을 구별하는 것이 어려울 수 있다.

The Employee-of-the-Year Award was given to Janet Winters ~~whom~~(→ who) everyone says has been dedicated to the company for such a long time.
올해의 직원상이 주어졌다 / Janet Winters에게 / 모든 사람들이 말하기에 / 회사에 헌신해 온 / 아주 오랜 시간 동안
▶ 관계절에서 주어 + 동사(everyone says) 뒤에 또 다른 동사(has been dedicated)가 나온 것을 보고 everyone says가 삽입어구임을 짐작할 수 있어야 한다. 따라서 동사(has been dedicated) 앞에는 주격 관계대명사 who가 들어가야 한다.

　　Tip⁺ '선행사 + _____ + (주어 + 동사) + 동사'일 때, '(주어 + 동사)'를 제외하고 주격 관계대명사 자리 파악하기!

---

1 Fun Style ------- we believe is the best selling magazine in the city is going to be published every other week from next month.

   (A) which
   (B) whose
   (C) whom
   (D) who

2 Joe's Coffee has hired highly experienced baristas ------- it boasts will customize your drink just the way you like it.

   (A) whom
   (B) whose
   (C) whoever
   (D) who

3 Stacey's Cooking Studio offers a variety of classes ------- I think provide very useful tips applicable to everyday life.

   (A) which
   (B) whom
   (C) what
   (D) where

 해설 강의

1. 주격 관계대명사 + we believe + 동사

문장에 주어(Fun Style)와 동사(is going to)가 있으므로 빈칸 이하는 Fun Style을 선행사로 가지는 관계절입니다. 관계절의 주어 + 동사(we believe) 뒤에 또 다른 동사(is)가 나온 것을 보고 we believe가 삽입어구임을 파악할 수 있어야 해요. 따라서 빈칸은 관계절의 동사(is) 앞의 주격 관계대명사 자리이므로 Fun Style이라는 사물 명사를 선행사로 가지는 which가 답이 됩니다. 정답은 (A)!

┌─ 어휘 ✓록!
│ 'every other + 명사(하나 걸러...)'는 'every other day(이틀에 한 번)', 'every other week(격주로, 2주에 한 번)', 'every other month(두
│ 달에 한 번)'와 같이 쓰일 수 있어요.
│ best selling 가장 잘 팔리는

구문 해석 Fun Style지는 / 우리가 믿기에 / 가장 잘 팔리는 잡지인 / 이 도시에서 / 출간될 것이다 / 격주로 / 다음 달부터

2. 주격 관계대명사 + it boasts + 동사

빈칸 이하 관계절은 highly experienced baristas를 선행사로 가집니다. 빈칸 이하 주어 + 동사(it boasts)의 뒤에 또 다른 동사(will customize)가 나왔다는 것은 it boasts가 삽입어구임을 알려 주는 단서입니다. 따라서 삽입어구를 제외해 보면 동사(will customize) 앞에 올 수 있는 주격 관계대명사 who가 빈칸에 들어가야 해요. 정답은 (D)!

┌─ 어휘 ✓록!
│ highly adv. 매우 experienced adj. 능숙한 boast v. 자랑하다 customize v. 맞춤화하다

구문 해석 Joe's Coffee는 고용해 왔다 / 매우 능숙한 바리스타들을 / 그것이 자랑하는 / 당신의 음료를 맞춤화해서 만들어 줄 / 당신이 좋아하는 바로 그 방식으로

3. 주격 관계대명사 + I think + 동사

classes를 선행사로 가지는 관계대명사 자리예요. 빈칸 이하 관계절에서 주어 + 동사(I think)의 뒤에 또 다른 동사(provide)가 나온 것으로 보아 I think는 삽입어구임을 파악할 수 있어요. 삽입어구를 제외해 보면 동사(provide) 앞에 위치할 주격 관계대명사가 빈칸에 들어가야 합니다. 따라서 사물/일반 명사를 선행사로 가지는 주격 관계대명사 which가 답이 됩니다. 정답은 (A)!

┌─ 어휘 ✓록!
│ a variety of 다양한 useful adj. 유용한 applicable adj. 적용 가능한

구문 해석 Stacey's Cooking Studio는 다양한 수업을 제공합니다 / 제가 생각하기에 / 유용한 조언을 제시하는 / 일상생활에 적용 가능한

정답 1. (A) 2. (D) 3. (A)

[접속사]

092 '전치사 + 관계대명사'의 구문을 쓸 수 있다.

It is still under consideration whether to bid on the contract ------- which dozens of companies will be competing.

(A) under   (B) as   (C) for   (D) with

....

포인트 해설   'the contract'와 'dozens of companies will be competing for the contract'를 관계대명사 which로 연결하여 'the contract which dozens of companies will be competing for'가 되었다가 목적격 관계대명사 which 앞으로 전치사 for가 이동해 나온 것으로 볼 수 있다. 이렇게 관계절의 전치사는 관계대명사 앞으로 나올 수 있다. 정답은 (C).

구문 해설   여전히 고려 중이다 / 계약에 입찰을 할지 말지 / 수십 개의 업체들이 경쟁을 할

어휘   under consideration 고려 중인   bid v. 입찰하다   compete for ~을 위해 경쟁하다(cf. compete with ~와 경쟁하다)

 선행사에 따라 관계대명사 앞의 전치사를 정할 수 있다.

Journalists were asked to visit our company Web site **on which** they can find more information on our new chief financial officer. (our company Web site + on the Web site they can find more information)

기자들은 우리 회사 웹사이트 방문을 요청받았다 / 그들이 더 많은 정보를 찾을 수 있는 / 우리의 새로운 재무 관리 이사에 대한

▶ 선행사 Web site를 보고 '웹사이트에서'라는 뜻의 on the Web site를 쓴 것을 알 수 있다. 선행사와 중복되는 the Web site는 관계대명사 which로 바뀌었고 그 앞에 전치사 on이 남아 있는 것이다.

Mrs. Portman was invited to address the attendees **among whom** more than ten were children. (address the attendees + among the attendees more than ten were children)

Mrs. Portman은 요청받았다 / 참가자들에게 연설해 줄 것을 / 그들 중에는 / 10명 이상이 어린이들이었다

▶ 선행사 attendees를 보면 '참가자들 중에서' 10명 이상이 어린이들이었다는 것이므로 '~ 중에서'에 해당하는 전치사 among이 쓰였다.

Tip '선행사 + _____ + 관계대명사'일 경우, 관계대명사 자리에 선행사를 넣어 보아 선행사와 어울리는 전치사를 정답으로 고르기!

 관계절에 있는 관용어구의 전치사가 관계대명사 앞으로 이동할 수 있다.

Ms. Seyfried didn't have much information on the position **for which** she applied until she started her first day at work. (on the position + she applied for the position)

Ms. Seyfried는 많은 정보를 가지고 있지 않았다 / 그 직책에 대해 / 그녀가 지원한 / 그녀의 출근 첫날까지

▶ 원래는 'the position which she applied for'인데 관계대명사 which 앞으로 전치사 for가 이동한 것이다. apply for(~에 지원하다)를 알고 있어야 전치사 for가 이동해 나온 것을 알아낼 수 있다.

Our sales clerks are very attentive, and they provide customized service **with which** customers are always satisfied.

저희 영업 사원들은 매우 세심하고 / 그들은 제공합니다 / 맞춤화된 서비스를 / 고객들이 항상 만족하는 (서비스)

▶ 'service which customers are always satisfied with'에서 전치사 with이 관계대명사 which 앞으로 이동한 것이다. be satisfied with(~에 만족하다)을 알고 있어야 전치사 with이 이동해 나온 것을 알 수 있다.

1 A group of translators will provide English subtitles for any online courses ------- which you are interested.

(A) at
(B) with
(C) for
(D) in

2 The publication ------- which the publishing company has been devoted for five months disappointed critics and readers alike.

(A) for
(B) to
(C) onto
(D) with

3 BTA Mobile has conducted a survey, according to ------- smartphone owners think that cell phone plans should be cheaper.

(A) that
(B) whom
(C) which
(D) who

 해설 강의

1. in + 관계대명사 + 주어 + be interested

관계대명사 which 이하 동사(are interested)를 보면 원래 문장은 'which you are interested in'인데 전치사 in이 관계대명사 앞으로 이동했음을 파악할 수 있습니다. 'be interested in(~에 관심이 있다)'을 알아야 빨리 풀 수 있는 문제예요. 정답은 (D)!

어휘 획!콕!

translator n. 번역가   subtitle n. 자막

구문 해석 번역가들이 제공할 것이다 / 영어 자막을 / 어떤 온라인 강좌에 대해서든지 / 당신이 관심 있는

2. to + 관계대명사 + 주어 + be devoted

관계대명사 which 이하의 동사(has been devoted)를 보면 원래 문장이 'which the publishing company has been devoted to'인데 전치사 to가 관계대명사 앞으로 이동했음을 파악할 수 있어요. 'be devoted to(~에 전념하다)'를 알아야 빨리 풀 수 있는 문제입니다. 정답은 (B)!

어휘 획!콕!

부사 alike는 'A and B alike(A와 B 둘 다 똑같이)'의 묶음 표현으로 자주 쓰인다는 것을 기억하세요.
publication n. 출판물   publishing company 출판사   critic n. 비평가

구문 해석 그 출판물은 / 출판사가 전념해 온 (출판물) / 다섯 달 동안 / 실망시켰다 / 비평가와 독자들 모두 똑같이

3. according to + 관계대명사 + 주어 + 동사

전치사 according to(~에 따르면)가 있는 것으로 보아 '그 설문 조사에 따르면'이라는 문맥이 적절하겠죠? 따라서 빈칸은 a survey를 선행사로 가지는 관계대명사가 들어갈 자리인데 (B)와 (D)는 사람 명사를 선행사로 가지기 때문에 오답입니다. 관계대명사 that은 전치사 뒤에 쓸 수 없으므로 답이 될 수 없어요. 따라서 which가 답이 됩니다. 이때 which는 전치사(according to) 뒤에 오는 목적격으로 보아야 해요. 정답은 (C)!

어휘 획!콕!

'conduct a survey(설문 조사를 실시하다)', 'conduct research(연구를 실시하다)'는 conduct 동사가 쓰이는 대표적인 묶음 표현으로 알아두어야 해요.
according to ~에 따르면   phone plan 전화 요금제

구문 해석 BTA Mobile사가 설문 조사를 실시해 왔다 / 그 조사에 따르면 / 스마트폰 이용자들은 생각한다 / 휴대 전화 요금제가 더 저렴해야 한다고

정답 1. (D) 2. (B) 3. (C)

092

스타토익 필수 문법 공식 Part 5&6

093 'most of + 관계대명사'로 쓸 수 있다.

Fashion Sprit has introduced a variety of women's shoes, most of ------- are comfortable and, at the same time, very stylish.

(A) who   (B) whom   (C) whose   (D) which

포인트 해설 빈칸에 들어가는 관계대명사의 선행사(women's shoes)는 사물 명사이다. 동시에 전치사 of 뒤, 즉 전치사의 목적어 자리이므로 목적격 관계대명사 which가 답이 된다. 이렇듯 관계대명사 앞에 most of, some of, any of와 같은 수량 표현이 들어갈 수 있다. 정답은 (D).

구문 해석 Fashion Sprit사는 다양한 여성 신발을 출시해 왔으며 / 그 중의 대부분이 편안하고 / 동시에 매우 멋지다

어휘 introduce v. 출시하다, 도입하다, 소개하다   at the same time 동시에

 관계대명사 앞에 '수량 표현 + of'가 나올 수 있다.

all/any/half/most/one/rest/some   +   of   +   목적격 관계대명사

The box contains five pairs of shoes, <u>all of</u> which are the same size and color.
그 상자는 담고 있다 / 5켤레의 신발을 / 그것 모두가 같은 크기와 색깔이다
▶ 관계대명사 which 앞에 'all of' 수량 표현이 들어가면서 '그것(5켤레의 신발) 모두'라고 해석되는데, 이때 which는 전치사 of의 목적어 자리에 와서 목적격으로 쓰였다. 바로 뒤에 동사(are)가 있다고 해서 주격으로 나왔다고 혼동하지 않도록 주의해야 한다.

 '수량 표현 + of + 관계대명사' 뒤의 동사는 수량 표현에 수일치해야 한다.

Mr. Winslet received three estimates, <u>one</u> of which ~~fit~~(→ fits) in his budget.
Mr. Winslet은 세 개의 견적서를 받았다 / 그 중(견적서)의 하나가 그의 예산에 맞는다
▶ 관계대명사 which의 선행사는 estimates이며 관계대명사 앞에 'one of' 수량 표현이 들어가서 '그 중(3개의 견적서)의 하나'라고 해석된다. 이때 전치사구(of which)를 걸러 내고 단수 주어인 one에 수일치하여 fit이 아닌 fits로 동사를 쓴다.

Due to the severe weather, the house sustained damage, <u>some</u> of which ~~were~~(→ was) completely covered by the insurance.
험한 날씨 때문에 / 그 집이 피해를 입었다 / 그 중 일부는 완전히 보상받았다 / 보험으로
▶ 관계대명사 which의 선행사는 damage(피해)로 관계대명사 앞에 'some of' 수량 표현이 들어가서 '그 중(피해)의 일부'라고 해석된다. 전치사구(of which)를 걸러 내고 some에 동사의 수일치를 해야 하는데 some은 그 뒤에 나오는 명사에 동사의 수를 일치시키므로 'some of which(=damage)'의 단수 명사 damage에 맞추어 단수 동사 was를 써야 한다.

Tip 가산/불가산 명사 둘 다와 함께 사용되는 'some of/most of/all of which'가 주어일 때에는 which가 가리키는 선행사에 동사의 수를 일치시키기!

1 The human resources director interviewed about fifty applicants, some of ------- are more than qualified for the vacancy.

(A) who
(B) whom
(C) whose
(D) which

2 Mr. Rodriguez scheduled an appointment to see two apartments, ------- of which is well below the market price.

(A) both
(B) one
(C) most
(D) all

3 At the annual linguistic conference, participants are given opportunity to present their research, most of which usually ------- several years to complete.

(A) takes
(B) are taken
(C) will take
(D) take

확! 훅! 해설 강의

1. some of + whom + 동사
빈칸에 들어가는 관계대명사의 선행사는 applicants로 사람 명사이기 때문에 (D)는 정답에서 제외됩니다. 동사 are 앞이라서 주격으로 혼동할 수 있지만 are의 주어는 'some of _____'이고 빈칸은 전치사 of의 목적어 자리이기 때문에 목적격 관계대명사 whom이 답이 됩니다. 정답은 (B)!

어휘 확! 훅!
명사 vacancy(공석)는 opening(공석)과 같은 의미로 쓰일 수 있다는 것을 기억해 두세요.
about adv. 대략 **qualified for** ~에 자격이 있는

구문 해석 인사부장이 면접을 했다 / 대략 50명의 지원자들을 / 그 중(지원자)의 일부가 자격이 있는 것 이상이었다 / 그 공석에 대해

2. one of which + 단수 동사
관계대명사 which는 two apartments를 선행사로 가지는데 (A), (C), (D)가 빈칸에 들어가면 복수 주어가 되어 동사가 is가 아닌 are가 나왔어야 해요. 따라서 전치사 of which를 걸러 내고 보면 동사 is에 맞는 단수 주어 one이 답이 됩니다. 정답은 (B)!

어휘 확! 훅!
'below the market price(시가보다 싼)'는 'above the market price(시가보다 비싼)'와 함께 묶음 표현으로 알아 두세요.

구문 해석 Mr. Rodriguez는 약속을 잡았다 / 2채의 아파트를 보기 위해 / 그 중(아파트)의 한 채는 시가보다 훨씬 싸다

3. most of which + 동사
관계대명사 which는 research를 선행사로 가지며 앞에 수량 표현 most of가 와서 '연구 중의 대부분(most of the research)'이라는 의미로 해석됩니다. 빈칸에 들어가는 동사에 대한 주어는 most of which(=research)인데 most는 그 뒤의 명사에 동사의 수를 일치시키므로 research에 일치하는 단수 동사가 빈칸에 들어가야 해요. 또한 부사 usually는 반복, 습관의 의미로 현재 시제와 함께 쓰이기 때문에 takes가 답이 됩니다. 정답은 (A)!

어휘 확! 훅!
annual adj. 연례의 **linguistic** adj. 언어(학)의 **opportunity to do** ~할 기회 **present** v. 보여 주다, 제시하다

구문 해석 연례 언어 학회에서 / 참가자들은 기회를 얻는다 / 그들의 연구를 발표할 / 그 중(연구)의 대부분이 보통 수년이 걸린다 / 완성하는 데

정답 1. (B) 2. (B) 3. (A)

whoever는 anyone who이다.

------- wants to retain the ownership needs to forward the required documents to Mr. Crawford.

(A) Anyone   (B) Someone   (C) Whoever   (D) Those

....

포인트 해설 '_____ wants to retain the ownership'이 문장의 주어인 명사절이므로 빈칸은 명사절 접속사가 필요하다. (A), (B), (D)
는 대명사일 뿐 명사절 접속사 기능은 하지 못한다. whoever(=anyone who)는 명사절 접속사이며 '누구든지'라는 뜻으로
답이 될 수 있다. 정답은 (C).

구문 해석 소유권을 유지하고 싶은 사람은 누구든지 / 보내야 한다 / 요구되는 문서를 / Mr. Crawford에게

어휘 retain v. 유지하다, 보유하다 ownership n. 소유(권) forward v. (편지, 물건 등을) 보내다

---

 anyone(누구든지)과 whoever(누구든지, 누가 ~하든지)는 의미가 비슷하지만 anyone은 대명사, whoever
(=anyone who)는 접속사로 기능한다.

whoever(=anyone who)	① 접속사이고 ② 선행사 anyone을 포함하고 있으므로 그 앞에 선행사를 또 쓰지 못하며 ③ who 뒤에 동사가 바로 나오듯이 whoever 뒤에도 동사가 바로 나와야 한다

~~Anyone~~(→ Whoever) is entitled to attend the board meeting should confirm his/her attendance.
누구든지 / 이사회에 참석할 자격이 있는 / 확인해 주어야 한다 / 참석 여부를

▶ 문장의 동사가 should confirm이고 그 앞은 주어인 명사절이다. 따라서 명사절 접속사 whoever가 들어가야 하며 대명사인 anyone
은 명사절을 이끌어 줄 수 없다.

> Tip ' _____ + 동사 ~ + 동사'와 같이 문장에 동사가 2개인 경우, 대명사 anyone이 아닌 명사절 접속사 Whoever를 정답으로 고르기!

~~Whoever~~(→ Anyone) accompanied by children under five is prohibited from entering the building.
누구든지 / 아이들이 동반된 / 5살 미만의 / 들어오는 것이 금지된다 / 그 건물에

▶ whoever는 anyone who와 같은 표현으로 who 뒤에 동사가 오듯이 whoever 뒤에도 동사가 나와야 하는데 accompanied는 과거
분사이므로 whoever가 올 수 없다. '아이들이 동반되다'라는 수동태 의미로 보아 원래 문장이 'anyone (who is) accompanied by ~'
인 것으로 짐작할 수 있다. 이때 '주격 관계대명사 + be 동사(who is)'가 생략되어 anyone이 남은 것이다.

1 Despite having received dozens of
applications, the retiring manager has still
not found ------- suitable for the position.

(A) nobody
(B) anyone
(C) these
(D) whoever

2 ------- would like to work from home needs
to get written approval from his or her
immediate supervisor.

(A) Whoever
(B) Those
(C) All
(D) Anyone

3 Twenty percent discounts on all drinks are
offered to ------- comes to the cafe before
7 A.M. from Monday to Thursday.

(A) anybody
(B) whom
(C) whoever
(D) someone

094

스타토익 필수 문법 양식 Part 5&6

 해설 강의

1. anyone (who is) + 형용사
동사(has still not found)의 목적어인 대명사 자리이며 원래 문장은 'anyone who is suitable for ~'인데 **'주격 관계대명사 + be 동사(who is)'는** 생략되므로 'anyone suitable for ~'로 쓴 것임을 파악할 수 있어야 해요. (A)는 부정의 의미를 가지는데 동사에 not이 있으므로 중복 부정이 되어 오답입니다. (C)는 '이것들, 이 사람들'의 뜻이 적절하지 않아 답에서 제외돼요. (D)는 anyone who와 동의어로 바로 뒤에 동사가 나와야 하는데 형용사 suitable이 나왔으므로 답이 될 수 없습니다. 정답은 (B)!

> ─ 어휘 확훅! ─
> 'be suitable for(~에 적합하다)'는 'be ideal for(~에 적합하다/이상적이다)'와 더불어 묶음 표현으로 기억해 두세요.
> dozens of 수십의 retiring adj. 은퇴하는

구문 해석 수십 장의 지원서를 받아왔음에도 불구하고 / 은퇴하는 관리자는 아직 찾지 못했다 / 그 직책에 적합한 누군가를

2. whoever + 동사
문장의 동사는 needs이므로 그 앞의 '_____ would like to work from home'은 문장의 주어인 명사절입니다. 따라서 빈칸에 **명사절을 이끌어 줄 접속사이면서 동사 would like 앞에 쓸 수 있는 whoever가** 들어가야 해요. (B), (C), (D)는 모두 대명사로 동사 앞에 쓸 수는 있지만 접속사 기능은 하지 못하기 때문에 오답입니다. 정답은 (A)!

> ─ 어휘 확훅! ─
> work from home은 '재택근무하다'라는 뜻의 묶음 표현이며 'written approval(서면 허가)', 'immediate supervisor(직속 상사)'도 토익에 자주 등장하는 표현이므로 기억해 두어야 해요.
> written adj. 서면의, 글로 쓴 approval n. 허가

구문 해석 누구든지 / 재택근무를 원하는 / 서면 허가를 받을 필요가 있다 / 그 혹은 그녀의 직속 상사로부터

3. 전치사 + whoever + 동사
전치사 to 뒤에 전치사의 목적어인 명사절이 나왔습니다. 따라서 빈칸에는 명사절 접속사가 들어가야 하는데 anybody, someone은 대명사로 동사 comes의 주어 역할은 하지만 접속사 역할은 할 수 없어요. 의문대명사 whom은 명사절 접속사로 쓸 수 있지만 목적격이므로 동사 앞의 주어 자리에 들어갈 수 없습니다. 따라서 whoever가 답이 되며 'to whoever comes to ~'는 'to anyone who comes to ~'로 바꾸어 쓸 수 있습니다. 정답은 (C)!

> ─ 어휘 확훅! ─
> 명사 discount는 'discount on(~에 대한 할인)'의 묶음 표현으로 자주 쓰인다는 것을 기억해 두세요.

구문 해석 모든 음료에 대한 20퍼센트 할인이 / 제공된다 / 누구든지 카페에 오는 사람에게 / 오전 7시 이전에 / 월요일부터 목요일까지

정답 1. (B) 2. (A) 3. (C)

095 복합관계대명사 whatever는 접속사로 쓸 수 있다.

Since it is an informal gathering, participants are allowed to wear ------- they want.

(A) however   (B) whatever   (C) whomever   (D) wherever

....

포인트 해설 동사 wear의 목적어인 명사절(_____ they want)을 이끌어 주는 명사절 접속사를 고르는 문제이다. 복합관계부사 however, wherever는 부사절 접속사로는 쓰이지만 명사절 접속사로는 쓸 수 없다. 복합관계대명사 whatever(=anything which), whomever(=anyone whom)는 명사절 접속사 역할을 할 수 있는데 의미상 '무엇이든지 입을 수 있다'는 것이 적절하므로 whatever가 답이 된다. 정답은 (B).

구문 해설 그것은 비공식적인 모임이기 때문에 / 참가자들은 입는 것이 허락된다 / 그들이 원하는 것은 무엇이든지

어휘 informal adj. 비공식적인   gathering n. 모임

 복합관계대명사 whichever(=anything which, anyone who), whatever(=anything which), whoever (=anyone who), whomever(=anyone whom)는 '대명사 + 관계대명사'로 명사절 접속사 역할을 할 수 있다.

choose whichever(=anything which) **you prefer** 좋아하는 것이 어떤 것이든지 선택하다
▶ 동사 choose의 목적어 자리에 whichever가 이끄는 명사절이 나왔다.
    Tip* 'whichever 주어 + 동사' 구문을 '~한 것이 어느 것이든 간에'라는 의미로 알아 두기!

experience whatever(=anything which) **you want** 원하는 것이 무엇이든지 경험하다
▶ 동사 experience의 목적어 자리에 whatever가 이끄는 명사절이 나왔다.
    Tip* 'whatever 주어 + 동사' 구문을 '~한 것이 무엇이든지 간에'라는 의미로 알아 두기!

참고로 복합관계대명사는 부사절 접속사로도 쓸 수 있다.

Whoever takes over Mr. Sherman's job, you should help him/her to fully understand the job description.
누가 Mr. Sherman의 일을 이어받든지 / 당신은 그 사람들을 반드시 도와주어야 합니다 / 업무 내역을 완전히 이해할 수 있도록
▶ 콤마 앞에 whoever가 이끄는 부사절이 나왔다.
    Tip* 'whoever + 동사' 구문을 '~한 사람이 누구이든지 간에'로 알아 두기!

 복합관계형용사 whichever(어떤 ~이든지), whatever(무슨 ~이든지)는 명사를 수식하는 형용사 역할을 할 수 있다.

whichever **program you attend** 어떤 프로그램에 당신이 참가하든지
▶ whichever가 명사 program을 수식하고 있다.

whatever **option they want** 무슨 선택 항목을 그들이 원하든지
▶ whatever가 명사 option을 수식하고 있다.

1 As a senior member, you can invite ------- you want to the annual outdoor retreat which will be held on October 10th.

(A) however
(B) whomever
(C) wherever
(D) whatever

2 ------- is in charge of marketing the new cosmetic products should conduct a customer survey first.

(A) Who
(B) Whose
(C) Whom
(D) Whoever

3 Please be assured that ------- warranty you choose will be transferred with the PC if you sell it to someone else.

(A) whose
(B) whom
(C) what
(D) whichever

095

확흥! 해설 강의

1. 동사 + whomever 주어 + 동사

동사 invite의 목적어인 명사절(_____ you want)을 이끌어 주는 명사절 접속사가 들어갈 자리예요. however와 wherever는 복합관계부사로 부사절 접속사로 쓸 수 있지만 명사절 접속사 역할은 하지 못합니다. 복합관계대명사 whomever(누구든지), whatever(무엇이든지)는 명사절 접속사로 쓰일 수 있는데 의미상 '누구든지 당신이 원하는 사람을 초대하다'라고 하는 것이 적절하므로 whomever(누구든지)가 답이 됩니다. 정답은 (B)!

┌─ 어휘 확흥! ─
│ senior n. 노인, 연장자, 윗사람 outdoor retreat 야유회, 야외 행사
└

구문 해석 노인 회원으로서 / 귀하는 초대할 수 있습니다 / 누구든지 귀하가 원하는 사람들을 / 연례 야유회에 / 10월 10일에 열릴

2. whoever와 who

문장의 주어인 명사절(_____ is in charge of ~ products)을 이끌어 줄 명사절 접속사가 필요한데 소유격 whose와 목적격 whom은 동사 앞의 주어 자리에 들어갈 수 없습니다. who(누가)는 의문사로서 명사절 접속사로 쓰일 수 있지만 '누가 마케팅을 담당하는가는 설문 조사를 해야 한다'라는 뜻은 어색하기 때문에 답이 될 수 없어요. '누가 마케팅을 담당하든지 설문 조사를 해야 한다'는 의미가 적절하므로 복합관계대명사 whoever(누가 ~하든지, 누구든지)가 답이 됩니다. 정답은 (D).

┌─ 어휘 확흥! ─
│ in charge of ~을 담당하는 conduct a survey 설문 조사를 시행하다
└

구문 해석 누가 새로운 화장품 마케팅을 담당하든지 / 시행해야 한다 / 고객 설문 조사를 먼저

3. whichever + 명사

that절의 주어(_____ warranty you choose)를 이끌어 줄 명사절 접속사이면서 동시에 명사(warranty)를 꾸며 줄 형용사 역할을 하는 답을 골라야 합니다. 의문대명사 whom은 목적격으로 형용사 역할을 할 수 없어요. 의문형용사 whose와 what은 모두 명사를 수식하면서 동시에 명사절 접속사로 쓸 수 있습니다. 하지만 '누구의(whose) 보증서를 선택하는 것이 PC와 함께 양도될 것이다', '무슨(what) 보증서를 선택하는 것이 PC와 함께 양도될 것이다'라는 어색한 뜻의 문장을 만들기 때문에 답이 될 수 없어요. '어떤 보증서를 선택하든지 PC와 함께 양도될 것이다'라고 해석되는 복합관계형용사 whichever(어떤 ~이든지)가 답이 됩니다. 정답은 (D)!

┌─ 어휘 확흥! ─
│ 'please be assured that(~을 명심하세요)', 'please be reminded that(~을 상기하세요)', 'please be advised that(~을 숙지하세요)'은
│ 수동태 명령문으로 자주 나오는 묶음 표현이므로 알아 두어야 해요.
│ warranty n. 품질 보증서 (기간) transfer v. 양도하다, 이동하다
└

구문 해석 명심하세요 / 어떤 품질 보증서를 귀하가 선택하든 / PC와 함께 양도될 것입니다 / 만약 귀하가 그것을 다른 사람에게 판매한다면

정답 1. (B) 2. (D) 3. (D)

096

전치사도 앞뒤 내용을 연결할 수 있다.

The Women Health Center has physical exercise programs to help patients quickly recover from surgery. ------- that, it also offers spa service to make them feel better about themselves.

(A) Unlike　　　　　(B) Owing to　　　　　(C) Apart from　　　　　(D) Instead of

포인트 해설　대명사(that) 앞에 전치사를 고르는 문제이다. that은 앞에 나오는 명사 하나를 가리키기도 하지만 앞에 나온 문장 전체 내용을 나타내기도 한다. 이 지문에서 that은 '환자의 회복을 위해 운동 프로그램을 제공한다'는 앞 문장 전체 내용을 받아준다. 빈칸 이하에서 그 프로그램에 스파 서비스를 추가로 제공한다는 말이 이어지기 때문에 '~에 더하여, ~ 이외에'라는 뜻의 전치사 apart from이 답이 된다. apart from은 '~ 이외에도', '~을 제외하고'라는 뜻을 모두 가질 수 있기 때문에 전체 문맥에 맞게 적절한 뜻을 넣어 해석해야 한다. unlike(~와 다르게), owing to(~ 때문에), instead of(~ 대신에)는 모두 전치사이지만 의미상 답이 될 수 없다. 정답은 (C).

구문 해석　여성 건강 센터는 많은 운동 프로그램을 가지고 있습니다 / 환자들을 도와주기 위한 / 수술로부터 빨리 회복하도록 // 그에 더하여 / 스파 서비스도 제공합니다 / 그들이 더 좋게 느끼도록 하기 위해 / 그들 자신에 대해

어휘　physical exercise 운동, 신체 활동　recover v. 회복하다

 Part 6에서 전치사 문제는 다음의 두 가지 유형으로 출제된다.

유형 1	Part 5에서도 자주 볼 수 있는 전치사는 명사(구) 앞에 쓸 수 있다는 기본 문법에 기초하여 나온 유형. 접속사, 접속부사와 문법적으로 구별할 수 있어야 한다. (According to, ~~Now that~~, ~~Therefore~~) the bus safety regulations, seats in the front row are reserved for children under the age of 5 with adult supervision. 버스 안전 규정에 따라서 / 좌석이 / 맨 앞줄의 / 마련되어 있다 / 5살 미만의 아이들을 위해 / 어른들의 통제가 있는 ▶ 콤마 앞의 수식어구를 이끌어 주면서 명사구(the bus safety regulations) 앞에 쓸 수 있는 전치사가 괄호 안에 들어가야 하기 때문에 전치사 according to(~에 따라서)가 적절하다. now that(~ 때문에)은 접속사로 절을 이끌고 therefore(따라서)는 접속부사로 명사(구)를 이끌 수 없다.
유형 2	전치사 뒤에 (대)명사가 나오는 유형. (대)명사의 뜻을 문맥에 맞게 해석해서 그에 적절한 전치사 어휘를 골라야 한다.

이 중 두 번째 유형을 특히 주의해야 하는데, 접속부사 문제가 전체 문맥을 파악해야 풀 수 있게끔 출제되는 것처럼 전치사 문제도 앞뒤 문맥의 흐름, 연결 관계를 따져서 풀어야 하는 문제로 등장한다.

Questions 1-3 refer to the following company newsletter.

1
the considerable effort we make to train new recruits, more than one third of them usually quit their job within their first year.

Most of them even enjoyed employee benefits, such as paid sick leave, during that short period of time. -------
2
this situation, it's not a surprise that our company has decided to have the new employees go through a six-month probationary period.

At the end of the period, their work performance will be evaluated, and it will be decided whether they will be offered a -------
3
position or not.

1 (A) Even though   (B) As for
   (C) Given   (D) In spite of

2 (A) In addition to   (B) Considering
   (C) Instead of   (D) Except for

3 (A) delicate   (B) precise
   (C) permanent   (D) spacious

096 스타토익 필수 빈출 유형서 Part 5&6

콕콕! 해설 강의

1. 전치사와 접속사 자리

빈칸에는 콤마 앞의 수식어구를 이끌어 주면서 명사구 앞에 쓸 수 있는 전치사가 들어가야 합니다. (A)는 접속사로 절 앞에 써야 하며, (B)와 (C)는 전치사이지만 as for(~에 관하여), given(~을 고려해 볼 때)의 각각의 의미가 문맥상 적절하지 않아요. 따라서 '노력에도 불구하고 일을 그만둔다'는 문맥에 맞는 전치사 in spite of(=despite)가 답이 됩니다. 정답은 (D)!

2. 문맥 속 알맞은 전치사 선택

빈칸 뒤에 나오는 '이러한 상황(this situation)'이 무엇인지를 알아야 알맞은 전치사를 고를 수 있는데요. 앞부분에서 신입 사원들이 혜택만 누리고 일을 금방 그만둔다는 내용이 있으므로 그런 상황, 즉 일을 빨리 그만두는 상황을 '고려해 보면' 회사가 신입 사원들에게 수습 기간을 거치게 하는 것은 놀라운 일이 아니라는 문맥으로 보아야 합니다. 따라서 전치사 considering(~을 고려해 보면)이 답이 됩니다. in addition to(~에 더하여), instead of(~ 대신에), except for(~을 제외하고)는 모두 전치사이지만 의미상 답이 될 수 없어요. 정답은 (B)!

3. 형용사 어휘

문맥상 적절한 어휘를 파악해야 하는 문제입니다. 앞에서 수습 기간(probationary period)을 거치게 한다는 말이 있고 그 기간 이후에야 비로소 정규직, 즉 영구적인 일자리를 준다는 의미로 연결되기 때문에 permanent(영구적인)가 답이 됩니다. delicate(섬세한, 민감한), precise(정확한, 정밀한), spacious(공간이 넓은)는 의미상 오답입니다. 정답은 (C)!

어휘 콕콕!

considerable adj. 상당한 recruit n. 신입 사원; v. 모집하다 paid sick leave 유급 병가 go through 거치다, 겪다 probationary period 수습 기간 work performance 근무 실적 permanent adj. 영구적인

구문 해석 1-3번은 다음 사보에 관한 문제입니다.

우리가 기울인 상당한 노력에도 불구하고 / 신입 사원들을 교육하기 위해 / 그들 중 3분의 1 이상이 보통 일을 그만둔다 / 근무한 지 1년 이내에 //

그들 대부분은 심지어 직원 혜택을 누렸다 / 유급 병가와 같은 / 그 짧은 기간 동안에 // 이러한 상황을 고려해 보면 / 놀랄 일이 아니다 / 우리 회사가 결정한 것이 / 신입 사원들이 6개월의 수습 기간을 거치도록 하는 것을 //

그 (수습) 기간이 끝날 때 / 그들의 근무 실적은 평가될 것이다 / 그리고 결정될 것이다 / 그들이 정규직을 제안받을지 말지가 //

정답 1. (D) 2. (B) 3. (C)

097 '_____ + do/be + 주어'에서는 so가 답이 될 수 있다.

As more than half of the residents in Chelsea agreed to sponsor the city beautification project, ------- did many of the local firms.

(A) and   (B) when   (C) so   (D) also

···

포인트 해설   빈칸 뒤에 동사(did)와 주어(many of the local firms)가 도치되어 있으므로 도치 구문을 만들 수 있는 보기를 골라야 한다. so는 '그래서'라는 뜻일 때에는 도치 구문을 가지지 않지만 '~도 역시 그러하다'라는 뜻일 때에는 그 뒤에 도치 구문을 가질 수 있다. 나머지 보기들은 모두 도치 구문을 가지지 않는다. 참고로 일반 동사는 도치 구문에서 주어 앞으로 바로 나오지 못하고 do/does/did가 대신 나오기 때문에 'so agreed many of the local firms'가 아닌 'so did many of the local firms'로 쓴다. 정답은 (C).

구문 해설   첼시 주민의 절반 이상이 동의함에 따라 / 도시 미화 프로젝트를 후원할 것을 / 많은 지역 기업들도 역시 그러했다

어휘   resident n. 주민   sponsor v. 후원하다

---

 so, as가 긍정문에서 '~도 역시 그러하다, 마찬가지이다'라는 뜻일 때 그 뒤에 주어 + 동사의 순서가 도치된다.

Professor Clark is well known for his unconventional teaching method, as <u>is his colleague Professor Young</u>.

Clark 교수는 유명하다 / 그의 색다른 교수법으로 / 그의 동료 Young 교수도 역시 그러하다

▶ as가 '~로(서)'가 아니라 '~도 역시 그러하다'라는 의미일 때에는 그 뒤에 도치 구문이 와서 동사(is) + 주어(his colleague Professor Young)의 순서로 쓴다. be 동사는 도치 구문에서 be 동사가 주어 앞에 그대로 나오기 때문에 as 뒤에 is가 바로 도치되어 나왔다.

Mr. Hunt's business trip to Hanoi was cancelled, and so <u>were his other arrangements</u>.

Mr. Hunt의 하노이 출장이 취소되었다 / 그리고 그의 다른 계획도 역시 그러했다 (역시 취소되었다)

▶ so가 '그래서'라는 뜻이 아닌 '~도 역시 그러하다'라는 뜻일 때에는 그 뒤에 도치 구문이 와서 동사(were) + 주어(his other arrangements)의 순서로 쓴다. be 동사는 도치 구문에서 be 동사가 주어 앞에 그대로 나오기 때문에 so 뒤에 were가 바로 도치되어 나왔다.

 neither, nor가 부정문에서 '~도 그렇지 않다, 마찬가지로 ~가 아니다'라는 뜻일 때 그 뒤에 주어 + 동사의 순서가 도치된다.

Since the warranty expired, the blender couldn't be exchanged, and neither <u>was it</u> refunded.

보증 기간이 만료되었기 때문에 / 그 믹서기는 교환될 수 없었고 / 환불도 역시 받을 수 없었다

▶ neither(~도 그렇지 않다) 뒤에는 도치 구문이 와서 동사(was) + 주어(it)의 순서로 쓴다. be 동사는 도치될 때 be 동사가 주어 앞에 그대로 나오기 때문에 neither 뒤에 was가 바로 도치되어 나왔다.

The CEO has never thought of adopting a new method, nor <u>has he</u> been asked to do so.

그 CEO는 생각해 본 적이 없다 / 새로운 방법을 채택하는 것을 / 그리고 그렇게 하라고 요청받은 적도 없다

▶ nor(~도 그렇지 않다) 뒤에는 도치 구문이 와서 동사(has) + 주어(he)의 순서로 쓴다. have/has/had + p.p.의 완료 시제 동사는 도치 구문에서 have/has/had가 주어 앞으로 그대로 나오기 때문에 nor 뒤에 has가 바로 도치되어 나왔다.

Tip 'neither/nor + have/has + 주어 + p.p.'가 나오면 현재 완료 시제의 도치 구문으로 파악하기!

1 Now that public transportation in Seoul is well organized, the subway always arrives on time, and ------- does the bus.

(A) then
(B) so
(C) as well
(D) also

2 Many guests gave bad reviews to the hotel since it doesn't have cable TV, ------- does it have wireless internet access.

(A) nor
(B) since
(C) then
(D) and

3 After Tami Telecom merged with Cinco Wireless, its brand value increased substantially, as ------- the overall revenue.

(A) had
(B) did
(C) do
(D) have

097

촉! 촉! 해설 강의

1. so + 동사 + 주어

문맥상 '버스도 그러하다(=제시간에 도착한다)'라는 뜻에 맞는 단어가 들어가야 할 자리입니다. also(또한)를 정답으로 혼동할 수 있지만 also는 뒤에 동사(does)와 주어(the bus)의 도치 구문을 가질 수 없으므로 오답이에요. so는 '~도 그러하다'라는 뜻일 때 그 뒤에 도치 구문을 가지기 때문에 답이 됩니다. 일반 동사 arrives를 대신하여 does가 주어 앞으로 도치되어 나온 것에 주의하세요. 정답은 (B)!

> **어휘 촉!촉!**
> 부사 well이 과거분사를 수식하는 구조로 이루어진 'well organized(잘 조직된)', 'well planned(잘 계획된)', 'well received(잘 받아들여진)', 'well attended(많은 사람이 참석한)'는 토익에서 한 단어처럼 등장하는 묶음 표현이므로 기억해 두세요.
> now that ~ 때문에   public transportation 대중교통

구문 해석 서울의 대중교통은 잘 조직되어 있기 때문에 / 지하철은 항상 제시간에 도착한다 / 버스도 역시 그렇다

2. nor + 동사 + 주어

빈칸 이하 동사(does)와 주어(it)가 도치되어 있으므로 도치 구문을 가져올 수 있는 nor(~도 그렇지 않다)가 답이 되며 '무선 인터넷 역시 없다'의 해석이 문맥상 적절합니다. 도치 구문에서 일반 동사 have는 주어 앞으로 나오지 못하고 대신 does가 나온 것에 주의하세요. 나머지 보기는 의미와 관계없이 도치 구문을 가지지 않으므로 답이 될 수 없습니다. 정답은 (A)!

> **어휘 촉!촉!**
> review n. 평가   wireless internet access 무선 인터넷 접속

구문 해석 많은 투숙객들이 안 좋은 평가를 내렸다 / 호텔에 / 왜냐하면 호텔에 케이블 TV 설치가 안 되어 있고 / 무선 인터넷 역시 없기 때문에

3. as + do/does/did + 주어

as 뒤 빈칸에 보기의 동사가 들어가면 동사(_____) + 주어(the overall revenue) 순서의 도치 구문이 나온 것이 됩니다. as는 '~도 그러하다'라는 뜻일 때 도치 구문을 가질 수 있는데 앞에 나오는 동사가 increased인 것으로 보아 원래 as 이하가 'the overall revenue increased'인 것을 알 수 있어요. 이때 일반 동사는 주어 앞으로 바로 도치되지 않고 do/does/did의 조동사를 대신 쓰는데, increased가 과거 시제이므로 did가 답이 됩니다. 정답은 (B)!

> **어휘 촉!촉!**
> 인수, 합병에 관련된 문맥에서 자주 나오는 어휘로 'merge with(~와 합병하다)', 'acquire/take over(~을 인수하다)'를 기억해 두세요.
> brand value 브랜드 가치   substantially adv. 상당히   revenue n. 매출, 수익

구문 해석 Tami Telecom사는 합병한 이후에 / Cinco Wireless사와 / 브랜드 가치가 상당히 높아졌다 / 전체적인 매출도 역시 그러했다(증가했다)

정답 1. (B) 2. (A) 3. (B)

098 'p.p. + be 동사 + 주어'의 도치 구문을 쓸 수 있다.

------- in the information kit distributed last Friday are the updated instructions on the use of the office equipment.

(A) Including   (B) Included   (C) Includes   (D) Inclusion

포인트 해설 원래 문장은 'The updated instructions on ~ are included in the information kit distributed last Friday.'인데 수동태 동사 are included에서 p.p.형 included가 문장 앞으로 나오면서 be 동사(are) + 주어(the updated instructions on ~ equipment)로 도치된 구문임을 파악할 수 있어야 한다. 빈칸을 문장의 주어 자리로 보아 동명사 (A) 혹은 명사 (D)를 답으로 혼동할 수 있지만 동명사는 그 뒤에 목적어인 명사(구)가 나와야 하므로 전치사 in 앞에 올 수 없고 명사 inclusion은 '포함'이라는 뜻으로 '포함은 업데이트된 정보이다'라는 의미가 어색할 뿐만 아니라 동사 are와 수일치가 되지도 않기 때문에 오답이다. 정답은 (B).

구문 해석 자료집에 포함된 것은 / 지난 금요일에 배부된 / 업데이트된 지시 사항이다 / 사무용품 사용에 대한

어휘 distribute v. 배부하다

 '주어 + be 동사 + p.p.'의 수동태 구문에서 p.p.가 문장 앞으로 나오면 주어와 동사가 도치된다. 주로 attached, included, enclosed와 같은 어휘가 문장 앞으로 나올 때 주어와 be 동사가 도치되며, 이 경우 문장 맨 앞에 나온 p.p.의 의미를 강조하는 것이 목적이다.

Enclosed in the letter is a detailed booklet on foreign language courses.
이 편지에 동봉되어 있는 것은 / 상세한 안내 책자이다 / 외국어 과정에 대한
▶ 원래 문장은 'A detailed booklet on ~ is enclosed in the letter.'인데 수동태 동사 'is enclosed'에서 p.p.형 enclosed가 문장 앞으로 나오면서 주어(a detailed booklet ~ courses)와 be 동사(is)가 도치된 문장이다.

Attached to the online newsletter is the information on the newly appointed vice president.
온라인 소식지에 첨부된 것은 / 정보이다 / 새로 임명된 부사장에 대한
▶ 원래 문장은 'The information on ~ is attached to the online newsletter.'인데 수동태 동사 'is attached'의 p.p.형 attached가 문장 앞으로 나오면서 주어(the information on ~ vice president)와 be 동사(is)가 도치된 문장이다.
    Tip* 'Enclosed/Attached ~ + be 동사 + 주어'의 도치 구문을 관용구처럼 알아 두기!

 be 동사 뒤에 나온 전치사구가 문장 앞으로 나올 경우에도 주어와 동사가 도치될 수 있다.

Among the issues that will be covered at the meeting are extensive health coverage, overtime work remuneration, and flexible working hours.
안건들 중에 / 회의에서 다루어질 / 있다 / 포괄적인 건강 보험, 시간 외 근무 수당 그리고 탄력적인 근무 시간이
▶ 원래 문장에서 be 동사인 are 뒤에 있던 전치사구 among 이하가 문장 앞으로 나오면서 be 동사(are) + 주어(extensive health coverage, ~ flexible working hours)의 순서로 도치되었다.

1 ------ to the application is a list of job requirements, all of which you must meet to qualify for the position.

(A) Attached
(B) Attachment
(C) Attach
(D) Attaching

2 Enclosed in the e-mail from the doctor's office ------ a new form that needs to be filled out by patients.

(A) been
(B) is
(C) were
(D) has

3 ------ the shopping center is a sports stadium which will be open to the public at the beginning of next year.

(A) Besides
(B) Among
(C) Across from
(D) Throughout

098

 해설 강의

1. Attached + be 동사 + 주어
빈칸에 명사 주어가 들어가야 한다고 혼동할 수 있는 문제인데 명사 attachment(첨부, 첨부물)를 쓰면 '지원서에 첨부는 목록이다'라는 어색한 뜻을 만들기 때문에 빈칸에 들어갈 수 없습니다. 원래 문장은 'a list of job requirements is attached to the application ~'의 수동태 구문인데 p.p.형인 attached가 문장 앞으로 나오면서 주어(a list of job requirements)와 be 동사(is)가 도치된 문장임을 파악할 수 있어야 해요. 정답은 (A)!

┌ 어휘 획쾅! ─
'job requirement(자격 요건)', 'job description(업무 내역)'은 구직, 구인과 관련하여 자주 등장하는 복합 명사 어휘예요.
qualify v. 자격을 갖추다
└─

구문 해석 지원서에 첨부된 것은 / 자격 요건의 목록이다 / (자격 요건의) 모든 것을 당신이 충족시켜만 하는 / 그 직책에 대한 자격을 갖추기 위해서

2. Enclosed + be 동사 + 주어
원래 문장은 'A new form ~ is enclosed in the e-mail from the doctor's office.'의 수동태 구문인데 p.p.형인 enclosed가 문장 앞으로 나오면서 주어(a new form ~ by patients)와 be 동사(is)가 도치된 문장임을 파악할 수 있어야 합니다. 정답은 (B)!

┌ 어휘 획쾅! ─
enclose v. 동봉하다   fill out 작성하다
└─

구문 해석 이메일에 동봉된 것은 / 병원으로부터 온 / 새로운 서식이다 / 환자에 의해 작성되어야 하는

3. 전치사구 + be 동사 + 주어
be 동사 뒤에 나오는 전치사구가 문장 앞으로 이동하면서 주어(a sports stadium)와 be 동사(is)가 도치된 문장으로 볼 수 있습니다. 해석을 해보면 스포츠 경기장과 쇼핑센터의 위치를 설명하는 장소 전치사가 적합하므로 '쇼핑센터 건너편에'라는 뜻의 across from이 답이 됩니다. besides는 '~에 더하여'라는 뜻이며, among은 '(셋 이상) 사이에', throughout은 '~ 구석구석에'라는 뜻으로 의미상 부적절해요. 정답은 (C)!

┌ 어휘 획쾅! ─
'at the beginning of(~의 초에, ~의 시작에)'는 'at the end of(~의 끝에)'와 함께 알아 두어야 할 묶음 표현입니다.
stadium n. 경기장   public n. 대중, 일반 사람들
└─

구문 해석 쇼핑센터 건너편에 있다 / 스포츠 경기장은 / 대중들에게 공개될 / 내년 초에

정답 1. (A) 2. (B) 3. (C)

099 'Enclosed + 주어 + find + 목적어'의 도치 구문을 쓸 수 있다.

------- you will find a brochure explaining a wide range of tour services you can enjoy in major cities all over the world.

(A) Enclosed　　　　(B) Encloses　　　　(C) Enclosing　　　　(D) Enclosure

포인트 해설	원래 문장은 find의 5형식 구문으로 'You will find a brochure explaining ~ enclosed.'인 것을 파악할 수 있어야 한다. 목적 보어 자리에 쓰인 과거분사 enclosed가 문장 앞으로 이동하면서 'enclosed you will find a brochure ~'가 되었으므로 enclosed가 답이 된다. 정답은 (A).
구문 해석	동봉된 (책자) / 귀하는 안내 책자를 찾을 수 있을 것입니다 / 다양한 관광 서비스를 설명하는 (안내 책자) / 귀하가 즐길 수 있는 / 전 세계 주요 도시들에서
어휘	brochure n. 안내 책자　a wide range of 다양한, 광범위한　major adj. 주요한

 find의 5형식 구문인 '주어 + find + 목적어 + 목적 보어'에서 목적 보어는 문장 앞으로 나올 수 있다. 즉 '목적 보어 + 주어 + find + 목적어'의 순서로 쓸 수 있다. 주로 목적 보어 자리에 나온 enclosed, attached, included 를 문장 맨 앞으로 이동시켜 강조시킬 때 쓰는 형태이다.

<u>You will find</u> a VIP coupon book that can be used at more than 200 stores in the outlet mall attached to the bus ticket.
당신은 찾을 것이다 / VIP 쿠폰책을 / 200개 이상의 가게에서 사용될 수 있는 / 아웃렛 쇼핑몰 안에 있는 / 그 버스표에 첨부된
▶ find의 5형식 구문으로 목적어(a VIP coupon book ~ in the outlet mall) 뒤에 목적 보어(attached to the bus ticket)가 나왔다.

⇨ Attached to the bus ticket <u>you will find</u> a VIP coupon book that can be used at more than 200 stores in the outlet mall.
　▶ find의 5형식 구문에서 목적 보어인 attached to the bus ticket이 문장 앞으로 나온 형태이다. 이때 주어와 동사의 순서가 바뀌지는 않는 것에 주의해야 한다.

⇨ Attached to the bus ticket <u>please find</u> a VIP coupon book that can be used at more than 200 stores in the outlet mall.
　▶ 위의 예문을 정중한 명령문으로 바꾸면 주어인 you가 생략되고 동사 will find는 동사원형의 find로 바뀌게 된다. 정중한 의미를 나타내기 위해 please를 동사원형 앞에 쓸 수 있다.
　Tip 'Enclosed/Attached ~ you will find + 목적어'를 관용구처럼 알아 두기!

 find의 도치 구문이 명령문이 되는 경우에 'Enclosed/Attached/Included please find + 목적어' 구문뿐 아니라 'Please find enclosed/attached/included + 목적어'의 순서로 쓸 수도 있다.

Enclosed <u>please find</u> some suggestions for how to use the proceeds from the auction.
동봉된 (제안) / 찾아보세요 / 몇몇의 제안들을 / 어떻게 수익금을 쓸 것인가에 대한 / 경매로부터의 (수익금)

⇨ <u>Please find</u> enclosed some suggestions for how to use the proceeds from the auction.
　▶ 목적 보어인 enclosed가 문장 앞에 나오는 경우가 일반적이지만 'find + 목적 보어(enclosed) + 목적어(some suggestions)'의 순서로 나올 수도 있다.

1 ------- you will find numerous abstracts of reports on global warming that you can refer to.

(A) Including
(B) Included
(C) Inclusion
(D) Includes

2 Enclosed ------- will find a scholarship eligibility form that needs to be completed and submitted by July.

(A) you
(B) your
(C) yours
(D) yourselves

3 Attached please ------- a promotional coupon that can be redeemed at any of our branches nationwide.

(A) finds
(B) finding
(C) to find
(D) find

횟휙! 해설 강의

1. Included you will find + 목적어

find 동사의 5형식 구문으로 원래는 'You will find numerous abstracts of ~ included.'인데 목적 보어 자리에 있던 included가 문장 앞으로 나온 것으로 볼 수 있습니다. 정답은 (B)!

─ 어휘 횟휙! ─

abstract은 형용사(추상적인)로 쓰이지만 명사(요약, 발췌)로도 쓰이는 어휘예요.

refer to ~을 참고하다(=consult), ~을 언급하다(=mention)

구문 해석 포함된 (요약) / 당신은 발견할 것입니다 / 많은 보고서의 요약을 / 지구 온난화에 대한 / 당신이 참고할 수 있는

2. Enclosed you will find + 목적어

문장 앞의 enclosed는 find의 목적 보어였다가 문장 앞으로 이동하여 나온 것입니다. 따라서 빈칸에는 동사 will find의 주어인 주격 대명사 you가 들어가야 해요. 정답은 (A)!

─ 어휘 횟휙! ─

scholarship n. 장학금   eligibility n. 적격, 적임

구문 해석 동봉된 (서식) / 당신은 장학금 적격 서식을 찾을 것입니다 / 작성되고 제출되어야 할 / 7월까지

3. Attached please find + 목적어

please가 있는 것으로 보아 명령문일 수 있다는 단서를 잡을 수 있는데요. find의 목적 보어인 attached가 앞으로 나온 문장으로 'attached you will find ~'였다가 명령문이 되면서 주어인 you가 생략되고 동사원형이 나오게 되어 'attached please find ~'가 된 것으로 볼 수 있습니다. 이때 정중한 명령문을 위해 동사원형 앞에 please가 나왔습니다. 정답은 (D)!

─ 어휘 횟휙! ─

promotional adj. 홍보용의   redeem v. (상품권을) 상품으로 교환하다, 상환하다

구문 해석 첨부된 (쿠폰) / 홍보 쿠폰을 찾아보세요 / 상품으로 교환될 수 있는 / 우리 지점 어느 곳에서나 / 전국적으로

정답 1. (B) 2. (A) 3. (D)

[특수 구문]

100 'the 최상급 + _____'의 경우 possible이나 ever가 답이 될 수 있다.

The company has made a tremendous effort to provide satisfying garden care service at the ------- possible price.

(A) well   (B) best   (C) good   (D) better

포인트 해설 명사 price를 수식할 형용사 자리로 부사 (A)는 정답에서 제외된다. 정관사 the는 비교급과 함께 쓰이지 않기 때문에 (D)도 오답이다. 형용사 good과 최상급 형용사 best가 명사 앞자리에 들어갈 수 있는데 뒤에 최상급을 강조하는 possible이 있으므로 '가능한 가장 좋은(=최고의)'이라는 의미에 맞는 최상급 best가 답이 된다. 정답은 (B).

구문 해설 그 회사는 엄청난 노력을 해 왔다 / 만족스러운 정원 관리 서비스를 제공하기 위해 / 가능한 최고의 가격에

어휘 make an effort to do ~하려는 노력을 하다   tremendous adj. 엄청난, 굉장한   satisfying adj. 만족스러운(cf. satisfied (사람이) 만족하는)

---

 possible, ever는 최상급 뒤에 와서 최상급을 강조하는 의미로 쓸 수 있다.

It is <u>the worst</u> possible time to open a new branch in North America.
가능한 최악의 시기이다 / 새로운 지점을 열기에 / 북미에서
▶ 최상급 the worst 뒤에 possible이 강조하는 의미로 쓰였으며 '가능한 최악의'라고 해석할 수 있다.
   Tip* 'the 최상급 possible'에서 possible 대신 possibly는 쓸 수 없음!

The prize that the company has been awarded by the local government is <u>the biggest</u> ever.
그 상은 / 회사가 수여받은 / 지역 정부에 의해 / 역대 가장 큰 것이다
▶ 최상급 the biggest 뒤에 ever가 강조하는 의미로 쓰였으며 '역대 가장 큰', '어느 때보다 가장 큰'이라고 해석할 수 있다.

 ever는 최상급을 강조하는 용법 이외에 비교급의 than 뒤에도 자주 나온다.

These days, Cheapandchic.com which offers discounted gift certificates is more frequently visited by young adults <u>than</u> ever.
요즈음 / Cheapandchic.com은 / 할인된 가격의 상품권을 제공하는 / 더 자주 방문된다 / 젊은 사람들에 의해 / 그 어느 때보다
▶ 비교급의 than 뒤에 ever가 나와서 '그 어느 때보다 더 ~한'이라는 의미로 쓰였다.
   Tip* 'more than ever'를 '그 어느 때보다 더욱'의 표현으로 알아 두기!

1 To be at the meeting in time, the president asked his driver to find the ------- route possible to the conference center.

(A) direct
(B) directly
(C) more direct
(D) most direct

2 Ms. Davis is under a lot of stress since she is dealing with the most demanding client -------.

(A) once
(B) ever
(C) also
(D) such

3 Mecol Inc. is more interested in acquiring its rival company ------- ever because it wants to broaden its presence in the Middle East.

(A) as
(B) than
(C) so
(D) much

👆쵝쿡! 해설 강의

1. the + 형용사 최상급 + 명사 + possible

명사 route(길, 경로)를 수식하는 형용사 자리이므로 부사 (B)는 정답에서 제외됩니다. 정관사 the는 비교급과 함께 쓰이지 않으므로 (C)도 오답입니다. 빈칸에 형용사 direct가 들어가서 the direct route(직항로)로 쓸 수 있지만 그 뒤에 possible이 나온 것에 주의해야 해요. possible이 나오면 '가능한 가장 ~한'이라는 의미에 맞는 최상급이 나와야 하기 때문에 most direct가 답이 됩니다. 정답은 (D)!

┌─ 어휘 쵝쿡! ─
'in time(시간에 늦지 않게)'과 'on time(정각에)' 묶음 표현의 의미를 구별하여 알아 두세요.
direct route 직항로
└─

구문 해석 회의에 가기 위해 / 시간에 늦지 않게 / 사장은 그의 운전사에게 요청했다 / 가능한 최단 경로를 찾도록 / 회의장으로 가는

2. the + 형용사 최상급 + 명사 + ever

최상급(the most demanding)과 함께 쓸 수 있는 표현으로 '역대 가장 ~한'이라는 강조 의미를 가지는 ever가 답이 됩니다. (A)는 '한 번, 한때'라는 뜻으로 '한 번 ~했었다'는 의미에 맞추어 과거 시제 혹은 현재 완료 시제와 주로 쓰입니다. (C)는 부사이지만 '또한'이라는 의미이므로 답이 될 수 없고 (D)는 such a great day(이렇게 좋은 날)처럼 명사 앞에서 쓰기 때문에 오답입니다. 정답은 (B)!

┌─ 어휘 쵝쿡! ─
under stress 스트레스를 받는 deal with 다루다, 처리하다 demanding adj. 까다로운
└─

구문 해석 Ms. Davis는 / 많은 스트레스를 받고 있다 / 왜냐하면 그녀가 다루고 있기 때문에 / 역대 가장 까다로운 고객을

3. 비교급 + than ever

more interested를 보고 비교급 문장임을 알 수 있죠? 비교급과 함께 쓰이는 than이 정답이며 than ever는 '그 어느 때보다 더 ~한'이라는 뜻으로 해석됩니다. ever는 최상급에서 강조의 뜻으로 쓰이는데 이 문장에서처럼 비교급을 강조할 때도 쓸 수 있으며 주로 'than ever'의 묶음 표현으로 쓰입니다. 정답은 (B)!

┌─ 어휘 쵝쿡! ─
명사 presence는 '영향력, 참석, 존재'라는 뜻이며 'broaden its presence(영향력을 넓히다)', 'in the presence of(~의 참석 하에)'의 묶음 표현을 알아 두세요.
acquire v. 인수하다(=take over) broaden v. 넓히다
└─

구문 해석 Mecol 주식회사는 더 관심이 있다 / 경쟁사들을 인수하는 것에 / 그 어느 때보다도 / 그것(주식회사)이 영향력을 넓히기를 원하기 때문에 / 중동에서

정답 1. (D) 2. (B) 3. (B)

Part V

01 ------- the sales figures for the last three quarters, the company will make a decision on whether or not to discontinue the production of wooden toys.

(A) Instead of   (B) Depending on
(C) In place of   (D) As a result

02 With more than 15 years of experience in various fields, ------- he does, Mr. Anderson will definitely make a huge success.

(A) whatever   (B) whenever
(C) however   (D) whoever

03 To ensure safe transactions, the technical team needs to set up the most secure online service -------.

(A) more possible   (B) possibly
(C) possible   (D) more possibly

04 Shiny City Guesthouse is highly recommendable for people to ------- cleanliness is the most important factor.

(A) whose   (B) whom
(C) who   (D) which

05 Total ------- expenses, such as taxi fares and telephone fees, should be recorded and reported to the head manager.

(A) incident   (B) incidence
(C) incidental   (D) incidentally

06 The company's management has decided to give a substantial financial incentive to ------- employee comes up with a name for the new product.

(A) who   (B) whichever
(C) that   (D) which

07 As more consumers are opting for ------- healthy products, such as organic milk, we are becoming more committed to satisfying their needs.

(A) inherently   (B) inherent
(C) inherence   (D) inheres

08 Mr. Ryu promised to donate half of his profits to the charity, ------- did most of the other sellers at the flea market.

(A) since   (B) as
(C) and   (D) while

09 With all the operating costs ------- by the government, the Community Center will open various classes for retirees from next week.

(A) funding   (B) funds
(C) funded   (D) fund

10 Enter the draw for the chance to win a four-night stay at Ocean Prince Hotel, in addition to ------- a food and beverage voucher worth $100 will be provided.

(A) which   (B) that
(C) what   (D) whom

11 ------- to the newsletter you will find a brochure on our Color Therapy program, a new type of treatment for depression.

(A) Attach   (B) Attachment
(C) Attaching   (D) Attached

12 The Chinese restaurant opened a month ago, and with its ------- priced dishes, it has already become very popular among locals.

(A) affordably   (B) affords
(C) affordability   (D) affordable

13 The remodeling work on the rooftop terrace ------- complete by this Friday, but it will not be open to the public until the end of this month.

(A) will have   (B) have to be
(C) is to be   (D) has been

14 The regional manager has decided to hire a consultant for sales clerks, ------- of whom need some advice on how to deal with stress.

(A) one   (B) either
(C) many   (D) every

15 For ------- in need of first aid information, HomeMC.com has a lot of useful resources provided by healthcare professionals.

(A) other   (B) anyone
(C) these   (D) whoever

16 Only after ------- reporting that there was a leak in the bathtub, the hotel guest was told that a maintenance staff would come up to the room.

(A) repeated   (B) repeatable
(C) repeating   (D) repeatedly

Part VI

Questions 17-20 refer to the following e-mail.

신유형

From: Nora Gibson
Subject: Order #148274ZQ

To whom it may concern,

I just received my order this afternoon. When I opened the box, I realized that most of the dishes were broken. I think it happened in transit, so I want you to send me ------- . Please let me know how long it will take for the new dishes to be delivered.
                                                  17

------- the blender, I no longer want it because it's not the size I requested. ------- . As far as I
  18   19
know, the shipping policy that I ------- to when placing the order guarantees free returns and
                                 20
exchanges to premium members, so I hope my account won't be charged for any additional shipping fees.

Thank you
Nora Gibson

17 (A) apologies   (B) replacements
   (C) expenses   (D) references

18 (A) Regardless of   (B) Along with
   (C) In addition to   (D) As for

19 (A) So, I'll send it back for a return.
   (B) Then, I will ask for a repair.
   (C) It hasn't been delivered yet.
   (D) Also, you have high quality kitchenware.

20 (A) is referred   (B) refer
   (C) will refer   (D) referred

정답 및 해설 p.254

www.HackersIngang.com

Part 5&6
실전모의고사

김지현 선생님이 알려 주는
학습 목표와 학습 방법을
동영상강의로
꼭! 확인해 보세요.

READING TEST

In this section, you must demonstrate your ability to read and comprehend English. You will be given a variety of texts and asked to answer questions about these texts. This section is divided into three parts and will take 75 minutes to complete.

PART 5

Directions: In each question, you will be asked to review a statement that is missing a word or phrase. Four answer choices will be provided for each statement. Select the best answer and mark the corresponding letter (A), (B), (C), or (D).

101 Sales managers who plan to attend the car exhibit in London have been told to find a place to stay by -------.

(A) themselves
(B) them
(C) theirs
(D) they

102 Mr. Chan has yet to officially ------- the schedule to launch a new line of jewelry in Asian countries.

(A) magnify
(B) recognize
(C) confirm
(D) persuade

103 Most of the sales team members couldn't project ------- well the bath products for babies and kids would sell.

(A) where
(B) which
(C) how
(D) who

104 It is ------- recommendable for those looking for affordable apartments to visit www.besthomefinder.com where they can find a variety of rentals.

(A) strongly
(B) strong
(C) strengthen
(D) strength

105 New members of the debate club are ------- to thoroughly go over the guidelines before they attend their first weekly gathering.

(A) solicited
(B) informed
(C) delivered
(D) required

106 ------- the concert featured world-famous jazz musician Antonio Roberto, it was still impossible to sell out all the tickets.

(A) In spite
(B) As if
(C) Although
(D) As soon as

107 Atlanta Auto is widely known to offer the best ------- in the city, so you can find the cheapest used cars and trucks there.

(A) products
(B) mechanics
(C) devices
(D) deals

108 The highly ------- premiere of the film *For the King* has been tentatively scheduled for early next year.

(A) anticipating
(B) anticipated
(C) anticipation
(D) anticipates

109 The editor would like to correct the wrong information in ------- to last month's feature article.

(A) reference
(B) referred
(C) refers
(D) referring

110 Lakewood Adult School provides high quality Spanish programs for residents for free, ------- non-residents must pay a small fee.

(A) meanwhile
(B) so
(C) but
(D) therefore

111 The ratings for the talk show on Channel 11 have been declining since last month when the new comedy show ------- airing on Channel 8.

(A) has begun
(B) began
(C) begins
(D) will be beginning

112 Ms. Song received an e-mail indicating that it would take ------- three weeks to get the repair charges reimbursed by the company.

(A) approximated
(B) approximating
(C) approximate
(D) approximately

113 Ohana Manor Apartments strictly prohibits its tenants from ------- both the pool and the laundry room between 10 P.M. and 8 A.M.

(A) uses
(B) using
(C) used
(D) to use

114 The lawyer would like his clients to make an appointment for a visit at their ------- rather than suggest a time and a date by himself.

(A) location
(B) recommendation
(C) convenience
(D) preference

115 Although the whole department is trying to develop an ------- promotional campaign, a feasible idea hasn't been brought up yet.

(A) innovative
(B) innovated
(C) innovation
(D) innovatively

116 It is clearly evident that competent employees have the ability to plan and organize ------- work schedule.

(A) them
(B) their own
(C) they
(D) theirs

117 ------- indicated in the guideline, your yearly membership is not transferrable to other people.

(A) Although
(B) Regardless
(C) Meanwhile
(D) As

118 The team of experts at GOTOS has been entirely ------- to producing the most lightweight and reliable aircraft in the world.

(A) devotes
(B) devotee
(C) devoting
(D) devoted

GO ON TO THE NEXT PAGE

119 The realtor called to inform Ms. Hanashiro that the owner ------- to sell the property well below the market price.

(A) was offered
(B) will have been offered
(C) offering
(D) had offered

120 We came to the conclusion that the survey results didn't fully ------- for the rapid decrease in consumer spending in California.

(A) accounting
(B) account
(C) accounted
(D) accounts

121 Mr. Lewis will serve as the director of the after-school programs while creating enriching activities and ------- a safe learning environment.

(A) maintains
(B) maintaining
(C) to maintain
(D) maintained

122 The director thanked Mrs. Chen for being an outstanding ------- on many research projects last year.

(A) collaboration
(B) collaborates
(C) collaborator
(D) collaborating

123 In case of breakage, please call our customer service center to inquire about the availability of replacement units, the shipping charges and ------- tax.

(A) application
(B) applying
(C) applies
(D) applicable

124 Mr. Torres impressed many of the participants at the conference with his unique idea and ------- speech.

(A) intuitive
(B) eloquent
(C) cooperative
(D) capable

125 Passengers are required to keep their carry-on luggage in sight at all ------- and to report any suspicious bags to airport authorities.

(A) time
(B) times
(C) timing
(D) timer

126 The remarkable success of the restaurant is ------- due to the exotic menu which uses high quality ingredients.

(A) largely
(B) large
(C) larger
(D) largeness

127 Ms. Matsumoto is planning to attend the annual IT conference to be held in Seoul ------- she can establish contact with potential business partners.

(A) what
(B) which
(C) where
(D) when

128 The local government will stick to the original ------- of transforming over half of the farmland into a residential complex.

(A) deliberation
(B) address
(C) appraisal
(D) plan

129 Everyone in the conference room ------- that the new proposal would not help to enhance the company reputation.

(A) was convincing
(B) convinced
(C) would convince
(D) was convinced

130 If the merchandise you bought on our Web site is offered at a lower price within a week of your original purchase, you can get price -------.

(A) adjust
(B) adjusting
(C) adjusted
(D) adjustment

PART 6

Directions: In this part, you will be asked to read four English texts. Each text is missing a word, phrase, or sentence. Select the answer choice that correctly completes the text and mark the corresponding letter (A), (B), (C), or (D).

Questions 131-134 refer to the following notice.

Island Village, along with Task Isle, ------- proud to offer this opportunity.
                                         131

Task Isle will be offering general pest control for your apartment at a one-time service fee of

$25 with tax included. -------. The spraying treatment will take approximately 10 minutes. You will
                        132

need to be home to give ------- to Task Isle, but you will have to vacate your apartment for
                         133

2 hours afterwards.

Interested tenants are asked to sign up ------- the resident manager, Mr. Rogers, during office
                                        134

hours.

131 (A) are
    (B) has
    (C) is
    (D) have

132 (A) Please consider hiring your own pest
        control service company.
    (B) Payment should be made in cash to
        Task Isle on the day of service.
    (C) You can choose your own time slot from
        the schedule below.
    (D) Task Isle is planning to expand its
        business into a new market.

133 (A) permit
    (B) order
    (C) duty
    (D) access

134 (A) with
    (B) as
    (C) for
    (D) about

GO ON TO THE NEXT PAGE

Questions 135-138 refer to the following article.

According to a recent survey by *General Post*, New York is the city that most Americans want to live in, but interestingly enough, ------- same survey found that New York is also the least
135
desirable city. -------.
136

San Diego surged to the second most popular city after not even making it into the top five last year. The ------- may be attributed to San Diego's growing popularity among young people.
137

Las Vegas, which came in third on the poll, may have also benefited from being popular with young people. The other top cities that Americans ------- want to live in can be found at
138
www.generalpost.com/top10cities.

135 (A) any
(B) these
(C) other
(D) that

136 (A) Here is detailed analysis on what has
brought this survey result.
(B) New York has lots of attractions for
visitors from around the world.
(C) The surveys by *General Post* are known
to be very reliable.
(D) It is partly due to skyrocketing living
expenses and high crime rates.

137 (A) boost
(B) response
(C) success
(D) point

138 (A) very
(B) most
(C) well
(D) quite

신유형

From: reservationcenter@fastlimousine.com
To: Monica Parker
Subject: Reservation confirmation

-------. Your reservation has been confirmed for a ride to and from the airport on January 5th
  139

and February 1st -------.
       140

Please log into your account on our company's Web site and click 'My Ticket' to ------- your web
                 141

ticket. Don't forget to print it out since this ticket must be presented to the driver at the time of

travel.

Please don't hesitate ------- our customer service representatives at 808-384-9817 if any of the
       142

above is incorrect or needs to be changed. We appreciate the opportunity to serve you.

If you wish to arrange additional transportation once you're reached your destination, please

send an e-mail to our reservation center.

Thank you.

---

139 (A) Let me explain our new transportation
      policy.
신유형
   (B) Thank you for reserving transportation
      services with us.
   (C) This is my first time to make a
      reservation with you.
   (D) We highly recommend choosing our
      services next time.

140 (A) reasonably
   (B) recently
   (C) immensely
   (D) respectively

141 (A) usher
   (B) purchase
   (C) display
   (D) transfer

142 (A) contacting
   (B) contacted
   (C) to contact
   (D) contact

GO ON TO THE NEXT PAGE

Questions 143-146 refer to the following letter.

Dear Customer,

We at Royal Postal Service are more than ------- to inform you of the recent improvements
                                               143
we've made to our domestic express mail service. Attached ------- will find more information
                                                          144
on these changes, which include free insurance, and an upgraded tracking and delivery
notification service. -------. ------- all the changes, we have kept the price the same. We hope
                            145   **146**
these new features clearly prove that your packages are always our priority.

143 (A) pleases
    (B) pleasure
    (C) pleased
    (D) pleasing

144 (A) you
    (B) yours
    (C) yourselves
    (D) your

145 (A) You can also check out these new
         changes on our Web site.
    (B) The tracking number can be found
         on your receipt.
    (C) Express mail takes approximately
         2 days to arrive.
    (D) You can file a claim for missing mail.

146 (A) As to
    (B) Despite
    (C) Except
    (D) Considering

정답 및 해설 p.257

www.HackersIngang.com

READING TEST

In this section, you must demonstrate your ability to read and comprehend English. You will be given a variety of texts and asked to answer questions about these texts. This section is divided into three parts and will take 75 minutes to complete.

PART 5

Directions: In each question, you will be asked to review a statement that is missing a word or phrase. Four answer choices will be provided for each statement. Select the best answer and mark the corresponding letter (A), (B), (C), or (D).

---

101 Apart from specialized medical treatment, the SH Medical Center offers various ------- including allergy shots and physical examinations.

(A) servers
(B) servings
(C) services
(D) serves

102 Mr. Wagner will guide you step by step through the ------- registration process for the upcoming international conference.

(A) most
(B) whole
(C) few
(D) all

103 The relatively new–but popular–French restaurant is located ------- the African Folk Museum and the Franklin Art Center.

(A) along
(B) between
(C) into
(D) across

104 The Italian designer will direct the charity fashion show ------- and all of the proceeds will be donated to the establishment of a public library.

(A) him
(B) his
(C) himself
(D) he

105 The computers and printers should be ------- inspected by seasoned experts to ensure that their performance remains optimal.

(A) superficially
(B) reasonably
(C) moderately
(D) periodically

106 The legal department has prepared a ------- of the terms and conditions, and management will review it on Friday.

(A) directory
(B) scheme
(C) report
(D) draft

107 The expansion of Highway 8 will begin next week and ------- to be complete by the end of next year.

(A) will expect
(B) expecting
(C) expectation
(D) is expected

108 From making cookies to perfectly cleaning kitchen utensils, baking soda has ------- uses in the home.

(A) plentiful
(B) flexible
(C) multiple
(D) lucrative

109 The seminar will mainly cover ------- a company can do to contribute to the ongoing environmental movement.

(A) since
(B) what
(C) where
(D) how

110 Although found ------- for the damage to the house, the cleaning company was unwilling to provide compensation for what had been done.

(A) responded
(B) responds
(C) responsible
(D) responses

111 New York ------- Jessica Harper sent us a special report on the increasing popularity of the raw food diet.

(A) corresponds
(B) corresponding
(C) correspondence
(D) correspondent

112 If your card companies decide to raise their interest rates, they will notify you of the change ------- federal law requirements.

(A) by means of
(B) in case of
(C) in accordance with
(D) in place of

113 Mr. Perez had a bad experience at the Central Hotel last year, so he wants to make a reservation for the banquet -------.

(A) nowhere
(B) anywhere
(C) somewhere
(D) elsewhere

114 Lupia, which is located on the third floor of Newman Center, holds a free tasting event every month in which customers can try ------- tea and coffee.

(A) fresh
(B) freshly
(C) freshness
(D) fresher

115 Camcher 3 is a cost-effective program offering a ------- good collection of photo-editing tools for amateur photographers.

(A) fair
(B) fairly
(C) fairness
(D) fairs

116 None of the tenants ------- by the building manager that there would be a weeklong renovation work on the 7th floor.

(A) have notified
(B) notified
(C) were notified
(D) will have been notified

117 Sky Convention Center is centrally located in the city, and is easily ------- by public transportation.

(A) accessible
(B) accessibility
(C) accessibly
(D) accesses

118 When you place an order online, please register your e-mail address ------- we can update you with order status.

(A) whereas
(B) as if
(C) so that
(D) every time

GO ON TO THE NEXT PAGE

119 Oil Italia is a highly regarded company that sells only the finest ------- of olive oils and vinegars available throughout Europe.

(A) select
(B) selective
(C) selected
(D) selection

120 All ------- made with this credit card will be listed on the account statement, and each listing will show the merchant's name and the amount spent.

(A) relocations
(B) transactions
(C) deliberations
(D) negotiations

121 ------- recognized as an iconic landmark, Nobu Resort Condo is one of the most popular vacation resorts among visitors from around the world.

(A) International
(B) Internationally
(C) Internationalized
(D) Internationality

122 Due to ------- weather conditions, Paris-bound flights are expected to be delayed for more than 4 hours.

(A) fair
(B) advisable
(C) generous
(D) severe

123 The article published on July 15th ------- gross exaggerations and inaccurate allegations about the recent corporate scandal.

(A) containing
(B) contained
(C) to contain
(D) be contained

124 Please remember that the fares for our limousine service are ------- to change depending on the actual distance traveled.

(A) subjecting
(B) subject
(C) subjective
(D) subjected

125 Known for its friendly service and unique menu items, Eggs and Chickens is a casual brunch restaurant ------- local cuisine.

(A) served
(B) server
(C) serving
(D) serves

126 The online shopping site kindly explains ------- payment options overseas customers can choose.

(A) how
(B) which
(C) whose
(D) when

127 LomiLomi Spa's effective stress-relief programs have made ------- one of the most recommended places for complete weekend joy.

(A) it
(B) them
(C) itself
(D) theirs

128 The wedding planning company provides a wide ------- of services from finding a perfect location to catering and photo shooting.

(A) part
(B) range
(C) order
(D) kind

129 Since some of the hotel guests weren't notified of the water shutoff on Friday, they experienced a great deal of inconvenience ------- day long.

(A) every
(B) lots
(C) all
(D) much

130 For this week only, a shipping discount of up to $25 will be ------- to customer accounts when purchases contain non-sale items.

(A) transacted
(B) credited
(C) handled
(D) posted

PART 6

Directions: In this part, you will be asked to read four English texts. Each text is missing a word, phrase, or sentence. Select the answer choice that correctly completes the text and mark the corresponding letter (A), (B), (C), or (D).

Questions 131-134 refer to the following letter.

Dear Laura,

Gear up for a fantastic vacation in Las Vegas!

------- June 1st, you have earned 3,500 gift points, which can be redeemed this August for
131
a complimentary three-night stay at The Fata Resort. -------.
132

To book your stay, call 1-800-555-8005 and mention the reference number 3591. If you choose

not to use the points this year, you can save them until next year simply by ------- one of our
133
sales representatives anytime during the month of June.

Thank you so much for your ------- over the last 3 years, and we hope to continue serving you
134
for years to come.

Gary Watson

Regional Customer Service Manager

---

131 (A) Over
    (B) Toward
    (C) According to
    (D) As of

132 (A) Here is a list of the outdoor activities
       that the resort provides.
    (B) The resort is acquired by its rival
       company.
    (C) There are a few job openings at the
       resort you can apply for.
    (D) This is a chance to enjoy our recently
       upgraded resort facilities.

133 (A) contacting
    (B) contacts
    (C) contacted
    (D) contact

134 (A) member
    (B) loyalty
    (C) passion
    (D) contract

GO ON TO THE NEXT PAGE

Questions 135-138 refer to the following advertisement.

Wilshire Movers, which is one of the largest moving companies in the region, is dedicated to making your move to Los Angeles ------- and affordable.
                                                        135

Having been in business since 1993, Wilshire Movers has always been on the top of the company list which is most favored by the local citizens.

Whether you are moving to or away from LA, Wilshire Movers has the skills and equipment to make your ------- fast and convenient.
                 136

-------, our specialists are more than prepared to guide you through the numerous steps of your
137
upcoming move. -------. We can also give you an estimate on site if your place is within ten
                        138
miles from any of our locations.

135 (A) easiness
    (B) ease
    (C) easily
    (D) easy

136 (A) relocation
    (B) promotion
    (C) modification
    (D) determination

137 (A) However
    (B) Otherwise
    (C) What's more
    (D) In conclusion

138 (A) Review our compensation policy.

    (B) Contact us today to ask for a free
        estimate.
    (C) Take advantage of this special savings.
    (D) Thank you for your support to our
        company.

Questions 139-142 refer to the following notice.

PARKING TOWER CLOSING (March 15)

The Plusing Parking Tower will be closed to all cars for renovation. If your vehicle is parked here, you must find other parking arrangements after the date mentioned ------- . Any cars
                                                                                                    139
parked here after this date ------- towed away. ------- .
                            140   141

The renovation work is scheduled to start on April 1 and expected to be complete by the first week of July.

Thank you ------- for your cooperation, and should you have any questions regarding this matter,
          142
please contact the building management office at 492-555-0184.

139 (A) before
     (B) always
     (C) forward
     (D) above

140 (A) will be
     (B) are being
     (C) were
     (D) have been

141 (A) A list of parking places available nearby is posted at the entrance.
     (B) The renovation work will be rescheduled due to severe weather.
     (C) There has been a shortage of parking attendants.
     (D) Many people complained that the parking fees are expensive.

142 (A) in conclusion
     (B) as a result
     (C) in advance
     (D) with regard

GO ON TO THE NEXT PAGE

Questions 143-146 refer to the following advertisement.

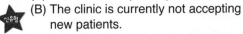

Urgent Care Clinic of Miami

We at Dr. Hudson's Urgent Care Clinic of Miami ------- you to stay well on your vacation. If you
143
are feeling ill, what you have to do is call us at 305-555-3948 for a free cab to the clinic or you

can just come ------- to the clinic on your own. -------.
144   145

The clinic is open Monday to Sunday from 8:30 A.M. to 6:30 P.M. Please remember to bring a

driver's license or some other form of photo ID so we can send claim to the insurance company

for payment. We accept credit cards, cash, or checks to pay for any service not ------- by your
146
insurance provider.

143 (A) make
   (B) want
   (C) keep
   (D) suggest

144 (A) directly
   (B) direction
   (C) direct
   (D) directed

145 (A) Dr. Hudson's specialty is as follows.
   (B) The clinic is currently not accepting
       new patients.
   (C) Typical wait time is only about 15
       minutes.
   (D) Medical cost is relatively high in Miami.

146 (A) officiated
   (B) covered
   (C) accompanied
   (D) proceeded

정답 및 해설 p.263

www.HackersIngang.com

정답 및 해설

공식 적용 **실전 문제**

Section 1 토익 600점 이상을 위한 **필수 기초** 공식

Part V				p.118
01 (A)	02 (D)	03 (B)	04 (C)	05 (A)
06 (B)	07 (A)	08 (B)	09 (C)	10 (D)
11 (C)	12 (B)	13 (B)	14 (B)	15 (C)
16 (B)				
Part VI				
17 (B)	18 (C)	19 (C)	20 (C)	

01 형용사 비교급   [공식 049]

해설 빈칸 뒤의 than을 보고 비교급 구문임을 알 수 있다. 보기 중에서 (A)는 형용사 fierce의 비교급, (C)는 부사 fiercely의 비교급인데, 빈칸은 be 동사의 보어 자리이므로 보어 자리에 들어갈 수 있는 형용사의 비교급 fiercer가 답이 된다. 정답은 (A).

구문 해석 기업 간의 경쟁이 / 미용업계에서 / 지금보다 더 치열한 적은 없지만 / 소비자들은 이익을 얻을 수 있다 / 그것(경쟁)으로부터

어휘 competition(경쟁)은 '치열하다'라는 말과 자주 어울려 쓰이며 'fierce competition(치열한 경쟁)'을 묶음 표현으로 기억해 두는 것이 좋다.

beauty industry 미용업계   derive v. (이익, 즐거움을) 얻다
fierce adj. 치열한, 사나운   fiercely adv. 사납게, 지독하게

02 동사의 수동태   [공식 014]

해설 문장의 주어는 most of the questions, 동사는 빈칸이다. 그 사이에 들어가는 전치사구(regarding further career development opportunities and commensurate benefits)는 수식어 거품이므로 걸러 내야 한다. 복수 주어에 대해 수일치되지 않는 동사 (B)는 정답에서 제외한다. 빈칸 뒤에 목적어가 없을 뿐 아니라 해석상 '대부분의 질문이 다루어지다'라는 수동태가 되어야 하므로 능동태 동사 (A)와 (C)도 답이 될 수 없다. 정답은 (D).

구문 해석 대부분의 질문들은 / 추가적인 경력 개발 기회와 상응하는 혜택에 관한 (질문) / 다루어지고 있다 / 회사 웹사이트에서

어휘 'questions about/regarding/concerning(~에 관한 질문들)'의 묶음 표현은 토익에서 단골로 출제된다.

regarding prep. ~에 관하여   further adj. 추가적인
career development 경력 개발
commensurate adj. 상응하는, 알맞는   address v. (문제 등을) 다루다

03 형용사 + 명사   [공식 037]

해설 동사(make) + 목적어(visits) 구조의 문장이며 빈칸은 목적어인 명사 visits(방문)를 수식할 형용사 자리이므로 frequent visits (잦은 방문)가 되어야 한다. 참고로 동사를 수식하는 부사는 '부사 + 동사 + 목적어(frequently make visits)' 혹은 '동사 + 목적어 + 부사(make visits frequently)'의 어순으로 써야 하기 때문에 빈칸에 들어갈 수 없다. 정답은 (B).

수용하기 위해 / 고객들의 구체적인 요구를 / 저희는 맞춤화된 보험 상품을 가지고 있습니다 / 그 여행자들을 위한 / 캐나다를 자주 방문하는

어휘 accommodate은 '(공간에) 수용하다'라는 의미(ex. accommodate 100 people 100명을 수용하다) 이외에 '(요구, 의견) 수용하다'라는 의미(ex. accommodate needs 요구 사항을 수용하다)로도 쓸 수 있다.

specific adj. 구체적인, 명확한   customized adj. 맞춤화된
frequent adj. 잦은, 빈번한   frequently adv. 자주, 빈번하게

04 접속사 자리   [공식 046]

해설 콤마 앞과 뒤에 나오는 두 개의 절을 연결할 접속사가 들어가야 하는 자리이다. (B)는 전치사로 명사(구) 앞에 쓰며, (D)는 접속부사로 수식어 역할만 하기 때문에 답이 될 수 없다. (A)와 (C)가 둘 다 부사절 접속사인데, 의미상 '당신이 취소하거나 변경하는 동안(while)'이 아니라 '당신이 취소하거나 변경하는 경우에(in the event that)'라고 하는 것이 적절하다. 정답은 (C).

구문 해석 귀하가 여행을 취소하거나 변경해야 할 경우에는 / 대리점으로 연락 주세요 / 적어도 3주 전에 / 예정된 출발 일정에서 / 아무런 추가 비용이 발생되지 않도록

어휘 '추가 비용'이라는 의미의 'extra charges', 'additional charges'는 토익에서 자주 등장하는 표현들이다.

agency n. 대리점, 대행사   at least 적어도   departure n. 출발
charge n. 비용

05 비슷한 형용사 어휘   [공식 038]

해설 명사 shipping department를 수식할 형용사가 필요한 자리이다. 보기 중 (A)와 (C)가 비슷한 형태의 형용사인데 '의존하는 (reliant) 배송 부서'는 의미가 어색하고 '신뢰할 만한(reliable) 배송 부서'라고 하는 것이 적절하다. 정답은 (A).

구문 해석 Worldjoin.com은 빠른 성공의 원인을 ~라고 했다 / 가장 인기 있는 소매업체 중 하나로 (성공) / 그 지역에서 / 회사의 신뢰할 만한 배송 부서(가 원인이라고 했다)

어휘 'attribute A to B'는 'A의 원인을 B라고 하다(A는 B 때문이다)'라고 정확히 해석할 수 있어야 하므로 기억해 두자.

rapid adj. 빠른   shipping department 배송 부서

06 지시 대명사 those   [공식 031]

해설 '~에 헌신하다'라는 묶음 표현은 'be devoted to(~에 헌신하다)'로 써야 하는데 빈칸 뒤에 be 동사가 없는 것으로 보아 무언가 생략되어 있음을 짐작할 수 있다. 원래 문장은 'those who are devoted to preserving ~'으로 those who(~하는 사람들)가 쓰였지만 '주격 관계대명사 + be 동사(who are)'가 생략되고 those만 남은 것으로 볼 수 있다. 주어 자리에 목적격 them은 들어갈 수 없으며, 뒤에 동사 are에 수일치되는 복수 주어가 나와야 하기 때문에 단수인 anyone, one은 오답이다. 정답은 (B).

구문 해석 사람들은 / 야생 동물을 보존하는 것에 헌신하는 / 프로그램들에 참여할 것을 요청받는다 / ACE 보호 재단에 의해 운영되는 (프로그램들)

'be devoted to(~에 헌신하다)'는 'be dedicated/committed to (~에 헌신하다)'와 더불어 토익에서 매우 자주 등장하는 묶음 표현이므로 기억해 두자.

wildlife animal 야생 동물　run v. 운영하다

07 동명사 묶음 표현　[공식 025]

해설 빈칸에 들어갈 품사는 be 동사의 보어 역할을 하면서 동명사 (considering)와 함께 쓰일 수 있어야 한다. 'worth ~ing(~의 가치가 있는)'는 동명사 묶음 표현으로 쓰이기 때문에 빈칸에 형용사 worth가 들어갈 수 있다. 참고로 worth는 'worth $50(50 달러의 가치가 있는)', 'worth a fortune(많은 가치가 있는)'과 같이 쓰이기도 한다. (B)는 'be worthy of(~할 가치가 있다)'로 써야 한다. 정답은 (A).

구문 고려할 가치가 있다 / 건물을 폐쇄할지 말지를 / 보수 작업이 이루어
해석 지도록 / 더 빠르고 효율적으로

어휘 consider v. 고려하다　whether to do ~할지 말지
renovation work 보수 작업　efficiently adv. 효율적으로

08 부사 자리　[공식 037]

해설 조동사 will 뒤에 동사원형 be가 나왔기 때문에 빈칸은 동사를 수식할 부사 definitely(분명히)가 들어갈 자리이다. 정답은 (D).

구문 알맞은 위치와 현대적인 시설로 / Paradise Inn은 분명히 우리가 좋
해석 아하는 호텔이 될 것이다 / 여름휴가를 위한 / 지금부터

어휘 형용사 agreeable은 동사 agree에서 파생되어 '동의할 만한'이라는 뜻을 가지는데, 그보다는 '알맞은, 만족할 만한, 쾌활한'의 의미로 더 자주 출제된다.

modern adj. 현대적인　chosen adj. 좋아하는　definitely adv. 분명히

09 현재 시제　[공식 016]

해설 빈칸에는 현재 시제 동사(responds)와 어울리는 부사가 들어가야 한다. usually(보통)는 습관이나 반복적인 일을 나타내면서 현재 시제와 자주 쓰이는 부사이다. recently(최근에)는 과거 시제 혹은 현재 완료 시제와 함께 쓰이며, soon(곧)은 미래 시제와 함께 쓰인다. lastly(마지막으로)는 순서를 열거할 때 쓰는 표현으로 특정 시제와 함께 쓴다고 할 수 없다. 정답은 (C).

구문 Bauer Farms사는 온라인 문의에 보통 응답한다 / 영업일 기준으로
해석 하루나 이틀 이내에 / (그것이) 고객들을 매우 만족하게 한다

어휘 'respond to(~에 응답하다)'는 전치사 to를 반드시 붙여 쓰는 표현으로 기억해 두자.

respond to ~에 응답하다(cf. react to ~에 반응하다, reply to ~에 답하다)
inquiry n. 문의　lastly adv. 마지막으로, 끝으로

10 동사 + to 부정사　[공식 021]

해설 동사 decide의 목적어를 고르는 문제로 decide는 동명사가 아닌 to 부정사를 목적어로 가질 수 있다. decide to renew(갱신할 것을 결정하다)에서 to 부정사 부분을 부정하여 '갱신하지 않기로 결정하다'라는 뜻을 만들기 위해 to 부정사 바로 앞에 not을 쓴 것에 주의해야 한다. 정답은 (D).

구문 Dushku Landscaping사는 결정했다 / Herez 호텔과의 계약을 갱신
해석 하지 않을 것을 / 일 년 더 / 왜냐하면 호텔이 항상 문제가 있었기 때문이다 / 지불 연체에 (문제)

어휘 '~에 문제가 있다'라고 할 때는 전치사 with을 써서 'have problems with(~에 문제가 있다)'의 묶음 표현을 쓴다.

overdue adj. 연체된, 기한이 지난　decide to do ~할 것을 결정하다

11 4형식 동사 수동태　[공식 015]

해설 전치사구(by the general manager)는 수식어 거품이므로 걸러내면 'visiting executives were _____ that the tour of ~'의 문장이 되며, 빈칸에 들어가는 동사 어휘는 수동태로 뒤에 that 절을 가질 수 있어야 한다. 보기 중 notify는 4형식으로 쓰일 때 'notify + 간접 목적어 + 직접 목적어(that절)'의 구조로 쓸 수 있으며, 간접 목적어가 주어로 나와 수동태가 되더라도 직접 목적어인 that절은 뒤에 남아 있게 된다. 나머지 동사는 의미와 관계없이 모두 3형식으로 수동태 뒤에 that절의 목적어가 나올 수 없다. 정답은 (C).

구문 시찰 임원들은 통보를 받았다 / 총관리자에 의해 / 조립 라인을 돌아
해석 보는 일정이 바뀌었다고 / 다음 주 금요일로

어휘 'assembly line(조립 라인)'은 토익에서 단골로 출제되는 복합 명사 어휘이므로 기억해 두자.

visiting adj. 시찰하는, 방문하는　general manager 총관리자
following adj. 다음의

12 사람 명사와 사물/추상 명사　[공식 028]

해설 전치사 of의 목적어이자 정관사 the 뒤의 명사 자리로 보기 중 동사인 (C)는 정답에서 제외한다. in their 20s(20대)로 보아 사람 명사가 필요하기 때문에 response(응답)가 아닌 respondent (응답자)가 답이 된다. 정답은 (B).

구문 절반 이상의 응답자들이 / 20대의 (응답자들) / 쉽게 주의가 산만해
해석 지는 것으로 밝혀졌다 / 운전 중 휴대 전화 사용으로 / (그것은) 심각한 교통사고로 이어질 수 있다

어휘 'result in + 결과(~의 결과로 이어지다)'와 'result from + 원인(~로부터 야기되다)'의 두 묶음 표현을 구별해서 알아 두어야 한다.

turn out ~인 것으로 밝혀지다　distract v. (주의를) 산만하게 하다
serious adj. 심각한

13 목적격 대명사와 재귀 대명사　[공식 034]

해설 동사원형(register)으로 시작되는 명령문인데, 명령문의 생략된 주어는 you(당신)이다. 생략된 주어 you에 대해 동사 register 와 get이 and로 나란히 연결되고 있으므로 동사 get의 주어인 you와 목적어는 동일한 인물임을 알 수 있다. 따라서 재귀 대명사 yourself가 답이 되며 '당신 스스로 최신 정보를 얻는다'라는 의미로 볼 수 있다. 정답은 (B).

구문 당신의 이메일 주소를 우리에게 등록하세요 / 그리고 당신 스스로 최
해석 신 정보를 얻으세요 / 다가오는 할인 행사와 그 밖의 다른 특별 할인에 대하여

어휘 register v. 등록하다　upcoming adj. 다가오는
special deal 특별 할인

14 등위 접속사 and의 병렬 구조 [공식 048]

해설 등위 접속사 and는 앞과 뒤의 같은 품사를 나란히 연결할 수 있다. 해석을 해보면 주어인 '연극 초대장을 가진 사람들(those with an invitation for the play)'이 '도착해야만 하고, 교환해야 한다'라는 의미가 적절하므로 should arrive와 나란히 연결될 should exchange가 빈칸에 들어가야 한다. 조동사 should는 앞에 나와 있으므로 생략하고 그 뒤의 동사원형 exchange가 답이 될 수 있다. 정답은 (B).

구문 해석 초대장을 가진 사람들은 / 그 연극에 대한 / 반드시 도착해야만 한다 / 극장에 / 적어도 1시간 전에 미리 / 그리고 그것(초대장)을 교환해야 한다 / 표로

어휘 at least 적어도 in advance 미리

15 장소 전치사 선택 [공식 045]

해설 장소(the reception desk) 앞에 쓸 수 있는 전치사 어휘를 고르는 문제이다. forward(앞으로)는 부사로 'step forward(앞으로 나아가다)'와 같이 쓰이므로 정답에서 제외한다. beyond(~을 넘어서), across(~을 가로질러) 모두 의미상 접수 데스크와 꽃 가게의 위치 관계 설명에 적절하지 않으므로 '접수 데스크 옆에'라는 뜻의 next to가 답이 된다. 정답은 (C).

구문 해석 꽃 가게가 위치하고 있습니다 / 컨벤션 센터 1층에 / 접수 데스크 옆에

어휘 locate v. 위치시키다

16 품사가 혼동되는 어휘 [공식 026]

해설 관사 a 뒤에 위치하면서 형용사 healthy의 수식을 받는 명사 자리이다. substitute는 '대신하다, 대리가 되다'라는 뜻의 동사 이외에 '대체품, 대리인'의 뜻을 가지는 명사로도 쓰일 수 있으므로 답이 된다. 관사 a 뒤에 복수 명사 substitutes는 쓸 수 없다. 정답은 (B).

구문 해석 저열량 식이 요법을 하고 있다면 / Greek 요거트는 건강에 좋은 대체품이 될 수 있다 / 마요네즈에 대한 (대체품) / 과일 샐러드에서

어휘 substitute는 명사일 때 'substitute for(~에 대한 대체품/대리인)'로 쓰며 동사일 때에는 'substitute A for B/substitute B with A(B 대신 A를 쓰다/B를 A로 대체하다)'로 자주 쓰이는 것을 기억해 두자.
on a low calorie diet 저열량 식이 요법 중인
healthy adj. 건강에 좋은, 건강한

17-20번은 다음 공지에 관한 문제입니다.

> **임시 주차**
>
> The Kinau 상점이 허가하였습니다 / Hanaula 아파트 거주민들이 그들의 차량을 주차하는 것을 / 그것(The Kinau 상점)의 아래층 주차장에 / 4월 1일부터 4월 15일까지 // 그 기간 동안 페인트를 다시 칠하는 작업이 진행될 것입니다 / 아파트 건물 주차장에 //
>
> 이 임시 주차에 대한 주차비는 / 3월 31일까지 지불해야 합니다 / 그리고 그것은 반드시 직접 지불되어야 합니다 / 아파트 건물 관리인에게 //
>
> 납부 금액을 받자마자 / 관리인은 줄 것입니다 / 거주민들에게 임시 주차권을 / 오직 그 기간에만 유효한 / 위에 명시된 (기간) // 그들은

지시받을 것입니다 / 그 주차권을 눈에 보이게 놓을 것을 / 운전석 계기판 위에 / 그들의 차를 확인할 수 있도록 //

사과드립니다 / 불편함에 대해 / 그것이 야기시킬 // 협조해 주셔서 감사드립니다 //

---

temporary adj. 임시적인 authorize v. 허가하다 resident n. 거주민
vehicle n. 차량 structure n. 구조물, 건물 underway adj. 진행 중인
directly adv. 직접 upon prep. ~하자마자 parking permit 주차권
visibly adv. 눈에 보이게 dashboard n. 계기판 identify v. 확인하다

17 문맥 속 시제 선택 [공식 020]

해설 주어(repainting work)가 단수이므로 (A)와 (D)는 주어와 수일치 되지 않아서 오답이다. 페인트칠 작업은 앞서 나온 4월 1일부터 4월 15일까지의 기간에 이루어지는 것인데, 이 기간이 과거인지 미래인지 구분할 단서가 나와 있지 않다. 그런데 다음 문장의 3월 31일까지 주차비를 납부하라는 것에서 아직 3월 31일이 되기 전임을 파악할 수 있고, 마지막 문단에서 주차권을 줄(will give) 것이라고 했으므로 실제 주차를 하는 기간인 4월 1일에서 15일이 미래임을 알 수 있다. 따라서 페인트칠 작업이 이루어지는 것도 미래이므로 will be가 답이 된다. 정답은 (B).

18 형용사 어휘

해설 문맥상 공지의 대상자는 차를 주차할 거주민들이며, 그들에게 주차비를 3월 31일까지 내라는 내용임을 파악할 수 있다. 형용사 due는 '(돈을) 지불해야 하는, ~하기로 되어 있는'의 의미이므로 답이 될 수 있다. 또한 주차비를 낼 사람들에게 주차비(parking payment)가 '이용 가능한(available)', '준비가 된(ready)', '유효한(good)'이라는 말은 문맥상 적합하지 않다. 정답은 (C).

어휘 due는 본문에서 쓰인 형용사 이외에 'due to do(~하기로 되어 있다)', 'due to + 명사(~ 때문에)'의 다양한 묶음 표현으로 토익에서 자주 등장한다.

19 문맥 속 인칭 대명사 선택 [공식 036]

해설 문맥상 주차권을 받을 '거주민들이(residents)이 지시받는다 (will be instructed)'는 내용으로 보는 것이 적절하다. 따라서 residents를 대신 받을 수 있는 주격 대명사 they가 답이 된다. 정답은 (C).

⭐ 20 문맥상 적절한 문장 선택

해설 거주민들이 주차 장소를 옮기는 것, 임시 주차비를 직접 관리인에게 납부하는 것, 그리고 계기판 위에 주차권을 보이도록 두는 것 등이 모두 그들에게 불편함을 야기할 수 있는 문제이므로 그것에 대해 사과하는 내용으로 연결되는 것이 적절하다. 정답은 (C).

구문 해석 (A) 그 공사는 성공적으로 끝났습니다
(B) 주차비는 두 배가 될 것입니다
(C) 사과드립니다 / 불편함에 대해 / 그것이 야기시킬
(D) 주차 공간이 부족합니다

Section 2 토익 700점 이상을 위한 **빈출 핵심** 공식

Part V   p.182

01 (B)	02 (C)	03 (A)	04 (D)	05 (C)
06 (A)	07 (C)	08 (A)	09 (C)	10 (D)
11 (B)	12 (C)	13 (D)	14 (D)	15 (B)
16 (A)				

Part VI

17 (B)	18 (D)	19 (D)	20 (C)

01 감정 분사 [공식 058]

해설 leave가 5형식 동사로 쓰일 때에는 '동사 + 목적어 + 목적 보어(형용사)'의 구조로 '~를 …한 상태로 남겨 두다'라고 해석하며 목적 보어 자리에 형용사가 온다. 위의 문장에서 목적어(many frequent fliers) 뒤의 빈칸이 목적 보어인 형용사 자리이므로 (B)와 (C) 중에 답이 있다. 목적어인 사람들을 '실망감을 느끼게 된' 상태로 남겨 둔다는 의미이므로 disappointed(사람이 실망한)가 답이 된다. 정답은 (B).

구문 해석 뉴스가 / 그 저가 항공사가 더 이상 무료 음료를 제공하지 않는다는 / 비행 중에 / 많은 상용 고객들을 실망하게 만들었다

어휘 budget은 명사로 '예산'이라는 의미 이외에 형용사로 '저가의, 저렴한'이라는 뜻이 있어서 'budget airline(저가 항공)', 'budget hotel(저가 호텔)'의 표현으로 자주 쓰인다.
no longer 더 이상 ~ 않는   frequent flier (항공사의) 상용 고객

02 비교 표현 [공식 080]

해설 'would rather A than B(B보다 차라리 A하다)'의 비교 표현을 묻는 문제로 빈칸에 than이 들어가야 한다. 기타 비교 표현은 <공식 080>에 정리되어 있다. 정답은 (C).

구문 해석 복잡한 채용 절차를 피하기 위해서 / 그리고 비용을 줄이기 위해서 / 많은 기업들이 말한다 / 그들은 차라리 재교육시키겠다고 / 기존의 직원들을 / 신입 사원을 채용하는 것보다 / 외부로부터

어휘 complicated adj. 복잡한   hiring process 채용 절차
expense n. 비용   existing adj. 기존의, 존재하는

03 의문형용사 [공식 074]

해설 동사(hasn't decided)의 목적어인 명사절을 이끌어 주는 명사절 접속사이면서 동시에 명사(person)를 수식하는 형용사 역할을 해야 한다. that과 how는 명사절 접속사로 쓰일 수 있지만 형용사 기능은 하지 못하므로 정답에서 제외한다. 의문형용사 which(어떤)와 whose(누구의)는 둘 다 명사절 접속사이면서 형용사 기능을 할 수 있는데, 의미상 이력서를 낸 여러 사람 중에서 '어떤 사람(which person)'이 자격을 갖췄는지를 결정하지 못했다는 의미가 적절하기 때문에 which가 답이 된다. 정답은 (A).

구문 해석 수백 장의 이력서를 검토한 이후에도 / 제작사는 아직 결정하지 못했다 / 어떤 사람이 자격이 있는지를 / 의상 감독이 될 만큼 충분히 / 새로운 영화를 위해

어휘 'enough to do'는 '~할 정도로 충분히'라는 의미의 표현으로 알아 두자.
production company 제작사   costume director 의상 감독

04 주장, 명령, 제안, 요구 동사 + that + 주어 + should + 동사원형 [공식 051]

해설 빈칸에 들어가는 동사 어휘는 that절 이하를 목적어로 가지는 3형식 동사이면서, that절에 동사원형(be)이 나올 수 있어야 한다. 주장, 명령, 제안, 요구의 의미를 가지는 동사는 that절 이하에 should가 생략된 동사원형이 나올 수 있으므로 제안의 의미인 suggested가 답이 될 수 있다. identify(구별하다), notify(알리다), comment(언급하다)는 이런 구조를 가지지 못한다. 정답은 (D).

구문 해석 Mr. Green이 제안했다 / Mrs. Brown이 보내져야 한다고 / 다가오는 국제 회의에 / 회사 대표로

어휘 dispatch v. 보내다, 파견하다   upcoming adj. 다가오는
representative n. 대표(자)

05 부사 + 부사절 [공식 062]

해설 '부사절 접속사 + 주어 + 동사(after you place an order with us)'의 부사절은 부사의 수식을 받을 수 있으므로 immediately가 답이 된다. 참고로 'immediately after'는 'right after', 'shortly after'와 함께 '~ 직후'라는 뜻의 묶음 표현으로 쓰이는 것을 알아 두자. 정답은 (C).

구문 해석 귀하가 저희에게 주문한 직후 / 귀하는 이메일을 받을 것입니다 / 확인 번호와 함께 / 귀하가 확인할 수 있게 해줄 (번호) / 주문 상황을

어휘 place an order 주문하다   confirmation number 확인 번호
enable v. ~을 가능하게 하다   status n. 상황, 상태

06 부사절 접속사 + 분사 구문 [공식 060]

해설 전치사 on 앞에 또 다른 전치사가 중복되어 나올 수 없으므로 전치사 (B)와 (D)는 정답에서 제외한다. (A)와 (C)는 둘 다 접속사인데, 빈칸 이하에 절이 나오지 않은 것이 분사 구문이 나왔기 때문임을 파악할 수 있어야 한다. 의미상 '놀이 기구를 타는 것에도 불구하고(though)'가 아니라 '놀이 기구를 타는 동안(while)'이 적절하며, 원래 문장은 'while people are on the rides'인데 분사 구문을 만들기 위해 주어를 없애고 동사에 ~ing를 붙여 'while (being) on the rides'가 되었다. 분사 구문의 being은 생략할 수 있다. 정답은 (A).

구문 해석 안전상의 이유로 / 물 미끄럼틀을 이용하는 사람들은 / 허용되지 않습니다 / 수영복 이외의 것을 입는 것이 / 놀이 기구를 타는 동안에

어휘 'other than'은 '~에 더하여(=in addition to)'뿐 아니라 '~ 이외에, ~을 제외하고(=except for)'의 뜻으로 쓰일 수 있기 때문에 문맥에 맞게 해석할 수 있어야 한다.
safety reason 안전상의 이유   water slide 물 미끄럼틀
ride n. 놀이 기구

07 전치사 + 동명사 + 명사 목적어 [공식 066]

해설 전치사(upon) 뒤에는 명사와 동명사가 모두 들어갈 수 있지만 빈칸 뒤에 목적어(her credit history)가 나온 것에 주의해야 한다. 명사는 목적어를 가질 수 없지만 동명사는 동사에서 파생된 것이어서 목적어를 가질 수 있으며 '신용 기록을 확인하는 것'이라고 해석할 수 있다. 참고로 upon ~ing(=on ~ing)는 '~하자마자'라는 뜻의 표현으로 자주 쓰인다. 정답은 (C).

그녀의 신용 기록을 확인하자마자 / 은행 대출 담당자가 / Mrs. Crowe 에게 알렸다 / 그녀가 대출 자격이 안 된다는 것을

'be eligible for(~에 자격이 되다)' 이외에 'be eligible to do(~할 자격이 되다)'의 표현을 알아 두자.

credit history 신용 기록 mortgage officer 대출 담당자
loan n. 대출

08 목적격 관계대명사 생략   [공식 069]

해설 주어(the editor)와 동사(would like) 사이에 들어간 '_____ were introduced to yesterday at the party'는 주어 the editor를 선행사로 가지는 관계절이다. 보기들이 대명사인 것으로 보아 관계대명사가 생략되었음을 짐작할 수 있다. 원래 문장은 'the editor (whom) you were introduced to yesterday at the party'인데 목적격 관계대명사가 생략되고 주격 대명사 you가 남은 것이다. 정답은 (A).

**구문
해석** 그 편집자 / 당신이 소개받은 / 어제 파티에서 / 당신을 다시 만나고 싶어합니다 / 그가 관심이 있기 때문에 / 당신의 소설을 출판하는 것에

어휘 editor n. 편집자, 편집장 be introduced to ~에게 소개받다
publish v. 출판하다

09 의문대명사   [공식 074]

해설 동사 know의 목적어인 명사절을 이끌어 줄 명사절 접속사 자리이다. 빈칸 이하의 명사절에서 전치사구 of the applicants를 걸러 내면 동사 got의 주어가 없는 불완전한 절이 나왔음을 알 수 있다. 따라서 명사절 접속사이면서 동사 got의 주어 역할을 할 수 있는 것을 답으로 골라야 한다. (A)는 명사절 접속사이지만 완전한 절 앞에 쓰이기 때문에 오답이다. (B)는 소유격으로 다음에 명사가 오거나, 의문대명사로 '누구의 것'이라는 뜻이므로 의미상 답이 될 수 없다. (C)와 (D)는 둘 다 의문대명사로 명사절 접속사일 뿐 아니라 주어 역할을 할 수 있다. 그런데 which는 이미 범위가 정해진 것 중 하나를, what은 불특정 다수의 것 중 하나를 가리킨다는 차이점이 있다. 이 문장에서는 of the applicants(지원자들 중에)라는 범위가 정해져 있으므로 which가 답이 된다. 정답은 (C).

**구문
해석** 면접에 참가한 사람들은 / 알고 싶어했다 / 지원자들 중 누가 / 일자리를 얻었는지

어휘 participate in ~에 참가하다 applicant n. 지원자

10 should 가정법   [공식 057]

해설 조동사 should와 주어 anyone의 순서가 도치된 것으로 보아 가정법의 if가 생략된 구문으로 볼 수 있다. should 가정법(미래에 혹시 ~라면)은 'If 주어 + should + 동사원형, 명령문/현재 시제/미래 시제 등'으로 쓰이며, if가 생략되면 should가 주어 앞으로 도치되어 나갈 수 있다. 따라서 빈칸에는 콤마 이하 주절에 들어갈 명령문, 현재 시제, 또는 미래 시제 등이 나와야 하는데, 빈칸 뒤에 동사가 없으므로 주어 없이 동사만 나오는 명령문이 되어야 한다. 정답은 (D).

**구문
해석** 만약 누군가가 필요로 한다면 / 한영 번역을 / 수집된 자료를 분석할 때 / Mr. Connery에게 문의하세요 / 도움을

어휘 동사 refer는 'refer A to B(A를 B로 연결해 주다)' 이외에 'refer to + 명사(~에게 문의하다, ~을 언급하다)'로 쓰이기도 하는 것을 기억해 두자.

translation n. 번역 collected adj. 수집된

11 명사 + 분사   [공식 059]

해설 빈칸은 명사 a suite를 뒤에서 수식하는 분사 자리로 (B)와 (D) 중에 정답이 있는데, 의미상 '스위트룸이 호수를 향하다'라는 능동의 의미이므로 현재분사 facing이 답이 된다. 정답은 (B).

**구문
해석** 호텔 투숙객들은 그들의 객실을 업그레이드할 수 있다 / 호수를 향한 스위트룸으로 / 추가 비용으로 / 하룻밤의 70달러의 (추가 비용)

어휘 additional charge 추가 비용 per night 하룻밤에 face v. ~을 향하다

12 명사절 접속사   [공식 072]

해설 동사 state의 목적어인 명사절을 이끌어 주는 명사절 접속사 자리이다. (B)는 부사절 접속사이고 (D)는 전치사이므로 빈칸에 들어갈 수 없다. (A)와 (C)는 명사절 접속사일 때 둘 다 '~ 것'으로 해석하지만 what 뒤에는 불완전한 절이, that 뒤에는 완전한 절이 나온다는 차이점이 있다. 빈칸 이하에 주어(they), 동사(put), 목적어(durability)의 완전한 절이 나왔기 때문에 that이 답이 된다. 정답은 (C).

**구문
해석** 온라인 설문 조사에서 / 우리 고객의 80퍼센트가 말했다 / 그들은 내구성을 우선시한다고 / 다른 어떤 것보다 / 선택할 때 / 사무용 가구를

어휘 'put A before B'는 'B보다 A를 먼저 놓는다'는 의미인데 'B보다 A를 우선시하다'라는 뜻으로 기억해 두자.

state v. 말하다 durability n. 내구성

13 분사 + 명사   [공식 059]

해설 years를 수식하는 형용사 자리로 보기 중 preceding이 형용사 어휘로 '이전의'라는 뜻이기 때문에 답이 될 수 있다. preceded는 과거분사인데 '선행된'이라는 의미가 문맥상 맞지 않아 답이 될 수 없다. 정답은 (D).

**구문
해석** 주로 비평가로부터의 호평 때문에 / 방문객 수가 / 현대 미술관의 / 훨씬 더 많다 / 이전 연도들보다

어휘 전치사 'due to(~ 때문에)'는 'mainly/largely due to(주로 ~ 때문에)', 'due in part to(어느 정도는 ~ 때문에)'의 표현으로도 자주 쓰임을 알아 두자.

mainly adv. 주로 good publicity (매스컴의) 호평
the number of ~의 수

14 부사 + 전치사구   [공식 062]

해설 전치사구(at ease)를 수식하는 품사를 골라야 한다. 전치사구는 부사의 수식을 받기 때문에 absolutely가 답이 될 수 있으며, 'absolutely at ease'는 '굉장히 편안한, 아주 편안한'으로 해석할 수 있다. 정답은 (D).

**구문
해석** Ms. Leigh가 Mr. Keaton을 만날 것을 요청했다 / 고객 관리 부서의 직원인 / (그와 함께 있으면) 그녀가 굉장히 편안할 수 있는

어휘 | 'be/feel at ease'는 '편안하다, 안심하다'는 뜻의 묶음 표현으로 알아 두자.

at ease 편안한 **absolutely** adv. 굉장히, 전적으로

15 가정법 시제 일치 [공식 056]

해설 | 가정법 시제 일치 문제로 if절의 동사가 과거 시제(were)인 것을 보고 가정법 과거임을 알 수 있다. 가정법 과거는 'If 주어 + 과거 시제 동사, 주어 + would/could/might/should + 동사원형'으로 쓰기 때문에 빈칸에는 would be considered가 답이 된다. 정답은 (B).

구문해석 | 만약 Mrs. Huang이 임시직을 맡는다면 / 아시아에서의 / 그녀는 승진 대상으로 고려될 텐데

어휘 | 'be considered for(~의 대상으로 고려되다)'는 토익에서 자주 등장하는 묶음 표현으로 알아 두자.

temporary adj. 임시적인 **promotion** n. 승진

16 help 동사의 5형식 [공식 053]

해설 | help가 5형식 동사로 쓰이면 'help + 목적어 + 목적 보어(to 부정사/동사원형)'인데 목적어가 생략되고 목적 보어가 바로 나와 'help + to 부정사' 혹은 'help + 동사원형'으로 쓸 수 있다. 보기 중에 to 부정사는 없으므로 동사원형 direct가 답이 된다. 정답은 (A).

구문해석 | Mr. Fonda는 도와줄 것을 지시받았다 / Ms. Allen을 고객 서비스 담당 직원에게 연결해 주는 것을 / 그녀의 문제를 해결해 줄 (직원)

어휘 | 동사 address는 '주소를 쓰다', '~에게 말을 하다(ex. address the audience 청중에게 연설하다)', '(문제 등을) 다루다(ex. address the issue 문제를 다루다)'의 뜻으로 쓰일 수 있다.

be told to do ~할 것을 지시받다 **direct A to B** A를 B에게 연결하다
concern n. 문제, 걱정

17-20번은 다음 광고에 관한 문제입니다.

⭐신유형

MJ 호텔은 귀하를 위한 장소가 아닙니다 / 만약 귀하가 지내고 싶다면 / 바쁜 도시 한가운데서 / 왜냐하면 그것(호텔)이 위치해 있기 때문에 / 조용한 동네에 // 그러나 / 몇몇의 관광지가 있습니다 / 호텔에서 운전해서 겨우 10분이면 가는 / 식물원이나 동물원 같은 / (그것은) 그곳(호텔)을 완벽한 장소로 만듭니다 / 가족끼리 주말 휴가를 보내기 위한 (장소) / 그런 이유로 / 우리는 높은 투숙률을 가지고 있습니다 / 일 년 내내 //

올해 저희의 5주년을 기념하여 / 저희는 현재 엄청난 할인을 제공하고 있습니다 / 예약을 하는 분들께 / 7박 이상을 //

귀하는 저희 웹사이트 www.MJreservations.com을 방문할 수 있습니다 / 확인하기 위해 / 얼마나 많은 돈을 절약할 수 있을지 // 그 대신에 / 저희에게 그냥 전화하셔도 됩니다 / 808-384-8847로 / 빠른 예약을 위해 //

----

hectic adj. 정신없이 바쁜 **tranquil** adj. 조용한, 평온한
tourist spot 관광지 **such as** prep. ~와 같은
botanical garden 식물원 **getaway** n. 휴가
occupancy rates 투숙률 **all year round** 일 년 내내
in celebration of ~을 기념하여 **substantial** adj. 엄청난, 상당한

17 문맥 속 접속부사 선택 [공식 064]

해설 | 콤마와 콤마 사이에 들어갈 부사 자리로 보기에 제시된 단어 모두가 접속부사로 쓰일 수 있다. 앞뒤 문맥을 연결하여 해석해 보면 '호텔이 조용한 동네에 있지만 그래도 운전해서 10분이면 갈 수 있는 관광지들이 있다'는 의미이므로 '그러나, 그런데도'라는 뜻의 however가 적절하다. 접속부사 문제가 출제될 때에는 '_____, 주어 + 동사'와 같이 빈칸이 문장 맨 앞에 나오는 경우가 일반적이지만, 이 문제처럼 문장 중간의 콤마와 콤마 사이에 위치하는 문제도 출제될 수 있다. then(그리고 나서), in fact(사실), for example(예를 들어)은 모두 접속부사이지만 의미상 답이 될 수 없다. 정답은 (B).

⭐신유형 18 문맥상 적절한 문장 선택

해설 | 바로 앞 문장에서 호텔의 위치상 장점을 설명하고 있으므로 그것이 원인이 되어 투숙률이 높다는 내용으로 연결되는 것이 가장 적절하다. 뒤이어 나오는 내용에서 예약을 하는 방법을 알려 주고 있으므로 이미 예약이 다 되어 있다는 (B)는 답이 될 수 없다. 정답은 (D).

구문해석 | (A) 호텔은 이전할 것입니다 / 새로운 위치로
(B) 모든 스위트룸이 예약이 꽉 찼습니다 / 현재
(C) 호텔은 설립되었습니다 / 1960년대에
(D) 그런 이유로 / 우리는 높은 투숙률을 가지고 있습니다 / 일 년 내내

19 동사 어휘

해설 | 바로 앞 문장에 할인(discounts)을 제공한다는 말이 있기 때문에 얼마나 많은 돈을 할인받아 절약할(save) 수 있을지를 확인해 보라는 의미의 문장이 되어야 하므로 save가 답이 된다. enjoy(즐기다), produce(생산하다)는 문맥상 오답이다. make가 들어가서 'how much money you can make'가 되면 '얼마나 많은 돈을 벌 수 있을지'라는 뜻이 되어 전체 문맥상 적절하지 않다. 정답은 (D).

20 접속부사 자리 [공식 063]

해설 | 빈칸은 콤마 앞 부사 자리이다. (B)는 부사절 접속사, (D)는 전치사로 문장 맨 앞에서 단독으로 쓸 수 없다. (A)와 (C)는 둘 다 접속부사로 빈칸에 들어갈 수 있는데 문맥상, 웹사이트에 접속해 예약을 하고 할인 금액을 알아보는 것과 전화를 걸어서 예약하는 것은 원인과 결과의 관계가 아니므로 consequently(결과적으로)는 오답이다. 따라서 웹사이트를 방문하는 것 '대신에' 전화를 하라는 의미로 alternatively(그 대신에, 그렇지 않으면)가 답이 된다. 정답은 (C).

Section 3 토익 800점 이상을 위한 **고득점** 공식

01 전치사 선택

해설 콤마 앞의 수식어구를 이끌어 주고 문맥상 '매출액에 따라서 생산 중단 여부가 결정된다'는 의미가 적절하므로 depending on (~에 따라서)이 답이 된다. instead of(~ 대신에), in place of(~을 대신하여)는 모두 전치사로 명사구를 이끌어 줄 수 있지만 의미상 답이 될 수 없으며 as a result는 as a result of(~의 결과로)의 형태가 되어야 전치사로 쓸 수 있다. 정답은 (B).

구문 해석 매출액에 따라서 / 지난 3분기 동안의 / 그 회사는 결정을 내릴 것이다 / 중단할지 말지에 대해 / 목재 장난감의 생산을

어휘 '결정을 내리다'라는 뜻으로 'make a decision' 혹은 'come to a decision'의 묶음 표현을 쓰는 것을 기억해 두자.
sales figures 매출액　discontinue v. 중단하다
wooden adj. 목재의, 나무로 된

02 복합관계대명사　　　　　　　　[공식 095]

해설 콤마와 콤마 사이의 부사절을 이끄는 부사절 접속사를 고르는 문제이다. 보기에 제시된 단어가 모두 부사절 접속사로 쓰일 수 있는데, 문장의 앞부분에서 다양한 분야의 경력이 있다는 점을 강조하는 것으로 보아 그 경험 덕분에 '무엇을 하더라도' 성공한다는 의미가 적절하다. 복합관계대명사 whatever는 명사절 접속사로 쓰이지만 부사절 접속사로도 쓰일 수 있으므로 답이 된다. 정답은 (A).

구문 해석 15년 이상의 경험으로 / 다양한 분야에서의 / 그는 무슨 일을 하든지 / Mr. Anderson은 분명히 크게 성공할 것이다

어휘 'experience in(~에서의 경험)'은 전치사 in이 들어가는 묶음 표현으로 알아 두자.
definitely adv. 분명히

03 최상급 + possible　　　　　　　[공식 100]

해설 최상급 the most secure의 뒤쪽에 위치하며 '가능한 가장 ~한'이라는 뜻으로 최상급을 강조하는 possible이 답이 된다. 최상급을 강조하는 자리에 비교급인 more possible의 형태는 들어갈 수 없다. 참고로 possible은 'the most ~ possible(가능한 가장 ~한)'로 최상급과 쓰일 뿐 아니라, 'as ~ as possible(가능한 가장 ~한)'의 형태로 as ~ as 비교급 뒤에 쓰이기도 한다. 정답은 (C).

구문 해석 안전한 거래를 확실히 하기 위해서 / 기술팀은 구축해야 한다 / 가장 안전한 온라인 서비스를 / 가능한

어휘 transaction n. 거래　technical team 기술팀
set up 구축하다, 설립하다　secure adj. 안전한

04 전치사 + 관계대명사　　　　　　[공식 092]

해설 빈칸 이하의 관계절은 명사 people을 선행사로 가지기 때문에 사물 선행사를 가지는 (D)는 오답이다. 빈칸은 전치사 to 뒤에 위치하므로 전치사의 목적어 자리에 올 수 있는 목적격 관계대명사 whom이 답이 된다. 원래 문장은 'people whom cleanliness is the most important factor to'인데 관계절의 전치사 to가 관계대명사 앞으로 이동한 것임을 파악할 수 있어야 한다. 빈칸 뒤의 명사만 보고 명사를 수식하는 소유격 관계대명사 whose를 선택하지 않도록 주의해야 한다. 정답은 (B).

구문 해석 Shiny City 게스트하우스는 / 매우 추천할 만하다 / 사람들에게 / (사람들에게) 청결이 가장 중요한 요소인

어휘 부사 highly가 'highly recommendable(매우 추천할 만한)', 'highly recommended(매우 추천되는)'의 묶음 표현으로 쓰이는 것을 기억해 두자.
recommendable adj. 추천할 만한　cleanliness n. 청결
factor n. 요소

05 형용사 + 형용사 + 명사　　　　　[공식 088]

해설 명사 expenses를 수식하는 형용사 자리이므로 incidental(부수적인)이 답이 된다. '형용사(total) + 형용사(incidental) + 명사(expenses)' 구조가 나온 문제로 명사 앞에 명사를 수식하는 형용사가 두 개 이상 나란히 나올 수 있음을 알아야 한다. 형용사 total이 있다고 해서 빈칸에 형용사가 또 들어가지 못할 것이라고 혼동하지 않도록 주의해야 한다. 정답은 (C).

구문 해석 모든 부대 비용은 / 택시 요금 그리고 전화 요금 같은 / 기록되어야 하고 / 총책임자에게 보고되어야 한다

어휘 fare n. 요금　incident n. 사건　incidence n. (일의) 발생 정도
incidentally adv. 부수적으로

06 복합관계형용사　　　　　　　　[공식 095]

해설 빈칸 이하는 전치사 to의 목적어인 명사절이므로 빈칸에는 명사절 접속사가 들어가야 한다. 동시에 빈칸 바로 뒤에 나오는 명사 employee를 수식할 형용사 역할도 해야 하므로 복합관계형용사 whichever(어떤 ~이든지)가 답이 된다. '어떤 직원이든지'라는 의미도 문맥상 알맞다. (A)와 (C)는 명사절 접속사이지만 명사를 수식하는 형용사 기능을 할 수 없기 때문에 오답이다. (D)도 의문형용사로 '어떤'이라는 뜻을 갖지만 '어떤 직원이 이름을 생각해 내는지에 대해 혜택을 주다'는 의미는 어색하므로 답이 될 수 없다. 정답은 (B).

구문 해석 회사 경영진은 결정했다 / 상당한 금전적인 혜택을 주기로 / 어떤 직원이든지 / 이름을 제안하는 / 신제품에 대한

어휘 substantial adj. 상당한　financial incentive 금전적인 혜택
come up with ~을 생각해 내다

07 부사 + 형용사 + 명사　　　　　　[공식 088]

해설 '_____ + 형용사(healthy) + 명사(products)'로 빈칸에는 형용사를 수식하는 부사가 들어가거나 명사를 수식하는 또 다른 형용사가 들어갈 수 있다. 문맥상 '본질적으로 건강에 좋은(inherently healthy)'이라는 의미가 적절하므로 빈칸은 형용사를 수식하는 부사 inherently가 답이 된다. 정답은 (A).

구문 해석 더 많은 고객들이 선택하고 있기 때문에 / 본질적으로 건강에 좋은 제품을 / 예를 들어 유기농 우유와 같은 / 저희는 더 전념하게 되고 있

습니다 / 그들의 필요를 충족시키는 데

어휘 'opt for(~을 선택하다)', 'opt to do(~할 것을 선택하다)'의 묶음 표현을 기억해 두자.

healthy adj. 건강에 좋은, 건강한 inherently adv. 본질적으로

08 as 도치 구문 [공식 097]

해설 빈칸 뒤에서 동사(did)와 주어(most of the other sellers)가 도치되어 있으므로 보기 중 도치 구문 앞에 올 수 있는 것을 골라야 한다. as는 '~도 역시 그러하다'라는 뜻일 때 as 뒤에 도치 구문을 가지기 때문에 답이 된다. 이 문장의 빈칸에 as가 들어가면 '다른 사람들처럼, 다른 사람들과 마찬가지로'라고 해석할 수 있다. 나머지 보기는 의미와 관계없이 도치 구문을 가지지 않기 때문에 오답이다. 정답은 (B).

구문 해석 Mr. Ryu는 약속했다 / 그의 수익의 절반을 기부하기로 / 자선 단체에 / 대부분의 나머지 판매자들이 그런 것처럼 / 벼룩시장에서

어휘 동사 promise(약속하다)는 to 부정사를 목적어로 가지기 때문에 'promise to do(~할 것을 약속하다)'의 묶음 표현으로 알아 두자.

charity n. 자선 (단체) flea market 벼룩시장

09 with 분사 구문 [공식 085]

해설 with 분사 구문은 동시 상황을 나타내며 'with + 명사 + 현재분사/과거분사'로 쓴다. 이때 명사와 분사의 관계가 능동이면 현재분사를, 수동이면 과거분사를 쓰는데 문맥상 '모든 운영비(all the operating costs)에 대해 자금이 지원된다'는 수동의 의미이므로 과거분사 funded가 답이 된다. 정답은 (C).

구문 해석 모든 운영비가 지원되기 때문에 / 정부에 의해 / 그 지역 사회 센터는 다양한 수업을 열 것이다 / 퇴직자들을 위한 / 다음 주부터

어휘 retiree(퇴직자)는 사람 명사이며 employee(직원), interviewee(면접받는 사람), payee(수취인), nominee(후보자)처럼 –ee로 끝나는 다른 사람 명사들을 함께 기억해 두자.

operating cost 운영비

10 전치사 + 관계대명사 [공식 092]

해설 문맥상 '4박 숙박권에 더하여 음식과 음료 상품권을 제공한다'라는 뜻이 되기 때문에 빈칸은 '4박 숙박권(a four-night stay)'을 선행사로 가지는 관계대명사가 들어가야 한다. (B)는 전치사 뒤에 쓸 수 없고 (C)는 선행사를 가지지 않으며 (D)는 사람 명사를 선행사로 가지기 때문에 모두 오답이 된다. 따라서 사물 명사를 선행사로 가지며 전치사 in addition to의 목적어 자리에 쓸 수 있는 목적격 관계대명사 which가 답이 된다. 정답은 (A).

구문 해석 추첨 행사에 참여하세요 / 기회를 위해서 / 4박 숙박권을 얻을 수 있는 / Ocean Prince 호텔에서 / (그것에) 더하여 / 음식과 음료 상품권이 / 100달러의 가치가 있는 / 제공될 것입니다

어휘 형용사 worth는 'worth + 명사(~의 가치가 있는)'로 쓰이며 'worthy of + 명사(~할 만한)'와 구별할 수 있어야 한다.

enter v. 참여하다, 들어가다 draw n. 추첨 행사
voucher n. 상품권, 할인권 worth adj. ~의 가치가 있는

11 p.p. 도치 구문 [공식 098]

해설 문장에 주어(you) + 동사(will find)가 이미 있으므로 빈칸에 또 다른 동사 (A)는 들어갈 수 없으며, 빈칸은 주어 자리가 아니기

때문에 명사 (B)도 오답이다. 원래 문장은 find의 5형식 구문으로 'You will find a brochure on ~ attached to the newsletter.' 인데 목적 보어인 attached가 강조를 위해 문장 앞으로 나온 것임을 알 수 있다. 이때 문장의 주어와 동사의 순서는 바뀌지 않는 것에 주의해야 한다. 정답은 (D).

구문 해석 소식지에 첨부되어 있는 / 안내 책자를 찾을 것입니다 / 우리의 색채 요법 프로그램에 대한 / 우울증에 대한 새로운 치료법인

어휘 brochure n. 안내 책자 treatment n. 치료법, 대우
depression n. 우울증

12 부사 + 분사 + 명사 [공식 088]

해설 '_____ + 분사(priced) + 명사(dishes)'의 구조임을 파악해야 한다. 문맥상 '가격이 알맞게 매겨진'이라는 의미이므로 분사 priced(가격이 매겨진)를 수식할 부사 affordably(알맞게)가 답이 된다. 참고로 형용사 affordable(알맞은)은 명사 price와 함께 'affordable price(알맞은 가격)'의 묶음 표현으로 쓰임을 기억해 두자. 정답은 (A).

구문 해석 그 중국 식당은 한 달 전에 문을 열었다 / 그리고 가격이 알맞게 매겨진 음식으로 / 벌써 인기가 매우 많아졌다 / 주민들 사이에서

어휘 'affordably priced(가격이 알맞게 매겨진)', 'competitively priced (가격이 경쟁력 있게 매겨진)'는 토익에서 자주 등장하는 묶음 표현으로 알아 두자.

local n. 주민, 현지인; adj. 지역의
affordably adv. (가격이) 알맞게, 감당할 수 있게
affordable adj. (가격이) 알맞은, 감당할 수 있는

13 be to 용법 [공식 082]

해설 주어는 the remodeling work로 단수이기 때문에 주어와 수일치되지 않는 동사 (B)는 정답에서 제외된다. (A)가 들어가면 'will have p.p.'의 미래 완료 시제가 되어야 하는데 빈칸 뒤에 형용사 complete이 있기 때문에 답이 될 수 없다. (D)가 빈칸에 들어가면 현재 완료 시제가 되는데 by this Friday(이번 주 금요일까지)로 보아 리모델링이 완성되는 시점이 미래이므로 답이 될 수 없다. 따라서 미래 시제를 나타내는 be to 용법의 is to be가 답이 되며 'is to be complete'은 '완성될 예정이다'라고 해석한다. 정답은 (C).

구문 해석 리모델링 작업이 / 옥상 테라스에 대한 / 완성될 예정이다 / 이번 주 금요일까지 / 그러나 대중에게 공개되지 않을 것이다 / 이달 말까지는

어휘 complete은 동사 '완성하다'의 뜻 이외에 형용사로 '완성된, 완전한' 의 뜻으로도 쓸 수 있다.

rooftop n. 옥상 public n. 대중, 일반 사람들

14 수량 표현 of + 관계대명사 [공식 093]

해설 sales clerks를 선행사로 가지는 관계대명사 whom 앞에 '수량 표현 + of'가 나온 것으로 파악할 수 있다. 이때 빈칸에 들어갈 수량 표현은 of whom을 걸러 내고 남는 동사 need에 수일치해야 한다. (A)와 (B)는 단수 취급하기 때문에 정답에서 제외된다. (D)는 반드시 명사 앞에서만 쓰이기 때문에(ex. every person 모든 사람) 전치사 of 앞에 쓸 수 없어 오답이다. (C)는 형용사 이외에 대명사로도 쓸 수 있으므로 전치사 of 앞에서 대명사로 쓸 수 있으며 동사와 수일치되는 복수 주어이기 때문에 답이 된다. 정답은 (C).

지역 담당자가 결정했다 / 상담가를 고용하기로 / 판매원들을 위해 / (판매원들의) 대부분은 조언이 필요하다 / 어떻게 스트레스를 다루는지에 대한 (조언)

어휘 regional adj. 지역의 consultant n. 상담가 deal with ~을 다루다

15 anyone과 whoever [공식 094]

해설 전치사 for의 목적어인 (대)명사 자리이다. (A)는 명사 앞에 와서 other people(다른 사람들)과 같이 써야 하며, (C)는 대명사로 쓸 수 있지만 '이것들, 이 사람들'이라는 의미가 문맥상 맞지 않기 때문에 답이 될 수 없다. (D)는 anyone who와 같은 표현이기 때문에 whoever 뒤에 바로 동사가 나와야 하는데 전치사구가 나오고 있으므로 오답이다. 원래 문장은 'for anyone (who is) in need of ~'인데 '주격 관계대명사 + be 동사'의 who is가 생략되어 anyone이 답이 된다. 정답은 (B).

구문
해설 사람을 위해 / 응급조치 정보가 필요한 / HomeMC.com은 많은 유용한 자료를 가지고 있다 / 의료 전문가들에 의해 제공된

어휘 in need of ~을 필요로 하는 first aid 응급조치
professional n. 전문가; adj. 직업의, 전문적인

16 부사 + 동명사 [공식 086]

해설 전치사 after 뒤에 동명사 reporting이 나왔으며 that절은 동명사의 목적어인 명사절이다. 따라서 빈칸은 동명사를 수식할 부사 repeatedly가 들어갈 자리이다. 또한 이 문장에서는 after를 전치사가 아닌 접속사로도 볼 수 있는데, 접속사 뒤로 분사 구문 (reporting ~)이 나온 것으로 보더라도 분사 역시 부사의 수식을 받기 때문에 repeatedly가 답이 되는 것은 변함이 없다. 참고로 that절을 목적어로 취한 동명사 reporting을 명사로 보아 명사를 수식하는 형용사 repeated를 고르지 않도록 주의해야 한다. 정답은 (D).

구문
해설 반복적으로 신고한 후에야 / 욕조에 물이 새는 곳이 있다고 / 호텔 투숙객은 들었다 / 보수 담당 직원이 객실로 올라올 것이라고

어휘 report v. 신고하다 leak n. 새는 곳, 구멍 maintenance n. 보수, 유지

17-20번은 다음 이메일에 관한 문제입니다.

발신: Nora Gibson
제목: 주문 번호 148274ZQ

관계자에게

저는 방금 저의 주문품을 받았습니다 / 오늘 오후에 // 상자를 열었을 때 / 저는 알게 되었습니다 / 대부분의 접시가 깨져 있음을 // 제 생각에는 배송 중에 일어난 일 같습니다 / 그래서 저는 교체품을 보내주면 좋겠습니다 // 알려 주십시오 / 얼마나 걸릴지 / 새로운 그릇들이 배송되는 데 //

믹서기에 대해서는 / 더 이상 그것을 원하지 않습니다 / 제가 요청한 크기가 아니기 때문입니다 / 그래서 저는 그것을 돌려보내겠습니다 / 반품을 하기 위해서 // 제가 알기로는 / 배송 규정이 / 제가 참고한 (규정) / 주문할 때 / 무료 반품과 교환을 보장합니다 / 우수 회원들에게는 / 그래서 저는 바랍니다 / 저의 계좌에 청구되지 않기를 / 어떤 추가 배송비도 //

감사합니다
Nora Gibson

---

in transit 배송 중에 as far as I know 내가 알기로는
shipping policy 배송 규정, 배송 정책 place an order 주문하다
guarantee v. 보장하다 account n. 계좌, 계정
be charged for ~에 대해 청구되다

17 명사 어휘

해설 배송된 물건 중 그릇이 깨졌다는 내용이 앞부분에 나왔고, 이어서 새로운 그릇(new dishes)이 배송되는 데 걸리는 시간을 물어보는 것으로 보아 깨진 그릇에 대한 교체품을 보내 달라고 요청하는 내용임을 알 수 있다. 따라서 replacement(교체품, 교체자)가 답이 된다. apology(사과), expense(비용), reference(추천서, 참고)를 보내 달라는 말은 문맥상 적절하지 않다. 정답은 (B).

18 문맥 속 전치사 선택 [공식 096]

해설 명사(the blender) 앞에 쓸 전치사를 고르는 문제로 앞뒤 문맥의 흐름을 따져 보아야 한다. 앞에 접시가 깨졌다는 말이 있으므로 믹서기(blender)는 접시와 함께 주문한 물건임을 짐작할 수 있다. 접시는 새것으로 보내 달라고 하고 믹서기는 돌려보낼 것이라고 설명하고 있기 때문에 '믹서기에 대해서는 더 이상 원하지 않는다. 즉 반품할 것이다'라고 해석하는 것이 적절하다. 따라서 as for(~에 대해서 말하자면, ~에 관하여)가 답이 된다. regardless of(~에 상관없이), along with(~와 함께), in addition to(~에 더하여)는 모두 전치사이지만 의미상 답이 될 수 없다. 정답은 (D).

★ 19 문맥상 적절한 문장 선택

해설 앞 문장에서 배송된 믹서기가 원래 요청한 사이즈가 아니라는 이유로 더 이상 원하지 않는다고 했으므로 반품하겠다는 내용으로 연결되는 것이 가장 적절하다. 고장 난 물건의 수리를 요청하겠다는 (B)나, 이미 배송된 물건인데 아직 배송이 안 되었다고 하는 (C), 상대방 업체가 좋은 품질의 물건을 보유하고 있다고 말하는 (D)는 모두 문맥상 부적절하다. 정답은 (A).

구문
해설 (A) 그래서 저는 그것을 돌려보내겠습니다 / 반품을 하기 위해
(B) 그리고 나서 / 제가 수리를 요청할 것입니다
(C) 그것은 / 배송되지 않았습니다 / 아직
(D) 또한 / 귀사는 높은 품질의 주방용품을 보유하고 있습니다

20 관계절의 시제 선택 [공식 084]

해설 the shipping policy(배송 규정)를 선행사로 가지는 관계절(that절)의 동사 자리이다. 편지를 보낸 사람이 주문할 때(when placing the order) 참고한 배송 규정이라는 의미로 해석할 수 있는데 지문 내용이 이미 배송된 물건의 반품 및 교환에 대한 것이므로 이 사람이 과거에 주문한 것임을 알 수 있다. 따라서 '(과거에) 참고했던 배송 규정'이라는 과거 시제 referred가 답이 된다. 주어인 I가 참고된 것이 아니므로 수동태 (A)는 오답이다. 정답은 (D).

어휘 'refer to'는 '참고하다', '언급하다'의 뜻을 모두 가지는 표현임을 알아 두자.

Part 5&6 실전모의고사

Part 5&6 실전모의고사 1

Part V p.230

101 재귀 대명사 [공식 035]

해설 'by oneself(~ 자신 스스로)'의 재귀 대명사 묶음 표현을 물어 보는 문제로 재귀 대명사 themselves가 답이 된다. 참고로 'by oneself'는 'on one's own'으로 바꾸어 쓸 수 있다. 정답은 (A).

구문 해석 영업부장들은 / 자동차 전시회에 참석하려고 계획한 / 런던에서의 / 말을 들어 왔다 / 지낼 장소를 찾으라는 / 그들 스스로

어휘 attend v. 참석하다　exhibit n. 전시(회)(=exhibition); v. 전시하다

102 동사 어휘

해설 빈칸에 들어가는 동사 어휘는 목적어인 the schedule과 문맥상 어울려야 하며 부사 officially(공식적으로)의 수식을 받을 수 있어야 한다. 최종 일정을 공식적으로 확정한다는 의미가 적절하므로 confirm(확정하다)이 답이 된다. magnify(확대하다), recognize(인정하다, 알아보다), persuade(설득하다)는 문맥상 답이 될 수 없다. 정답은 (C).

구문 해석 Mr. Chan은 아직 공식적으로 일정을 확정하지 않았다 / 새로운 라인 보석을 출시하는 (일정) / 아시아 국가들에서의

어휘 'have yet to do'는 '아직 ~않다'라는 뜻의 묶음 표현으로 기억하자. officially adv. 공식적으로　launch v. 출시하다

103 의문사 how + 부사 [공식 075]

해설 동사 project의 목적어 역할을 하는 명사절을 이끌어 줄 명사절 접속사 자리이다. 보기가 모두 의문사로 명사절 접속사 자리에 쓰일 수 있지만, 빈칸 다음에 나온 부사 well을 볼 때 'how well (얼마나 잘)'을 만드는 의문사 how가 정답이다. 'how + 형용사/ 부사(얼마나 ~한/하게)'의 형태를 알아 두어야 한다. 정답은 (C).

구문 해석 대부분의 영업팀들은 예측할 수 없었다 / 얼마나 잘 / 아기와 어린이 이용 목욕용품이 팔릴지를

어휘 project는 명사(계획, 연구 과제) 이외에 동사(예측하다)로도 쓸 수 있으며, project에서 파생된 명사 projection(예상)도 알아 두자. sell v. 팔리다, 팔다

104 부사 + 형용사 [공식 037]

해설 가주어 it, 진주어 to 부정사 구문에서 be 동사의 보어인 형용사 recommendable을 수식하는 부사 strongly가 답이 된다. 형용사 strong(강력한), 동사 strengthen(강화하다), 명사 strength(힘)의 품사를 구별할 수 있어야 한다. 정답은 (A).

구문 해석 강력히 권장할 만합니다 / 가격이 적당한 아파트를 찾고 있는 사람들 이 / www.besthomefinder.com을 방문하는 것이 / (그곳에서) 그 들이 다양한 임대물을 찾아볼 수 있는

어휘 'strongly recommendable(강력히 권장할 만한)'은 하나의 묶음 표현으로 기억해 두자.
recommendable adj. 권장할 만한
affordable adj. (가격이) 적당한, 알맞은　a variety of 다양한
rental n. 임대물, 임대

105 동사 어휘

해설 문맥상 신입 회원들이 지침서 검토를 '요구받는다'는 것이 적절한데 5형식 동사 require는 수동태 뒤에 to 부정사 보어를 가져서 'be required to 부정사(~할 것을 요구받다)'로 쓰이기 때문에 답이 된다. solicit(간청하다), deliver(배송하다)는 문맥상 답이 될 수 없으며, inform(알리다)은 수동태일 때 'be informed of/that(~을 알게 되다)'으로 쓰기 때문에 to 부정사 보어를 가질 수 없다. 정답은 (D).

구문 해석 토론 클럽의 신입 회원들은 요구받는다 / 지침서를 철저하게 검토할 것을 / 그들이 그들의 첫 번째 주간 모임에 참석하기 전에

어휘 'thoroughly go over(철저하게 검토하다)'는 'carefully go over (주의 깊게 검토하다)', 'cautiously go over(세심하게 검토하다)', 'meticulously go over(꼼꼼하게 검토하다)'와 더불어 자주 쓰이는 묶음 표현으로 알아 두자.
thoroughly adv. 철저하게　go over 검토하다(=review)
gathering n. 모임

106 접속사 선택

해설 절과 절을 연결시키는 접속사 자리이다. 문맥상 유명한 사람을 주인공으로 세웠음에도 불구하고 표가 매진되지 않았다는 것이 므로 although(~에도 불구하고)가 답이 된다. as if(마치 ~인 것 처럼), as soon as(~하자마자)는 접속사이지만 문맥상 답이 될 수 없고, in spite은 'in spite of(~에도 불구하고)'라는 전치사로 쓰인다. 정답은 (C).

구문 해석 그 콘서트는 주인공으로 했음에도 불구하고 / 세계적으로 유명한 재즈 음악가 Antonio Roberto를 / 여전히 불가능했다 / 모든 표를 파는 것이

어휘 feature v. ~을 주인공으로 하다, 특징으로 삼다
sell out 다 팔다, 매진되다

107 명사 어휘

해설 '가장 싼(cheapest)' 물건을 제공한다는 것은 그만큼 좋은 거래 조건을 제공한다는 것이므로 deals(거래)가 답이 된다. product 는 생산된 제품이므로 거래 조건을 의미할 수 없으며, mechanic (정비공), device(장치) 역시 의미상 오답이다. 정답은 (D).

구문 해석 Atlanta Auto는 널리 알려져 있다 / 최고의 거래를 제공하는 것으로 / 그 시에서 / 그러므로 당신은 가장 싼 중고 승용차와 트럭을 찾을 수 있다 / 그곳에서

어휘 'be known to do(~하는 것으로 알려지다)'는 'be known to + 명사
(~에게 알려지다)'와 함께 묶음 표현으로 알아 두자.

widely adv. 널리 used adj. 중고의, 사용된

108 분사 + 명사   [공식 059]

해설 명사 premiere(개봉, 초연)를 수식하는 분사 자리이다. 영화
개봉이 '기대하는' 것이 아니라 '기대되는' 것이므로 과거분사
anticipated가 답이 된다. 부사 highly는 분사 anticipated를
수식한다. 정답은 (B).

구문 아주 기대되는 개봉이 / 영화 For the King의 / 잠정적으로 예정되
해석 었다 / 내년 초로

어휘 'highly anticipated(아주 기대되는)'와 'eagerly anticipated(열렬
히 기대되는)'는 자주 쓰이는 묶음 표현으로 알아 두자.

premiere n. 개봉, 초연 tentatively adv. 잠정적으로
anticipate v. 기대하다

109 전치사 + 명사   [공식 066]

해설 전치사 in 뒤의 명사 자리이자 'in/with reference to(~에 관하
여)'의 전치사 표현을 묻는 문제이다. on, over, about, regarding
등과 비슷한 의미로 쓰일 수 있다. 정답은 (A).

구문 그 편집장은 바로잡고 싶어한다 / 잘못된 정보를 / 지난달의 특집 기
해석 사에 관하여

어휘 feature는 동사(~을 주요 특징으로 하다) 이외에 명사(특집, 특종)로
도 쓰여서 'feature article(특집 기사)', 'feature writer(특종 기자)'
의 복합 명사로 쓸 수 있다.

editor n. 편집장 correct v. 바로잡다, 정정하다

110 접속사와 접속부사   [공식 063]

해설 콤마 앞과 뒤의 절과 절을 연결할 접속사가 들어갈 자리인데
meanwhile(그동안에)과 therefore(따라서)는 접속부사이므로
접속사 자리에 쓸 수 없다. 문맥상 주민들에게는 무료이지만
주민이 아닌 사람들은 돈을 내야 한다는 상반되는 내용이므로 등
위 접속사 but(그러나)이 답이 된다. 정답은 (C).

구문 Lakewood 성인 학교는 제공합니다 / 양질의 스페인어 수업을 /
해석 주민들에게 / 무료로 / 그러나 / 주민이 아닌 분들은 소정의 수업료
를 지불해야 합니다

어휘 'for free', 'free of charge', 'with no charge'는 모두 '무료로'라는
뜻의 묶음 표현으로 토익에서 매우 자주 등장한다.

resident n. 주민, 거주자 fee n. 수업료, 요금

111 과거 시제   [공식 017]

해설 when 이하는 앞에 나온 last month(지난달)에 일어난 일을
말해 주고 있기 때문에 빈칸에는 과거 시제 동사 began이 들어
가야 한다. 참고로 '지난달 이래로(since last month) 계속 감소
해 오고 있다'는 문맥에 따라 주절의 동사는 현재 완료 진행 시제
(have been declining)가 쓰였음을 확인해 두자. 정답은 (B).

구문 시청률이 / 채널 11번 토크 쇼의 / 감소해 오고 있다 / 지난달 이래로
해석 / 새로운 코미디 쇼가 방송되기 시작한 (지난달) / 채널 8번에서

어휘 ratings n. 시청률, 청취율 air v. 방송하다

112 숫자를 수식하는 부사   [공식 041]

해설 '대략 3주'라는 의미로 three라는 숫자를 수식할 수 있는 부사
approximately가 답이 된다. approximately(대략), nearly
(거의), almost(거의) 등은 숫자를 수식하는 부사로 알아 두어야
한다. 정답은 (D).

구문 Ms. Song은 이메일을 받았다 / 나타내는 / 대략 3주가 걸릴 것이라는 /
해석 수리비를 상환받는 데 / 회사로부터

어휘 reimburse(상환하다, 변상하다)는 토익에서 단골로 출제되는 동사
어휘로 'reimbursement for(~에 대한 상환)'의 묶음 표현도 알아
두자.

indicate that ~을 나타내다 repair charge 수리비

113 전치사 + 동명사   [공식 066]

해설 전치사 from의 목적어가 되는 명사 혹은 동명사 자리이다. 빈칸
뒤에 나오는 명사구(both the pool and the laundry room)를
목적어로 가지는 동명사 using이 답이 된다. 정답은 (B).

구문 Ohana Manor 아파트는 엄격하게 금지한다 / 세입자들이 사용하는
해석 것을 / 수영장과 세탁실 둘 다를 / 오후 10시에서 오전 8시 사이에

어휘 'prohibit/stop/prevent A from B'는 'A가 B하는 것을 금지하다/
막다'라는 뜻의 묶음 표현이다.

strictly adv. 엄격하게 prohibit v. 금지하다, 막다 tenant n. 세입자
laundry room 세탁실

114 명사 어휘

해설 a time and a date(시간과 날짜)을 변호사 본인이 정하는 것보다
고객이 정하도록 한다는 문맥이므로 고객에게 편리한 시간과
날짜, 즉 고객이 '편리'한 때라는 뜻에 맞는 convenience(편리,
편의)가 답이 된다. 'at one's convenience(~가 편리한 때에)'
의 묶음 표현을 알고 있으면 쉽게 답을 고를 수 있다. 정답은 (C).

구문 그 변호사는 그의 고객들에게 원한다 / 방문 약속을 정하는 것을 /
해석 그들에게 편리한 때에 / 시간과 날짜를 제안하는 것 대신에 / 그가
직접

어휘 make an appointment 약속을 정하다 location n. 위치
recommendation n. 추천 preference n. 선호, 우선

115 형용사 + 형용사 + 명사   [공식 088]

해설 '_____ + 형용사(promotional) + 명사(campaign)'의 구조로
'혁신적으로 홍보의'라는 뜻은 어색하기 때문에 부사 innovatively
가 형용사 promotional을 수식하는 구문은 아니다. '혁신적인
캠페인'이라는 의미가 적절하므로 명사 campaign을 수식하는
형용사 innovative가 답이 된다. 이처럼 명사 앞에 형용사가 2개
이상 나와서 명사를 수식할 수도 있다. 정답은 (A).

구문 전 부서가 개발하려고 노력하고 있음에도 불구하고 / 혁신적인 홍보
해석 캠페인을 / 실행 가능한 아이디어는 아직 나오지 않았다

어휘 형용사 feasible(실행 가능한), 명사 feasibility(실행 가능성)는
토익에서 단골로 출제되는 어휘들이므로 기억해 두자.

whole adj. 전체의 promotional campaign 홍보 캠페인
bring up 나오다, 꺼내다, 불러일으키다 innovative adj. 혁신적인

116 one's own + 명사 [공식 033]

해설 동사 plan and organize의 명사 목적어로 work schedule(근무 일정)이 나왔기 때문에 명사 앞에 쓸 수 있는 소유격 대명사 their own(그들 자신의)이 답이 된다. 'one's own + 명사(=명사 + of one's own)'는 '~ 자신의 …'라는 뜻의 묶음 표현으로 알아 두자. 정답은 (B).

구문 해석 아주 분명하다 / 유능한 직원들은 능력을 가지고 있는 것이 / 그들 자신의 근무 일정을 계획하고 구성하는 (능력)

어휘 형용사 evident(분명한)는 'It is evident that절(~가 분명하다)'의 구문으로 자주 쓰이는 것을 기억해 두자.
competent adj. 유능한 have ability to do ~할 능력을 가지고 있다
organize v. 구성하다, 조직하다

117 부사절 접속사 + 분사 구문 [공식 060]

해설 (B)는 regardless of(~에 상관없이)의 형태로 써야 하므로 아예 답이 될 수 없고, (C)는 접속부사로 'meanwhile, 주어 + 동사'의 형태에서 사용될 수 있기 때문에 답이 될 수 없다. (A)와 (D)는 모두 부사절 접속사로 분사 구문을 가질 수 있지만, 문맥상 '~되었듯이'가 적절하므로 as가 답이 된다. 즉 원래 문장은 'as it is indicated ~'인데 분사 구문을 만들기 위해 주어를 없애고 동사에 ~ing를 붙여서 'as (being) indicated ~'가 된 것이다. 이 때 분사 구문의 being은 생략된다. 정답은 (D).

구문 해석 지침서에 나와 있듯이 / 귀하의 연간 회원권은 양도 가능하지 않습니다 / 다른 사람에게

어휘 'as requested(요청되었듯이)', 'as suggested(제안되었듯이)', 'as scheduled(예정되었듯이)', 'as discussed(논의되었듯이)'는 자주 쓰이는 묶음 표현으로 알아 두자.
indicate v. 나타내다 guideline n. 지침서, 안내서
transferrable adj. 양도 가능한

118 전치사 to의 관용어구 [공식 065]

해설 'be devoted to(~에 전념하다)'의 묶음 표현을 묻는 문제로 p.p.형인 devoted가 답이 된다. 'be devoted to', 'be dedicated to', 'be committed to'는 모두 '~에 전념하다, ~에 헌신하다'라는 뜻으로 자주 쓰인다. 참고로 이때 to는 전치사로 그 뒤에 명사(구) 혹은 동명사가 나와야 한다. 정답은 (D).

구문 해석 GOTOS사에 있는 전문가 팀은 / 오로지 전념해 왔다 / 생산하는 것에 / 제일 가볍고 믿을 만한 항공기를 / 세계에서

어휘 entirely adv. 오로지, 전적으로 lightweight adj. 가벼운
reliable adj. 믿을 만한 aircraft n. 항공기

119 동사의 능동태 [공식 009]

해설 that절의 주어는 the owner, 동사는 빈칸이므로 동명사 (C)는 동사 자리에 들어갈 수 없다. offer는 대표적인 4형식 동사이지만 3형식 동사로도 쓰일 수 있다. 'offer to 부정사(~할 것을 제안하다)'의 3형식 동사로 쓰여 '팔 것을 제안하다'라는 능동태로 해석할 수 있으므로 (D)가 답이 된다. 주어인 주인(the owner)이 제안받은 것이 아니므로 수동태 동사 (A)와 (B)는 답이 될 수 없다. 정답은 (D).

구문 해석 부동산업자가 전화했다 / Ms. Hanashiro에게 알려 주기 위해서 / 주인이 그 부동산을 팔 것을 제안했다는 것을 / 시가보다 아주 낮은

가격으로

어휘 realtor n. 부동산업자 property n. 부동산, 재산
below prep. ~보다 낮은, ~ 아래에

120 조동사 + 동사원형 [공식 005]

해설 부사 fully를 걸러 내면 부정문을 만드는 조동사 didn't 뒤의 동사원형 자리이므로 account가 답이 된다. 정답은 (B).

구문 해석 우리는 결론에 이르렀다 / 설문 결과가 빠른 감소를 충분히 설명하지는 않는다고 / 소비 지출에 있어서의 (감소) / 캘리포니아 주의

어휘 'come to a conclusion(결론에 이르다)', 'decrease/increase in (~에 있어서의 감소/증가)'은 모두 토익에서 자주 등장하는 묶음 표현이다.
fully adv. 충분히 rapid adj. 빠른 consumer spending 소비 지출
account for ~을 설명하다

121 등위 접속사 and 병렬 구조 [공식 048]

해설 등위 접속사 and의 앞과 뒤에는 같은 품사가 연결될 수 있는데, 문맥상 '풍성한 활동을 고안하다'와 '안전한 환경을 유지하다'가 나란히 연결되고 있음을 알 수 있다. 따라서 접속사 while 다음의 creating과 대등하게 연결되는 maintaining이 답이 된다. 정답은 (B).

구문 해석 Mr. Lewis는 책임자의 역할을 하게 될 것이다 / 방과 후 프로그램의 / 풍성한 활동을 고안하고 안전한 학습 환경을 유지하면서

어휘 serve(제공하다)와 'serve as(~의 역할을 하다)'를 함께 기억해 두자.
enriching adj. 풍성한, 질 높은 maintain v. 유지하다

122 사람 명사와 사물/추상명사 [공식 028]

해설 관사 an 뒤의 자리이면서 형용사 outstanding의 수식을 받는 명사 자리이다. 문맥상 앞에 나오는 Mrs. Chen을 설명하는 것이므로 사람 명사인 collaborator(협력자)가 답이 된다. collaboration (협력, 협동)은 사물/추상 명사로 Mrs. Chen을 가리킬 수 없다. 정답은 (C).

구문 해석 그 이사는 Mrs. Chen에게 감사를 표했다 / 뛰어난 협력자가 되어 준 것에 대해 / 많은 연구 프로젝트에서 / 작년에

어휘 thank A for B B에 대해 A에게 감사를 표하다 outstanding adj. 뛰어난
collaboration n. 협력 collaborator n. 협력자

123 형용사 + 명사 [공식 037]

해설 명사 tax를 수식하는 형용사 자리로 applicable(적용되는)이 답이 된다. (B)는 분사로 명사를 수식할 수 있지만 '적용하는'이란 뜻으로 세금이 '적용하는 것'은 아니므로 오답이다. 참고로 문장 구조를 보면 동사구 inquire about의 목적어로 the availability of replacement units, the shipping charges, applicable tax 세 개의 명사구가 나란히 연결되고 있음을 파악할 수 있다. 정답은 (D).

구문 해석 파손된 경우에 / 고객 서비스 센터로 연락 주세요 / 문의하기 위해 / 교체 부품의 입수 가능성, 배송 비용, 그리고 적용되는 세금을

어휘 in case of ~의 경우에 breakage n. 파손 inquire v. 문의하다, 묻다
availability n. 이용 가능성 applicable adj. 적용되는

124 형용사 어휘

해설 speech를 수식할 형용사를 고르는 문제로 앞에서 깊은 인상을 주었다(impressed)는 것은 연설을 잘했다는 것으로 짐작할 수 있기 때문에 eloquent(유창한)가 답이 된다. 정답은 (B).

구문 해석 Mr. Torres는 많은 참석자들에게 깊은 인상을 주었다 / 회담에서 / 그의 독특한 아이디어와 유창한 연설로

어휘 impress v. 깊은 인상을 주다 intuitive adj. 직관적인
cooperative adj. 협동하는 capable adj. (사람 등이) 유능한

125 all + 명사 [공식 061]

해설 all 뒤에는 가산 명사 단수와 불가산 명사가 모두 올 수 있기 때문에 all만 보고는 풀 수 없는 문제이다. 문장 전체 문맥에 따라 '항상 보이는 곳에 가방을 두라'는 것이 적절하므로 '항상'이라는 뜻의 'at all times(=always)' 표현이 쓰였음을 알 수 있다. 정답은 (B).

구문 해석 승객들은 요구받는다 / 그들의 기내용 가방을 보이는 곳에 둘 것을 / 항상 / 그리고 의심스러운 가방은 신고할 것을 / 공항 관계자에게

어휘 passenger n. 승객 carry-on luggage 기내용 가방
in sight 보이는 곳에 suspicious adj. 의심스러운
authorities n. 관계자, 당국

126 부사 + 전치사구 [공식 062]

해설 be 동사의 보어로 전치사구(due to ~)가 나와서 '엄청난 성공은 ~ 때문이다'라고 해석되고 있다. 따라서 빈칸은 전치사구를 수식하는 부사 자리로 'largely due to(주로 ~ 때문이다)'의 묶음 표현이 쓰였다. 정답은 (A).

구문 해석 그 식당의 엄청난 성공은 / 주로 이국적인 메뉴 때문이다 / 양질의 재료를 사용하는

어휘 remarkable adj. 엄청난, 상당한 due to ~ 때문에
exotic adj. 이국적인

127 관계부사 [공식 070]

해설 앞의 명사 conference를 선행사로 가지는 관계절이 나온 것으로 볼 수 있다. (A)는 선행사를 가지지 않으며, (D)는 시간을 선행사로 가지기 때문에 오답이다. (B)는 관계대명사로 그 뒤에는 불완전한 절이 나와야 하기 때문에 빈칸 이하의 완전한 절 앞에는 쓸 수 없다. 따라서 완전한 절 앞에 쓰며 추상적인 장소(conference)를 선행사로 가지는 관계부사 where가 답이 된다. 정답은 (C).

구문 해석 Ms. Matsumoto는 계획하고 있는 중이다 / 연례 IT 회의에 참석할 것을 / 서울에서 열릴 / (그곳에서) 그녀가 접촉할 수 있는 / 잠재적인 동업자와

어휘 plan to do ~할 것을 계획하다
establish contact with ~와 접촉하다, ~와 연락하다
potential adj. 잠재적인, 가능성이 있는

128 명사 어휘

해설 동사 stick to는 '~을 고수하다'라는 뜻으로 농지를 주거 단지로 바꾸는 '원래 계획(original plan)을 바꾸지 않고 고수한다'라는 의미가 적절하므로 plan(계획)이 답이 된다. deliberation(심사 숙고), address(연설), appraisal(평가)은 문맥상 적절하지 않으므로 오답이 된다. 정답은 (D).

구문 해석 지방 정부는 원래 계획을 고수할 것이다 / 절반 이상의 농지를 주거 단지로 바꾸는 것에 대한 (계획)

어휘 동사 transform(바꾸다, 변형하다)은 'transform A into B(A를 B로 바꾸다)'의 묶음 표현으로 자주 쓰인다는 것을 알아 두자.
stick to ~을 고수하다 farmland n. 농지
residential complex 주거 단지

129 4형식 동사의 수동태 [공식 015]

해설 단수인 문장의 주어(everyone)에 보기의 동사들이 모두 수일치된다. convince(확신시키다)는 4형식 동사인데 'convince + 간접 목적어 + 직접 목적어(that절)'로는 쓸 수 있지만 'convince that절'의 3형식으로는 쓰지 않기 때문에 능동태인 (A), (B), (C)는 답이 될 수 없다. 따라서 수동태 'be convinced that(~을 확신하다)'의 형태인 was convinced가 답이 된다. 정답은 (D).

구문 해석 회의실의 모든 사람들은 확신했다 / 새로운 제안이 도움이 되지 않을 것이라고 / 회사 명성을 높이는 데

어휘 reputation(명성)은 주로 'enhance reputation(명성을 높이다)', 'build reputation(명성을 쌓다)', 'maintain reputation(명성을 유지하다)'의 묶음 표현으로 쓰인다는 것을 기억해 두자.
enhance v. 높이다, 강화하다

130 복합 명사 [공식 030]

해설 동사 get의 목적어 자리로 명사 adjustment가 들어가면 복합 명사 price adjustment(차액, 가격 변경)가 되어 답이 될 수 있다. 정답은 (D).

구문 해석 만약 귀하가 구매하신 물건이 / 우리 웹사이트에서 / 더 낮은 가격으로 제공된다면 / 원래 구매한 시점으로부터 일주일 이내에 / 귀하는 차액을 받으실 수 있습니다

어휘 merchandise n. 물건, 상품 adjust v. 조정하다, 조절하다
adjustment n. 조정

131-134번은 다음 공지에 관한 문제입니다.

Island Village는 / Task Isle사와 함께 / 제공하게 되어 자랑스럽습니다 / 이 기회를 //

Task Isle사는 제공할 것입니다 / 일반적인 해충 방제 작업을 / 귀하의 아파트를 위해 / 이번 한 번만 제공되는 가격인 25달러로 / 세금이 포함된 // 비용 지불은 현금이어야 합니다 / Task Isle사에 / 작업 당일에 // 살포 작업은 걸릴 것입니다 / 대략 10분이 / 귀하는 집에 있어야만 합니다 / Task Isle사에게 문을 열어 주기 위해 / 하지만 귀하는 아파트를 비워야 할 것입니다 / 2시간 동안 / 그 후에 //

관심 있는 세입자들은 요구됩니다 / 관리인인 Mr. Rogers에게 신청하는 것이 / 근무 시간 동안에 //

⋯⋯⋯⋯⋯⋯⋯⋯⋯⋯⋯⋯⋯⋯⋯⋯⋯⋯⋯⋯⋯⋯⋯

along with ~와 함께 pest control 해충 방제 작업
approximately adv. 대략 vacate v. 비우다
sign up 신청하다, 등록하다 office hour 근무 시간, 영업시간

131 주어와 동사의 수일치 [공식 008]

해설 전치사구인 'along with Task Isle'은 수식어 거품이므로 걸러 내면 Island Village가 주어, 빈칸이 동사가 된다. 따라서 단수 주어에 수일치되지 않는 (A)와 (D)는 오답이다. 형용사 proud를 보어로 가질 수 있는 be 동사가 빈칸에 들어가야 하므로 is가 답이

된다. 정답은 (C).

어휘 ‘be proud to do(~하게 되어 자랑스럽다)’, ‘be proud of(~을 자랑스러워하다)’의 묶음 표현을 기억해 두자.

⭐ 132 문맥상 적절한 문장 선택

해설 앞 문장에서 서비스 비용이 25달러임을 언급했기 때문에 그 비용을 서비스 실행 당일에 업체에게 바로 납부하라는 내용으로 연결되는 것이 가장 적절하다. Task Isle사라는 하나의 업체를 선정하여 거주민들에게 서비스를 제공하는 내용이므로 거주민들이 알아서 각자의 업체를 고용하라는 (A)와 지문 아래 부분에 구체적인 시간표가 등장하지 않으므로, 시간을 선택하라는 (C)는 답이 될 수 없다. 정답은 (B).

구문 (A) 부디 고려해 주세요 / 귀하 자신만의 해충 방제 서비스 회사를
해석 　　고용할 것을
　　(B) 비용 지불은 현금이어야 합니다 / Task Isle사에 / 작업 당일에
　　(C) 귀하는 선택할 수 있습니다 / 귀하가 원하는 시간대를 / 아래의
　　　　일정표로부터
　　(D) Task Isle사는 사업을 확장할 계획입니다 / 새로운 시장으로

133 명사 어휘

해설 문맥상 해충 방제업체가 왔을 때 거주자가 문을 열어 주어 집 안에 ‘접근’할 수 있도록 해달라는 것이므로 access(접근)가 답이 된다. permit(허가증)은 가산 명사로 관사 없이 단수로 쓸 수 없기 때문에 아예 정답에서 제외해야 한다. 거주자가 또 다른 주문(order)이나 업무(duty)를 주는 것은 아니므로 (B)와 (C)도 답이 될 수 없다. 정답은 (D).

어휘 명사 access(접근)는 ‘access to + 명사(~에의 접근)’의 묶음 표현으로 자주 쓴다.

134 전치사 선택

해설 문맥상 관리인에게 가서 신청하라는 말이므로 ‘관리인과 함께’ 신청 절차를 처리하라는 의미로 with이 답이 된다. ‘sign up for’는 ‘~에 대해 신청하다’라는 뜻으로 ‘관리인에 대해 신청하다’는 문맥상 부적절하기 때문에 for은 오답이다. 정답은 (A).

135-138번은 다음 기사에 관한 문제입니다.

⭐
General Post지에 의한 최근의 설문 조사에 따르면 / 뉴욕은 도시이다 / 대부분의 미국인들이 살고 싶어하는 / 그러나 흥미롭게도 / 그 동일한 설문 조사가 알아냈다 / 뉴욕은 또한 가장 매력 없는 도시인 것을 // 그것은 부분적으로 치솟는 생활비와 높은 범죄율 때문이다 //

샌디에이고는 두 번째로 가장 인기 있는 도시에 올라섰다 / 5위 안에도 들지 못한 이후에 / 지난해에 // 순위가 오른 것은 / 샌디에이고의 증가하는 인기 덕분인 것 같다 / 젊은이들 사이에서 //

라스베이거스는 / 여론 조사에서 3위를 했는데 / 역시 인기 있는 것의 덕을 본 듯하다 / 젊은이들에게 // 다른 높은 순위 도시들은 / 미국인들이 가장 살고 싶어하는 / 찾아볼 수 있다 / www.generalpost.com/top10cities에서 //

....

according to ~에 따르면 interestingly enough 흥미롭게도
desirable adj. 매력 있는, 호감 가는 surge v. 오르다, 치솟다
A be attributed to B A는 B 덕분이다 poll n. 여론 조사
benefit from ~의 덕을 보다, ~로부터 혜택을 얻다

135 지시 형용사 that

해설 앞에서 설문 조사 내용이 언급되었는데 문맥상 동일한 설문 조사가 상반된 결과를 보여주었다는 것이므로 앞에 나온 것을 가리키는 지시 형용사 that이 답이 된다. any는 긍정문에서 ‘아무 ~나’라는 뜻이고, these는 복수 명사 앞에 쓰이며 other는 가산 명사 복수 혹은 불가산 명사를 수식하기 때문에 가산 명사 단수인 survey 앞에 쓸 수 없다. 정답은 (D).

⭐ 136 문맥상 적절한 문장 선택

해설 앞 문장에서 뉴욕을 가리켜 미국인들이 가장 살고 싶어하는 도시이지만, 동시에 가장 기피하는 도시이기도 하다 언급이 있었기 때문에 기피하는 이유가 부분적으로 치솟는 생활비와 높은 범죄율 때문이라는 내용으로 연결되는 것이 문맥상 적절하다. (A)의 경우, 바로 뒤에 이어지는 내용에서 이러한 결과를 가져온 이유가 무엇인지에 대한 구체적인 분석 내용은 나오지 않고, 다른 순위의 도시들만 언급하고 있으므로 답이 될 수 없다. 지문 속에서 뉴욕은 거주하기에 선호하는 지역인지 여부를 말하고 있으므로 거주민이 아닌 관광객들을 위한 명소가 있다는 (B)도 역시 부적절하다. 정답은 (D).

구문 (A) 여기에 구체적인 분석이 있다 / 이러한 설문 조사 결과가 나온 것
해석 　　에 대한
　　(B) 뉴욕에는 많은 명소들이 있다 / 전 세계로부터 온 관광객들을
　　　　위한
　　(C) General Post지에 의한 설문 조사는 알려져 있다 / 매우 믿을 만
　　　　한 것으로
　　(D) 그것은 부분적으로 치솟는 생활비와 높은 범죄율 때문이다

137 명사 어휘

해설 앞 문장의 ‘surged to the second most popular city after not even making it into the top five last year’라는 말에서 작년에는 5위 안에도 들지 못했는데 올해 2위로 올라갔다고 한 것으로 보아 빈칸이 순위가 ‘올라간 것’을 가리키는 문맥임을 파악할 수 있다. 따라서 ‘오름, 증가’에 해당하는 boost가 답이 된다. 순위가 올라간 것을 두고 ‘성공’으로 볼 수는 없으므로 success는 오답이다. 정답은 (A).

138 부사 어휘

해설 that절의 주어는 Americans, 동사는 want이므로 빈칸에는 동사를 수식하는 부사가 들어갈 수 있다. 부사 very(매우)는 형용사나 부사를 수식하며, 부사 well(잘)은 의미상 오답일 뿐 아니라 동사를 수식하지 않기 때문에 답이 될 수 없다. 부사 quite(꽤)은 very와 동의어로 quite good, quite well처럼 형용사, 부사 등을 수식하지만 동사를 수식하지는 않는다. most는 대명사(ex. most of them 그들 중 대부분), 형용사(ex. most people 대부분의 사람들) 이외에 부사로 쓰일 수 있으며, 부사일 때는 동사와 부사구를 수식하여 ‘가장, 최고로’의 뜻을 가진다. 전체 문맥상 미국인들이 ‘가장 살고 싶어하다’라는 뜻이므로 동사 want를 수식하는 부사 most(가장, 최고로)가 답이 된다. 참고로 부사 most는 최상급에서 ‘가장, 최상으로’의 뜻으로 쓸 수 있다(ex. the most popular 가장 인기 있는). 정답은 (B).

139-142번은 다음 이메일에 관한 문제입니다.

발신: reservationcenter@fastlimousine.com
수신: Monica Parker
제목: 예약 확인

감사합니다 / 운송 서비스를 예약해 주셔서 / 저희의 // 귀하의 예약이 확정되었습니다 / 공항을 오고 가는 차량에 대한 / 1월 5일과 2월 1일에 / 각각 //

귀하의 계정에 로그인해 주세요 / 저희 회사 웹사이트의 / 그리고 '나의 티켓'을 선택해 주세요 / 전자 티켓을 보려면 // 전자 티켓을 출력하는 것을 잊지 마세요 / 왜냐하면 이 티켓은 제시되어야만 하기 때문에 / 운전기사에게 / 탑승하실 때 //

주저하지 말고 연락 주세요 / 저희 고객 서비스 담당 직원에게 / 808-384-9817로 / 위의 내용 중 어느 것이 틀렸거나 변경되어야 하는 경우에 // 저희는 귀하를 모시게 된 것을 영광으로 생각합니다 //

귀하께서 바라신다면 / 추가 교통편을 준비하는 것을 / 귀하께서 일단 목적지에 도착하면 / 저희 예약 센터로 이메일을 보내 주세요 //

감사합니다

reserve v. 예약하다   confirm v. 확정하다, 확인하다
account n. 계정   present v. 제시하다   destination n. 목적지

139 문맥상 적절한 문장 선택

해설 이메일의 제목이 '예약 확인(Reservation confirmation)'으로 업체가 고객에게 예약 확인 이메일을 보내고 있기 때문에 예약해 주셔서 감사하다는 말로 시작하는 것이 보기 중 가장 적절하다. (C)의 경우, 고객이 업체 측에게 처음으로 예약해 본다고 말하는 것이므로 업체가 고객에게 쓴 이 편지에서는 적절하지 않다. 정답은 (B).

구문
해석
(A) 제가 설명하겠습니다 / 저희의 새로운 운송 정책에 대해
(B) 감사합니다 / 운송 서비스를 예약해 주셔서 / 저희의
(C) 처음입니다 / 예약하는 것이 / 귀하에게
(D) 저희는 강력히 권장합니다 / 저희 서비스를 선택할 것을 / 다음 번에

140 부사 어휘

해설 수신자가 공항을 오고 가는 양방향 서비스를 예약했고, 공항으로 가는 것이 1월 5일, 공항에서 오는 것이 2월 1일이라는 각각의 예약 날짜를 언급하고 있으므로 respectively(각각)가 정답이다. reasonably(합리적으로), recently(최근에), immensely(대단히)는 문맥상 오답이다. 정답은 (D).

141 동사 어휘

해설 글의 제목에서 이미 티켓을 예매한 상황임을 알 수 있다. 따라서 웹사이트에 접속하면 티켓을 볼 수 있다는 의미가 적절하므로 '나의 티켓'을 클릭하면 표를 '보여준다'라는 의미의 display가 정답이다. display는 '전시하다'의 뜻이 있지만 '(정보 등을) 보여주다'라는 의미로도 쓸 수 있다. usher(안내하다), purchase(구매하다), transfer(이동하다, 이동시키다)는 문맥상 오답이다. 정답은 (C).

142 동사 + to 부정사 　　　　　　　　　　[공식 021]

해설 동사 hesitate(주저하다)은 to 부정사를 목적어로 가지는 동사이므로 to contact가 답이 된다. 형용사형을 사용한 'be hesitant to do(~하는 것을 주저하다)'도 알아 두자. 정답은 (C).

143-146번은 다음 편지에 관한 문제입니다.

고객님께

저희 Royal 우체국은 / 고객님께 알려 드리게 되어 기쁘기 그지없습니다 / 최근의 개선 사항에 대해 / 저희가 국내 특급 우편 서비스에 적용한 (개선 사항) / 동봉된 (정보) / 고객님께서는 더 많은 정보를 찾으실 수 있습니다 / 이러한 변화에 대한 / 그것(변화)은 포함합니다 / 무료 보험 그리고 향상된 추적과 배송 통지 서비스를 / 고객님께서는 또한 이러한 변화를 확인하실 수 있습니다 / 우리의 웹사이트에서 // 이 모든 변화에도 불구하고 / 저희는 가격을 그대로 유지하고 있습니다 / 저희는 바랍니다 / 이 새로운 특징들이 분명히 보여주기를 / 고객님의 우편물이 항상 저희의 우선 사항임을 //

improvement n. 개선 (사항)   domestic adj. 국내의
tracking n. (배송물) 추적   clearly adv. 분명히, 명확히
priority n. 우선 사항

143 감정 분사 　　　　　　　　　　　　　[공식 058]

해설 '(사람이) 기쁘다'라는 감정은 수동태로 쓰기 때문에 be 동사 뒤에서 수동태를 만드는 p.p.형인 pleased가 답이 된다. 참고로 pleasure(기쁨)는 명사로 기억해 두자. 정답은 (C).

어휘 'be pleased with(~에 기쁘다)', 'be pleased to do(~하게 되어 기쁘다)'를 묶음 표현으로 기억해 두자.

more than pleased to do ~하게 되어 기쁘기 그지없다

144 find의 5형식 도치 구문 　　　　　　　[공식 099]

해설 find 동사의 5형식 구문에서 목적 보어가 문장 앞으로 나온 구조이다. 원래 문장은 'You will find more information ~ attached.'인데 목적 보어로 나온 분사 attached가 강조를 위해 문장 앞으로 이동한 것이다. 따라서 빈칸은 앞으로 이동한 attached 뒤의 주어 자리이므로 주격 대명사 you가 답이 된다. 이렇게 attached, included, enclosed는 find 동사의 5형식 구문에서 문장 앞으로 자주 이동하여 나온다. 정답은 (A).

145 문맥상 적절한 문장 선택

해설 우체국의 국내 특급 우편 서비스 변화를 소개하는 편지글로, 바로 앞 문장에서 이러한 변화에 대한 정보를 편지에 동봉하였다고 했으므로, 같은 정보(변화에 대한 정보)를 웹사이트에서도 확인할 수 있다는 말이 문맥상 가장 적절하다. 또한 바로 이어지는 문장에서 이러한 변화에도 불구하고 가격은 그대로라는 문맥과도 자연스럽게 연결된다. 정답은 (A).

구문
해석
(A) 고객님께서는 또한 이러한 변화를 확인하실 수 있습니다 / 우리의 웹사이트에서
(B) 배송 추적 번호는 찾을 수 있습니다 / 영수증에서
(C) 특급 우편은 대략 2일 정도 걸립니다 / 도착하는 데
(D) 고객님께서는 배상 청구를 하실 수 있습니다 / 분실 우편물에 대해서

146 문맥 속 알맞은 전치사 선택　　　　　　　　[공식 096]

해설 첫 번째 문장에 improvements(개선 사항)가 있다는 언급이 있었고, 어떤 서비스가 좋아졌는지를 설명하는 내용이 이어졌으므로 빈칸 뒤의 명사 the changes(변화)는 개선된 서비스 사항을 가리킨다. 따라서 이런 좋은 변화에도 불구하고 가격은 그대로라는 뜻에 맞는 despite(~에도 불구하고)이 답이 된다. as to(~에 관해서), except(~을 제외하고), considering(~을 고려하여)은 모두 전치사이지만 문맥상 답이 될 수 없다. 정답은 (B).

Part 5&6 실전모의고사 2

Part V　　　　　　　　　　　　　　　　　p.238

101 (C)	102 (B)	103 (B)	104 (C)	105 (D)
106 (D)	107 (B)	108 (C)	109 (B)	110 (C)
111 (D)	112 (B)	113 (D)	114 (A)	115 (B)
116 (C)	117 (A)	118 (C)	119 (D)	120 (B)
121 (B)	122 (B)	123 (B)	124 (B)	125 (C)
126 (B)	127 (A)	128 (C)	129 (C)	130 (B)

Part VI

131 (D)	132 (D)	133 (A)	134 (B)	135 (D)
136 (A)	137 (C)	138 (B)	139 (D)	140 (A)
141 (A)	142 (C)	143 (B)	144 (A)	145 (C)
146 (B)				

101 비슷한 명사 어휘

해설 동사 offer의 목적어이면서 various의 수식을 받는 복수 명사가 빈칸에 들어가야 한다. 보기의 (A), (B), (C)는 모두 복수 명사인데 의미상 '다양한 서비스를 제공하다'가 적절하므로 services가 답이 된다. server(컴퓨터 서버, 음식을 서빙하는 사람), serving(음식 1인분)은 문맥상 오답이다. 정답은 (C).

구문 해석 전문적인 치료에 더하여 / SH 의료 센터는 제공합니다 / 다양한 서비스를 / 알레르기 주사와 신체검사를 포함하여

어휘 'apart from'은 '~에 더하여(=in addition to)', '~을 제외하고(=except)'의 뜻으로 쓰일 수 있음을 기억해 두자.

specialized adj. 전문적인　shot n. 주사
physical examination 신체검사

102 수량 형용사 + 명사　　　　　　　　　　[공식 039]

해설 (A) 앞에 정관사가 와서 the most가 되면 '대부분'이 아니라 '가장 ~한'이라는 최상급이 되기 때문에 오답이며, (C)는 복수 명사 앞에 오기 때문에 단수 명사 process 앞에 올 수 없다. (D)는 all the registration process로 정관사 the를 뒤에 쓸 수는 있지만, the all registration process로는 쓸 수 없다. whole은 '전체의, 모든'이라는 뜻으로 '전 과정(the whole ~ process)'이라는 적절한 의미가 되므로 답이 된다. 정답은 (B).

구문 해석 Mr. Wagner가 귀하를 단계별로 안내해 줄 것입니다 / 전 등록 과정 내내 / 다가오는 국제 회담에 대한 (등록)

어휘 step by step 단계별로　registration process 등록 과정
upcoming adj. 다가오는

103 상관 접속사　　　　　　　　　　　　　[공식 047]

해설 'between A and B(A와 B 사이에)'를 물어보는 문제로 빈칸 이하에 있는 and를 보고 between이 답임을 파악할 수 있으며 '박물관과 미술 센터 사이에'라는 의미도 문맥상 적절하다. along은 '(길/도로 등을) 따라서'라는 뜻으로 '박물관과 미술 센터를 따라서 위치하다'는 어색하고, into(~ 안으로)와 across(~을 가로질러) 역시 문맥상 오답이다. 참고로 '박물관과 미술 센터 건너편에 위치하다'라고 할 때에는 'across from'을 써야 한다. 정답은 (B).

구문 해석 상대적으로 생긴 지 얼마 안 되었지만 인기 있는 프랑스 식당이 / 위치해 있다 / 아프리카 민속 박물관과 Franklin 미술 센터 사이에

어휘 relatively adv. 상대적으로　locate v. 위치시키다, 위치하다

104 재귀 대명사 [공식 034]

해설 주어(the Italian designer), 동사(will direct), 목적어(the charity fashion show)가 모두 있는 완전한 문장 끝에서 강조 용법으로 쓰이는 재귀 대명사 himself가 들어가는 자리이다. 강조 용법의 재귀 대명사는 생략될 수 있으며 '직접'이라는 뜻으로 해석할 수 있다. 정답은 (C).

구문 해석 이탈리아 디자이너가 감독할 것이다 / 자선 패션쇼를 / 그가 직접 / 그리고 모든 수익금은 기부될 것이다 / 공공 도서관 설립에

어휘 동사 direct는 '감독하다, 지시하다, 안내하다'의 뜻으로 모두 쓰일 수 있음을 기억해 두자.
proceeds n. 수익금 establishment n. 설립, 기관, 시설

105 부사 어휘

해설 '성능이 최적으로 유지되다'라는 말과 '전문가'라는 말이 있으므로 문맥상 그들에 의해 '정기적으로(periodically) 검사되다'라고 하는 것이 적절하다. superficially(표면적으로), reasonably(합리적으로), moderately(적당하게)는 문맥상 답이 될 수 없다. 정답은 (D).

구문 해석 컴퓨터와 프린터는 정기적으로 검사되어야 합니다 / 노련한 전문가들에 의해 / 확실히 하기 위해서 / 그것들의 성능이 최적으로 유지되는 것을

어휘 부사 moderately는 '(완전하지는 않지만) 적당하게'라는 뜻으로 'moderately successful(적당히 성공한)', 'moderately priced(적당하게 가격이 매겨진)', 'moderately effective(적당히 효과적인)'의 묶음 표현으로 토익에서 자주 등장한다.
inspect v. 검사하다 seasoned adj. 노련한 ensure v. ~을 확실히 하다
performance n. 성능 optimal adj. 최적의

106 명사 어휘

해설 '경영진이 그것을 검토한다(review)'라는 말이 있는 것으로 보아 검토가 필요한 '약관의 초안(draft)'을 준비했다고 하는 것이 적절하다. 약관의 명부(directory), 계획(scheme), 보고서(report)는 모두 문맥상 어울리지 않는다. 정답은 (D).

구문 해석 법무팀이 준비해 왔다 / 약관의 초안을 / 그리고 경영진은 그것을 검토할 것이다 / 금요일에

어휘 terms와 conditions는 각각 '조건'이라는 뜻인데 보통 'terms and conditions'로 쓰이며 '(계약서 등의) 약관'을 의미하는 묶음 표현으로 알아 두자.
legal department 법무팀, 법무 부서 review v. 검토하다
directory n. 명부, 목록 scheme n. 계획 draft n. 초안

107 5형식 동사의 수동태 [공식 012]

해설 빈칸에 들어가는 동사의 주어는 the expansion으로 '확장이 기대하다'라는 능동태는 불가능하고 '확장이 예상되다'라는 수동태 동사가 적절하기 때문에 is expected가 답이 된다. expect가 5형식 동사일 때는 to 부정사 보어를 가질 수 있으므로 빈칸 이하의 to be complete과 연결되어 '완성될 것으로 예상되다'라는 뜻이 될 수 있다. 참고로 이 문장은 등위 접속사 and가 동사 will begin과 is expected를 나란히 연결하는 구조이다. 정답은 (D).

구문 해석 8번 고속 도로의 확장이 시작될 것이다 / 다음 주에 / 그리고 완성될 것으로 예상된다 / 내년 말쯤에

어휘 expansion n. 확장 complete adj. 완성된; v. 완성하다
by the end of ~의 말쯤에

108 형용사 어휘

해설 from 이하를 볼 때 베이킹 소다가 다양한 쓰임새를 가지고 있음을 설명하고 있으므로 형용사 multiple(다양한)이 답이 된다. plentiful(양이 풍부한), flexible(융통성 있는), lucrative(수익성이 좋은)는 모두 '쓰임새(uses)'와 함께 사용하기에 문맥상 부적절하다. 정답은 (C).

구문 해석 쿠키를 만드는 것부터 / 완벽하게 세척하는 것까지 / 주방용품들을 / 베이킹 소다는 가지고 있다 / 다양한 쓰임새를 / 가정에서

어휘 'from A to B'는 'A부터 B까지'라는 뜻으로 토익에 자주 등장하는 묶음 표현으로 기억하자.
perfectly adv. 완벽하게 kitchen utensil 주방용품
use n. 쓰임새, 용도 plentiful adj. 양이 풍부한
flexible adj. 융통성 있는 multiple adj. 다양한
lucrative adj. 수익성이 좋은

109 의문대명사 [공식 074]

해설 동사 cover(다루다)의 목적어로 나온 명사절을 이끌어 주는 명사절 접속사 자리이므로 부사절 접속사 since(~ 이래로, ~ 때문에)는 정답에서 제외한다. 의문부사 where, how는 둘 다 뒤에 완전한 절이 나와야 하는데 동사 do의 목적어가 없는 불완전한 절이 나왔으므로 답이 될 수 없다. 의문대명사 what은 명사절 접속사로 불완전한 절 앞에 쓸 수 있으므로 답이 된다. 정답은 (B).

구문 해석 세미나는 주로 다룰 것이다 / 기업이 무엇을 할 수 있는지를 / 기여하기 위해서 / 진행 중인 환경 운동에

어휘 cover는 '덮개, 표지'라는 뜻의 명사 외에 '돈을 대다(ex. cover the expenses 비용을 대다)', '다루다(ex. cover the issues 문제들을 다루다)'라는 뜻의 동사로도 자주 쓰인다.
mainly adv. 주로 contribute to ~에 기여하다
environmental movement 환경 운동

110 5형식 동사의 수동태 [공식 012]

해설 접속사 although 뒤에는 절이 나와야 하지만 found가 바로 나온 것으로 보아 분사 구문임을 알 수 있다. 따라서 원래 문장은 'although the cleaning company was found responsible ~'로 5형식 동사 find가 수동태가 되면서 목적 보어인 형용사 responsible이 뒤에 남은 것으로 볼 수 있다. 분사 구문을 만들기 위해 주어를 없애고 동사에 ~ing를 붙이면 'although (being) found responsible ~'이 되고 분사 구문의 being이 생략되어 'although found responsible ~'이 된 것이다. 정답은 (C).

구문 해석 책임이 있는 것으로 밝혀졌음에도 불구하고 / 집에 피해를 입힌 것에 대한 / 그 청소업체는 보상을 제공하기를 꺼렸다 / 일어난 일에 대해

어휘 damage n. 피해, 손해 unwilling adj. 꺼리는, 싫어하는
compensation n. 보상 be responsible for ~에 책임이 있는

111 사람 명사와 사물/추상 명사 [공식 028]

해설 Jessica Harper를 지칭하는 사람 명사 correspondent(특파원, 통신원)가 들어가서 '뉴욕 특파원 Jessica Harper'라는 의미가 되는 것이 적절하다. correspondence(통신문, 서신 왕래)는 사물/일반 명사로 Jessica Harper를 가리키는 명사가 될 수 없

기 때문에 오답이다. 참고로 사람 명사는 가산 명사이므로 단수 앞에 관사(a/an/the)를 써야 하지만 본문처럼 '직책 + 이름'의 구조에서는 보통 쓰지 않는다. 즉 Jessica Harper라는 이름이 있으므로 correspondent 앞에 관사를 쓰지 않은 것으로 보아야 한다. 정답은 (D).

구문 해석 뉴욕 특파원 Jessica Harper는 우리에게 보냈다 / 특집 기사를 / 증가하는 인기에 대한 / 생식 식단의 (인기)

어휘 동사 correspond는 'correspond with/to(~에 부합하다, ~에 일치하다)' 혹은 'correspond with(~와 통신하다)'의 묶음 표현으로 쓰인다는 것을 알아 두자.

raw food 생식(조리하지 않은 음식)   correspondent n. 특파원, 통신원
correspondence n. 통신문, 서신 왕래

112 전치사구 선택

해설 카드사가 변경 내용을 고객에게 알려 주는 이유는 연방법이 요구하는 사항이기 때문이라는 의미가 적절하다. 따라서 연방 법규를 준수하기 위해 그런 조치를 취한다는 의미로 in accordance with(~에 따라, ~에 부합되게)이 답이 된다. by means of(~의 도움으로, ~에 의하여), in case of(~의 경우에 대비하여), in place of(~ 대신에)는 모두 전치사구이지만 문맥상 오답이다. 정답은 (C).

구문 해석 만약 귀하의 카드사들이 결정한다면 / 그들의 이자율을 올리기로 / 그들은 귀하에게 변경 사항을 알릴 것입니다 / 연방 법규에 따라

어휘 'notify A of B(A에게 B를 알리다)'와 더불어 'inform A of B(A에게 B를 알리다)'를 함께 기억해 두자.

raise v. 올리다   interest rate 이자율   federal adj. 연방의
in case of ~의 경우에 대비하여   in accordance with ~에 따라
in place of ~ 대신에

113 부사 어휘

해설 안 좋은 경험이 있었기 때문에 Central 호텔이 아닌 다른 곳에 예약하고 싶어한다는 의미가 되어야 하므로 elsewhere(어딘가 다른 곳에, 다른 곳으로)가 답이 된다. nowhere(아무 데도 ~않다), anywhere(아무 곳으로), somewhere(어딘가에)는 모두 부사이지만 문맥상 오답이다. 참고로 somewhere는 'somewhere else'로 써야 '어딘가 다른 곳에'라는 의미가 될 수 있다. 정답은 (D).

구문 해석 Mr. Perez는 안 좋은 경험이 있었다 / Central 호텔에서 / 작년에 / 그래서 그는 예약하고 싶어한다 / 연회를 위해 / 어딘가 다른 곳에

어휘 make a reservation for ~을 위해 예약하다

114 형용사 + 명사   [공식 037]

해설 tea and coffee를 수식하는 형용사 자리이다. fresher는 비교급으로 2개의 대상이 비교될 경우에 쓰는데, 이 문장에서는 다른 것과 비교하여 '더 신선한'이라는 의미가 쓰인 것이 아니므로 답이 될 수 없다. 따라서 '신선한'의 뜻을 가진 형용사 fresh가 답이 된다. 정답은 (A).

구문 해석 Lupia는 / Newman 센터의 3층에 위치해 있는데 / 무료 시음 행사를 연다 / 매달 / (그곳에서) 고객들이 신선한 차와 커피를 시음해 볼 수 있는

어휘 hold v. 열다, 개최하다   tasting event 시음 행사, 시식회

115 부사 + 형용사 + 명사   [공식 088]

해설 '_____ + 형용사(good) + 명사(collection)'의 구조로 빈칸에는 형용사를 수식하는 부사, 혹은 명사를 수식하는 또 하나의 형용사가 들어갈 수 있다. 문맥상 '꽤 훌륭한(fairly good) 모음'이라고 하는 것이 적절하기 때문에 부사 fairly가 답이 된다. 정답은 (B).

구문 해석 Camcher 3은 비용 효율적인 프로그램이다 / 꽤 훌륭한 모음을 제공하는 / 사진 편집 도구들의 / 아마추어 사진작가들을 위한

어휘 부사 fairly는 '공정하게'라는 뜻 이외에 '꽤(=pretty, quite)'의 의미로 쓸 수 있음을 기억해 두자.

cost-effective adj. 비용 효율적인   tool n. 도구
fair adj. 공평한, (날씨가) 맑은; n. 박람회

116 4형식 동사의 수동태   [공식 009]

해설 문맥상 세입자들이 '통보받다'라는 의미가 적절하므로 수동태 동사가 들어갈 자리이다. (A)와 (B)는 능동태이므로 오답이다. that절 이하의 동사로 would가 나왔는데, 주절의 시제가 과거일 때 종속절의 시제는 그 과거 시점에서 앞으로 일어날 일이면 미래 시제로 will이 아닌 would를 쓴다. 따라서 that절의 would가 나왔다는 것은 주절의 동사가 과거 시점을 나타내는 것이므로 were notified가 답이 된다. 정답은 (C).

구문 해석 세입자 중에 아무도 통보받지 않았다 / 건물 관리인에 의해 / 일주일 동안 보수 공사가 있을 것이라고 / 7층에서

어휘 'be notified of(~을 통보받다)'와 'be notified that절(~을 통보받다)'의 묶음 표현을 알아 두자.

tenant n. 세입자   weeklong adj. 일주일 동안의, 일주일에 걸친

117 형용사 보어   [공식 004]

해설 be 동사의 보어로 사용되면서 부사 easily의 수식을 받을 수 있는 형용사 accessible이 답이 된다. 정답은 (A).

구문 해석 Sky 컨벤션 센터는 도시 중심에 위치해 있다 / 그리고 쉽게 접근할 수 있다 / 대중교통으로

어휘 easily adv. 쉽게   accessible adj. 접근 가능한   accessibility n. 접근성

118 접속사 선택

해설 빈칸 이하의 절을 이끌어 줄 접속사 자리이다. 빈칸 이하를 '~할 수 있도록' 이메일 주소를 등록하라는 문맥이므로 '~하기 위해서'라는 뜻의 so that(=in order that)이 답이 된다. whereas(반면에), as if(마치 ~인 것처럼), every time(~할 때마다)은 접속사이지만 문맥에 어울리지 않으므로 오답이 된다. 정답은 (C).

구문 해석 온라인으로 주문을 할 때 / 이메일 주소를 등록하세요 / 저희가 귀하에게 최신 정보를 알려드릴 수 있도록 / 주문 상태에 대한

어휘 'place an order(주문을 하다)', 'confirm an order(주문을 확인하다)', 'track an order(주문을 추적하다)'는 자주 쓰이는 묶음 표현으로 알아 두자.

register v. 등록하다   status n. 상태

119 형용사 + 명사   [공식 037]

해설 동사 sells의 목적어이면서 형용사 최상급 the finest의 수식을 받는 명사 selection이 답이 된다. 정답은 (D).

해설 be 동사의 보어 자리에 형용사 subject가 들어가서 'be subject to + 명사'의 구문이 되면 '~할 수 있다, ~의 대상이다'의 의미가 되므로 답이 된다. subjective는 형용사이지만 '개인적인, 주관적인'이라는 의미가 문맥에 맞지 않아서 답이 될 수 없으며, subjected는 동사 subject의 p.p.형으로 '종속된'의 뜻이 되어 오답이다. 정답은 (B).

구문 기억하세요 / 저희 리무진 서비스에 대한 요금이 변경될 수 있다는 것
해석 을 / 이동한 실제 거리에 따라

어휘 fare n. 요금 depending on ~에 따라
be subject to ~할 수 있다, ~의 대상이다

125 명사 + 분사 [공식 059]

해설 명사 brunch restaurant을 수식하는 분사 자리로 수식받는 명사인 식당(restaurant)이 음식을 '제공하는'이라는 능동의 의미가 되므로 현재분사 serving이 답이 된다. 정답은 (C).

구문 친절한 서비스와 독특한 메뉴로 유명한 / Eggs and Chickens는
해석 격식을 차리지 않는 브런치 식당이다 / 그 지역 스타일의 음식을 제공하는

어휘 known for ~로 유명한(=famous for) unique adj. 독특한
casual adj. 격식을 차리지 않는

126 의문형용사 [공식 074]

해설 동사 explains의 목적어인 명사절을 이끌어 줄 명사절 접속사이면서, 동시에 명사 payment options를 수식하는 형용사 역할을 할 수 있어야 하므로 의문형용사 which(어떤)가 답이 된다. 의문부사 how와 when은 명사절 접속사이지만 형용사 역할을 하지 못하므로 오답이다. 의문형용사 whose는 '누구의'라는 의미가 부적절하여 이 문맥에서는 답이 될 수 없다. 정답은 (B).

구문 그 온라인 쇼핑사이트는 친절하게 설명한다 / 어떤 지불 방식을 해외
해석 고객들이 선택할 수 있는지

어휘 kindly adv. 친절하게 payment option 지불 방식
overseas customer 해외 고객

127 재귀 대명사와 목적격 대명사 [공식 034]

해설 동사(have made)의 목적어 자리이다. 빈칸에는 LomiLomi Spa를 가리키는 대명사가 들어가야 하는데 문장의 주어는 LomiLomi Spa가 아니라 effective stress-relief programs이다. 즉 주어와 목적어가 동일하지 않으므로 재귀 대명사(itself)는 빈칸에 들어갈 수 없고 LomiLomi Spa를 가리키는 목적격 대명사 it이 들어가야 한다. 정답은 (A).

구문 LomiLomi 스파의 효과적인 스트레스 완화 프로그램들이 / 그곳
해석 (스파)을 만들었다 / 가장 추천되는 장소 중의 하나로 / 완벽한 주말의 즐거움을 위한

어휘 stress-relief 스트레스 완화 recommend v. 추천하다
complete adj. 완벽한; v. 완성하다

128 명사 어휘

해설 'from A to B(A부터 B까지)'의 표현이 쓰인 것으로 보아 A에서 B까지의 '넓은 범위'의 서비스를 제공한다는 문맥으로 볼 수 있다. 따라서 range(범위, 범주)가 답이 된다. kind의 경우 '넓은

구문 Oil Italia사는 높이 평가되는 회사이다 / 오로지 최상의 올리브유와
해석 식초 제품 모음만을 판매하는 / 유럽 전역에서 구입할 수 있는

어휘 'a selection of'는 '(선택 가능한 것들의) 모음, 선택된 것들'의 뜻을 가지는 묶음 표현으로 알아 두자.
highly regarded 높이 평가되는 available adj. 구할 수 있는

120 명사 어휘

해설 신용 카드 명세서에 명시되는 것은 신용 카드를 사용한 거래 내역이기 때문에 transaction(거래)이 답이 된다. relocation(이전, 이동), deliberation(심사숙고), negotiation(협상)은 문맥상 오답이다. 정답은 (B).

구문 모든 거래가 / 이 신용 카드로 이루어지는 / 기록될 것이다 / 계좌 명
해석 세서에 / 그리고 각각의 기재 사항은 보여줄 것이다 / 상점의 이름과 지출 비용을

어휘 statement n. 명세서, 성명서 listing n. 기재 사항, 목록
merchant n. 상점, 상인

121 부사 + 분사 [공식 037]

해설 과거분사 recognized를 수식하는 자리인데 분사는 부사의 수식을 받기 때문에 internationally가 답이 된다. 정답은 (B).

구문 국제적으로 인정받은 / 상징적인 랜드마크로 / Nobu 리조트 콘도는
해석 가장 인기 있는 휴양지 리조트 중 하나이다 / 전 세계 관광객들 사이에서

어휘 recognize v. 인정하다, 인식하다 iconic adj. 상징적인

122 형용사 어휘

해설 weather conditions를 수식하는 형용사 어휘로 뒤에서 항공편이 지연되었다는 것으로 보아 날씨가 나쁘다는 문맥이 되어야 하므로 severe(혹독한, 심한)이 답이 된다. fair((날씨가) 맑은, 공정한), advisable((행동 등이) 바람직한), generous(관대한)는 문맥상 오답이다. 정답은 (D).

구문 악천후 때문에 / 파리행 항공편이 지연될 것으로 예상된다 / 4시간
해석 이상

어휘 'severe/unfavorable/adverse weather conditions'는 '악천후, 안 좋은 날씨'라는 의미로 자주 쓰이는 묶음 표현이다.
weather condition 기상 상태
bound adj. (배, 열차, 비행기 등이) ~행의

123 동사 자리

해설 문장의 주어가 the article이고 published on July 15th는 주어를 수식하는 분사구이므로 이 수식어구를 걸러 내면 빈칸은 동사 자리임을 알 수 있다. 동명사 또는 현재분사 (A)와 to 부정사 (C)는 동사로 쓰일 수 없고, (D)는 be 동사가 원형 상태이므로 빈칸에 들어갈 수 없어 오답이다. 따라서 과거 동사 contained가 답이 된다. 정답은 (B).

구문 7월 15일에 발행된 기사는 / 포함했다 / 심각한 과장과 잘못된 혐의를 /
해석 최근의 기업 추문에 대한

어휘 gross adj. 심각한 exaggeration n. 과장
inaccurate adj. 잘못된, 부정확한 allegation n. 혐의

종류(wide kind)'라는 표현은 쓰지 않기 때문에 답이 될 수 없다. 정답은 (B).

구문 해석 결혼 예식업체는 제공한다 / 폭넓은 서비스를 / 완벽한 장소를 찾는 것에서부터 / 출장 음식 서비스와 사진 촬영에 이르기까지.

어휘 'a wide/broad/enormous/extensive/large/vast range of'는 '폭넓은'의 의미로 쓰이는 묶음 표현으로 토익에서 자주 등장한다.

from A to B A부터 B까지　catering n. 출장 음식 서비스
photo shooting 사진 촬영

129 수량 형용사 + 명사　[공식 039]

해설 day를 수식하는 형용사로 앞에서 금요일(Friday)에 단수가 된다는 통보를 받지 못했다는 말이 있었으므로 금요일 '하루 종일(all day long)' 불편을 겪었다는 의미가 적절하다. '매일'을 'every day'라고 쓰기는 하지만 'every day long'이라는 표현은 쓸 수 없다. 정답은 (C).

구문 해석 호텔의 일부 투숙객들은 통보받지 못했기 때문에 / 금요일 단수에 대해 / 그들은 많은 불편을 겪었다 / 하루 종일

어휘 be notified of ~을 통보받다　shutoff n. 차단
a great deal of 많은, 다량의　inconvenience n. 불편

130 동사 어휘

해설 문맥상 할인이 '적용되다'라는 의미의 동사 어휘가 들어갈 자리이다. credit은 '신용 지불하다'라는 뜻으로 외상으로 구매하는 경우에도 쓰이지만 상품권으로 구매하거나 할인을 적용하는 경우에도 쓸 수 있으므로 답이 된다. transact(거래하다), handle(다루다), post(게시하다)는 문맥상 오답이다. 정답은 (B).

구문 해석 이번 주 동안에만 / 최대 25달러의 배송비 할인이 적용될 것입니다 / 고객 계좌에 / 구매 상품에 비할인 품목이 포함될 때

어휘 up to 최대　purchase n. 구매(품)　non-sale 비할인
credit v. 신용 지불하다

131-134번은 다음 편지에 관한 문제입니다.

Laura에게

준비하세요 / 멋진 휴가를 / 라스베이거스에서의 //

6월 1일자로 / 귀하는 3,500점의 선물 포인트를 얻으셨으며 / 이는 상품으로 바꿀 수 있습니다 / 올해 8월에 / 무료 3박으로 / Fata 리조트에서의 // 이것은 기회입니다 / 우리의 최근에 업그레이드된 리조트 시설을 즐길 수 있는 //

숙박 예약을 하시려면 / 1-800-555-8005로 전화 주세요 / 그리고 언급하세요 / 조회 번호 3591을 / 만약 결정하신다면 / 이 포인트를 사용하지 않기로 / 올해에 / 내년까지 보류해 두실 수 있습니다 / 연락하기만 함으로써 / 저희 영업 담당 직원 중 한 명에게 / 6월 중 아무 때나 //

감사드립니다 / 귀하의 지속적인 이용에 대해 / 지난 3년 동안 / 그리고 저희는 바랍니다 / 저희가 귀하께 서비스를 계속 제공할 수 있기를 / 앞으로도 수년간 //

Gary Watson
지역 고객 서비스 관리자

gear up for ~을 준비하다　earn v. (돈을) 벌다, 얻다, 획득하다
redeem v. (상품권 등을) 상품으로 바꾸다　complimentary adj. 무료의
reference number 조회 번호　for years to come 앞으로 수년간

---

131 전치사 선택

해설 시점(June 1st) 앞에 오는 전치사 자리이다. toward(~를 향해서), according to(~에 따르면)는 전치사이지만 문맥상 오답이다. over는 기간 앞에 쓰여서 'over three years(3년 동안)'와 같이 쓰이기 때문에 시점 앞에 올 수 없다. 'as of + 시점'은 '~ 일자로, ~ 현재로'라는 뜻이기 때문에 6월 1일자로 누적된 포인트를 설명하는 문맥에 어울리므로 답이 될 수 있다. 정답은 (D).

⭐ 132 문맥상 적절한 문장 선택

해설 앞 문장에서 리조트 3일 무료 숙박 자격이 된다는 말을 언급했으므로 이것이 리조트에 와서 업그레이드된 시설을 즐길 기회라고 말하는 문장으로 연결되는 것이 가장 적절하다. 리조트의 야외 활동에 대한 목록이 뒤에서 언급되지 않기 때문에 (A)는 답이 될 수 없다. 정답은 (D).

구문 해석
(A) 여기에 목록이 있습니다 / 야외 활동의 / 리조트가 제공하는 (활동)
(B) 리조트는 인수되었습니다 / 경쟁사에 의해
(C) 몇몇의 공석이 있습니다 / 리조트에 / 귀하가 지원할 수 있는
(D) 이것은 기회입니다 / 우리의 최근에 업그레이드된 리조트 시설을 즐길 수 있는

133 전치사 + 동명사　[공식 066]

해설 전치사 by 뒤의 명사 혹은 동명사 자리인데 빈칸 뒤에 명사 one of our sales representatives가 있으므로 이를 목적어로 가질 수 있는 동명사 contacting이 답이 된다. 명사는 목적어를 가질 수 없으므로 답이 될 수 없다. 'by ~ing(~함으로써)'를 묶음 표현으로 기억해 두는 것이 좋다. 정답은 (A).

134 명사 어휘

해설 빈칸 뒤에 '지난 3년 동안'이라는 말이 있기 때문에 그 기간 동안 고객이 회사에 '충성심, 의리'를 보여주었다는 문맥임을 알 수 있으므로 loyalty(충성, 의리)가 답이 된다. 한 회사를 계속 이용하는 것을 열정(passion)이라고 할 수는 없으므로 (C)는 오답이다. 정답은 (B).

135-138번은 다음 광고에 관한 문제입니다.

Wilshire Movers사는 / 가장 큰 규모의 이사업체 중 하나인 / 그 지역의 / 전념하고 있습니다 / 귀하의 LA로의 이사를 / 쉽고 적당한 가격의 것으로 만드는 것에 //

1993년부터 사업을 해 오면서 / Wilshire Movers사는 기업 목록의 정상을 늘 차지했습니다 / 지역 주민들이 가장 좋아하는 (기업 목록) //

귀하가 이사를 오시든 LA에서 이사를 가시든 / Wilshire Movers사는 기술과 장비를 갖추고 있습니다 / 귀하의 이전을 빠르고 편리하게 만들어 드릴 //

더욱이 / 저희의 전문가들은 만반의 준비가 되어 있습니다 / 귀하를 인도할 / 수많은 단계들 내내 / 다가오는 이사의 (단계) / 오늘 저희에게 연락 주세요 / 무료 견적을 요청하기 위해 / 저희는 또한 귀하에게 견적을 내드릴 수 있습니다 / 현장에서 / 만약 귀하가 계신 곳이 10마일 이내에 있다면 / 우리 지점들로부터 //

moving company 이사업체 be dedicated to ~에 전념하다 affordable adj. (가격이) 적당한, 감당할 수 있는 favor v. 좋아하다, 지지하다 specialist n. 전문가 free estimate 무료 견적 on site 현장에서	vehicle n. 차량 parking arrangement 주차 시설 mention v. 언급하다 tow away 견인하다 regarding prep. ~에 관하여

135 형용사 보어 [공식 012]

해설 make 동사의 목적 보어 자리에 오는 형용사이면서 등위 접속사 and 뒤의 형용사 affordable과 대등하게 연결되어야 하기 때문에 형용사 easy가 답이 된다. easiness(쉬움, 용이함)와 ease(편안함, 안락함)는 명사, easily(쉽게)는 부사이다. 정답은 (D).

136 명사 어휘

해설 문맥상 이사업체를 광고하는 내용이므로 이사업체가 '이사'를 빠르고 편리하게 할 수 있는 것을 도와준다는 내용이 적절하다. 따라서 relocation(이전, 이동)이 답이 된다. promotion(승진), modification(수정, 변경), determination(결심)은 문맥상 오답이다. 정답은 (A).

137 접속부사 선택

해설 문장 앞에 나와서 문장 전체를 수식하는 부사 자리이다. 앞 문장에서 이사를 도와줄 기술과 장비를 보유하고 있다고 했고, 빈칸 이하에서는 그것에 더하여 전문 인력을 보유하고 있음을 광고하는 내용이므로 '더하여, 추가하여'라는 의미의 what's more (더욱이)가 답이 된다. however(그러나), otherwise(그렇지 않으면), in conclusion(결론적으로)은 모두 부사로 쓰이지만 문맥상 오답이다. 정답은 (C).

⭐ 138 문맥상 적절한 문장 선택

해설 지문의 앞부분에서 이사업체의 특징을 설명하는 광고 내용이 나왔으므로 견적을 문의하라는 내용으로 연결되는 것이 적절하며, 뒤이어 나오는 문장에서 현장에서 견적을 받을 수도 있다는 내용이 덧붙여 나왔기 때문에 (B)가 답이 된다. (C)의 경우, 특별 할인(special savings)에 대한 말이 앞에서 언급된 적이 없으므로 정답이 될 수 없다. 정답은 (B).

구문 (A) 검토하세요 / 우리의 보상 규정을
해석 (B) 오늘 저희에게 연락 주세요 / 무료 견적을 요청하기 위해
　　 (C) 특별 할인 요금의 혜택을 가져가세요
　　 (D) 감사합니다 / 귀하의 우리 회사에 대한 지원에

139-142번은 다음 공지에 관한 문제입니다.

⭐ 주차 타워 폐쇄 (3월 15일)

Plusing 주차 타워가 문을 닫을 예정입니다 / 모든 차량에 대해 / 보수 공사를 위해서 // 만약 귀하의 차량이 여기에 주차되어 있다면 / 반드시 찾아야 합니다 / 다른 주차 시설을 / 위에 언급된 날짜 이후에 // 어떤 차량이든지 / 여기에 주차된 / 이 날짜 이후 / 견인될 것입니다 // 주차장의 목록이 / 근처에 이용 가능한 / 게시되어 있습니다 / 입구에 //

보수 공사는 시작하기로 되어 있습니다 / 4월 1일에 / 그리고 끝날 것으로 예상됩니다 / 7월 첫째 주에 //

미리 감사드립니다 / 귀하의 협조에 대해 / 그리고 혹시 질문이 있으시면 / 이 문제에 관하여 / 연락 주세요 / 건물 관리소에 492-555-0184로 //

139 부사 어휘

해설 앞에서 3월 15일이라는 날짜가 언급되었으므로 문맥상 '앞에서 혹은 위에서 언급된 날짜'라는 문맥이 적절하다. before는 과거의 일을 가리켜 '전에'라는 의미로 쓰일 수 있는데, 3월 15일의 날짜가 언급된 것이 과거의 일은 아니므로(현재 이 공지에서 언급되고 있는 것이므로) 답이 될 수 없다. 정답은 (D).

140 문맥 속 동사 시제 선택 [공식 020]

해설 빈칸에 들어가는 동사의 주어는 any cars로 복수이며 보기의 동사들은 모두 주어에 수일치된다. '이 날짜 이후(after this date)'에 견인되는 것이므로 이 날짜가 언제인지를 알아야 하는데, 이는 앞서 언급된 3월 15일이며 아직 이 날짜가 되기 전이므로 미래의 일로 볼 수 있다. 따라서 3월 15일 이후에 '견인될 것'이라는 의미가 되는 미래 시제 will be가 답이 된다. 정답은 (A).

⭐ 141 문맥상 적절한 문장 선택

해설 주차장 보수 공사를 위해 기존의 주차 차량을 이동하라는 내용이 앞부분에 나왔으므로 주차할 만한 다른 곳에 대한 정보가 게시되어 있다는 (A)가 문맥상 가장 적절하다. 뒤이어 보수 일정이 나오고 있는데, 원래 있던 일정으로, 그 후에 수정된 일정이 아니므로 (B)는 답이 될 수 없다. 정답은 (A).

구문 (A) 주차장의 목록이 / 근처에 이용 가능한 / 게시되어 있습니다 /
해석 　　 입구에
　　 (B) 보수 작업 일정이 다시 잡힐 것입니다 / 악천후 때문에
　　 (C) 주차 관리 직원이 부족합니다
　　 (D) 많은 사람들이 불평했습니다 / 주차비가 비싸다고

142 부사 어휘

해설 아직 주차장에서 차를 이동시키기 전이기 때문에 앞으로 차를 옮겨줄 것에 대해 '미리' 감사하는 내용으로 보는 것이 적절하므로 in advance(미리)가 답이 된다. in conclusion(결론적으로), as a result(결과적으로)는 부사구이지만 문맥상 오답이고, (D)는 with regard to(~에 관하여)의 전치사로 써야 하며 그 뒤에 명사를 가져야 하기 때문에 답이 될 수 없다. 정답은 (C).

143-146번은 다음 광고에 관한 문제입니다.

⭐ 마이애미 응급 진료소

Dr. Hudson의 마이애미 응급 진료소의 저희는 / 귀하가 건강히 지내시길 바랍니다 / 휴가 동안 // 만약 아프다면 / 귀하가 하셔야 할 일은 / 저희에게 전화하시는 것입니다 / 305-555-3948로 / 진료소로 오는 무료 택시를 위해 / 혹은 바로 오셔도 됩니다 / 진료소로 / 스스로 // 보통 대기 시간은 단 15분 정도입니다 //

진료소는 월요일부터 일요일까지 문을 엽니다 / 오전 8시 30분부터 오후 6시 30분까지 // 기억하세요 / 운전 면허증 혹은 몇몇 다른 종류의 사진이 있는 신분증을 가져올 것을 / 저희가 청구서를 보낼 수 있도록 / 보험 회사에 / 지불을 위해 // 저희는 신용 카드, 현금 혹은 수표를 받습니다 / 모든 서비스에 대한 비용 지불에 / 귀하의 보험 회사에 의해 보장되지 않는 (비용) //

143 동사 어휘

해설 빈칸에 들어가는 동사는 목적어(you)와 목적 보어(to stay)를 가지는 5형식 동사이므로 목적 보어 자리에 to 부정사를 가질 수 있는 want가 답이 된다. 동사 want는 'want to 부정사'의 3형식, 'want + 목적어 + 목적 보어(to 부정사)'의 5형식으로 모두 쓰일 수 있다. make와 keep도 5형식 동사로 쓰일 수 있지만 make는 'make you stay well'로 목적 보어 자리에 동사원형이 와야 하며, keep은 목적 보어 자리에 to 부정사는 올 수 없고 형용사가 와야 하기 때문에 답이 될 수 없다. 정답은 (B).

144 부사 + 동사   [공식 037]

해설 자동사 come 뒤에는 목적어가 오지 않기 때문에 동사를 수식하는 부사가 바로 나올 수 있어서 directly(직접)가 답이 된다. 정답은 (A).

⭐ 145 문맥상 적절한 문장 선택

해설 아프면 바로 병원에 오라는 내용이 앞에 있었으므로, 병원에 오면 대기 시간이 보통 15분 걸린다는 (C)가 가장 적절하다. Dr. Hudson의 전공 분야가 뒤이어 나오고 있지 않으므로 (A)는 오답이며, 병원에서 지금 새로운 환자를 받지 않는다는 내용은 병원 광고 전체 내용과 맞지 않으므로 (B)도 답이 될 수 없다. 정답은 (C).

구문 (A) Dr. Hudson의 전공 분야는 다음과 같습니다
해석 (B) 진료소는 현재 받지 않고 있습니다 / 신규 환자를
(C) 보통 대기 시간은 단 15분 정도입니다
(D) 의료비가 상대적으로 비쌉니다 / 마이애미에서는

146 동사 어휘

해설 청구한 비용이 보험 회사에 의해 지불되지 않는다는 문맥이므로 covered가 답이 된다. cover는 '가리다, 덮다'라는 기본 뜻 이외에 '(보험 등으로) 보장하다, 포함하다'의 뜻을 가진다. 여기서 cover는 service를 뒤에서 수식하는 과거분사로 쓰였다. officiate(수행하다), accompany(동반하다)는 문맥상 답이 될 수 없고 proceed(진행하다)는 자동사로 수동의 의미인 과거분사가 될 수 없다. 정답은 (B).

어휘 officiate v. 수행하다 accompany v. 동반하다

www.HackersIngang.com

공식 _____ 문제 번호 _____

_____

_____

_____

_____

(A)   (B)

(C)   (D)

·내가 고른 답 (   ) / 정답 (   )
·틀린 이유, 꼭 알아야 할 사항

·알아 두어야 할 어휘나 표현

공식 _____ 문제 번호 _____

_____

_____

_____

_____

(A)   (B)

(C)   (D)

·내가 고른 답 (   ) / 정답 (   )
·틀린 이유, 꼭 알아야 할 사항

·알아 두어야 할 어휘나 표현

공식 _____ 문제 번호 _____

_____

_____

_____

_____

(A)   (B)

(C)   (D)

·내가 고른 답 (   ) / 정답 (   )
·틀린 이유, 꼭 알아야 할 사항

·알아 두어야 할 어휘나 표현

공식 _____ 문제 번호 _____

_____

_____

_____

_____

(A)   (B)

(C)   (D)

·내가 고른 답 (   ) / 정답 (   )
·틀린 이유, 꼭 알아야 할 사항

·알아 두어야 할 어휘나 표현

---

* '나만의 오답노트' 양식은 해커스토익 사이트(Hackers.co.kr) 우측 상단의 [교재/무료MP3 > 해커스 토익 책 소개 > 스타토익 필수 문법 공식 Part5&6]에서 다운로드받을 수 있습니다.

저자 **김지현**

이력
서울대학교 영어 교육과 졸업
해커스어학원 토익 전담 강사
YBM e4u 토익 전담 강사
한림법학원 토익 전담 강사
다수의 대학 토익 강의 출강(건국대, 동국대 등)

저서
《Try Again! 뉴토익 LC 실전 문제집》, 길벗
《시나공 TOEIC 리스닝 시험에 나오는 문장 듣기》, 길벗

스타토익
필수 문법 공식
PART
5&6
RC

개정 2판 12쇄 발행 2024년 3월 4일

개정 2판 1쇄 발행 2016년 8월 12일

지은이	김지현
펴낸곳	㈜챔프스터디
펴낸이	챔프스터디 출판팀
주소	서울특별시 서초구 강남대로61길 23 ㈜챔프스터디
고객센터	02-537-5000
교재 관련 문의	publishing@hackers.com
동영상강의	HackersIngang.com
ISBN	978-89-6965-070-2 (13740)
Serial Number	02-12-01

외국어인강 1위, 해커스인강
HackersIngang.com
해커스인강

· 저자 선생님이 알려주는 **목표 점수대별 학습 전략 무료 동영상강의** 제공
· 빈출 단어를 정리한 <토익 Part 5&6 필수 어휘 콕!콕!> 무료 제공
· 해커스 토익 스타강사의 **본 교재 인강**

영어 전문 포털, 해커스토익
Hackers.co.kr
해커스토익

· 틀린 문제를 정리해 취약점을 보완하는 <나만의 오답노트> 무료 제공
· **토익 적중 예상특강 및 월별 모의토익 서비스** 무료 제공
· 무료 매일 실전 RC/LC, 토익 보카 TEST 제공

헤럴드 선정 2018 대학생 선호브랜드 대상 '대학생이 선정한 외국어인강' 부문 1위